第十回日中学者中国古代史論壇論文集

学際化する中国学

中国社会科学院歴史研究所
一般財団法人　東方学会

学際化する中国学／目　次

第二部会

学際化する中国学

全体会 一

主旨説明——第十回日中学者中国古代史論壇の開催にあたって

池田知久

本日の会議は、第十回「日中学者中国古代史論壇」、最後の「論壇」であります。

この論壇は、二〇〇九年八月に、日本の東方学会と中国社会科学院歴史研究所が協定を結んで、二〇〇九年より二〇一三年までの五年間を期限として、共同で主催することを取り決めました。そして、二〇〇九年の第一回以来、双方の共同の努力を通じて、五回の開催を成功させ、所期の成果を収めてきました。

その後、協議を行った結果、二〇一二年五月に、双方は協定を二〇一四年から二〇一八年までの五年間延長することに決定しました。そして、二〇一四年の第六回以来、昨年（二〇一七年）まで、この論壇はすでに四回、合計九回、開催してきました。

日本側の報告者は、渡邉義浩・井川義次・長谷川順二・牧角悦子・清野充典・河野貴美子・小島毅の七名の先生、評論者は柿沼陽平先生の合計で八名であります。決して多いとは言えませんが、各報告者は、古代から近世に至る主に中国研究の各領域において、それぞれの関心から、今後の研究の発展方向を模索するために、重要な具体的なテーマを選んで論ずることになっております。

中国側の報告者については、卜憲群先生からご紹介があると思いますので、それにお任せいたしますが、合計一四名の先生からそれぞれ、二一世紀の現代的視点に立って学際化についての重要な研究方法が提唱されると思います。

さて、今回のテーマは、「学際化する中国学——中国学発展の方法論の探求」であります。このテーマは、日本側が渡邉義浩先生が中心になって相談・提唱し、中国側も賛成して決まったものであります。ねらいとしては、日本で開催された過去二回の論壇、第六回「中国史の時代区分の現在」と第八回「中国史学の方法論」の総括を踏まえて、中国史学の新しい研究方法の一端を展望しようとするものであります。

そういう意味で今回の「中国学の学際化」は規模の大きな、恐らく時宜に適したテーマではないでしょうか。このテーマは、周知のとおり、古くて新しいテーマ、もしくは新しくて古いテーマであります。「学際化とは何を言うのか」「学際化などは不必要ではないか」などといった疑問や意見は、当然出るべくして出るものでありますから、まず最初に、「そもそも学際化とは何か」「それがなぜ中国学発展の方法論になるのか」という議論が必要でありましょう。しかし、実はこのテーマを考案したのは私（池田）ではありませんので、あまり深いことを論ずることはできません。ただ、素人ながら考えてみるに、現在一般に使用されている「学際化」という言葉には、少なくとも二つの意味が籠められているように感じられます。一つは、空間的な広がりの学際化であり、二つは、学問区分における学際化であります。

第一の場合について。学問を行うに際して（中国学の場合は中国という）狭い国単位でリジッドにものを考えるというのが、明治以来の日本近代の研究方法でありました。しかし、これを超えて、より広く地域・圏域・世界という対象領域を想定しそこに自分自身を置いて、フレクシブルにものを考えようという学際化があります。

すでに大分以前から、歴史学の例で言えば、「一国史ではなく地域史を、一国史ではなく世界史を」、あるいは「ナショナル・ヒストリーを棄てて、グローバル・ヒストリーを」という声をもって、一種の空間的な広がりの学際化が提唱されてきました。もっと古い時代にさかのぼれば、国家や地域を越えて文化の普遍性を究明する研究方法論は、近代以前には少なくありませんでした。

学問の現況を歴史学に限らずに広く見わたすと、東アジア文化交渉学の提唱と成立、東アジアにおける文化（モノ・経済・制度・法律・書物・思想・文学・芸術等々）の交流などの、一定の地域における文化交流の研究、異文化間の比較研究や類型学的研究、また漢字文化圏・儒教文化圏・仏教文化圏・米食文化圏等々の、相異の中にも共通項を求める新しい形の文化圏・生態圏の研究、さらに近年のグローバル・ヒストリーの提唱以外に、東洋・西洋の対立を基軸と見ない新しい世界史観の構想等々、これらもすべて一種の学際化と言うことができるでしょう。そして、この方面では、近年に至る間すでにおびただしい提案・構想が提出されていますので、取りあえずそれらの交通整理、できれば、それを踏まえた新たな大規模で抜本的な提案、または少なくとも見通し作りが、今日では緊要な課題であります。

第二の場合について。明治近代が始まって以来、日本の中国学が中国哲学・中国史学・中国文学の三区分によって相互に侵しがたく分かれて進められてきたことに対する反省があり、それを乗り越えて研究対象の存在構造にぴたりと合う形で、それを正確に把える有意義な学問を行う、という意味の学際化があります。このように人文系の学問を哲・史・文に専門分化して行い、それぞれの分科の中にもさらに細かい区分があるというのは、西欧近代の学問方法を日本・中国・韓国などにも持ちこんだやり方でありました。これに従って研究を行っていくと、区分の中にうまく収まらない中国固有の学問、アジア固有の文化は、積極的に取り上げて研究する者がいないとか、研究する者がいても近代アカデミズムからは胡散臭いものと見られるというのが、この方面の実態でありました（例：東洋医学・術数学）。その弊害は深刻で今日にまで影響が及んでいます。

このような学問区分が、中国文化を始めとするアジア文化の実情に合致していないことは、早くから知られていました。そこで、優れた研究者は、それぞれの学問を実際に行うに当たっては、これをあまり重視しないで進めることが常でありました。今回の論壇では、そういう制約を乗り越えて、自由に自らの学際化を進めておられる先生方の報告が多いと思いますが、しかし、近代アカデミズムによって与えられたこの専門分化は、研究者の頭を縛っているだけでなく、もっと公的なところでは学部・学科の編成や学生に対する教育などの面でも、今日一定の規制力を持っており、今日では根本的な見直しが求められております。その意味で、従来の垣根を越えた新しい学問のあり方の模索が緊要であります。

第一の場合も第二の場合も、両者ともに、研究対象を狭く取るか広く取るかという、研究対象について言うだけでなく、研究者が自分自身をどこに位置させるかという、研究主体のあり方の問題でもあるので、なかなか複雑かつ深刻な問題と言えるのではないでしょうか。

今回の論壇が以上のような問題に対して、直ちに模範解答を出せるわけではないかもしれませんが、問題に多くの側面から接近することを通じて、状況の打開に一石を投ずることができれば、本論壇としては成功を収めたと言えるのではないかと思います。そういう意味で、本論壇の成功を心から希望しております。

最後に、本論壇の開催のために尽力して下さった、日本側の渡邉義浩先生また会場を快く提供して下さった早稲田大学の関係者の方々、中国側の卜憲群所長を初めとする中国社会科学院歴史研究所の先生方、それからまた、司会者・報告者・評論者を引き受けて下さった、日中両国の多数の先生方に、心より厚くお礼を申し上げます。

全体会 二

開会式挨拶――今日の小さな成功は未来を育む

卜 憲 群

親愛なる日本東方学会理事長の池田知久先生、そして、尊敬します諸先生がた、おはようございます。中国社会科学院歴史研究所と日本東方学会の共同主催による「第十回中日学者中国古代史論壇」が、本日開幕いたします。わたしは、中国社会科学院歴史研究所を代表いたしまして、日本の諸先生が心から歓迎してくださったこと、また本論壇が開かれるにあたり、非常に多くのご尽力をいただきました日本東方学会の先生がたに深く感謝の意を表します。

月日が経つのは早いもので、「日中学者中国古代史論壇」は、このたび第十回目を迎えることになりました。「十」とは、中国語では、独特の意味があります。遙か昔、中華の先住民は、縄の結び目を使って数をかぞえました。一つの縄の結び目が「十」になると、一つのまとまりと考えました。また、『春秋左氏伝』僖公 伝四年の孔穎達の疏には、「十は数の小成である」とあります。二〇〇九年に、中国社会科学院歴史研究所と日本東方学会は、共同で「中日学者中国古代史論壇」を開催するために協議をして調印をしました。その後、論壇は一年ごとに中日両国でそれぞれ開催し、両国の学者は、あたかも渡り鳥のごとく行き来し、また、唐代に鑑真が扶桑国日本から渡っていったという歴史のように、広大な海を往来して参りました。わたしたちは、中国古代史における学術面での知識を互いに深めただけでなく、この十年の間に、両国の学者の間にはとても素晴らしい友好の種がまかれたと言えましょう。これまでの論壇は、あたかも仏教のように、学術の修行の場として成果を花開かせるところでした。仏教では、十地での修行と言いますが、このたびの第十回論壇も、十年の間たえず歴史の真相を模索し、最終的には真知の彼岸に到達できたものと考えております。

これまでの九年間は、中日両国の学術について報告し合うことで、交流を深めることを目的とし、両国の中国古代史研究の発展を推進することに重きを置いておりました。中国古代史研究の最新の報告を捉える、学術研究の動向を把握するという角度からスタートし、さきごろは大きく、また啓発的なテーマが設定され、中国古代史研究における史料についての考え・貴族制度・地域文化・科学技術・時代区分や対外交流と研究方法などといったテーマに関して、非常に広く深い議論がなされ、中日両国の中国古代史研究は、その研究内容、視角と方法などの側面において進展がつねにありました。両国の学界に大きな影響を与える成果をもたらしたと考えております。現在、「中日学者中国古代史論壇」は、中日両国の歴史学界における重要な媒体というだけでなく、次第に両国の文化交流の重要な水路となっています。

今回の論壇のテーマは、「学際化する中国学」です。その主旨は、立体的な学際的視座により、中国古代の歴史と文化の研究の方法論について考え、討論するというものです。今回は、このテーマに関する論文が十五本寄せられ、対象とされる時代は、先秦時代から民国期に及び、中国から諸外国までが研究の対象となっております。近年、中国史研究において注目されている問題について取上げるだけではなく、実証研究の基礎となる理論を創造する研究のみならず、方法論そのものについて考察した研究もあります。

そして、現代中国における学術の流派に関する回顧と思索の研究だけでなく、これからの研究の道筋を大胆に模索し展望する研究もあります。現在の中国の学者が、先学の残した学術遺産の基礎の上に、中国の社会発展の刺激と啓示を受け、さらに中国古代史が得た最新の進展の思考と探索を進め、目の前の中国古代史研究の先端的思潮と発展の方向を指し示すものなのです。今回の論壇において、それぞれの学者が互いに啓発を受け、絶え間のない思想の火花を散らすことで、さらに深く本質に迫る問題意識を生み出すことができるものと信じております。

中国社会科学院歴史研究所と日本東方学会双方の協議をへて、来年からは論壇の名称を「中国文化研究国際論壇」と変更し、さらに開放的な視座を持ち、中日両国を推進の中心としながらも、欧米やアジアのその他の国々から国際学者を選び参加していただくことにより、中国文化を研究する領域の恒常的な交流の中心にしたいと考えております。わたしは、心から学者の皆様がたが新しい論壇に参加することを歓迎し、論壇の成功にむけて各種の努力を惜しみません。われわれの共同努力により、新しい論壇が国際的な影響力を持つ、高水準な総合性を持つ中国文化交流のプラットホームになることを願っております。それこそ、わたしたちが目指すところの「大いなる成功」の理想であります。

もう一度、参加される学者のみなさまのご参加に感謝をし、また日本東方学会の開催に向けた努力に感謝いたします。また、この論壇に発表されることはなくとも、会議の挙行に多大なるご支持をいただいた学界の友人に深く感謝の意を表します。

最後に、「第十回中日学者中国古代史論壇」が円満な成功を収めること、先生がたが健やかに過ごされますことを祈念いたします。

全体会　三

林甘泉先生の史学研究の理論と方法

卜　憲群
仙石　知子（訳）

はじめに

林甘泉（一九三一～二〇一七年）は、福建省石獅の人で、現代中国で著名なマルクス主義歴史家である。中国社会科学院学部委員であった。長年、中国社会科学院歴史研究所に所属し、所長を務めていた。中国史学会副会長、中国秦漢史研究会会長なども務めた。現代中国史学において、非常に多くの重要な活動や企画を組織し、またそれらの組織者であり体験者であって、現代中国史学の繁栄と発展のために多大な貢献をした。七十年余りもの研究生活において、林甘泉は、以下の著作を残した。『中国史稿』（第二、三冊を執筆）、『中国古代政治文化論稿』・『林甘泉文集』のほか、『中国経済通史　秦漢経済巻』・『郭沫若年譜長編』・『中国封建土地制度史』第一巻・『郭沫若与中国史学』・『中国歴史大辞典　秦漢史』・『中国大百科全書　中国歴史　秦漢史』・『孔子与二十世紀中国』・『中国古代史分期討論五十年』を主編し、また撰述した。中国古代経済史・政治文化史・史学理論、および秦漢史など非常に多くの重要な領域について深く考察し、数多くの価値ある独自な見解を提示した。さらに歴史理論の重視と自覚については、かれのすべての論著において一貫して述べられており、そのためかれの多くの歴史認識に鮮明な理論の色彩が備えられることになり、学界で注目されただけでなく、広く社会に影響を与えたのである。

一、中国経済史――古代中国独自の発展モデル

林甘泉の史学における成果は多方面に及ぶが、中でもとくに突出しているのは、中国経済史における研究である。かれの経済史研究の重点は、周秦両漢の社会経済史と秦漢土地制度史研究に置かれている。かつて『中国封建土地制度史』第一巻、『中国経済通史　秦漢経済巻』上・下冊を主編し、それと前後して発表した「亜細亜生産方式与中国古代社会」・「中国封建土地所有制的形成」・「秦漢的自然経済与商品経済」などの多数の論文は、社会経済という角度から中国古代の歴史分期の問題と、中国古代の自らの発展のあり方の問題とについて考察したものであり、理論を打ち立てるのに十分に正確で明快な見解を非常に多く提示している。

（一）世界歴史の発展は多様性の統一にある

周知のように、林甘泉は、マルクス主義による社会分析の理論を取

っていたけれども、その理論を堅持するさまは、決して柔軟性がなく教条主義的であったわけではない。林甘泉は、唯物史観と中国およびその他の国家の歴史発展の道筋とを比較したあとで打ち出された結論に基づき、世界の歴史の発展は、多様性の統一にあるとした。かれは、「人類の歴史の発展には共同の法則があり、この共同の法則は、各民族と国家の歴史発展の多様性を経て現れ出たものである」とした[一]。決してマルクス主義の社会経済体制の理論について、簡略でお決まりの理解をすることはなかったのである。林甘泉は、マルクスとエンゲルスに関する経典の論述の考察を通して、マルクスとエンゲルスは、古代ギリシア・ローマと中世の欧州を奴隷社会と封建社会の典型と見なしたが、かれらは決して奴隷社会は、ただ古代ギリシア・ローマにのみ存在し、封建社会はただ中世の欧州にのみ存在したと考えたのではない、と述べた。ここで言われている奴隷社会と封建社会は、歴史の発展の普遍的な法則であるということについては、他ならぬ二つの意味がある。第一は、奴隷社会と封建社会は、ともに人類社会の低いレベルから高いレベルへの発展の過程における一つの暫時的な段階であるということ。第二は、奴隷社会と封建社会は、決して孤立していたり、個別の現象なのではなく、世界の中で重複性と常規性のある現象であるということである。当然ながら、この種の重複性と常規性は、完全に同一のモデルを指すことはなく、すべての民族と国家が必ずこの二つの社会発展の段階を経る必要があると理解することもできない[二]。

かつて考古学者の夏鼐は、物質文明の角度から中国の歴史発展の個性と独特の風格について次のように述べた。「考古学に基づく論拠としては、中国は完全に外界と隔離されていたわけではないが、中国文明はやはり中国の土地の上に土着的に発生したものである。中国文明には個性と、その特殊な風格と特徴がある」[三]。林甘泉は、古代中国(戦国秦漢以前を指す)の社会体制は、物質文明と同じであり、すでに世界各国の歴史の発展と変わらない共通性があって、その上で自己の個性もあった、とした[四]。かれは共同体・土地所有制・階級関係と国家の政治体制などから中国古代社会の発展モデルの問題を探り、自身の見解を提示した[五]。かれは、「中国古代社会の状況と国家の政治体制は、すでに世界各国の歴史の発展と統一性を示しており、また中国固有の歴史の特徴を明らかにした」と考えた[六]。かりに概略を述べるのであれば、以下の四点となる。一、中国原始社会が瓦解したのち、社会の生産力と再編された共同体は、家族公社と農村公社の併存であった。戦国時期になってようやく家族公社と農村公社は、相次いで解体へと向かい、一家一戸が一つの生産単位となる小農農村が形成された。二、中国古代的土地所有制もまた多くの文明民族と同じく、土地公有から共同体土地所有制の中間段階を経て発展し私有となった。三、中国古代の主要な農業生産者は庶民であり、家族公社と農村公社の普通の成員であった。四、中国早期の国家の政治体制は、若干の原始民主の残滓を残したが、中国古代には決して古代ギリシア・ローマのような都市国家的な民主制度は存在しなかった。その政体は基本的に階層を持つ君主専制政治であった[七]。林甘泉は、社会経済生産・土地所有制の状況・直接生産者の身分地位・国家体制などの問題から着手し、かれの古代中国社会の性質に対する独特の見方を提示しただけでなく、古代中国社会の発展モデルについても、それ以後の歴史的な影響に対しても自らの観点を述べ、非常に説得力のあるものとした。

(二)社会形態の区分についての問題

社会形態の区分は、唯物史観の中心的な理論であり、中国史の研究領域において長年にわたり絶え間なく議論されてきた。林甘泉は、理論の弁析と実証からはじめ、どのようにして歴史区分が進んでいったのかということについて、中国の原始社会が瓦解したあとの社会形態の性質やアジア的生産様式と中国古代社会の関係、中国古代社会の転換点の特徴や封建制の異なる形態などの諸問題における自身の見方を提示した。それは、以下のようなものである。

　第一は、歴史はどのように分けられるべきか、「封建」という言葉の意味は何かということについて、自身の意見を明らかにした。林甘泉は、「歴史はどのように分けられるのか、という問題は、歴史家の学問上の自由であり、行政の命令や少数派が多数派に従うなどにより統一をはかることはできない」と述べている[八]。マルクス主義歴史家は、社会経済形態の変動によって歴史の発展段階を区分することを主張するが、これは人々の言うところの「五段階生産様式発展論」である。林甘泉はさらに、「社会経済形態は、総合的な概念であり、生産力と生産関係・経済の土台と上部構造の豊富な内容を含んでいる。社会経済形態を利用して歴史の発展の異なる段階を区分すれば、異なる時代の本質的な特徴を比較的・全体的に深く明らかにできるだろう」とも述べている[九]。かれは、五段階の生産様式発展論は、マルクス主義の創始者の理論ではなく、スターリンが創ったとする説に反対をしており、マルクスが在世中にすでに歴史上の四種の生産様式は発表されていたと指摘し、さらにマルクスとエンゲルスは考えもしなかったが、生前に見たことのない社会主義社会が五種の生産様式を有していたとする。林甘泉は同時に、次のように明確に述べている。「マルクス・エンゲルスは、原始社会・古代社会・封建社会から資本主義社会への発展が自然な歴史の過程であるとしたが、かれらは決してすべての国家と民族がこれらの社会経済形態を経る必要があったと考えていたわけではない。まず最初に古代社会を奴隷社会と称し、そのうえで世界で大多数の民族と国家がこれらの社会経済形態を経たものと考えたのは、レーニンであった[一〇]」。しかし、レーニンも決してある国家と民族の歴史を排除しているわけではなく、社会経済形態の変化や進展の「基本法則」の発展に基づいていないわけではなかった。スターリンの表明で強調された五段階の生産様式発展論の「普遍性」と「法則性」は、簡略化と公式化の欠点を容易に生み、またその後のマルクス主義歴史家が社会経済理論を引用する際、簡略化と公式化の欠点に陥る重要な要素にもなった。しかし、これに基づけば、五段階の生産様式発展論は、スターリンが創り出した公式であると考えてよく、決してマルクス主義の学説史の真実とは符合しないのである。五段階の生産様式発展論の欧州における展開は、すでに歴史の経験と事実となっており、たとえ中国の歴史上、欧州のそれらに似た奴隷制と封建制の生産様式が存在しなかったとしても、生産様式の発展論が中国の時代区分に応用できないとは言えない。時代区分は本来、異なる説が存在して良いのであるが、仮にわたしたちが時代区分について議論しようとするならば、それは各時代の本質と特徴の変化をも検討することになるので、その場合は、マルクス主義の生産様式の発展論こそが、わたしたちにもっとも全面的で科学的な方法論を提供すると言わなければならないのである[一一]」。林甘泉は、さらに次のようにも述べている。「それぞれの歴史の時代には、一種類の生産様式だけが存在することはない。おそらく何種類かの生産様式が併存するのである[一二]」。問題となるのは、マルクス主義の観点に基づいて、支配的な地位を占める生産関係を探し出すことである。この視座から出発し、林甘泉はまた中国歴史上の原始社会の解体後について、「奴隷社会」であり、また「古代社会」でもあるとし、中国歴史上の「封建」社会は、結局何を指すのかという名実の問題に対して、独自の見解を打ち出したのである。かれは、「近代以来、わが国の人文社会科学が使用してきた多くの概念は、どれも歴史文献の本来の意味とすべてが符合するというわけではなく、場合によってはまったく正反対の意味であることもある」、「もしわたしたちが使用するそれらの概念の意味と歴史文献が符合しないならば、直すべきであるが、それは概念を乱すことになるのではないだろうか」、「中国歴史上に封建社会は存在するのか、という根本的な問題は、封建社会経済形態の基本的な特徴が中国の歴史上存在するのかを考えなければならない。この基本的な特徴は、封建制という生産様式であり、欧州の封君封臣制度と荘園生産組織と異なると捉える必要はないのである」と指摘している。[一三]

第二は、概念上からアジア的生産様式とアジアの所有制との区別と関連を弁別することである。アジア的生産様式については、二十世紀二十年代からすでに議論されてきており、これらの討論には学術論争もあった。また、政治上の攻撃も見られた。とりわけカール・ヴィットフォーゲルの『東洋的専制主義』（一九五七年版）とMelotti, UmbertoのMarx and the Third World（翁貝托・梅洛蒂『馬克思与第三世界』一九七二年版）の二書である。これらは、アジア的生産様式論を利用して中国革命を攻撃し誹謗しているもので、中国の歴史と現実に対して不正確な見解を述べている。林甘泉は、それに対して有力な批判と反論を行い[一四]、マルクス主義の社会経済構造の学説の形成過程から、アジア的生産様式について歴史的考察を行った。原始社会史に対する認識の深まりに伴い、マルクスとエンゲルスは、再びアジア的生産様式を人類歴史上の原始的社会の形態と見なすことがなかったと考えた。「家族・私有財産及び国家の起源」を発表したあとでは、マルクス主義の創始者は、社会経済様式の理論については、すでに完成した体系を形成していたと言って良いとした。資本主義以前の社会経済形態の発展の段階に関しては、マルクスの生前には、完全なる確定は得ることができなかったが、この仕事はついにエンゲルスによって、マルクスの逝去以後に完成したのだとした。この発展段階とは、つまり、原始氏族社会―奴隷社会―封建社会―資本主義社会である[一五]。林甘泉は、中国の歴史の具体的な事実を結合し、さらにマルクスとエンゲルスについてのアジア的生産様式と関係のある論述と理論に関することに分析を深め、「アジア的生産様式」が一種の社会経済様式であったことを指摘し、すでに文明史の前の原始社会ではなく、階級対立と専制主義統治を備えた古代社会であったとした。さらに、「アジア的所有制の様式」とは、公共的性格を備えた共同体的土地所有であり、それは東方のいくつかの国家において、かつて残滓や変異という形で長きにわたり存在したのだとした[一六]。アジア的生産様式論における討論の中に分岐が生じたのは、アジア的所有制と特定の社会経済様式となるアジア的生産様式を完全に同一視したせいである。所有制は、生産様式の性質を決定する重要な要素である。しかし、所有制の形式は、決して生産様式と完全に同じというわけではない。中国の状況から見れば、もし歴史上にもアジア的生産様式の特徴が少しでも存在したことがあると言うのであれば、それは西周の奴隷制社会のことである。当然、その主要な特徴から述べた場合であり、西周社会の実際の状況に至っては、マルクス・エンゲルスの論述と比較すれば一層複雑である[一七]。

第三は、エンゲルスの理論分析に基づき、中国古代の社会転換期の考察において、中国古代も公有と私有の二重性を備えた家族公社と農村公社の土地所有制という、中間段階を経ており、それが共同体所有制であった、ということである[一八]。林甘泉は、「井田」と「爰田」[一九]の両面から中国古代の共同体的土地所有制について考察を行っている。中国古代の土地私有化の過程のあり方について、林甘泉は中国古代の土地私有化は、二通りの過程を経たとしている。公社農民に分配された土地が、個々の小農民の私有地となり、そしてまた領地が譲渡され、軍功による賞田と私田の開拓がされたとして、私有化のあり方の詳細についての考察を進めたのである。[一〇] まさにエンゲルスの言った、一切の文明民族は、すべて土地公有制からはじまり、私有制へと転換したという言葉の通りである。林甘泉は、もし世界の歴史的過程において、中国古代の土地私有化の過程が、世界各国の歴史の発展の共同の法則と符合するのであれば、また独自の特徴があったと考えた。[一一] この考えは、中国古代土地制度の研究を推し進める上で、やや高度な理論を啓発する意義あるものであった。

第四は、領主制と地主制は、封建的生産様式の二類型ではあるが、封建社会が必ずこの二つの段階を経るわけではないとするものである。[一二] これは、林甘泉が参与した中国古代史の時代区分問題の討論におけるもう一つの重要な見解である。かれは、「マルクス主義の著作において、封建社会は必ず領主制と地主制の二つの発展段階を経るという説を見たことはない。世界の多くの国家の歴史事実を見ても、このような状況は存在しない」と述べている。[一三] かれは、また二つの概念に内包されることとその異同から分析を行い、「領主制と地主制の主要な区別は、土地所有権の形態上の違いだけで、直接的な生産者の身分と地租の形態については、多くの場合、両者は明確に判別することができない」と述べている。[一四] 西欧の封建的生産様式の形成は、自由農民の農奴化によって進められた。中国で重視されたのは、総体的奴隷身分の上昇と地位の改善を通して、封建制へと転換することであった。[一五] かれは、アラビアとインドなどの王朝の封建化の過程からも、異なる国家と民族が封建社会へと移行した具体像の多様性を実証している。[一六] このような見方は、わたしたちが中国封建社会の類型と性質を知る大きな手がかりとなるものである。

第五は、史学界が長年行ってきた春秋戦国の間における社会関係の変動とその性質についての理解を大きく分岐させるものである。林甘泉は、出土した関連する文物資料を援用し、これらの問題を深く考えた。かれは、次のように指摘している。「春秋戦国の間に農村公社が瓦解すると、その後は、古代ギリシア・ローマに類似するような自由な土地所有者は出現しなかった。一家一戸が一つの生産単位となる広汎な個人農民は、その大部分が封建国家の佃農の性質を有した授田制の農民であり、次に地主の土地を耕作する封建租佃制の農民であった。この両者の労働者の数は、農業に従事する奴隷よりも多かったことは間違いないであろう。発展の趨勢から見れば、授田制農民が帯びていた公社農民の痕跡が次第に消失したあとは、封建租佃制は、農業の中でも日増しに支配的な形態となった。このような歴史事実を理由として、わたしたちは、戦国は封建社会が形成された時代であるとするのである」[一七]。社会形態の区分の上で、林甘泉は郭沫若の見方に賛同しているが、出土した新資料を利用することで、再び戦国封建説の合理性を論証しているのである。

（三）社会経済史研究

社会経済史研究は、生産・分配・交換と消費などさまざまな領域が含まれる。林甘泉は、秦漢を例として、多方面の考察を行った。たとえば、「漢代の土地継承と土地売買」という一文は、中国封建社会の土地所有のある特徴について分析したものであり、中国封建社会の土地所有は流動的で、独占的ではない性質を備え、欧州中世の土地所有が流動性を持たないこととは異っていることを指摘した。[一八]「養生と送死――漢代家族の消費生活」では、漢代の家庭生活の消費とそこに反映するある種の文化伝統を考察し、家庭を本位とする中国古代社会において、個人の消費は重要な地位を占めることはなく、生活の消費は通常、家族の消費に集中していることを指摘した。さらに「養生」と「送死」は、家族における二つの大きな消費項目であるが、これも漢代社会の生産状況が危機的である一つの側面を示している。[二九]

かれは、中国古代の自然経済と商品経済の内在的な関係について深く考察し、独自の見方を提示した。長きにわたり中国の学界が封建社会の自然経済と商品経済との関係について議論してきたが、それには相反する見方があった。中国封建社会の自然経済が支配的地位を占めたことを肯定することが、かえって商品経済が相当に発展していたという事実の解釈を難しくしていたのである。それに反して、中国封建社会の商品経済が比較的発展していたと認めることは、自然経済の支配的地位を認めることを難しくしていた。この問題は、「自然経済」の本質的な特徴の理解に及ぶだけでなく、中国封建社会の経済構造についての新しい認識にも関わることである。林甘泉は、深く考察し、次のように考えた。中国封建社会の自然経済の本質的な特徴は、自給のための生産であって、自給自足ではないということである。自然経済と商品経済の根本的な区別は、前者は、自給のための生産であり、後者は、商品のための生産である。「男が耕やし女が機織ること」は、自然に分業となる小農の自給のための生産であり、中国封建時代の自然経済の特色である。文献の記述と考古学の発見からは、耕作と紡績を合わせた小農の経済は、封建経済の構造の中で重要地位を占めていたことが説明できる。[三〇]つまり、「自然経済と商品経済を合わせることで、自然経済は支配的な地位を占め、これが中国封建社会の経済構造の一つの重要な特徴なのである。このような組み合わせは、単純な併存関係にあるわけではないが、封建経済のために、自給のための生産の組織があり、また商品のための生産の組織もあったことを示すだけでなく、自然経済と商品経済の二種経済の移行の形式は、互いに補い合い、相互の制約を与えていたことを表現している」と述べている。[三一]中国封建社会の経済生活と政治生活の多くの現象は、すべてこのような封建社会の経済構造から合理的に解釈することができるのである。

二、中国政治文化史——豊富な政治文化の遺産

中国古代の経済史の深い認識に基づき、林甘泉は、中国古代の政治文化史にも十分な注意を払い、それが研究の重要な中心となり、人々が理論を打ち立てる際に、有効な多くの考えを提示した。

（一）中国古代国家の政治体制について

学界での意見の相違に対して、林甘泉は、文献と考古学の資料を十分に援用し、唯物史観の考えのもと、中国古代国家政体について深くまた理知的な分析を行った。かれは、周の天子と諸侯の君臣としてのあり方、政治制度と宗法との関係、忠君の観念、朝議制度の性質など四つの方面から研究している。[三二]また、『春秋左氏伝』を中心として、その中の国人・卿大夫・諸侯と周の天子の地位と機能に関する記載を調べ、さらに進めて西周と春秋の都市国家政治体制について検証した。[三三]次のように述べている。「世界各国の歴史の発展には、共同的法則があるが、すべて独自の歴史的特徴も有している。都市国家は、早期国家の形式の一つとなり、一定の普遍性がある。しかし、すべての国家と民族の歴史的発展において、必ず都市国家の段階があるとは言えない。……まして、異なる国家の古代都市国家における所有制の形態・階級の構造と政治体制は、すべて一つのモデルにあうとは限らない。

中国古代の都市国家の政治体制は、階層を持つ君主専制であり、民主制あるいは共和制ではない。この歴史的特徴は、文明が古くから発達した中国が、割合と早い段階で秦が封建専制主義による中央集権国家となることを決めた重要な要素の一つである。中国封建社会が、専制の君主と民本思想の伝統を開かせただけで、民主共和の政治条件は不足していたことは、古代都市国家の君主専制政体にも関連があると言わざるを得ない」[三四]。さらに、君主専制制度は、上部構造の建造物であり、決して偶然に出現した歴史現象なのではなく、それには特定の土台と階級の基礎があり、中国封建専制主義も例外ではないことを指摘した。中国封建専制主義の土台は、すでに個人の小農経済ではなく、封建土地国有制でもなく、封建地主土地所有制であったのである[三五]。

(二) 政治権力と経済発展の関係について

政治と経済の関係は、異なる時期と情勢のもと、表現される形態も異なる。林甘泉は、秦漢時期の封建国家における農業政策が生み出した歴史的背景や、主要な内容とそこに見られる作用の分析を通して、政治権力と経済発展の関係性について深く追及した。かれは、「中国封建専制主義の中央集権国家の経済機能は、封建社会経済を発展させるのに対しての一定の促進作用があった。さらにそれは、歴史上言われる「盛世」の出現を誘発したのである。しかし、わたしたちがもし単純に封建王朝の盛衰を見ることなく、生産力と生産関係の発展の変化からこの問題を議論すれば、これに気づくことは難しくない。封建国家は、経済発展からの促進作用により、経済条件が許容する範囲を超えることはできないことではない。そのうえ、もし政治権力が経済発展に対して促進作用があり、また破壊作用を持つのであれば、中国の封建専制主義における中央集権国家が持つ経済発展の破壊作用は、時として促進作用よりもさらに大きな場合がある。中国封建社会は長く続き、王朝の盛衰が周において再び始まったことは、この点と大きな関係がある」と論じている[三六]。ここでの指摘は、かれが以下のように述べていることと同じである。「政治権力の経済発展に対する作用は、時として、人々にそれらの間の関係が逆になった錯覚を生ませることがある。そのほとんどは、政治が経済を決定する場合であり、経済が政治を決定するときではない。唯物史観の重大な貢献はまさにここにあると言え、経済・政治・思想など諸々の要素が互いに作用し合うことが容認されたとき、政治と思想の発展は、経済発展を基礎となることが示されるのである。政治的と思想的な要素は、歴史の進行過程において重要な作用を及ぼすに違いないが、ただ歴史の過程を決定する要素は、経済的発展なのである」[三七]。

(三) 学術思想と政治文化との関係について

林甘泉は、比較的早い時期から出土資料の雲夢秦簡を用い、記録文献と照らし合わせ、秦の封建政治文化の特色について考察してきた。そして、無論、秦の制度あるいは秦の政治の全体から見れば、単純に「法家政治」であったとは言えないことを指摘した。法家思想は、秦において支配的な地位を占めていたが、儒家思想の一部の官吏（とくに東方の六国地域）に見られる広い影響を排除することはできなかった[三八]。封建専制政治の人格化の問題についての考察を通じて、かれは秦の始皇帝に対する新しい見解を打ち出した[三九]。さらに、漢代初期の「清静無為」が道家固有の思想ではないとし、実際には、これらの思潮は、すなわち秦の滅亡後の秦に対する暴政の一種の反動であり、漢代の初期においては、普遍的な心理の反映であるとした。漢代初期からの「無為」政治の実質から見れば、当時の儒家と道家は共通の認識を持ち、ともに「民の欲するところに従ひて、擾乱せず」を強調していた（四〇）。ただし、どのような手段を用いたとしても封建国家が、新しい情勢のもと長きにわたり平穏であることを求めるうえで、儒家と道家は認識が異なっていた。道家の主張は、「独り清虚に任ずれば以て治を為す可し」であり（四一）、儒家の主張は、制度を定め、礼楽を興し、教化によって大業をなすことであった。ある人が「清静無為」を漢初の封建国家の政治生活の指導原則であると言うことに対して、林甘泉は完全に否定している。いくらかの封建統治者が、黄老の「無為」の学説を崇めていたとしても、国家は一種の階級統治の道具としており、国家が何もしないことは不可能であるからである。事実、漢初の六、七十年間には、数多くの人々を震撼させる政治闘争が発生している（四二）。かれはさらに戦国から前漢前期まで、儒家思想の変化にはいくつかの重要な節目があったこと、またこれらの変化と封建政治の関係や、儒家思想はどのようにして封建社会の統治思想となったのかを考察している。そして、儒家思想は、戦国から前漢の歴史的命運と変遷は、ただこの時期の経済条件、及びこれらの条件により決定した社会関係と政治関係によって説明でき、そうしてこそ合理的な解釈が可能になると指摘した。具体的には、儒家思想における封建国家政治の生活の中での地位と作用の変化は、多くの場合、当時の封建統治階級の政治的な必要性により決定された。同時にわたしたちは、政治権力の意識形態への関与と改変に目を向けなくてはならず、仮に意識形態の法則に違反すれば、それは必然的に失敗となるのである（四三）。

（四）歴史経験の理論と結論について

前漢の陸賈が提示した秦の滅亡を「馬上で天下を得ても、馬上では天下を治められない」とした歴史的教訓は、封建社会の政治生活に対して深い影響を与えた。林甘泉は、深く思考し、この歴史経験の結論は、一定の意義から言えば、封建統治階級の反省と自覚を代表する事柄であるとし、それは、封建統治階級が未成熟から成熟へと向かったことを表しているとした（四四）。民本思想は、中国伝統政治文化の中での古く長い歴史のある貴重な遺産であり、歴史の発展にともなって、内在的に絶えず豊かになり、わずかに変化する。林甘泉は、中国古代の民本思想の歴史的淵源について、政治理念・変化及びその政治実践などから考察を行い、氏族制度の古い伝統は、まさに文明社会の「民を邦の本と為す」の思想の淵源であることを指摘した。「民本」思想と封建的な搾取の制度は、自然と矛盾を持ち、そして「民本」思想が必然的に「二律背反」によって様々な制限を受けることを定め、最終的には、実現が不可能な政治的なおとぎ話に変わったのである。もろちん、わたしたちはそれが中国の歴史発展のうえに発生した、一定の蓄積した作用を否定することはできない。「民を邦の本と為す」というテーゼは、近代中国において、新しい理論の中に注入され、社会の進歩を促す重要な思想的武器となった（四五）。

林甘泉は、伝統文化の中の夷夏の辨と民族意識の関係について討論を進め、儒学を代表とする伝統文化は、夷狄から中夏を防衛することに言及するほかに、「王者に外無し」・「四海を一家とす」に言及し、それらはのちの思想として、華夏族と漢族と少数民族の間の関係を繋ぎ止め強化する上での重要な絆となったことを指摘した（四六）。どのようにして中国歴史上の分裂と統一を認識するのかということは、学界において避けることのできない重要な問題である。かれは、そのことについても考察し、多くの王朝が変わるという経緯があり、かつて分裂割拠する局面を迎えたこともあるけれども、国家の統一は終始歴史の主流となっていた。これは世界文明の古い国々の中で、極めて稀であると言ってよい、と述べている。さらに、自信を持って次のような発言をした。「我が国の歴史上の統一と分裂の局面と変遷を回顧すると、わたしたちはそこから一つの認識を導き出すことができる。中国のこの偉大なる国家は、長期の分裂状態に置かれることはないということであり、統一の歴史潮流は、阻止することができないものだということである」(四七)。かれは、歴史学の視座から中国伝統文化の性格を考察し、中国伝統文化の閉鎖性と開放性は、社会経済形態の産物であるに違いなく、伝統文化とは、封建的な糟粕を除けば、民主的な精華であると考えた(四八)。

三、中国史学理論――中国独自の理論体系の建設

林甘泉は、史学理論と史学史に対しても深く考察し、史学理論についての考えを示し、史学理論の建設と発展に重要な意義を与えた。

（一）唯物史観は、科学的で生命力のある史学理論である

林甘泉は、かつて次のように述べた。「史学研究に携わる者として、わたしはなるべく西洋の資本家階級の史学理論について多く学び、知識不足を補おうとした。しかし、わたしが言いたいのは、やはり唯物史観を信奉しているということである。なぜならその他の史学理論と比較すると、やはりもっとも正確であると思うからである」(四九)。かれは、歴史研究の三つの側面からこの理論の説明を堅持し続けた。歴史認識は、記述・実証と解釈の三つの側面に分けられる。史学は、記述・実証から解釈まで、その認識が絶え間なく深まり上昇していく過程である。記述と実証は、歴史の過程の表象を復原することができるが、歴史の本質や価値と法則は、ただ解釈を経ることでようやく説明ができるものである。マルクス主義の唯物史観の発生は、歴史研究を真の科学の分野に引き入れたが、それは、唯物史観が歴史の解釈のためにもっとも科学的な理論と方法を提供したためである(五〇)。かれは幾度も唯物史観が開放的で発展的な学説であることを主張した。唯物史観の本質から言えば、歴史は永久に時代の発展に伴って発展するものであり、自らを時代の危機に陥らせることはないのである。

（二）中国史学の主流の問題

林甘泉は、二十世紀中国の歴史学について総括と分析を進め、次のように指摘した。二十世紀前半においては、近代実証史学が中国史学の主流であった。二十世紀後半の中国史学の主流は、マルクス主義史学であり、二十世紀三十年代から四十年代は、中国マルクス主義史学が急速に発展した時期であった。中華人民共和国成立後の（文化大革命までの）十七年史学は、学界では、この時期に中国史学が勝ち取った成果を必死に貶めようとする者もいたが、かれはそれに賛同せず、同時にこの十七年史学の発展には多くの不足と失敗も存在していると考えた。一九七八年の改革解放後の新史学に至っては、生気と活力に満ち溢れていた(五一)。

二十一世紀のマルクス主義史学は、中国において主流な地位を確保できるのであろうか。林甘泉は、これについては肯定的な見方をしている。かれは、マルクス主義史学の中国における主流の地位は、歴史が形成したとする。マルクス主義史学は、二十世紀後半中国史学の主流となったが、それは、最初に科学性により決定された。同時に、中国国家の性質は、マルクス主義史学の主流な地位のために、根本的な保証を提供したのである(五二)。当然のことながら、「マルクス主義は、歴史学の中で指導的な地位を確立するには、マルクス主義を信奉する学

者の自己の実践によりこの理論の科学性が証明されることに頼るだけである。それにより人々がマルクス主義に対して信任を寄せることを勝ち取った。これ以外に他の方法はなかったのである」(五三)。

史学理論の体系の構築について、林甘泉は三つの方法論を打ち出している。一、歴史学の性質と特徴については、できる限り共通の認識を求めることである。二、「結論を出すことはできるのか」という言葉は、人文学科の「真」と「偽」を判断する基準となることができない。ただ学術的価値があり、学術の発展に利益があるということが問題であるだけで、それが「真の問題」なのである。ただ単に純粋な概念を弄び、学術の発展に対してわずかな価値もない文字の遊戯は「偽の問題」なのである。ある人が「五朵金花（五つの重大問題）」（中国古代史の時代区分・中国封建土地所有制・中国農民起義と農民戦争・中国資本主義の萌芽・漢民族の形成という五つの問題）という学術理論に対する討論を「偽の問題」としたことに対して、かれは歴史学の性質と特徴に対する正確性が欠乏する認識であると考えた。そして、「もし古代史の時代区分・土地所有制・資本主義の萌芽などの問題についての討論がなされていなければ、五、六十年代の歴史学が進展する事はなく、また今日見られる断代史と専門史の繁栄もなかったであろう」と述べた(五四)。三、マルクス主義が発展するためには、各国家の歴史と現実的な国情との結合を必要とした。唯物史観が発展するためには、また中国化の問題があった。かれは、次のように述べている。「中国古代の歴史発展における多くの重大な問題について、理論の概括を提示するとき、わたしたちはマルクス・エンゲルスの関連の論述を参照する必要がなく、また西洋の学者による外国の経験材料を基礎として結論を出す必要もないのである。唯物史観の基本原理の教えのもとで、中国の歴史事実に基づき、自己の理論の概括を打ち出さなくてはならないのである」(五五)。かれは、今日わたしたちには持つべき条件と義務があり、中国の歴史事実から打ち立てることから出発するとし、それはマルクス主義の教えのもとにあり、中国独自の史学理論の体系があるとした(五六)。

（三）史学認識論の問題

林甘泉は、学界において、歴史主義と階級の観点を対立させることを批判するだけでなく、自身の理論認識も提示した。かれは、マルクス主義の理論の中では、階級の観点と歴史主義は完全に一致するとした。もし、階級の観点と切り離せば、歴史主義的に問題を見ることはできなくなるとし、歴史に非本質的な厄介な現象を与え、ひいては唯心主義の泥沼に陥らせるとした。マルクス主義から言えば、歴史主義の階級の観点がないものは存在せず、また階級の観点のない歴史主義も存在しない。階級の観点と歴史主義を切り離したり、あるいは対立させれば、マルクス主義の階級の観点とはならず、マルクス主義の歴史主義ともならない。かれは農民戦争史研究と歴史人物評価の基準という二つの面からこの問題について具体的に論じている(五七)。

史実と理論の結合について、かれは次のように指摘した。マルクス主義の歴史科学は、歴史唯物主義と完全に同じではない。歴史唯物主義で重要なことは、社会歴史発展の一般的法則を述べ、そして歴史学科が各国と民族間に歴史の共通性を見出すだけでなく、各自の個性を理解しなければならない。歴史研究においては、歴史唯物主義を運用することが原理原則として必要であるが、しかしもし対象を特定する具体的な状況により具体的な分析をすることと結合しないのであれば、これらの原理原則は、抽象的な社会学の公式であるだけである。逆にもし歴史研究に歴史唯物主義の一般的な法則を具体化させることができないのであれば、歴史発展の客観的な法則の真の理解には到達することはない。史学の世界に存在する「理論に史実を従わせる」と「理論は史実から出る」に対して批判をし、史実と理論は「二者はもともと相互に対立するものではなく、一方だけに偏ることがあってはならない」とした。[五八]

歴史文明遺産に関する批判と継承について、かれは、文明に時代の特徴を見て、文明の歴史の継承性を見る必要があるとした。異なる階級には異なる文明があることに目を向け、ある文明の各階級は、同等に扱うものであることも見るべきである。歴史文明の遺産の中には、精華と糟粕以外に、中間の状態のものがある。歴史文明の遺産に対して、「抜き出して継承する」ことはできず、批判的に継承する必要があるのである。[五九]

四、内外の史学思潮——理性的批判

林甘泉は、自身の学術領域の研究だけでなく、海外の史学思潮にも十分に配慮し、かれの考えとその影響と分析は、深遠な理論への見解を明らかにした。

（一）『東洋的専制主義』をどう見るか

一九九〇年、ドイツ系アメリカ人の歴史家、カール・ヴィットフォーゲルの『東洋的専制主義』が翻訳され出版されると、国内外の史学界はそれに注目し、研究を始めた。林甘泉も討論に参加し、自身の考えを提示している。林甘泉の理解では、カール・ヴィットフォーゲルのアジア社会に対する認識は、マルクス主義の基本的な見方から離れることから始まり、たとえば、「自然界で首位にある思想」という見方は、マルクス主義における歴史発展と自然界の関係に関する一種の曲解であるとした。所謂、「単線的な社会発展の概念」は、カール・ヴィットフォーゲルのマルクス主義に対する社会発展理論の概括に関するものであるが、これは決してマルクスの原意に符合するものではない。カール・ヴィットフォーゲルが構築した理論体系では、「アジア的生産様式」とは、「治水社会」である。しかし、林甘泉の見方では、一つに、マルクスは水利灌漑の過程（に生ずる権力の集中）の必要性によって、必然的に専制主義が生まれたとは決して言っていない。まして専制主義は、国家の政治体制と統治方式となり、東方社会特有のものではなかったとする。さらに、もう一つとして、中国古代専制主義と水利灌漑の過程の関係、中国古代の階級構成、及び所有制の関係などから見れば、カール・ヴィットフォーゲルの『東洋的専制主義』は、中国を「治水社会」の一つのモデルと見なすものであり、これは、中国の歴史を無理にこじつけ、あるいは好き勝手に作り上げた解釈である、とした。[六〇]

（二）西洋学者の中国前近代経済構造と発展のレベルの分析をどう捉えるか

一九九一年、中国系アメリカ人の学者である黄宗智は、「中国経済史中の逆説と現在の法則認識の危機」という一文を発表し、数十年来の中国と西洋学者による中国経済史研究の主要な理論モデルと認識を回顧し、「封建主義論」と「資本主義の萌芽論」に対して疑義を呈した。林甘泉は、黄宗智の考えの意義を肯定的にも捉えた。たとえば、中国経済史の研究における「中国研究の自己の理論体系を打ち立てることを目標とする」という主張、及びかれが提唱した都市工業化と郷村は長期発展することはないという逆説の現象についてである。同時に黄宗智の見方にも議論すべき点があるとした。明清時期の商品生産と交換の発展は、封建的生産様式の解体と資本主義への発展の道へ向かわせなかった。その原因は、人口の圧力により労働生産率の下降を招いたためである。黄宗智は、中国近代史の一つの逆説現象を指摘したが、なぜ中国だけが非常に稀な資本主義の萌芽が出現しても、資本主義の近代化の道へ向かわなかったのかという難題を解決したわけでは決してない[六一]。

黄宗智のあとには、中国系アメリカ人の学者、王国斌が『転変する中国――歴史変遷と欧州経験の限界』（一九九七年）を、ドイツの学者、アンドレ・グンダー・フランクが『リオリエント――アジア時代のグローバル・エコノミー』（一九九八年）を、イギリスのマディソンが『中国経済の長久な未来』（一九九八年）を出版した。これらの書物は、すべて新しい視角からの中国前近代の経済構造と発展の水準に対する重視に値する見方を提示しており、中国の経済史学者から多大な関心を寄せられた。これについて、林甘泉も自身の見解を発表している。かれは、西洋学者が提示した「原始工業化」あるいは「早期工業化」の理念を我が国の前近代経済史研究の分野に応用すれば、過去の「資本主義萌芽説」の限界を突破する助けとなり、「欧州中心論」の影響から脱するのは明らかであるが、何よりも大きな欠点は、「原始工業化」の生産様式の性質の分析が回避されることにあるとした。ただ、「原始工業化」、あるいは「早期工業化」の概念を封建社会経済構造の代わりとすることは、ゆったりとした変化しかない歴史過程の研究を発生させるであろう。伝統経済はどのようにして近代経済への転回型の問題へ向かったかについては、真の解決はできないことは明らかである[六二]。アンドレ・グンダー・フランクらが提示した「中国中心論」に対して、林甘泉は理性的に批判している[六三]。

黄宗智らの中国前近代経済構造と発展の水準に関する研究に対する弁証と分析を通して、林甘泉は、「わたしたちのかつての経済史研究は、生産関係の分析に偏り、生産力の重視が足りなかった。西洋の学者の生産力の研究には多くの長所があり、学び借用する価値がある。しかし、生産関係の研究と比較すれば、この方面ではわたしたちが優勢であり捨てることはできない。やはり生産力と生産関係の双方において、中国伝統経済構造の発展の変化を見出さなくてはならない。伝統経済構造については、一が分れて二となる必要がある。それは、生産力を受入れ発展した一面を見る必要があり、また生産力を束縛して発展したという別の一面をも見なくてはならない」と指摘した[六四]。

（三）どのように中国古代知識階層を理解するのか

一九八七年に出版された余英時『士と中国文化』は、中国古代知識階層について深く考察したものであり、中国古代知識階層を研究した力作とされた。林甘泉は、本書における余英時の啓発的な見解を肯定しつつも、いくつかの重要な問題について検討を加えている。中国古代知識階層の原型と価値についての問題に対して、林甘泉は研究を通して以下のように指摘した。「春秋戦国時代の士は、すでに貴族階級の一部ではなく、まして「四民」（士・農・工・商）の筆頭でもなかった。それら成員は、すでに没落した貴族の子弟もいたが、中には、文化知識を掌握した平民ないしは奴隷もいた。これは社会の転換期において、階級を異にして形成された階層から成る中国伝統社会における新興知識階層の原型であった。新しい士は、開放性と流動性を持ち、文化知識を備えながら「恒産」はなく、精神の追求をしながらも、価値基準は一致していなかった。かれらは仕官のための踏み台とするために文化知識に頼り、これぞという特技に頼って、自立して生計を立てようとした。要するに、身分の貴賤による制限を受けず、知識によって生計を立て、仕官するようになったことは、向上を価値とする多元化の趨勢の表れであり、これは新興知識階層の基本的性格の特徴である」(六五)。戦国時代の新興知識階層と当時の王侯の関係の問題について、林甘泉は、「いわゆる「道は勢を尊ぶ」の伝統は、百家争鳴の戦国時代において存在しないだけでなく、漢の武帝の「儒術を独尊す」のあとの歴代封建社会においても存在しない。儒家の弟子が、その師を「堯舜より賢なり」・「宜しく帝王と為すべし」とする言論は、「道は勢を尊ぶ」という政治文化の生態と理解すべきものであり、それはまさに儒家の弟子が自己愛に陶酔しているのであり、客観的な存在と誤解している」と考えた。「秦吏はただ政治秩序を知るだけで、文化秩序を知らない」ことについて、林甘泉は出土文献を資料として、「秦朝は、「吏を以て師と為し」・「法を以て教と為す」を政治秩序とした。さらに、文化秩序は法家思想によって、封建専制主義の文化秩序を指導したに過ぎない」と論じた。政治権威と文化力量の関係については、林甘泉は詳しい考察を行ったあとで、漢の武帝による尊儒は、「政治権威」では決してなく、文化の力との「妥協」であり、封建専制主義の中央集権統治を強化する政治的需要であった、と述べている(六六)。

（四）どのように二十世紀における孔子の命運を理解するのか

中国伝統文化を代表する歴史人物は、おそらく孔子であると言ってよいであろう。二十世紀の中国は、情勢がめまぐるしく変化した時代である。それに応じて、孔子とその思想についての歴史の中における位置付けと価値判断も一定しなかった。さらに、つねに複雑な政治闘争にからまっていた。どのように二十世紀における孔子の中国での命運を回顧し、総括するのか、そこからわずかな経験と教訓を吸収するのかは、史学界が二十一世紀に入ったのち、深く議論することが必要とされた大きな課題であった。林甘泉主編の『孔子と二十世紀中国』(六七)は、マルクス主義の史学方法を利用し、歴史事実を出発点として、孔子とその思想の二十世紀における命運を唯物弁証法により総括し、分析したもので、「長きにわたり結論の出なかった議題について解答し、史学界でのこの問題に関する研究の不足をかなりの程度で補うことができた」(六八)。辛亥革命前後の尊孔と反尊孔の政治論争について回顧し、林甘泉は次のように指摘している。「儒家の学説は、封建社会の意識形態として、二千年以上もの間、封建と統治階級の需要にともない発展と変化を遂げてきた。封建の礼教と儒家の学説、及び孔子の思想の三者は、密接な関係にあるけれども、すべてを完全に同一視することはできない」(六九)。学界の中には、五四新文化運動において批孔批儒という激しい思潮は、中国伝統文化の「断裂」という認識を誘致したとする研究者がいる。しかし、林甘泉はマルクス主義史学の発展の上に立ち、歴史事実に基づいて、この偏った見方を批判している。林甘泉は、「事実、新文化運動は伝統文化を全面的に破壊することが不可能であったわけでは決してない。二十世紀の中国学術史の発展は、五四新文化運動の興起を説明し、前代未聞の新局面を開く伝統文化の整理と研究をさせた」と述べている(七〇)。袁世凱と孔教会に対する第一次尊孔復古の高まり、蒋介石と南京政府が発動した第二次尊孔復古の動き、「文化大革命」の「批孔」の動きについての回顧と再考を通して、林甘泉は以下のように指摘している。「それらは、一般に言われる孔子に対する尊崇と批判では決してなく、学者たちが学術研究により出された正常な価値判断でもなく、現実的な思想政治闘争が孔子の亡霊を借りて演出した劇なのである」(七一)。孔子の思想の現代での価値と二十一世紀の世界文明をどのように理解するのかについては、林甘泉も熟慮した結果、独自の見解を打ち出した。かれは次のように指摘している。

「儒家思想を核心とする伝統文化は、長い歴史において、わが国の民族の性格の形成に重要な作用を及ぼし、孔子の思想は、特にその作用が大きく、わたしたちが重視するもっとも価値あるものである。儒家が有する強固な群体観念と責任意識、人格の尊厳と徳性の修養、天と人の調和と社会の和諧は、孔子の思想の中に見ることのできる、孔子の思想の根源である。しかし、孔子の思想は、積極性と普遍性の要素を持ち、消極性と局限性の要素も持っていた。そのうえ、伝統文化はすでに消失した歴史環境のもと形成されたもので、時代の発展にともない、その価値と作用も変化した。わたしたちは真剣に孔子の思想という遺産を総括し、古きを今のために用いるのであって、決して崇古や復古となってはならないのである。孔子の思想の中に伝統文化全体の認識が含まれていることで、継承を批判する態度を取らなくてはならないのである」（七二）。いわゆる「新儒家」と自任する学者は、伝統文化と復興儒学のスローガンを掲げ、マルクス主義がわが国の指導的地位にあることや、中国人民が社会主義の道を選択するのを変えることを公然と主張しているが、このような考えと主張は、歴史の流れに逆らうものであり、ただ失敗に終わるだけである。西洋の何人かは、儒家思想が中国伝統文化の核心となり、世界の各方面での危機を救う活路を見出すものと考えているが、我が国の学者の中には、孔子の思想は、二十一世紀の世界文明の潮流を率いることになるだろうとの見解を打ち出す者もいる。これら二つの言論に対して、林甘泉は、二十一世紀の世界経済のグローバル化、政治多極化、文化の多元化の新しい局面に立ち、以下のような、客観的かつ理性的な分析と反駁をしている。

「孔子を代表とする儒家思想は、かつては中国歴史の発展を推進する重要な文明の元素であったが、東アジアのいくつかの国の歴史上の進歩に対しても重要な役割を果たした。儒家思想の精華は、人を本とすること・老人を尊び幼少を慈しむこと・誠信を重視すること・調和するが付和雷同しないこと、人と自然の和諧を追及するなどであり、二十一世紀とこれからの世界文明の構築において、すべて積極的な作用を発揮するものである。孔子はすでに中華文明のシンボル的遺産となっており、文明遺産として大切に扱うべきであり、世の中の人々に孔子とその思想を理解してもらうようにしなくてはならない。しかし、もし孔子が世界文明の教主として足りうると考えるのであれば、孔子を飾り、美化しなくてはならず、それは完全に錯誤した観念となる。孔子とその思想を研究するには、マルクス主義理論の教えを用いなくてはならない。孔子とその思想を宣揚する場合にも、マルクス主義理論の教えを用いなくてはならないのである。このようにすることでのみ、孔子及びその思想の正確さ、科学的な態度と向き合うことができるのである」（七三）。林甘泉による以上の分析は、わたしたちが今後深く研究する上で、また孔子、及びその思想を宣揚する際に非常に為になる啓示と理論指導となり得るのである。

五、治学の方法――マルクス主義理論と中国の相互結合の現実

上述のような林甘泉の史学と理論における成果は、治学の方法と分けることができないものである。その主な概要として、以下の四点が挙げられる。

（一）マルクス主義の基本理念の指導を堅持し、マルクス主義理論と中国の実情とを合わせることを図り、中国の歴史事実の解釈と符合させることに力を注ぐ。アジア的生産様式と中国古代社会という主題を論述した際、林甘泉は、「中国古代社会を研究するとき、わたしたち

は無理に既成の条件に合わすことはせず、マルクス・エンゲルスの論述から中国の歴史を整理しなくてはならず、二者が合致しないからと、マルクス・エンゲルスの論述の指導における意義を軽視することはできない」と指摘した[七四]。封建的生産様式の二種の類型（領主制と地主制）という問題を考える際、林甘泉は次のように強調した。「わたしたちが覚えておかなくてはならないことは、経典や作家の個別の問題の結論に柔軟性を失わせ、法則を濫用してはならないということである。重要なことは、この理論を運用して、歴史事実の研究をすることであり、中国の歴史事実を研究するだけでなく、その他の国の歴史事実を研究することである。このような比較研究がなければ、世界各国での奴隷社会から封建社会へ向かう過程における共通の法則を見出すことができず、その過程における各国の特徴を発見することもできない。しかし、ここで同様に覚えておく必要があるのは、機械的な類推はできず、問題についての具体的な分析が必要だということである」[七五]。さらに強調していることは、「中国の具体的な歴史事実から出発し、正確に歴史の発展の統一性と多様性の法則を把握することであり、わたしたちが古代史の時代区分の問題を研究するには、必ずある原則に従い行う必要がある」ということである[七六]。

（二）歴史研究の三つの側面に基づいて、史実と理論の結合、弁証法による理解は、そこに付随している理論性と法則性の結論から引き出すとする。林甘泉は、歴史研究には三つの側面があり、すなわちそれは、事実判断・認識判断・価値判断であるとした。事実による判断は、歴史研究の基礎であり出発点である。これは、傅斯年も述べていた一つの材料で一つのことが言えるという説である。中国の伝統的な考古学が、この側面に属す。歴史事件の因果関係を知るには、歴史現象を本質とさらに深いところにある法則性の問題を見て判断する必要がある。これが認識からの判断である。様々な歴史事件と歴史人物が当時、起こした作用とその後に与えた影響から探ること。これが価値からの判断であるとした[七七]。林甘泉は、秦の始皇帝の認識の方法と評価について、この三つの側面が利用できる典型であるとした。さらに、歴史人物の評価は、かなりの程度で、事実判断には基づかず、価値判断の問題に属すという。わたしたちは、歴史評価と道徳評価の統一を堅持し、実際の状況に基づいて正しく始皇帝の歴史地位と作用について具体的な分析をしなくてはならないとした[七八]。

（三）現実に目を向け、現代中国の現実的需要から歴史研究の課題を出すことに注意をしなければならない。かれが著わした「中国歴史上の分裂と統一」・「夷夏の辨と文化による自己認識」は、中国国家の統一と民族団結に目を向けたもので、歴史上に残された大漢族主義と地方民族主義の問題を批判している。かれは次のように指摘している。「近年来、伝統文化を宣揚する討論において、論者は伝統文化に対して、中華民族の凝集力を増強する作用があると肯定しているが、ただし多くの文章は、漢族自身の凝集力に偏って論が立てられているようであり、漢族と各少数民族の間の凝集力の問題についての関心に欠けている」[七九]。そのため、かれは伝統文化における夷夏の辨と各民族の文化による自己認識の関係について文章を撰し、検討を進めたのである。「歴史遺産と愛国主義教育」は、いかに歴史遺産を運用して愛国主義教育を進めるかを明らかにしている。「歴史文明遺産の批判継承を論じる」は、理論と方法から、現代中国がいかにして歴史文明の遺産を継承するのかという問題のために学術的な分析を提供しているものである。「中国古代の「民本」思想およびその歴史的価値」を著わした理由を述べる中で、林甘泉は明確に次のように述べた。「中国共産党による歴史遺産の継承についての批判は、「民本」思想がまったく新しい理論内容となることに寄与した。「民本思想」が文化的に内包するもの及びその発展の変化の歴史を整理するのは、建設に対して中国の特色ある社会主義的な政治文化に重要な教訓とする意義のためである」[八〇]。

（四）開放と百家争鳴の視野と志を持つ、古今東西の学者による学術成果を批判的に継承して発展させる。二十世紀中国の歴史学の結論について、林甘泉は次のように述べている。「一つの時代には、一つの時代の学術があり、歴史学は当然、時代の前進にともない絶えることなく新しく発展していかなければならなかった。わたしたちは、ずっと中国が天を得て残した厚く豊富な史学遺産を得意になって喜ぶこともできず、また、外国人の中国の歴史研究が中国人には及ばないことを自分たちの慰めにすることもできなかった。中国史学は、世界へ向けて、外国における史学の最新成果から栄養を吸収するだけでなく、研究手段と研究方法の上で、現代の科学技術と哲学社会科学の発展の速度に追いつく必要がある。「容徳があるのはすなわち大きい」のである。一切の有効な知識は、わたしたちはすべて取り入れ、吸収しなければならず、そのようにして、我が国の史学を新鮮で活力のある状態にしなくてはならないのである」[八一]。未来について述べる中で、中国の歴史学が競争に直面するのかという問題について、林甘泉は次のように述べている。「わたしたちの国家が国際的な地位の新しい顔として、世界史の舞台に起立する際に、中国史学が恥じないようにしなければならない。わたしたちは外国史学についての理解を深める必要があり、マルクス主義理論の指導のもとという前提において、自身の栄養となる有力なものはすべて吸収しなくてはならない」。当然のことながら、「根本から述べれば、外国史学の理論と方法を借り、外国の優秀な学術成果をすべて吸収するその目的は、中国の特色のあるマルクス主義史学を建設するためである」[八二]。中国国内および海外の史学の思潮を分析する際、林甘泉はいつも他者の認識における積極的な意義を肯定し、そのあとで、そこに存在する不足を検証し、分析を行ったのである。

《注》

（一）林甘泉「亜細亜生産方式与中国古代社会」、原載は『中国史研究』一九八一年第二期、のち『林甘泉文集』（上海辞書出版社、二〇〇五年版）に所収、二一頁。
（二）林甘泉『林甘泉文集』一八～一九頁。
（三）夏鼐「中国文明的起源」（『文物』一九八五年第八期）。
（四）林甘泉「古代中国社会発展的模式」、原載は『中国史研究』一九八六年第四期、のち『中国古代政治文化論稿』（安徽教育出版社、二〇〇四年）に所収、一頁。
（五）林甘泉『中国古代政治文化論稿』一～三三頁。
（六）林甘泉『中国古代政治文化論稿』二八頁。
（七）林甘泉『中国古代政治文化論稿』二八～三〇頁。
（八）林甘泉「世紀之交中国古代史研究的幾個熱点問題」、原載は、中国史学会・雲南大学（編）『二十一世紀中国史学展望』（中国社会科学出版社、二〇〇三年）、のち『林甘泉文集』に所収、四一五頁。
（九）林甘泉『林甘泉文集』四一五頁。
（一〇）林甘泉『林甘泉文集』四一六～四一七頁。
（一一）林甘泉『林甘泉文集』四一八頁。
（一二）林甘泉『林甘泉文集』四一八頁。
（一三）林甘泉『林甘泉文集』四一九頁。
（一四）甘泉『林甘泉文集』の自序。また、「亜細亜生産方式与中国古代社会」も参照。

(一五) 林甘泉『林甘泉文集』五〜六頁。
(一六) 林甘泉『林甘泉文集』の自序、二〜三頁。
(一七) 林甘泉『林甘泉文集』六〜一一頁。
(一八) 林甘泉「中国古代土地私有化的具体途経」、原載は『文物考古論集』（文物出版社、一九八六年）、のち『林甘泉文集』に所収。二五頁。
(一九) 林甘泉『林甘泉文集』二七〜三九頁。
(二〇) 林甘泉『林甘泉文集』四四〜五八頁。
(二一) 林甘泉『林甘泉文集』五八頁。
(二二) 林甘泉「領主制与地主制—封建生産方式的両種類型」、原載は『歴史研究』一九六二年第二期、のち『林甘泉文集』に所収、六四頁。
(二三) 林甘泉『林甘泉文集』六五頁。
(二四) 林甘泉『林甘泉文集』六六頁。
(二五) 林甘泉『林甘泉文集』七二頁。
(二六) 林甘泉『林甘泉文集』七三〜七四頁。
(二七) 林甘泉「従出土文物看春秋戦国間的社会変革」、原載は『文物』一九八一年第五期、のち『林甘泉文集』に所収、一一六頁。
(二八) 林甘泉「漢代的土地継承与土地売買」、原載は、『中国歴史博物館刊』一九八九年第一三〜一四期、のち『林甘泉文集』一六〇〜一八九頁。
(二九) 林甘泉「养生」与「送死」—漢代家庭的生活消費」、原載は『中国考古学与歴史学之整合研究』、台湾中央研究院歴史語言研究所会議論文集、一九九七年七月、のち『林甘泉文集』に所収、二五〇〜二七四頁。
(三〇) 林甘泉「秦漢的自然経済与商品経済」、原載は『中国経済史研究』一九九七年第一期、のち『林甘泉文集』に所収、二二二〜二四九頁。
(三一) 林甘泉『林甘泉文集』二四五頁。
(三二) 林甘泉『中国古代政治文化論稿』二一〜二八頁。
(三三) 林甘泉「従『左伝』看中国古代城邦的政治体制」、原載は『慶祝楊向奎先生教研六十年論文集』（河北教育出版社、一九九八年版）。のち『中国古代政治文化论稿』に所収、三四〜五三頁。
(三四) 林甘泉『中国古代政治文化論稿』五二頁。
(三五) 林甘泉「秦漢封建専制主義的経済基礎」、原載は『秦漢史论叢』（陝西人民出版社、一九八三年版）。のち、『中国古代政治文化論稿』に所収、一二二〜一五五頁。
(三六) 林甘泉「秦漢封建国家的農業政策」、原載は『第十六届国際歴史科学大会中国学者論文集』（中華書局、一九八五年版）。のち『中国古代政治文化論稿』に所収、一七四頁。
(三七) 林甘泉『中国古代政治文化論稿』一五六頁。
(三八) 林甘泉「雲夢秦簡所見秦朝的封建政治文化」・『中国古代政治文化論稿』五四〜七八頁。
(三九) 林甘泉「論秦始皇—対封建専制政治人格化的考察」・『中国古代政治文化論稿』七九〜一二〇頁。
(四〇) 『漢書 刑法志』。
(四一) 『漢書 藝文志』。
(四二) 林甘泉「馬上得天下、不能馬上治天下—伝統思想対歴史経験的総結」、原載は『中国社会科学院研究生院学報』一九九七年第一期、のち『中国古代政治文化論稿』に所収、二一二〜二一五頁。
(四三) 林甘泉「従百家争鳴到独尊儒術戦国至西漢前期儒家思想与封建政治的関係」、原載は『中国史研究』一九七九年第三期、のち『中国古代政治文化論稿』に所収、二三六〜二六三頁。
(四四) 林甘泉『中国古代政治文化論稿』二〇九頁。
(四五) 林甘泉「中国古代的民本思想及其歴史価値」、原載は『光明日報』二〇〇三年一〇月二八日。のち『中国古代政治文化論稿』に所収、二二四〜二三四頁。
(四六) 林甘泉「夷夏之辨与文化認同」、原載は『伝统文化与现代化』一九九五年第三期、のち『中国古代政治文化論稿』に所収、三三三頁。
(四七) 林甘泉「文化性格与歴史発展」、原載は『歴史研究』一九九〇年第一期。のち『中国古代政治文化論稿』に所収、三四六〜三六〇頁。

(四八) 林甘泉「文化性格与歴史発展」、原載は『歴史研究』一九九〇年第一期。のち『中国古代政治文化論稿』に所収、三四六～三六〇頁。

(四九) 林甘泉「我仍然信仰唯物史観」、原載は、蕭黎（主編）『我的史学観』（広東人民出版社、一九九七年）、のち『林甘泉文集』に所収、四六九頁。

(五〇) 林甘泉『林甘泉文集』四七〇～四七三頁。

(五一) 林甘泉「二十世紀的中国歴史学」、原載は『歴史研究』一九九六年第二期、のち『林甘泉文集』に所収、三四六～三八四頁。

(五二) 林甘泉『林甘泉文集』三九七～三九九頁。

(五三) 林甘泉『林甘泉文集』三九九頁。

(五四) 林甘泉「関於史学理論建設的幾点意見」、原載は『史学理論与史学史学刊』二〇〇二年巻（北京師範大学出版社、二〇〇三年版）、のち『林甘泉文集』に所収、四二九～四三四頁。

(五五) 林甘泉『林甘泉文集』四三七頁。

(五六) 林甘泉『林甘泉文集』四三五頁。

(五七) 林甘泉「歴史主義与階級観点」、原載は『新建設』一九六三年、五月号。「再論歴史主義与階級観点」、原載は『新建設』一九六三年、一〇月号。両論文はのち『林甘泉文集』に所収、二七五～三一一頁。

(五八) 林甘泉「関於史論結合問題」、原載は『人民日報』一九六二年六月一四日版、のち『林甘泉文集』に所収、三一二～三一七頁。

(五九) 林甘泉「論歴史文明遺産的批判継承」、原載は『中国史研究』一九八三年、第二期、のち『林甘泉文集』に所収、三二七～三四五頁。

(六〇) 林甘泉「怎様看待魏特夫的〈東方専制主義〉」、原載は『史学理論研究』一九九五年、第一期、のち『中国古代政治文化論稿』に所収、三六一～三八二頁。

(六一) 林甘泉「世紀之交中国古代史研究的幾熱点問題」、原載は、中国史学会・雲南大学（編）『二十一世紀中国史学展望』（中国社会科学出版社、二〇〇三年）、のち『林甘泉文集』に所収、四二一～四二三頁。

(六二) 林甘泉『林甘泉文集』四二三～四二五頁。

(六三) 林甘泉『林甘泉文集』四二五～四二六頁。

(六四) 林甘泉『林甘泉文集』四二七頁。

(六五) 林甘泉「中国古代知識階層的原型及其早期歴史行程」、原載は『中国史研究』二〇〇三年、第三期、のち『中国古代政治文化論稿』に所収、二八一～二八二頁。

(六六) 林甘泉『中国古代政治文化論稿』、二八六・二八八・二九六頁。

(六七) 林甘泉主編『孔子与二十世紀中国』（中国社会科学出版社、二〇〇八年）。

(六八) 葉瑞昕「孔子及其思想在二十世紀的命運—評林甘泉主編的〈孔子与二十世紀中国〉」（『高校理論戦争線』二〇〇九年第六期）。作者はさらに、林甘泉の文章が四分の三強を占め、主要な見方や重要な評価は、林甘泉の自筆であり、全体からみれば、林甘泉教授が主となっている学術専著であるとしている。

(六九) 林甘泉「孔子与二十世紀中国」（『哲学研究》二〇〇八年第七期）。

(七〇) 林甘泉「孔子与二十世紀中国」（『哲学研究》二〇〇八年第七期）。

(七一) 林甘泉（主编）『孔子与二十世紀中国』（中国社会科学出版社、二〇〇八年）四七三頁。

(七二) 林甘泉「孔子与二十世紀中国」（『哲学研究』二〇〇八年第七期）。

(七三) 林甘泉「孔子与二十世紀中国」（『哲学研究』二〇〇八年第七期）。

(七四) 林甘泉『林甘泉文集』一二頁。

(七五) 林甘泉『林甘泉文集』一二頁。

(七六) 林甘泉『林甘泉文集』一二二頁。

(七七) 林甘泉『林甘泉文集』第四二九～四三一頁。

(七八) 林甘泉『中国古代政治文化論稿』第八四・八五頁。

(七九) 林甘泉『中国古代政治文化論稿』第三一一頁。

(八〇) 林甘泉『中国古代政治文化論稿』第二二四～二三四頁。

(八一) 林甘泉『林甘泉文集』第三八二頁。

(八二) 林甘泉『林甘泉文集』第三九六頁。

全体会 四

「古典中國」における史學と儒教

渡邉　義浩

はじめに

中国では、『史記』を筆頭とする二十四史をはじめとして、史部に大量の書籍が著録されており、史學の存在は自明として「史學史」が語られてきた。たとえば、内藤湖南は、『史記』が、中国史學の起源であるという。

> 史記といふ著述は、支那の史學史上に立派な紀元を作つて居る。從來の目的なき種々の記錄、卽ち官師の必要より書かれた記錄、それが一轉して諸子百家になつた著述が、全くその性質を變じ、事實上今日吾人の認めるやうな歷史となつたのである。……司馬遷の史記は、實にその［史部の、渡邉補］發端に當るものであつて、當時に於ては、えたいの知れぬ一家言の著述であつたものが、後世に至つて史書が一部の目をなすまでに發達する基をなしたのである。(一)

しかし、『史記』・『漢書』が執筆された時期には、「史」部は、未だ成立しておらず、「史」の執筆目的・方法論・表現などは、必ずしも自明のものであったとは言い難い。

もちろん、中国の「史」が、近代歴史学の視座から、すなわち歴史の真実を記しているか否かの検討、そして評価は行われてきた。たとえば、稲葉一郎は、歴史学上のより基礎的で一般的な課題は、それぞれの歴史家たちが基礎作業としての史料批判をどのように進めていたかを確認することであるという。

> ランケによる、史料批判をその中に組みこんだ史学方法論の確立は科学としての歴史学の成立を意味するものもあった。……司馬遷父子が取りあげた伝聞批判・資料批判が後の歴史家によってどのように受容され、批判的に継承されたのか、また劉知幾が批判の対象として文書が後代の歴史家によってどのように取りあげられ扱われたか、……それぞれの歴史家たちの史料批判のあり方を考察することによって中国の歴史家たちの歴史叙述への取り組みを歴史的に跡づけ、歴史学の発達の様相を見るというのが小著のもう一つの目標である。(二)

しかし、中国の「史」でいう「直筆」は、近代歴史学でいう正しい記録とは異なる。そもそも、西欧近代に成立した史料批判をその中に組みこんだ史学方法論を「科学」とし、それを司馬遷をはじめとする中国の歴史家に探ることに何の意味があるのであろうか。

本稿は、中国における史學の展開を主として儒教、さらには文學との関わりの中で、学際的に把握する試みである。

一、『春秋』と『尚書』

1．美刺と鑑戒

歴史は、なぜ書かれるのか。『詩經』大雅 蕩に、「殷鑑 遠からず、夏后の世に在り（殷鑒不遠、夏后在世）」とある。歴史を鑑とする思想は、これを起源とする。『春秋左氏傳』に注をつけた西晉の杜預は、その序文で次のように述べている。

夫れ制作の文の若きは、往を章らかにし來を考ふる所以にして、情は辭に見はる。言 高ければ則ち旨は遠く、辭 約《つづ》むれば則ち義は微《かす》かなり。此れ理の常にして、之を隱すに非ざるなり。[三]

杜預の序文は、直接的には、後漢の何休ら公羊學者が、孔子は『春秋』の文を微かにし、その義を隱した」と主張することへの反論である。[四] しかし、それを超えて、ここには、『詩經』以来の歴史を鑑とする意識を読み取ることができる。「往を章らかにし來を考ふ（章往考來）」は、『周易』繫辭下傳を踏まえている。加賀栄治によれば、「杜預がここで『周易』を引用するのは、天道と人道とを通ずる五經理念の一大体系を組成する意図が（杜預の基づく、司馬徽らが創設した後漢末の、渡邉補）荊州學派にあったものを継承したからである」という。[五] 天道を明らかにし未来の鑑となる『周易』と同様に、人道を描いた『春秋』もまた、未来の鑑と成ることができる。『春秋』は、左氏傳に対する杜預の集解により、人道の鑑たり得る史書であることを確認されたのである。[六]

歴史が、人道の鑑となるためには、歴史への「美刺」を述べればよい。中国の正史のはじめと位置づけられる『史記』と『漢書』は、『史記』が「刺」、『漢書』が「美」の性格を多く帯びた書籍である。

『太史公書』として著された『史記』は、孔安國から古文『尚書』を受け、董仲舒を師として春秋公羊學を修めた儒者司馬遷の「一家の言」である。『漢書』藝文志が、『太史公書』を春秋家に分類しているように、この時代は、いまだ「史」が独立した地位を学術上に占めていなかった。『太史公書』は、単なる「行事」の記録である「史の記」に加えて、「太史公曰」により是非を弁じた『春秋』を継承する書となった。司馬遷は、これを「一家の言」として『太史公書』と名付けたのである。司馬遷の『史記』執筆の思想的な背景は春秋公羊學にあり、その執筆目的は、春秋の微言により武帝を批判すること、すなわち「刺」にあった。[七]

一方、班固の『漢書』は、『尚書』を継承して漢の「典・謨」を「述」べたものである。班固の詩賦が、漢の「雅・頌」（『詩經』）として、文學を儒教に組み込むものであれば、班固の『漢書』は、漢の「典・謨」（『尚書』）として、「史」を儒教に組み込むものなのである。その際、規範とした儒教經典は、諸侯の「史」である『春秋』ではなく、帝王の「史」である『尚書』であった。[八] こうした執筆意図を持つ『漢書』は、今日的な意味での正確な史実を記す必要性を持たない。後漢を筆頭とする後世が、鑑戒とすべき「在るべき姿」として、前漢を描いていくことになる。[九] 班固の執筆目的は、理想のあり方として聖漢を「美」することにある。

これらに対して、西晉の司馬彪が著した『續漢書』、なかでも今日まで残存した八志は、漢の制度を「鑑」とすることに力点が置かれる。曹魏において繰り返された儒教への対抗、それへの反発を束ねて国家を創設した西晉は、「儒教國家」の再編を目指した。封建・井田・學校などの諸政策に、西晉における「儒教國家」再編への動きを見ることができる。[一〇] 司馬彪の『續漢書』、就中その八志は、そうした西晉

「儒教國家」再編の鑑（鑑戒）とすべき後漢「儒教国家」の諸制度をまとめあげたものであった。[一一]

鑑としての歴史を描くことは、『春秋左氏經傳集解』に展開される杜預の『春秋』解釈に通ずる営為であった。むろん鑑を設定することは、現在の国家がそれを鑑みた政策を展開することにより、自己の国家の正統化へと繋がる。中国の歴史書の執筆目的が、国家の正統化を中心に置きながらも、勧善懲悪という孟子の『春秋』解釈から、『資治通鑑』にも繋がるような鑑としての杜預の『春秋』解釈へと展開するものであれば、漢を規範、すなわち鑑とする司馬彪の『續漢書』は、後者の嚆矢に位置づけられる歴史書なのである。

2．斷代と通史

二十四史は、『漢書』に始まる斷代史が多いが、『史記』を継承する通史もある。班固は、なぜ斷代史を創めたのであろうか。

父班彪の著した『後傳』が、『史記』を批判しながらも、『春秋』を継承するその歴史観を継承したこととは異なり、班固は『史記』の続成とは一線を画していた。そして、『尚書』を継承する「史」であることを示すために、堯から始まり秦の穆公の悔恨で終わる『尚書』に準えて、高祖から始まり王莽の悪政で終わるよう『漢書』を構成した。その際、漢の『尚書』たらんとした『漢書』は、漢の歴史を「百王の後」に続けることを良しとしなかった。『尚書』に準えて「史」の儒教化を目指した『漢書』は、それゆえに斷代という時代の区切り方をしたのである。

一方、蜀漢の譙周は、同じく『史記』を批判しながらも、『漢書』とは異なり、通史としての『史記』の起源をさらに遡って「史」を記述した。譙周は、『史記』の記述を『春秋左氏傳』や『論語』などの經典に基づいて批判する。經典にこそ「正しい」事実が記されると考えたためである。近代における客観的に正しい事実を記そうとする歴史学との違いである。そして、譙周にとって「正しい」歴史記述は、「正しい」予言に結びついていた。譙周が蜀漢の後主に降服を勧めたのは、『春秋左氏傳』を典拠とする予言に基づく。未来を知り、現在の生き方を考えるためには、過去の「正しい」歴史の認識が必要である。したがって、譙周は、『史記』が描く「五帝」より過去の歴史も「正しく」認識しようとした。このため『古史考』が重視した「三皇」は、經典に依拠して「燧人・伏羲・神農」と規定された。譙周は、鄭玄注『尚書大傳』を代表とするような經典を論拠に、『史記』になかった「三皇」の歴史を記述したのである。

また、譙周を継承した西晉の皇甫謐『帝王世紀』は、「三皇」をさらに遡り、万物の根源を考える。皇甫謐は万物の根源を「三氣五運」説に求めながらも、鄭玄の生成論には従わない。そして、明らかにし得た万物の根源に続けて、「三皇・五帝」に関する記述を再編成することで、「史」はどこまで遡るべきか、という課題に答えた。それは、「史」の存立意義を問うことでもあった。皇甫謐は、人間・文明の由来を知ることから、万物の根源にまで遡ろうとしたのである。[一二]

3．紀傳體と編年體

二十四史は、すべて紀傳體で書かれているが、六朝の「史」は、編年體のものも多い。干寶は、編年體、とりわけ左傳體によって、「史」を著すべきことを朝廷で主張し、認められている。

干寶は、華北を胡族に奪われる政治状況の中で動揺した天人相關説について、『搜神記』を著してそれを補強するだけではなく、[一三]『晉紀』に「晉氏の中興の瑞」を記録して、天人相關説に基づき東晉を正統化した。その際、干寶は、『晉紀』を「左傳體」により著した。『晉紀』は、「總論」を設けたことが『春秋左氏傳』と異なるものの、その外形・叙述・「凡例」・「君子曰」の四点で左氏傳を継承し、「左傳體」を確立した「史」となった。干寶が「左傳體」により「國史」を編纂すべきと主張し、それを実践した理由は、『竹書紀年』を自説の論証とする杜預の『春秋左氏經傳集解』後序の影響によって、「左傳體」こそが古くから伝わる史書の正統な書き方と考えたためである。[一四]

西晉の杜預の『春秋左氏經傳集解』は、史官が史実に評を付けることが、「魯の春秋」に対して、周公が「凡例」を含ませ、孔子が「變例」を込めた行為に準え得ると「史」を宣揚した。[一五] このため、東晉では、孫盛のような「史評」を著すことが流行する。袁宏の『後漢紀』にも、「袁宏曰」から始まる史評が四十九条収録される。袁宏の史評には、どのような特徴が見られるのであろうか。

袁宏は史評において、国家の正統性や貴族のあり方の規範を示した。国家の正統性は、漢魏革命を認めず、劉備の季漢を正統とするものであった。そこには、中原を回復した桓溫の功を曹操と比較し、その功の少なさと忠義の無さを示すことで、桓溫を覇者に留めようとする東晉の現状に対する規範意識の提示があった。それに加えて、「古典中國」を形成した漢の規範意識の高まりに応える目的も有していた。こうした意味において、袁宏の『後漢紀』は、季漢の正統をさらに明確化した習鑿齒の『漢晉春秋』の先駆と言えよう。また、「黨人」と荀彧への批判では、直接的で激しい政治行動を集団でなすこと、不義なる君主に仕えることの不当性を明示した。そして、貴族の諫言方法を示す中では、桓溫の簒奪をしなやかに防いだ謝安のあり方を賛美するのである。謝安に貴族の一典型を見るという点において、袁宏の『後漢紀』は、『世説新語』の先駆とも言えよう。[一六]

このように「史」が貴族の手で著され、貴族の価値基準に基づいて勧善懲悪が行われることは、君主権力にとって大きな脅威となる。唐代になると、国家が正史を編纂することで、貴族から「史」という文化価値を収斂していく理由は、ここにある。[一七]

こうして検討してくると、「史」の執筆目的や体裁についての『尚書』と『春秋』の影響の大きさが分かる。さらに言えば、影響という以上に、儒教の枠組みの中から、史學は未だ自立することなく、儒教經典のもとで、「史」の執筆目的や体裁が議論されていると言えよう。それでは、史學は、儒教から自立し得たのであろうか。

二、「史」の方法論と正・統

1.「史」の正統性と自立

「史」の正統性の確立には、杜預の果たした役割が大きい。杜預は、『春秋左氏經傳集解』において、「據傳解經法」と「經傳分年比附」という新しい方法論を用い、これまでの春秋學の理念的な義例を打ち破り、史學も尊重する「事実」により義例を説くことが、公羊・穀梁學派や左氏學派の先学よりも、優れていることを主張した。杜預の『春秋左氏經傳集解』は、史學を利用して經學中における自らの優越性を確立すると同時に、史學を經學により正統化することで宣揚した。魯の史官である左丘明が、聖人の孔子を助けるだけではなく、「魯の春秋」に残されていた「周公の凡例」をも明らかにして左傳の中に書き記した、孔子に比肩する助力者と位置づけられたためである。また、魯の史官が記した文は、孔子が筆削すれば經となり、筆削から外れた部分も「非例」ながら經の一部を構成していることも明らかにされた。[一八]

ただし、「史」が正統化されても、真の意味で經學から自立するためには、史學独自の方法論を持たなければならない。史學独自の方法論は、『三國志』の裴松之注に見ることができる。

史學の正統性の確立は、史官の地位向上をもたらした。九品中正制度において、祕書郎に次いで起家官として尊重されたものは、史官の佐著作郎（劉宋以降は著作佐郎）であった。実は、祕書郎も、史書の執筆に不可欠な秘籍を蔵する祕書省の郎官である。著作佐郎の尊重は、やがてかれらが別傳の執筆を課せられたことによる史書の増加と、その内容の杜撰さを生んだ。ここに裴松之は、内的・外的史料批判という史學独自の方法論を確立して、「史」の自立をもたらす。

裴松之は、①補闕・②備異・③懲妄・④論辯という四種の体例に基づき『三國志』に注を附した。①補闕とは、簡略と称される陳壽の『三國志』の記事を補うもので、多くの史書が裴注により伝えられた。②備異とは、本文と異なる説を引くことであり、③懲妄とは、本文および引用史料の誤りを訂正することであるが、両者は補完して行われる。著名な事例であるが、劉備が諸葛亮に三顧の禮を尽くしたとの『三國志』巻三十五　諸葛亮傳の記述に対して、諸葛亮が先に劉備を訪ねたことを伝える魚豢の『魏略』・司馬彪の『九州春秋』を掲げる、これが②備異である。そして、「出師表」の「臣を草廬の中に三顧す」を引用し、「（諸葛）亮　先に劉（備）を詣ぬるに非ず」と結論づける、これが③懲妄である。異なる内容の史料を掲げ、より信憑性の高い「出師表」に照らして、それらの史料の正確性を考察する。これは、史料の信憑性と正確性の解釈による批判、すなわち内的史料批判である。④論辯は、史実と史書への論評である。『孫資別傳』に加えられた「資の別傳、其の家より出で、是の言を以て其の大失を掩はんと欲す」という評価は、史書への論評にあたる。これは史料の出所批判や伝来過程を調べる文献考証、すなわち外的史料批判である。裴松之の注は、歴史的事実の探索のために内的・外的な史料批判を行っている。ここには、儒教とは異なる史學としての方法論の確立を見ることができる。魏晉期における別傳の盛行に代表される偏向の多い史書の激増は、裴松之のごとき史料批判を必須のものとし、「史」が学術の一分野となる。こうして「史」という文化的価値は、儒教から自立したのである。（一九）

これにより、「史」に必要なものは、近代歴史学に近接性を持つ、記述の客観性・整合性からなる事実の記録としての正しさなのか、『春秋』の義例を起源とするような、倫理的・観念的な正しさなのか、という新たな問題が生まれた。後者であればあるほど、史学は儒教に近づく。また、漢のあるべき姿を描いた『漢書』は、後者に近い。当然のように、『漢書』に注を附した顔師古は、裴松之の方法論から派生した異聞を重視する注の付け方を批判していく。（二〇）

顔師古は、『漢書』の内容を『漢書』の中で解釈しようとし、經書や小學書を除いては、他の書籍から異聞を引用することを批判した。それは、裴松之により創始された異聞による本文への史料批判を否定するためであった。本来、『尚書』を受け継ぐ書として著された『漢書』に、經學的方法論に基づき注を付け、その本文を絶対視しようとしたのである。顔師古は、裴松之が始めた史料批判に基づく「史」的方法論に基づく注の付け方を班固の「經」的方法論に回帰させようとしたのである。

さらに顔師古は、『漢書』に注を付けることで、「經」を補完しようとした。『漢書』はすでに滅んだ經文と解釈を伝える、經學にとって重要な書なのである。顔師古は、「經」における「史」の重要性を示すことで、「史」の地位の向上を目指した。その結果、顔師古注で展開された喪制に関する議論が、唐の經學に反映されたように、顔師古の『漢書』注は、「史」の方法論に基づく注から、「經」の方法論に基づく注へと回帰することで、国家の「正史」としての正統性を高めようとしたのである。

顔師古は裴松之を批判して、「史」を「經」の枠内に留め、「經」における「史」の重要性を高めることで、「史」の地位を確立した。こうして、「經」にその存立を保障された『漢書』は、唐における漢の「古典中國」化を進めるだけでなく、「古典中國」を伝える史書として長く読み継がれていく。中国前近代において、おおむね『史記』よりも『漢書』の評価が高かった理由である。[二一]

3．正と統

史學が倫理的・観念的な正しさを重視するのであれば、史書の対象となる国家の正統性が大きな問題となる。国家の正統性に正面から向き合った最初の史書は、陳壽の『三國志』であった。

陳壽は『三國志』のなかに、二つの正統を組み込んだ。後漢を継ぐ季漢の正統、季漢を継ぐ曹魏の正統である。蜀學に伝わっていた「益州に天子の氣あり」・「漢に代わる者は當塗高」という二つの讖文は、後漢→季漢→曹魏という正統の継承を主張することにより、その正しさを証明できる。しかし、これを直書するには、二つのタブーがあった。第一は、後漢→曹魏→西晉の正統を示すべき政治的立場であり、第二は、西晉における讖緯思想の禁圧である。第一は、曹魏のみを正統とする体裁を取ることにより対応し、第二は、劉焉批判により讖緯批判に同調した。ただし、そこには季漢の正統を潜めなければならない。これを可能にする体裁が「三國」志だったのである。[二二]

また、正統の問題は、地方の歴史を記す史書にも、無視し得ないものであった。中国最古の地方志とされる常璩の『華陽國志』は、華陽の独自性を記す一方で、華陽が「大一統」と与すべきことを主張した。そこには、蜀學の伝統に加えて、成漢を東晉に降伏させた常璩の政治的立場の正統化が含まれていた。『華陽國志』が、「華陽」という「地方の国」の歴史を描きながら、晉による「大同」の正しさと、「華陽」を拠点とした偏覇の不当を描き出す書となった理由は、「大一統」の思想的な背景に春秋學があったためである。[二三]

蜀漢を偏覇に止めてまでも東晉の正統性を描く常璩の『華陽國志』に対して、同じく東晉の習鑿齒は、『漢晉春秋』で西晉の正統を蜀漢からの継承に求める。習鑿齒は、正統を「正」と「統」に分けて考え、その両者を満たすことが正統であるとした。「正」とは、禪讓・放伐など易姓革命により終始五德説に基づいて自らの国家の正しさを述べるもので、たとえば、曹魏が堯舜革命に準えて、漢魏革命を禪讓で行ったことがこれに当たる。これに対して「統」とは、中国の統一を指し、春秋公羊學の「大一統」の「統」に基づく。したがって、統一国家が存在しなかった三國時代には、「正」であると共に「統」である国家はない。それ以前に「正」であり「統」であった「漢」の正統は、漢の滅亡後、中国を統一し得た「晉」へと継承される。そうであれば、三國の中では、漢を継承する蜀漢こそ正統となる。晉を奪う「正」も中国を「統」一できる武力も持たない桓溫が、蜀を征服した程度で自らを劉備に準えることはできまい。習鑿齒は、現実の問題と向き合いながら、「正」と「統」の問題に対処したのである。

このように史學の儒教からの自立は、史學独自の方法論である史料批判を裴松之が採用したことに求められた。そこには、杜預が『春秋左氏傳』を史學の立場から捉え、儒教との関わりにおいて史學を宣揚していたことも大きな影響を与えた。しかし、史料批判により正しい事実を探るという、近代歴史学にも似た裴松之の方法論は、『世説新語』に注を附した劉孝標には継承されたものの、唐の顔師古には批判された。顔師古は、史學独自の方法論を否定し、經學の方法論である訓詁を中心に『漢書』注を著した。また、史學が自立した時期が、魏晉南北朝の分裂時代であったことは、対象とする國家の正統の問題と向き合う必要性を生み、習鑿齒のように「正」と「統」を分離する立場も現れたのである。

三、表現と分類

1．文學への傾斜

史書の内容だけに注目するのではなく、その表現に工夫を加えることは、范曄の『後漢書』から本格化する。范曄は、『後漢書』の表現に文學性を持たせようとした。范曄『後漢書』の文學性は、駢儷體に向かうその美文に止まるものではない。「例」と共に重視する「序」において、范曄は、時代全体の潮流を論ずる史論を著した。それは「論」において、「一代の得失を正」すことへの重視に展開する。范曄にとって、事実の記録である「史」は、「沈思」に基づく史論と共に表現すべきものであった。『文選』序は、これを「事は沈思より出づ」という採録基準とし、そこに「史」の文學性を見た。

また范曄は、四字句の韻文である「贊」を最も自負していたように、『文選』序の採録基準と同様、「義は翰藻」により表現すべきと考えていた。范曄は、「情」と「志」が動くことで華麗な詩文は表現され、それが儒教經典に基づく「詩人の賦」であれば、美しく義に適っていると「文」を理解していた。したがって、「詩人の賦」が政治を「美刺」したように、賦に代表される「文」は、「一代の得失を正」さなければならない。

范曄『後漢書』の文學性は、自らが誇る「贊」の韻文、あるいは「序」「論」の美文によって、「詩人の賦」が持っていた儒教の規定する「文」の本質である「美刺」を表現したことにある。しかも、それは「文」として表現することで初めて「志」と「情」とが伝わるという范曄の文学観に裏打ちされていた。[二四]范曄の文學性は、こののち沈約の『宋書』にも大きな影響を与えていく。

2．史と小説

「史」の文學性は、史書と文學、なかでも小説との区別を難しくした。中国近代において魯迅が「小説」と位置づけた『捜神記』・『世説新語』は、それが書かれた当該時代においては、いずれも「史」であった。

『捜神記』の「五氣變化論」の論理そのものは、主として『論衡』からの借り物であった。しかし、その變化を『春秋左氏傳』のように「事」によって表現したため、豊富な事例を集め得た。したがって、『捜神記』は、『春秋左氏傳』が杜預注以降「史」としての性格を強めていたことを背景に、史部に著録されるべき書籍となった。事実、『隋書』巻三十三 經籍志二は、『捜神記』を史部 雜傳に著録している。ところが、天人相關説の衰退とともに、變化の論理への注目が疎かになり、事例として集めた表現が物語として読まれていくようになる。こうした中で、積極的な天人相關否定論者であった歐陽脩は、『新唐書』巻五十九 藝文志三において『捜神記』を小説家類に移動した。ただし、そののち、一時『捜神記』の継承が途絶えたように、宋代における『捜神記』は、後世のように、小説の祖として尊重されたわけではない。[二五]

また、『世説新語』が「事」よりも「語」を重んじる特徴は、単なる『論語』の踏襲ではなく、人物評價や清談、あるいは文章表現において、「語」を必要不可欠とした時代の特徴でもある。この結果、『世説新語』が、事実を伝える正しさよりも表現の価値を重視したことは、人の叙述を重視する魯迅により、「志人小説」と位置づけられる原因となった。そして、表現の重視は、南朝の貴族制を賛美する『世説新語』を嫌った唐の史官が、『隋書』經籍志で『世説新語』を貶め、史書でありながら子部小説類に著録した要因にもなっている[二六]。

劉知幾は『晉書』が『世説新語』を引用することを厳しく批判するが、『世説新語』で多く扱われる王導・謝安・桓温の記録は、『晉書』の材料としても相応しいものであった。唐修『晉書』の王導傳は、『世説新語』が描く王導とは、異なった王導像を構築していた。『世説新語』は、王導の「寛」治が、江南を円滑に統治し、南北問題を解決する方法論として、謝安や桓温に継承されたことを伝える。これに対して、唐修『晉書』は、儒教に基づき禮制を整備し、皇帝権力からの自律性を持たない佐命の功臣として王導を描くのである。唐にとって都合の良い王導像と言えよう。こうした両者の差異は、先行する史書が少なく、『世説新語』が史料としての独自性を持つことが多い謝安傳では、さらに際立つ。謝安に関わる『世説新語』の叙述のうち、皇帝に対する貴族の自律性を示す記事や唐の律令体制を損なう政事などは採用されていない。『隋書』經籍志が子部小説類に『世説新語』を入れたように、『世説新語』が皇帝を中心に置かない、貴族の伝記集であったことを唐修『晉書』の撰者たちは十分に認識したうえで、材料として取捨選択して用いているのである。したがって、東晉を簒奪しようとした桓温に関する『世説新語』の記述は、用いられることが少なかった。『世説新語』は、桓温を簒奪者としながらも、その一方で、清談をよくした貴族としての側面も多く伝えるためである。唐修『晉書』が採用した『世説新語』の桓温の記述は、桓温を簒奪者と位置づけるものばかりであった。このように、唐修『晉書』は、劉知幾の言うような『世説新語』の「小説」的な記述を「逸史」として「十八家晉書」を補っただけの史書ではない。『晉書』は、唐の「正史」に相応しい記録を吟味して、『世説新語』の記事から取材しているのである[二七]。

3.「史」部の成立

唐代に編纂された『晉書』において、『世説新語』の「小説」的な記述と「正史」に相応しい記録を弁別し得たのは、史學と文學・經學との境界線が定まり、「史」部が成立していたことによる。『文心雕龍』史傳篇、および『文選』序により、史學とは何か、それが文學とはどのように異なるのか、という議論の深まったことが、その背景にある。

目録史上初の四部分類が採用された曹魏の荀勗の『新簿』において、甲部（のちの經部）・乙部（のちの子部）に続く丙部として初めて經部の春秋類から独立した史部が、東晉の李充の『晉元帝書目』において、子部と入れ代わって乙部に位置づけられたことは、史學の執筆目的・方法論・表現などの議論と実践が深まり、史學の地位が高まったことの象徴である。こうして、『隋書』經籍志の四部分類に、經部に次ぐものとして史部が立てられ、史學が成立したのである。

おわりに

司馬遷が『史記』を著したときに、史學は先験的にそこに存在したのではない。司馬遷が目指したものは『春秋』の継承であり、班固は

『尚書』を規範として『漢書』で漢を賛美した。後漢末の靈帝期になると、司馬遷の著した『太史公書』は『史記』と呼ばれるようになる。同時に、それまで国家に独占されていた「史」の編纂が史官以外にも可能となる。そうしたなかで形成された多くの「別傳」を史料批判した劉宋の裴松之の『三國志』注において、史料批判という史學独自の方法論が確立し、「史」は儒教より自立した。

しかし、史學は經學とは異なる道、たとえば客觀的に正しい事実を記すことを優先するといった、いわゆる近代歴史学への道を辿ることはなく、史料批判もそれが挙げる異聞の猥雑さを批判されるなかで、顔師古の『漢書』注の經學的な訓詁の注に押されていった。史學が經學的な在るべき正しさを求めることからは、のちの正閏論へと繋がる正・統の問題が提示され、表現の文學性からは、史學と文學との違いが意識されるに至った。

こうして唐のはじめには、『隋書』經籍志の四部分類に、經部に次ぐものとして史部が立てられるように、執筆目的・方法論・表現などの議論と実践を深めた史學が成立したのである。北宋の歐陽脩に至り、史學は新たな展開を見せることになるが、それについては別の機会に論ずることにしたい。

《注》

（一）内藤虎次郎『支那史学史』（弘文堂、一九四九年、『内藤湖南全集』第十一巻、筑摩書房、一九六九年に所収）。なお、梁啓超『中国歴史研究法』（商務印書館、一九二二年、『飲冰室合集』中華書局、一九八九年に所収）も、『史記』により、中国史學は成立するとしている。

（二）稲葉一郎『中国史学史の研究』（京都大学学術出版会、二〇〇六年）。

（三）若夫制作之文、所以章往考來、情見乎辭。言高則旨遠、辭約則義微。此理之常、非隱之也（『春秋左氏傳注疏』巻一 春秋序）。

（四）渡邉義浩「「春秋左氏伝序」と「史」の宣揚」（『狩野直禎先生米寿記念三国志論集』三国志学会、二〇一六年）。

（五）加賀栄治『中国古典解釈史』魏晋篇（勁草書房、一九六四年）。

（六）渡邉義浩「余説 治乱のヒストリア」（『治乱のヒストリア—華夷・正統・勢』法政大学出版局、二〇一七年）。

（七）渡邉義浩「『史記』における『春秋』の継承」（『RILASJOURNAL』五、二〇一七年）。

（八）渡邉義浩「『漢書』における『尚書』の継承」（『早稲田大学大学院文学研究科紀要』六一―一、二〇一六年）。

（九）『漢書』が鑑戒とすべき「在るべき姿」として、前漢を描いたことについては、渡邉義浩「『漢書』が描く「古典中国」像」（『日本儒教学会報』二、二〇一八年）を参照。

（一〇）西晋における「儒教国家」の再編については、渡邉義浩『西晋「儒教国家」と貴族制』（汲古書院、二〇一〇年）を参照。

（一一）渡邉義浩「司馬彪の修史」（『大東文化大学漢学会誌』四五、二〇〇六年、『西晋「儒教国家」と貴族制』前掲に所収）。

（一二）渡邉義浩「『古史考』と『帝王世紀』—儒教に即した上古史と生成論」（『早稲田大学大学院文学研究科紀要』六三、二〇一八年）を参照。

（一三）干宝が『捜神記』において、天人相関説を補強しようとしたことについては、渡邉義浩「『捜神記』の執筆目的と五気変化論」（『東洋文化研究所紀要』一六八、二〇一五年、『「古典中国」における小説と儒教』汲古書院、二〇一七年に所収）を参照。

（一四）渡邉義浩「干宝の『晉紀』と「左伝体」」（『東洋研究』二〇四、二〇一七年）。

（一五）渡邉義浩「「春秋左氏伝序」と「史」の宣揚」（前掲）。

（一六）渡邉義浩「東晋における史評の隆盛と袁宏の『後漢紀』」（『中国文化—

研究と教育』七五、二〇一七年）。

（一七）渡邉義浩「「史」の自立—魏晋期における別伝の盛行について」（『史学雑誌』一一二—四、二〇〇三年、『三国政権の構造と「名士」』汲古書院、二〇〇四年に所収）。

（一八）渡邉義浩「「春秋左氏伝序」と「史」の宣揚」（前掲）。

（一九）渡邉義浩「「史」の自立—魏晋期における別伝の盛行について」（前掲）。

（二〇）『世説新語』の劉孝標注が、裴松之の方法論を継承する異聞を拾い、史料批判を行う注であることは、渡邉義浩「『世説新語』劉孝標注における「史」の方法」（『三国志研究』一一、二〇一六年、『「古典中国」における小説と儒教』前掲に所収）を参照。

（二一）渡邉義浩「班孟堅の忠臣—顔師古『漢書』注にみる「史」の「経」への回帰」（『東洋文化研究所紀要』一七二、二〇一七年）。

（二二）渡邉義浩「陳寿の『三国志』と蜀学」（『狩野直禎先生傘寿記念 三国志論集』三国志学会、二〇〇八年、『西晋「儒教国家」と貴族制』前掲に所収）。

（二三）渡邉義浩「常璩『華陽国志』にみえる一統への希求」（『RILAS JOURNAL』六、二〇一八年）。

（二四）渡邉義浩「「史」の文学性—范曄の『後漢書』」（『東洋研究』二〇八、二〇一八年）。

（二五）渡邉義浩「『捜神記』の執筆目的と五気変化論」（前掲）。

（二六）渡邉義浩「『世説新語』の編纂意図」（『東洋文化研究所紀要』一七〇、二〇一六年、『「古典中国」における小説と儒教』前掲に所収）。

（二七）渡邉義浩「『世説新語』の引用からみた『晋書』の特徴」（『史滴』三八、二〇一六年）。

全体会 五

中国歴史・文化の研究における民間文献の用い方

陳支平・趙慶華
仙石 知子（訳）

はじめに

所謂、民間文献とは、一般的な意義から見れば、契約文書・譜牒家乗・碑文帳簿・書函信書など民間の家が所有する文字記録を指す。二十世紀の三、四十年代から、傅衣凌先生を代表とする歴史学者が、契約文書などの民間文献を研究に利用しはじめ、注目に値する研究成果を得たことで、民間文献の利用が中国の歴史学研究における研究方法の一つとなった。とくに八十年代以降、「地域史」研究の高まりに伴い、民間文献の利用は、地域史研究を行う歴史学者たちが絶え間なく増加したことで、現代中国の歴史学において重要な研究方法とみなされるようになった。

この四十年来、民間文献を利用した中国の歴史と文化の研究における成果の重要性には疑う余地がなく、民間文献の収集整理と学術研究も歴史学の分野でたいへん重視されている。しかし、わたしたちが最も注意すべきことは、重視される過程には、民間文献をわざと極端に持ち上げ、また史料の濫用といった偏りが現れていることである。学者の中には、民間契約文書の発見を異常なほど賞賛する者もいる。民間契約文書の発見は、中国歴代典籍・地下考古物・敦煌吐魯番文書・簡帛文書のあとを継ぐ、「二十世紀中国歴史・文化の五番目の大発見」であるという[一]。このような文化的位置づけを踏まえたうえで、わたしたちは民間文献を利用した歴史と文化の研究の過程において出現した、故意に極端に持ち上げ、また史料を濫用するといった偏向に対して、再考する必要があるのではないか。

一、地域史研究の感情的要素

二十世紀の八十年代より、中国歴史学の分野で、「地域史研究」あるいは「地域研究」が盛んになってきたが、「地域史」という概念については、あまり明確にされておらず、何が「地域史研究」で、何が「地方史研究」なのかを明らかにすることは難しい。本論では都合により、「地域史研究」を「地方史研究」と同一視して論ずる場合がある[二]。

もちろん「地域史研究」は、「地方史研究」でもあり、どちらも地域的な境界を持つものである。これらの自然な地域の境界は、多くの場合、それぞれ異なる「地域史」や「地方史」の研究チームのメンバー構成を決定している。換言すれば、どの地域、地方の歴史と文化の研究であろうとも、その研究に従事する人員は、大部分がその地域やその地方の出身者である。基本的には、その土地の者がその土地の研究をするのであり、その土地に籍のない者による、その土地の研究は少数なのである。

現地の人がその土地の研究を行うと、「故郷への情」と「学術上の客観性」が衝突する。これは、ある宗教を信仰する者がその宗教を研究する場合と同じで、自身の信仰心によって自ずから考えに偏りが出てしまうことと同じである。ある宗教を信仰しながら、その宗教を研究すると、研究における客観性や公正性は、周囲から疑問視されるものである。地域史研究について言えば、現地の人がその土地の研究を行えば、「故郷」への感情という偏りが出ることを避けられず、その研究結果には、多かれ少なかれ自然に「つまらないものであっても自分にとっては宝物」という傾向が見られるのである。たとえ学術的な見方に厳格な学者であっても、故郷の歴史と文化について論述する際には、故郷の歴史文化の中に存在する宜しくないことについては言及を避け、故郷の歴史文化における輝かしい部分をなるべく多く発掘しようとするのである。このような感情的要素の影響を言えば、わたしたちが現在、目にすることのできる中国の異なる地域の歴史と文化の記述は、基本的には輝かしいものばかりで、その地域に存在する宜しくない点についての記述は比較的少ないということになる。わたしの故郷である福建省閩南地区を例に挙げよう。周知のように、明清時代において福建の閩南地区は、著名な海盗の故郷であったが、そのころの閩南の歴史と文化に関する研究の中では、閩南地区は、「努力により成功した」という「海洋文化」の地域であると記録されている。現地の人が「閩南歴史文化」に従事する場合は、好きでやっているため一向に疲れず、非常に意欲的なのであるが、「海盗」の二字については、まったく無関係だとするのである。

族譜は、民間文献において最も重要なものに位置付けられる。近年来、全国各地で族譜の収集と整理が盛んに行われており、すでに公にされている族譜の目録の数は十万にのぼる。多くの出版社が次々とそれぞれ異なる様式の族譜を少なくとも十種は編集し、正式に出版している。中国の学術面での伝統的な理解では、族譜は訓《おし》えとしては些か足りず、不変的な規則に基づいているとは言えない家の雑記とされてきた。族譜は、もともとは民間の伝承的記録文献であるが、名の知れていない家の私的な記録であり、官書においては重視されないことが書かれているもので、社会の中心的な階層における歴史と文化の変遷が、比較的正しく記録されてきている。これらの社会の中心的な階層における歴史と文化の変遷は、王朝政治の入れ替わりと、それらの政治にともなってきた倫理道徳が構築してきた中華民族の歴史と文化の全貌なのである。この点から見れば、族譜は、中華民族の歴史文献の中の重要なものの一つであり、中華文化が極めて豊かな特徴を持つことを表わす表現形式なのである。

族譜は、中華民族の歴史文献における重要なものの一つと言えるが、そこに書かれている記録がすべて真実だという問題とは別である。族譜は確かに多くの社会の中心的な階層における歴史と文化の変遷を記録し保存してきた。しかし、族譜は宗族の私家文献として、その編纂には公共的学術のきまりの影響を受けることは少なく、その宗族の目的である始祖まで遡り、祖先の栄光を讃え、継嗣や子孫の記録をし、宗族の家門を標榜しているが、それらは、族譜の編纂に欠かすことのできない事柄であった。多くの族譜が比較的普遍的に行っていた編纂方法は、歴史上における同じ氏姓の帝室に連なる貴族や名声の高い有名人をなるべく多く探し出し、自身の宗族と関連付けようとすることである。また、同じ氏姓の奸臣や敗退者の輩は排除するか、見てみない振りをして記録をしなかったのである。このような族譜の編纂方法は、族譜の資料価値に二つの側面をもたらした。一つは、すでに貴重な史料としての価値があるという側面であり、同時に虚偽の史料の重要な来源地となっているという側面である。

民間の族譜に関する史料の価値の両面性については、先学が絶えず指摘してきた。譚其驤先生はかつて族譜と移民史研究の関係を説き、「族譜で信じてはいけないものは、官職、爵位、帝王を祖先とすること、および有名人を宗族とすることである。内地への移民史が求める族譜の有用性は、おしなべてそれらの中にはなく、当該の宗族がいつ、そこに移住してきたかのみにある。時と場所はその宗族の美麗を損なわず、またその宗族の栄誉を増さないので、そこだけは、信用できるのである」と言った[三]。

羅香林先生は二十世紀の三、四十年代に、族譜資料を運用して客家の歴史を研究し、客家研究の先駆けとなった。ただし、羅先生は、客家の家譜にある次のような記述の真実性が偏りすぎているとした。たとえば、客家民系は「中原の最も純正で正統な漢族の後裔である」、「客家人は漢族の中の明確な一つの系統であり、忠義思想と民族意識に富む民族である」などは偏頗な論断である。この（羅先生が偏ったとする）論断は、とても多くの客家の人々によって（正しいとして）崇め続けられた。今日に至るまで、福建省内の一部の客家人が、ある学者が羅先生の観点とは異なる客家の論文を書いているものを見て、即刻団結して、みなで一緒に羅先生を攻め、甚だしくはインターネットに書き込み、政治的なレッテルを貼ることに及んだ。本来は、羅香林先生の論点と討論を進展させるで、十分に正常な学術活動を行い、そのような活動を通して、ようやく客家学研究の不断な展開を進展されることができる。しかし、族譜資料によって引き起こされるこの種の学術の膠着状況と学術の正道ではないあり方を引き起こすことは、一種の学術に対する反動行為であると言わざるを得ない。

ここ数年、国家は中国の優秀な伝統文化を継承し、広げ宣揚することを提唱し、各地でもそれに呼応した動きがおこり、当該地区ごとで継承し、宣揚するに値する歴史と文化があることを探そうと努力した。こうして、族譜の中の記載は、再び各地の人々にたいへん重視されるようになったのである。族譜の中の私家の記載資料を運用することで、地方の歴史と文化の現象を誇張することがますます強烈に行われた。

以下に二つの事例を掲げよう。

南宋の状元である姚穎・姚勉は、それぞれ浙江省鄞県・江西省新昌県の人で、それぞれ浙江・江西二省の方志の中の「選挙」・「人物」・「芸文」などの巻の中に掲載されている。姚穎・姚勉が個人文集の中に言及されるものも非常に多い。清の晩期、福建地方のある姚姓の家が、家の格を上げるために、姚穎・姚勉の本籍を福建省の自分の家の系譜の中に移動し、福建の姚氏はその子孫であるようにした。この種の有名人に託して祖宗とする族譜の編纂方法は、本来福建省の民間では一般的なやり方であり、驚くに足らぬことである。しかし、福建省のある「文史専門家」は、民間の私的な族譜にあるこの種の記述を根拠として、無理やり南宋の姚穎・姚勉は、福建省福州府長楽県を本籍とする、と論じている。数年前、全国で鄭和の南海大遠征を記念した。鄭和がかつて長楽県の媽祖を祭ったことにより、「天妃霊応之記」の碑文が残っている。姚氏の族人はまた明代前期の名臣である姚広孝を自己の世系の中に引き込み、鄭和は姚広孝の命を奉じたと称し、（鄭和は）しばしば長楽県で媽祖を拝して海に出たと称した。この種の家族の杜撰な歴史資料が、不当であることは明らかである。

近年、多くの地方の文学・史学の専門家は、故郷に対する情熱から、地方志の編纂を行う際に、常に故郷の長所は多ければ多いほど良いと考えている。そこで、歴史文献資料を選ぶ際、慎重に考察を行い識別するのではなく、故郷の栄誉に利をもたらす歴史文化の材料を見つけると、この上もない宝を手に入れたようにして、それが抜け落ちることをただ恐れるのである。たとえば、各省各地で編集された地方志の「教育志」の章において、歴代の挙人・進士・状元の人数は、旧志に記録されている数よりも増加していることが普通で、減少していることは稀である。比較してみると、旧志の中の各地の挙人・進士・状元の人数の記録は、信頼性が高いと言い得る。現在編纂されている新しい地方志の増補は、多くが個人の族譜の記録から行われており、その信頼性については疑わしく、校訂の必要がある。現在の新しい地方志の作成者は、故郷に対する情熱という要素の妨害により、有頂天になっている。このため、故郷の栄誉に利をもたらす歴史文化としての族譜資料を慌ただしく地方志の中に入れてしまっているのである。上述の福建省長楽県の姚氏族譜に記されている南宋の状元である姚穎・姚勉は、長楽県の県志に記録されているだけでなく、福建省の省志にも入れられており、[四]福建省の歴史上の科挙状元を専述した著作の中にも記録がある。[五]明らかにこのような族譜資料は、中国の歴史と文化の研究において、有害なものである。

明代には靖難の変のあと、建文帝は行方不明となった。『明史』の記載によれば、「宮中に火 起り、帝の終はる所を知らず。燕王 中使を遣して、帝后の尸を火中より出し、八日を越へ壬申に之を葬る。或いは云ふ、帝 地道により出亡すと。正統五年、僧有り自ら云ふに、南して広西に至り、詭りて建文皇帝と称すと。思恩知府の岑瑛 朝に聞き、按問するに、乃ち鈞州人の楊行祥、年は已に九十余なるも、獄に下り、四月に閲して死す。同謀の僧十二人、皆 遼東に戍せしむ。自后 滇・黔・巴・蜀の間、相伝へて帝 僧と爲りて時に往来するの迹有りと」という。[六]この記載を典拠に、近年では全国の多くの場所で建文帝研究のブームが沸き起こった。これまでに全国で建文帝の地と自称する地方は、十以上に及ぶ。それらは、海辺の福建省の東部に偏っており、建文帝の有名な古跡を大々的に建築し、あるいは学術シンポジウムを開催している。

建文帝は、明朝の皇帝であり、各地では壮大な名声と権威のために、絶えず中国明史学会の関与を探している。学者は、明史学会との関係と好奇な資料の収集のために、ある土地の所謂「建文帝の古跡」の調査とシンポジウムの参加に招かれるのである。大部分の場所にある建文帝の文献資料は、やはり族譜資料によるものである。その上、それらの族譜の記載の中には、基本的に直接的な証拠のないものがある。現地の熱心な人たちは、多くの場合、「索隠」に「想像」を加える方法を取っている。多くの場所の行政当局も出資して尽力し、建文帝のさまざまな古跡建造物を建築し、この上ないすばらしいものだと賛嘆している。族譜資料には、曖昧ではっきりしないところが加えられており、所謂「史料」との違いはたいへんに大きいのである。

族譜の記載を運用することで、歴史事実とその土地の文化を誇張することは、宗族内の人と現地社会の人であるならば、故郷を愛する情熱は、愛惜（当然、ここには旅行経済や文化業績とも関連する様々な要素も含まれる）に値するはずであろうから、かれらの多くの行動は、理解できる。しかし、もしわたしたち自身が、歴史学と文化学の研究者や、地方志の編纂者でありながら、民間の族譜による無限の誇張をし続け、考察と分析を加えないのであれば、それは明らかに間違っているだろう。

二、民間文献の模倣性と雑多性

民間文献におけるもう一つの重要なものとして、民間契約文書がある。この二十年、収集と整理は、急激な成果を上げている。十余年前に、わたしはある文章の中で、「民間文献の収集と整理とその研究は、非常に大きな成果を上げたが、新しく発見された民間契約文書は、十万件を下らない」ことを書いた(七)。しかし、十数年が経過し、そのようなわたしの指摘はすでに古くなり、現今する信頼できる統計によれば、新たに発見された契約文書は、百万件とされる。貴州省清水江の契約文書だけで、四、五十万件もある。契約文書の発掘場所は、華南・山西・河北などから、全国各地へ広がっていった。以前に発見された契約文書は、多くが伝統的な漢民族地区に集中していたが、現在は多くの少数民族地区に広がっている。各地の書籍出版部門も、契約文書が大型の叢刊として出版されることを望み、一時期は、図書館の中の契約文書に関連する精装版の書籍は、目を奪うように美しく、非常に壮観であった。テレビの報道では、いつも人を驚かすニュースが流れ、どこどこの誰々が、珍しく貴重な契約文書を発見したと報告され、その価値は計り知れないものとされた。契約文書ごとに重要な歴史文化の断片が含まれており、それによって、その土地の歴史文化研究は、空前の発展を遂げるとされる。

しかし、実際の研究成果は、決してこのように楽観的なものではない。この十数年来、中国各地で新しく発見された民間契約文書の数は、数倍から数十倍になっているけれども、学界で民間契約文書を利用して歴史と文化の研究を進めるには、厳しい隘路が待ち受けている。新たに発掘される契約文書は、絶えず出版されてはいるが、重要性のある研究による新成果はとても少なく、数える程度でしかない。

民間契約文書を利用した史学研究は、民間契約文書の収集の速度に追いつかない。わたしの見解では、その重要な要因の一つは、民間契約文書には、多くの模倣性が存在することによる。これらの契約文書は全国各地に分布しているが、しかしその大部分は、体裁や内容がほぼ同じであり、基本的には、土地・屋敷の引き渡しに関する契約文書が主となっている。これらの模倣性の見受けられる契約文書は、一葉落ちて天下の秋を知るようなもので、中には比較的、典型的な契約文書の学術的な研究の価値があるけれども、いくつかの契約文書は、甚だしくは千から万の同種の契約文書と同じであるとみてもいいのかもしれない。民間契約文書の数の増加は、学術面での利用価値を同じ速度で増やすことと同じではない。

民間契約文書を利用した史学研究が、民間契約文書の収集の速度には追いつかないもう一つの原因は、これらの契約文書の出所が同じではなく、甚だしい雑多性があることによる。中国大陸の改革開放後、非常に多くの人々が商業経済への意識を高めた。二十世紀の八、九十年代には、民間契約文書の学術価値も上がり、一握りの抜け目のない商人たちは、将来値が上がってから売るために契約文書を買い集めた。こうして、多くの民間で収蔵される契約文書は、次第に商人たちの手へと移った。商人が契約文書を収蔵する目的は利益のためで、研究のためではない。そのためかれらが重視するのは、契約文書の年代や数量であり、その来歴には関心を持たず、甚だしくは工夫を凝らしてそれを隠しているものさえある。このような商業行為は、多くの契約文書に何よりも必要な契約文書の性質や社会的背景といった基礎的な情報を失わせるものである。

一九九八年、わたしは台湾の暨南大学で授業を行った。その際、民間文献についても取上げた。台湾にいるわたしの友人が、契約文書を収蔵している人の家にわたしを案内し、そこには多くの台湾の契約文書があるので、知り合いになって欲しいと頼まれた。その人の家に収蔵されている契約文書はとても多かった。詳しく見てみると、中に福建内地の契約文書があることに気が付いた。先年の台湾は経済が比較的よく、物価も割合と高く、大陸の方が物が安いため、台湾の商人たちは大陸へやってきて文物を買っていた。恐らく福建内地の契約文書がそうして買われ、台湾の収蔵家のもとに渡ったのであろう。図らずも近年になり、大陸の物価が急上昇すると、意外にも台湾の商人がわたしの研究室へやってきて、台湾の契約文書を売りたいと言ってきた。それらに目を通してみると、台湾で見たときと同様に、中には福建、及び大陸のその他の省の契約文書が含まれていた。この二年、わたしは広東人民出版社による客家の契約文書の出版に協力した。客家の契約文書の出所は、大部分が客家地区の文物収蔵家から買い入れたものであった。購入の際には、収蔵家たちは断固として躊躇しない者はなく、これらの契約文書はすべて客家のものだと断言するものである。しかし、購入後に詳しく見てみると、中には客家地区から出た契約文書ではないものが含まれている。商人たちの転売による購買などの行為は、契約文書を根のない木、源泉のない水とするものなのである。これは契約文書が本来持っている研究史料としての価値を少し弱めさせる程度のことではない。そのような契約文書では、学術性の高い研究を推進させることはできず、名実ともに文物の装飾品である。契約文書の学術的な史料価値は、数量だけで計ってはならない。わたしたちは、どこどこで一大契約文書を発見し、それがどれだけの重大な発見であるか、ということを大声で叫ぶことはできないのである。

さらに、特定のテーマを持つ研究という点から見れば、族譜・契約文書などの民間文献を利用した研究は、地域史研究の上でここ数年、多くのよい成果を得ている。しかし、多くの民間文献が明らかな地域適応性の特徴を備えていること、及びその模倣性と雑多性によって、テーマ性の高い研究の多くは、往々にして、そのことにだけ言及する、その地だけについて述べる、といった狭い見方に陥っており、広い視野で歴史を見るという視点に欠け、甚だしくは偏りによってすべてを論じようとする、身勝手でお高くとまった深みのない研究となっている。

とくに二十一世紀になってからは、中国の大学院生の招生制度の過度な数量の重視という問題が現れた。中国の歴史学科が毎年受け入れている修士と博士の大学院生の数は、数千人を下らない。二十世紀の七、八十年代は、大学院生の招生を回復させ始めたころで、毎年受け入れる数には制限があり、入学してくる大学院生は、基本的には、歴史学を研究するために入ってきていた。卒業した大学院生は、少なくとも半分は、歴史学を教えたり、研究職に就いた。しかし、九十年代後期から二十一世紀になると、中国の大学院生養成の大躍進があり、大学院生の数は倍になった。在学の大学院生の一部分は、修士・博士の学位を取得するために入ってきているけれども、かれらは決して長いこと歴史学の研究をするという理想と計画があるわけではない。このような動機のもとでは、多くの大学院生が、歴史学の基本から始めることは希望せず、適当な学位論文を書くための近道を探そうとするのである。このような状況のため、民間文献は一部分の大学院生、及び研究者が手っ取り早く論文を書くための道具の一つとなっている。民間文献は、他の人が目にすることのできない「貴重で珍しい史料」であり、さらに、民間文献の持つ狭い地域性によって、それを資料として書き上げられた論文は、部外者さえも評価するのが難しいものであるそのため、こうして書かれた論文は、「唯一無二」のものとなる。

以上のように、近年における民間文献を利用した中国の歴史と文化についての研究は、一部の成果も見受けられるが、人々から「破片的」で「模倣的」で「ねずみの穴掘り」である、といった批判をされてきている。これらの批判は、時として受け入れ難いところもあるものの、まったく道理がないわけではない。歴史学についての基礎が不足しているにもかかわらず、軽率に民間文献を利用し、地域的にとても狭い空間史研究を行うことで、必然的に「小を以て大を見る」研究となっているのである。このような「破片的」・「模倣的」・「ねずみの穴掘り」的な民間文献の利用により、中国の歴史と文化の研究の試みを進めていくことは、別の側面から見れば、民間文献の史料としての価値を大幅に下げていると言えよう。

三、民間文献を利用した歴史研究と文化研究についての考え

以上論じてきた二つのことは、ともに民間文献を利用した中国の歴史と文化の研究は、学術的な限界があることを明らかにしている。わたしたちが民間文献の収集整理と研究に従事する際には、民間文献の史料としての価値を過大評価してはならない。ここでは、わたしがどのようにして民間文献を利用して中国の歴史と文化の研究を行ってきたのかをまとめ、それに対するいくつかの考えを述べたい。

民間契約文書は、大まかに見ると、その大部分が土地、家屋敷などの物件の引き渡しに関する文書となっており、重複性と模倣性の傾向が強い。民間契約文書の研究が、収集と整理の速度に追いつくことのできない別の重要な要因は、研究視角と研究方法の単一化にある。我が国の学界が、民間契約文書の収集と研究に従事し始めたのは、二十世紀中ごろである。その時期の学者たちが関心を持っていた歴史学研究というものは、自身のために学術的な進歩を推し量ろうとする以外に、研究と現実社会との関係を重視することに力を注いでいた。そのため、人々の研究の視点は自然と、社会の矛盾がもっともよく現れている農村の土地の占有などの生産関係の問題に関する議論に向けられた。現存している民間契約文書は、大部分が土地などの引き渡しに関するものである。それにより、契約文書を利用した土地関係史の研究が、二十世紀中期には、長きにわたり盛んに行われたのである。しかし、二十世紀末になると、改革開放による絶え間ない進歩と歴史理論の方法論の多元化にともない、歴史家たちが関心を寄せたテーマは、かつての生産関係を模索することが中心ではなくなり、経済史の研究領域は、社会史・法制史・家族史・宗教史・民俗史、及び歴史人類学へと拡大した。比較してみると、以前盛んであった土地占有などの生産関係史についての研究課題は、新しい切り口を見つけることが困難なため、熱も冷めていき、多くの学者から忘れられた。学術の発展規律から見れば、二十世紀末より中国土地所有制などの生産関係史の研究は、下火になっていったが、それは避けられない傾向である。なぜなら、豊富で多彩な歴史的現象を生産関係・階級闘争といった狭い視野の中に置こうとすれば、次第に困窮の境地へ入り込むのは少しも不思議ではないからである。そこで、明清の契約文書と歴史学研究の発展をさらに推進しなくてはならないが、それには古くからの研究の足かせを極力打破する必要がある。わたしたちの研究視野を広げ、研究方法を改善することにより、新しい研究の局面を開拓することができるのである。

物件の引き渡しの形式は、いかなるものでも、すべてその時代の政治・法律制度、及び社会・経済のあり方や風習などに基づいている。

わたしたちは民間契約文書という一つの表現形式を通して見る方法は、それぞれ異なる細かい点から、その時代の政治・法律制度の形成と実態、及び社会・経済のあり方の変遷の過程を考察する助けとなるであろう。明らかにこの方法には、単なる生産様式と階級分析という視野からの考察では不足がある。わたしたちは、社会学・人類学・法学・宗教学・民俗学など多くの分野の理論と方法論を借りることで、深い研究を行うことができる。上述のように、二十世紀末以来、多くの新しい歴史学家たちが、すでに社会史・法制史・家族史・宗教史・民俗史の方面において、学際的研究という有益な試みをしており、わたしたちもこの新鮮な風に乗ることで、民間契約文書の収集や整理と研究において、学際的研究という道を開けるのではないだろうか。

事実、二十世紀末の学者たちが、学際的研究により、歴史学研究での深い考察を進めて以来、民間契約文書の利用は、人々に新しい理解をもたらした。たとえば、社会史・家族史を研究する学者は、契約文書の中から社会の中心となる人々の構成と家族の管理モデルの分析を行い、学術的に価値のある重要な論を多く提示した。法制史を研究する学者は、民間契約の書式・サインの過程・執行の状況・訴訟などから中国官制の法律と民間の習慣法に見られる異なる点について考察した。全体から見ると、このような契約文書を利用した学際的な歴史研究には、やはり制約があり、わたしたちはさらなる努力をする必要がある。社会史・家族史・法制史以外では、わたしたちは同様に、異なる学科の理論と思考方法を借りて、異なる角度と側面から民間契約文書の持つ特殊な史料価値を充分に発揮し、異なる地域間における習慣の変遷過程とその文化的特徴を考察することができる。宗教と民間信仰の社会の基礎と組織形態を理解し、政府と民間社会、郷紳と郷里の民衆が錯綜する複雑な相互関係を明らかにし、商業経済・市場経済・借貸経済・農村経済・郷村共有経済などそれぞれ異なる領域の経済関係を分析する。このような方法が、歴史の本来の多様多彩な姿を明らかにすることができる。とりわけこの十数年の間に大量の契約文書が出現し、大量の土地・家屋などの物産の引き渡しに関する文書以外には、その他として、異なる類型の商業市場・聚落開発・郷村変遷・民間信仰・人口変動などの文書も出現した。これらの異なる類型の契約文書の出現は、新しい研究領域を開拓するための重要な史料の基礎となっている。

次に、社会調査などの研究方法と契約文書の収集と整理、研究の仕事を合致させて行うことである。契約文書は、民間に分散しており、その収集と整理には、学者たちが体力を費やすことが必要で、都市と農村へ社会調査に赴き、訪問して実地調査をするというのは、すでに知られていることである。しかし、民間契約文書の研究についても同様に社会調査をする必要があり、これはちょうどかつての学者たちが軽視していた部分である。わたしたちは、よく契約文書が契約文書を語るというように、土地売買に関する研究であれば、同一地区の土地売買の契約書を一緒に収集し、その中にある普遍的な規律性を手がかりとして、自身の論点を打ち立ててきた。その他では、たとえば田地・家屋、及び借貸のやり取りも多くの場合、同様の分析方法を用いて論を立てた。これらの方法は、契約文書が契約文書を論じるという研究方法であり、必然的に上述のような、一つの典型文書のあとに出た、他の数件、場合によっては千、万件もの契約文書はすべて同じと見なすことになる。

契約文書で契約文書を論じることの最大の欠点は、これらの契約文書が生まれた社会的背景の理解を軽視してしまうことである。わたしたちは、契約文書を生み出した時代とは遙かに離れた時代を生きており、多くの契約文書を偶然に獲得し、場合によっては商人たちの転売行為により手に入ったものもある。すべての契約文書が何の根拠もなく作成され、出回ったわけではなく、それぞれの取引きに関して社会的背景と経済や文化といった背景があるはずだが、社会背景からは完全に切り離し、ただ契約文書によって、契約文書のみを論じる。このような研究の欠点を補うためには、わたしたちは、これらの契約文書が作られた場所に深く入り込み、社会調査を行い、その土地の経済状況・宗族の構成、及び民俗風習の各方面についても極力理解する必要がある。そののち、それら社会背景という材料に基づき、契約文書の分析と合わせ行うことで、ようやく当時の歴史事実に近づいた論を導き出すことができるのである。たとえば、わたしたちが社会調査を通じてその契約文書の主人の身分を知ることができたならば、ようやくそのときその契約文書を利用が有効であると言えるのである。かれらが所有していた土地や家の分析、租穀の収入がいくらであったか、どのくらいの市場商品のやり取りがあったのか、借貸欠損はどのくらいだったのか、かれらの社会関係と交友関係などを分析することで、契約文書の主人、ないしは宗族を個別に分析することが可能となるのである。このような個別の分析は、かつての社会背景への配慮の欠乏した契約文書が契約文書を論じるという研究を大きく向上させることに違いなく、同時に一つの契約文書のあとに出た、他の数件、場合によっては千、万件もの契約文書を同じと見なすことを避けることもできよう。

社会調査と契約文書の社会的背景を理解することにより、契約文書の史料的価値をさらに見出すことができ、現地のその他の民間文献と合わせ考えることで、総合的な考察ができるようになる。契約文書・民事合同などを社会的背景と切り離せば、わたしたちはこれらの契約文書・民事合約に対して、全面的な分析ができなくなるのである。社会調査と契約文書の分析を合わせ行うことで、わたしたちの考察の視野は広がり、研究もまた進展するのである。とくに民間の族譜の中には、大量の契約文書が残されており、実地調査を行う必要があり、契約文書と実地訪問の資料、及び族譜・碑刻などの民間資料によって総合的な考察を行い、そうすることで現地の宗族組織と社会構造の全面的な豊富で新しい研究を進めることができるのである。この点においては現在、一部の学者が民間文献を利用して江西鄱陽湖地区・洞庭湖地区・西南辺陲地区の地域史研究に着手しており、すべて新しい学術的意義のある成果を出している。

社会調査と契約文書の収集整理を合わせて行うという研究方法は、結局のところ、どのようにして学際的な理論と方法論を利用するのかという問題となる。社会調査・数量統計などは決して伝統的な歴史学において得意としないことであるため、多くの助けが必要となる。しかし、歴史学研究を一旦、社会学・人類学・統計学などその他の学科の研究方法と合わせれば、比較的有効な中国の歴史と文化における学術研究の成果を上げることが可能である。わたしは、学際的で総合的な考察と研究が、今後、契約文書・族譜などの民間文献にさらに多くの史料価値としての力を発揮させる重要な方向であると考えている。

民間文献文書の歴史文化における役割は、非常に大きいものであるが、限定された地域の状況を反映しているに過ぎず、かりにある地域という範囲内での契約文書の分析結果を他の地域にも当てはめ、さらにそれが全国の一般的な状況であったと論じるならば、それは偏った見方である。それに反して、もしある地域の研究にだけ着目するのであれば、その他の地域、とくに相隣地区の情況には目を向けないということであり、それもやはり「ねずみが穴を掘る」的な偏向となる。

そのため、わたしたちが民間文献の収集整理と研究を行う際には、対比させる比較研究も同時行わなければならず、異なる地域間での民間文献の比較分析を押し広めていくことで、異なる地域、ないしは全国での歴史現象の共通性と特殊性を全面的に把握することができるのである。傅衣凌先生は、中国において早くに民間契約文書の研究を行った学者であるが、民間文献を研究する際に、「小を以て大を見る」・「大を以て小を見る」という方法論が必要なのだと指摘された。これは、わたしたちが今後も重視し継承していくべきことである。

おわりに

民間文献は、確かに二十一世紀になって、中国歴史学と文化学の研究において重要な資料となった。しかし、民間文献の収集と整理と研究については、盲目的に史料価値を過大評価してはならない。また、現在学界に存在している民間文献の収集に重きを置き、研究は軽んじるという現象は退けるべきであり、学際的で総合的な研究を絶えることなく試みるという基礎の上では、民間文献の利用価値と研究の水準を可能な限り伸ばし、この領域での研究をさらに高い位置へと押しあげるのである。

《注》

（一）『黄山日報』二〇一三年十一月二十五日「明清契約文書与歴史研究国際学術研討会在黄山挙行（二〇一三年十一月二十三日）」を参照。

（二）陳支平『歴史学的困惑』第四章「区域研究的両難抉択」（北京、人民出版社、二〇〇四年）五六～五七頁を参照。

（三）原載は、燕京大学『史学年報』第四期。羅香林『客家源流考』三の注釈一、一九五〇年香港崇正総会三十周年特刊を参照。

（四）福建省地方志編纂委員会（編）『福建省志』「人物志 歴代一甲進士表」（中国社会科学出版社、二〇〇三年）六六二頁。また『福建省志』「教育志 福建歴代進士前三名表」（北京 方志出版社、一九九八年）八一～八二頁。

（五）盧美松（主編）『福建歴代状元』（福建人民出版社、二〇〇六年）を参照。

（六）張廷玉『明史』巻四 恭閔帝（中華書局標点本、一九七二年）六六頁。

（七）陳支平『史学水龍頭集』（福建人民出版社、二〇一六年）四八八頁。

全体会 六（誌上参加）

郭沫若の思想史研究における成就と貢献 ——先秦諸子及び諸家学派を中心に——

王 啓発
長谷川 隆一（訳）

はじめに

一九三四年から一九五四年の二十年間の郭沫若の思想史研究は、主に先秦の諸子研究の細分化と諸家の学派思想に対する批判と評価に現れている。この期間は、いくつかの段階に分けることができ、これらの段階は、郭沫若の学術および革命的な生涯と連関している。

第一段階には、三十年代に書かれたいくつかの文章がある。

（一）「老聃・関尹・環淵」は、一九三四年一二月二五日に完成し、一九三五年四月一〇日に上海で『新文学』の創刊号で発表された。後に『古史辯』第六冊に収録された。〔二〕六三一 一九四五年に至って李可染により郭沫若に写しが送られ、『青銅時代』に編入された。〔一〕五三四-五四五 （二）「〈周易〉之制作年代」（一九三五年三月一〇日）と（三）『先秦天道観之進展』（一九三五年一二月二三日に追記）の両篇は一九三四・一九三五年の間に書かれ、最初は日本語で書かれ、後に一篇の日本語での篇名は『天之思想』となり、郭沫若は自身で後に中国語に翻訳し、一度単行本として世に問われた。この両篇は後に『青銅時代』に収録された。〔一〕三七七-四〇四、三一七-三七五 （四）「駁〈説儒〉」は一九三七年五月に書かれ、原題は「質問胡適」という。銭亦石主編の『中華公論』の創刊号（一九三七年七月二〇日出版）で発表された。かつては『蒲剣集』に収録されたが、後に『青銅時代』に収録された。〔一〕四三三-四六二

第二段階には、四十年代に書かれた十数篇の文章がある。

（一）「屈原研究」は、一九四二年二月二〇日に書かれ、『歴史人物』に収録された。（二）「論儒家的発生」は、一九四二年七月に書かれ、『史学論集』に収録された。（三）「墨子的思想」は、一九四三年八月六日に書かれ、『青銅時代』に収録された。（四）「秦楚之際的儒者」は、一九四三年八月二九日に書かれ、『青銅時代』に収録された。（五）「公孫尼子与其音楽理論」は、一九四三年九月八日に追記され、『青銅時代』に収録された。（六）「述呉起」は、一九四三年九月一一日にかかれ、『青銅時代』に収録された。（七）「呂不違与秦始皇的批判」は、一九四三年一〇月三日に書かれ、『十批判書』に収録された。（八）「〈韓非子・初見秦篇〉発微」は、一九四三年一二月一八日に書かれ、『青銅時代』に収録された。（九）「韓非子的批判」は、一九四四年一月二〇日に書かれ、『十批判書』に収録された。（一〇）「孔墨的批判」は、一九四四年八月一日に書かれ、『十批判書』に収録された。（一一）「宋鈃尹文遺著考」は、一九四四年八月二九日に書かれ、『青銅時代』に収録された。（一二）「儒家八派的批判」は、一九四四年九月一一日に書かれ、『十批判書』に収録された。

（一三）「稷下黄老学派的批判」は、一九四四年九月一九日に書かれ、『十批判書』に収録された。（一四）「荘子的批判」は、一九四四年九月二六日に書かれ、『十批判書』に収録された。（一五）「荀子的批判」は、一九四四年一〇月三一日、『十批判書』に収録された。（一六）「名辯思潮的批判」は、一九四五年一月に書かれ、『十批判書』に収録された。（一七）「前期法家的批判」は、一九四五年二月一八日に書かれ、『十批判書』に収録された。

第三段階、五十年代には、郭沫若の思想史あるいは先秦諸子の研究は多くなく、一つには「墨家節葬不非殉」があり、一九五一年八月二〇日に書かれ、『奴隷制時代』に収録された。二つには「〈侈靡篇〉的研究」があり、一九五四年五月五日書かれ、『奴隷制時代』改編版に収録された。

仮に上の文章を研究対象に照らして帰納すると、思想人物研究・学派研究・篇章著述研究と観念史問題研究等の側面に区分できることが認識される。ここに、我々はいくつかの代表的な研究を選択し、簡単な整理と分析を行い、併せて前後の関連研究の関係性、他の学者の研究成果の類似点と相違点を組み合わせて、郭沫若のこの二十年間の先秦思想史研究上における特徴・成就と貢献についてみてみようと思う。

一、観念と思潮史考察の思辯性としての文章

郭沫若の進めた思想史研究の後の段階において、いくつかの観念形式の変化、社会思潮の変遷もまた特別に注視する必要がある。たとえば『先秦天道観之進展』と「名辯思潮的批判」の二つの文章は代表的で、郭沫若の著作中にあまり多く見えない観念と思潮の変化という問題を中心とし、整理された研究と言える。『先秦天道観之進展』の議論は殷周と春秋戦国諸子を貫徹し、「名辯思潮的批判」の議論は戦国時代における名辯家に通じ、先秦諸子思想観念研究の典型的な文章と言え、強い思辯性と哲学性を有している。

以前の研究を基礎としてさらに一歩踏み込んだものとしては、たとえば『周易』のような経典研究があり、これも最初に紹介する必要があるだろう。「〈周易〉之制作時代」は一九三五年三月一〇日に書かれ、これは『中国古代社会研究』の第一篇第一章「〈周易〉時代的社会生活」と第二章「〈易伝〉中辯証的観念之展開」の後に書かれ、さらに一歩『周易』の時代性に対する調査研究が進んでいるため、その中には論証や論拠、あらたな観点が多く存在する。郭沫若が指摘した『易』の純粋な思想から、それが強調する変化について徹底的に辯証の思維方式を採取したことは、中国思想史上における非常に大きな前進であった。郭沫若によれば、この思想は淵源として、明白に老子と孔子の影響を受けていたという。〔一〕三九三具体的に述べると、『周易』は文王の制作したものではなく、孔子と『易』も無関係で、『易経』は孔子の又弟子の作るところであり、戦国はじめの楚人の馯臂子弓が、時代が異なる資料を利用して『周易』の卦辞と爻辞を作り、とりわけ殷周時代の爻辞を多く用い、そうして自己の思想を体現した。また、彼は一人の神秘主義者であり、新しい一連の卜筮方法を提供した。『易伝』の「十翼」もまた孔子が制作したものではなく、その成立年代は秦以前と秦統治の時期ないし秦漢の際に区分され、（二）「繫辞伝」は荀子の影響があり、また思想系統においても荀子と関係がある。「文言伝」と「象伝」は一致しており、『易伝』の大部分は秦時代の荀子の門徒、つまり楚国の人の著したもので、秦始皇三十四年以後にできたものである。〔一〕三八一－四〇四郭沫若は、別の文章の中で荀子は『易』を

善くし、いま存在している『易伝』は荀子あるいはその門人の作ったものであると言及している。〔二〕二五八『周易』の制作年代についての認識は、直接的に郭沫若の儒教と道家の発展と進化に関する論断に関連している。

（二）『先秦天道観之進展』

これは一九三五年一二月に書かれた。概括して述べると、具体実証的な論述を通して、郭沫若は、簡にして要を得たりという記述で、先秦天道思想の輪郭を殷周から戦国後期に至る発展変化の手がかりとして考察した。郭沫若は殷代から議論を始め、殷人固有のトーテムと宗祖神の観念――バビロンの影響を受けたもの――から発展した殷人の「帝」という観念――これに継いで出現した周人の天は、その中に周公の懐疑思想を含有し――進んで春秋時代の孔子の思想は、その中に老子の道の学説の影響を看取でき――これよりさらに虚と実の両者を手がかりとして惠施と荘子の発生への影響を見、さらに、後に起こった孔子の墨子の宗教復興思想における影響をみた。孔子思想――直接的な継承者は子思と孟子であるが――彼らもまた墨子の宗教復興思想の影響を受けている――これは後の荀子が集成し、惠施と荘子思想に対する批判を包括した――最後に『易伝』の思想について見、これはつまり、すべて先秦天道思想の帰着点であるとした。文章の最後に郭沫若は、この手がかりを図を用いて表した。

概括していうと、郭沫若は現代の歴史家の観点に依拠して、殷墟の卜辞から殷墟時代の殷民族における至上神の観念――「帝」あるいは「上帝」の存在――を解読し、さらに『詩』・『書』・彝器銘文中にある「帝」はすべて「天帝」あるいは「上帝」を指し、合わせて卜辞中に至上神を天と称さない事例を考証し、決して『尚書』商書の諸篇にある「天」が殷代の至上神の観念であると信ずることはできないという。郭沫若によると、殷周の際に「天」と称されはじめた。なぜなら「天」の呼称はしばしば周初の周書と周初の彝銘に見られ、殷末の人の呼称を踏襲しているためである。殷人の至上神は有意志の人格神であり、上帝は好悪を持ち、命令することが可能で、一切すべて天の主宰する所であり、至上神は殷民族の祖先であり、つまり殷民族の祖先神でもある。更に王国維の考証を基礎として伝説の中の帝俊・帝舜・帝嚳・高祖夒は実は一人とし、さらに外国の学者の観点による啓発を受けて、殷人の「帝」字はバビロニアの神々の観念の影響を受け、高祖夒の伝承として、自己のトーテムの動物を天上の至上神とし、至上神のこのような発生は殷人独自の発明であるとした。〔二〕三一九–三二〇

また、周人は殷人の文化を踏襲し、また殷人の天に関する思想も踏襲したとも言う。それについては、周初の彝銘と周書十一篇、および周頌の初めの数章が明証となる。上帝に関する属性および語り部の上帝に対する態度は殷人と完全に一致するが、別の一例からは大きく異なるところがあり、それは天に対して疑いを持つ態度であった。これは天についての思想の大きな進歩である。周人は更に一歩進んで「徳」という語を持ち出し、このような敬徳の思想は周人に特有のものである。また、卜辞と殷人の彝銘には徳字が存在しない。天の存在に対する疑義の提出は、客観的な面ではそれを用いて統治の道具とするものであり、主観的な面では人力を強調し、徳政をハンドルとしたものである。この思想を発明したのは周公で、周人の統治の方法は周公の思想に依拠して継続し、夷・厲の時代にも引き続き伝統として保持された。

およそ、夷・厲以後の天の思想は動揺し始め、それは普遍的に広がり、深刻化しつつあった。春秋時代に入ると、天はその代理者である

周の天子と同様に一つの虚名を保持することしかできなかった。春秋時代の為政者の思想は、天の束縛からある程度離脱してきており、特に天に事えるという宗教性を有した職官の衰微も、天道思想の没落を証明している。〔一〕三四二、三四五

ついで、郭沫若は春秋戦国時代の諸子百家の天道思想の表現について一歩論述を進めた。それによると、「春秋は政治において争乱の時代であり、思想において矛盾の時代である。政治上の争乱の中には安定が求められ、思想上の矛盾の中には新たな統一が醸成される」という〔一〕三四六これは非常に精確な判断である。

郭沫若はまず老子から説き起こした。彼は、一面では老子は老聃であるとし、『道徳経』は、戦国時代の環淵により編纂されたとする。環淵については、過去に専門の論証がある。(二)〔二〕この論文は、環淵と老聃の密接な関連があることを証明し、彼が道家の正統であることを指摘している。さらに郭沫若は、『道徳経』の文章の言葉は多くが環淵のものであるが、述べられている道徳の精神は老子のものであるとし、老子の最大の発明は殷周以来の人格神の天における至上の権威を消し去り、一つの時空を超絶した形而上学の本体である「道」あるいは「大一」を設定したところにあるとする。『道徳経』第二十五章中の一段は老聃の根本思想であり、戦国になって初めてできたものではない。(三)政治思想における老子の主張は愚民政策であり、故に愚民政策の手段として天あるいは鬼神に対して依然として肯定していた。老子は春秋時代の思想的矛盾を清算したわけではなく、その思想的特徴は一つの新たな宇宙的根元を設定したところにあり、依然として伝統的因襲を保持していた。本体の「道」はどこから発生してきたのかについて依然として疑問を懐いており、「道法自然」は、「道」に其の至上性を失わせ、これは老子思想の未成熟さを表している。彼の提出した「道」の由来について、なお苦心して探索していたのである。〔一〕三四八、三五〇、三五四

次いで郭沫若の議論は孔子に到った。彼は孔子と老子とに師弟関係を認め、『論語』述而篇にある「窃かに我を老彭に比す」を根拠として、老彭は老子であると見た（馬叙倫『老子覈詁』巻首「老子老萊子周太史儋老彭是非一人考」）。孔子は老子に対して礼を質問したのであり、老子の形而上学の思想に対して接触したに違いなく、老聃の思想の空気に感化されたと考えることも可能であるという。〔一〕三五四、三五六孔子は殷周以来の伝統思想に対して否定的な態度をとっていたが、祭祀は肯定した。祭祀の肯定は祭祀の心理的な満足を求めるもので、決して祭祀を受けるものである鬼神が真に存在すると認めたわけではなく、孔子は鬼神を否定し、鬼神の存在を知らずとし〔一〕三五七、また祭祀を自然界及び祖宗父母に受けた恩徳の意を表明するものであるとした。だから、もし否定すればそれは不仁である。孔子が祭祀を肯定するのは、終始感情的な方面を満足させるためなのである。ここで、郭沫若は、馮友蘭の「儒家対于婚喪祭礼之理論」（『燕京学報』第三期）を参考にし、観点における借鑒と識同を表明した。郭沫若はさらに、孔子の言う「天」は実際には自然であり、いわゆる「命」は自然のさだめ、あるいは自然の必然性であり、従来の思想と大いに異なっているという。彼はさらに議論を進め、孔子の思想は、天道思想の歴史において、一つの進歩であると表明した。孔子は老聃の思想と殷周の伝統思想を融合し、老子の「道」という名称を避け、老子の精神をくみ取り、従来の天に対して別の解釈を加え、天を合理化させ、また老子の「道」を神化させた。つまり、孔子の思想における「道」は「天」となった。後の儒家──『易伝』を作った人──は十分この思

想を理解していたのである。〔二〕三五四、三五六、三五七、三五九

結論的には、郭沫若は、老子と孔子は汎神論者であるが、人格神を肯定する宗教家から見ると、共に無神論者となり。故に宗教家である墨子が出現すると、彼らに対して一様に非難を加えている。〔二〕三五九

郭沫若は、根本的な宗教家として墨子を見、彼が殷周の伝統思想を復活させたとした。墨子は人格神としての天の存在を肯定したため、自然と鬼神を肯定した。さらに墨子は、人民万物はすべて天の造生する所と視、国家・政長も共に天の作る所と見た。天が有って一切の主宰を行い、天の意志によって善を賞し悪を罰しているため、何ら自然の定めがその中に存在するわけではない。これが彼の根本思想である。

郭沫若は、墨子の兼愛・尚賢などの学説はすべて天鬼を規矩として唱えられ、その学説は天の意旨であり、その学説の根据は古書・古史にあるため、墨子は事実上一人の復古派することができると判断する。墨子の思想は、歴史の変転から見れば一種の反動なのである。郭沫若はさらに、墨学が伝わらなかったのは、墨子の後学が宗教的な特質を消失させたことにあり、思想上においては、宗教的な色彩を薄くすることに努め、儒家・道家の理論を借用した。このような変化は、彼の学派を自ら消失させ、学統もまた完全に伝承されることはなかったと指摘する。〔二〕三六一－三六三このような墨子に対する判断と評価は、郭沫若の諸子研究における一つの特徴となり、さらに後に「墨子的思想」の中に再述された。これにより当時および後の学者の反対や賛同を引き起こしたのである。

老・孔・墨の後の思想界について、郭沫若は、中国思想史に老子・孔子・墨子の三人の大師が出現して以降、戦国年間に学術的な黄金時代が起こり、同時に学派同士の争いが最も熾烈な時代であったと論断する。郭沫若はまず楊朱を取り上げ、楊朱はもともと老聃の弟子であり、さらに惠施・公孫竜の徒はもともと楊朱の嫡流であり、惠施と孟子は同時期の人で、荘子の良い親友であったという。惠施の学説はすべてが詭辯であるわけではなく、汎神論の断片がある。彼は老聃・楊朱の一派であり、老聃の「大一」の思想を継承し、それを無神というところまで発展させ、本体を天に代替したのである。だが、彼の思想は老聃に比して一歩進めて「小一」を提出したという。〔二〕三六五、三六六

郭沫若は、惠施の学説もまた儒家の五行説の影響を受けているとした。故に郭沫若の論述はさらに転回して儒家に至り、分析を行った。五行説は儒家の子思に唱導され、それは『荀子』非十二子篇に見える。子思・孟子の五行説は今存在する思孟の書物の中に見ることはできないが、『尚書』洪範に見え、洪範はおそらく子思の作成した文章である。〔四〕洪範の根本思想は、中正を極点とし、人格神の「天」と「上帝」を肯定し、子思の中にはすで一つの宗教を打ち立てたいという企図があり、『礼記』中庸篇には、このような企図が特に明確に見える。『礼記』中庸篇は、もともと身にすでに墨家の刺激を受け、さらに道家の精華をくみ取っている。彼のいう「誠」は天のことであり、人間として現れているのは、つまり聖人であり、これは明らかに、老子の思想から変化したものである。これに依拠すれば、誠は道であり、本体である。郭沫若さらに、子思は本体を一種の永久不変の理法と見、これは道家の見方とは異なるという。要するに、子思の天道観は老子の思想を採取したもので、方便の上では天を極して立て、殷周以来の伝統を維持した。〔二〕三六七、三六八

また明確に郭沫若は思孟学派の存在を認めている。故に彼は継続して孟子の天道思想を探求した。郭沫若は、孟子は直接的に子思の伝統を継承し、彼は天の思想に対して、子思と同様であり、彼もまた上帝

を肯定しているという。ただ、上帝は一種の永久不変の自然界の理法であるにすぎない。孟子はある場合に素朴に「浩然の気」と表現する。浩然の気は人心の中の神であり、人性の中の天である。天は無い所はなく、人の外側にあり、人の内側にある。人と天とはもとより一体であり、人を拡大されると天になり、神になる。自然界の理法を体験したものは、天・神が自分であると理解できる。孟子の大我思想と荘子は、ほぼ一致する。〔二〕三七〇

荘子について。郭沫若は明確に彼は老聃の道統を受け継ぎ、ただ本体を「道」と称したという。その道の体現は、老子と完全に一致し、また「自本自根」ということについては子思と同様であり、老子に比して更に一歩進んでいる。彼は、おおよそ子思の影響を受けている。

郭沫若はさらに分析を進め、荘子の言う道は依然として実質的なものであったとした。道は天地万物の実在的な本体であり、本体が変化して万物となり、万物は相対的で、有限であるが、本体は絶対的で、無限である。天地万物は本体の表現であるが、時間の上から見ると、天地は我と共に同じく生まれ出で、空間の上からいうと万物は我と一体である。荘子の「大我」観の出発点は孟子とやや異なるが、結果的には同様である。彼らはほぼ時期を同じくし、その考えは一種の宗教的情操による産物であろう。〔二〕三七〇

ここに到り、郭沫若はこれらについて次のように述べていく。天道思想は儒家において子思・孟子、道家においては恵施・荘子に到ると、ほぼ発展する可能性が無くなってしまった。彼らは互いに攻撃し、互いに影響しあい、同時に一様に墨家を攻撃し、一様に墨家の影響を受け、お互いの間の差異はほぼ微細なものになっていったのであると。

郭沫若は、春秋戦国の思想界における決算者として荀子の天道思想を捉え、彼はよく百家を統一したと自任し、また儒道の天道観を統一させたという。名目の上では道家の道を肯定したが、彼のいう道は道家の実質的な本体という説とは異なり、ただ儒家の自然界の理法というにすぎない。彼は道家の根本観念を儒家化したのであると論述する。自然の理法は神であり、また天である。ただ自然界には一種の次々に生じて息まない運行する大理法があることを知れば、それは天でもよく、神でもよく、道でもよく、誠としてもよいので、進んで探求する必要はなく、迷信にとらわれることもない。郭沫若は、荀子の天道思想は確かに儒道を融合させ、この思想は『易伝』――特に系辞伝の思想――と完全に同様の鋳型から出現したという。〔二〕三七〇郭沫若は先の研究を基礎として一歩議論をすすめ、(五)子弓は『易』の理論の創設者であり、荀子は彼に私淑した弟子である。〔二〕三七四『易伝』は荀子の門人に作られ、『易伝』の中にある「子曰」は、「荀子曰」あるいは「子弓曰」と解釈するのがよく、決して孔子のことではない。荀子の弟子は秦朝の厳しい焚書の下にあり、あえて師匠の名を記さずに統一して「子曰」と称し、それが後に漢代の人に誤解され、孔子とされ、はじめて孔子が『易』を賛したという伝説が生まれたとした。このために、『易伝』は、荀子の後に序列して始めてそれ自体のあり得べき地位を持ち、また始めて思想史の展開にとって価値のある資料となった。一切の先秦の天道思想は、荀子に到ってひとまず終わりを告げたのである。〔二〕三七二、三七四、三七五

郭沫若は、先秦の天道観の思想的変化の一貫性について考察と論述を経て、また一つの側面から彼の先秦諸子思想と人物に対するいくつかの認識や評価を提出した。これらの認識と評価は、彼の先の研究と一致し、あるいは調整し、もしくは後の研究の中でさらに補強されたものである。

（二）「名辯思潮的批判」

「名辯思潮的批判」は一九四五年に書かれ、『十批判書』に所収である。これは郭沫若の比較的成熟した一篇であり、先秦の名辯思潮の発展と変転を論述したものである。この文章の最初に、郭沫若の春秋戦国時代についての認識が描かれている。まず春秋戦国時代は社会史における一つの転換点であり、旧時代の奴隷制が漸次的に崩壊し、新しい封建秩序が漸次的に生産されている過程であると指摘されている。そして、この新旧が交替する時代には、「名実 相 怨む」・「絶えて交無し」という現象が生まれた。例えば、「君」という言葉を取り上げると、旧時代は奴隷の所有者を指したが、後には多く奴隷上がりの頭領を指し、百姓について言うと旧時代は貴族を指したが、後には庶民となり、庶民を取り上げて言うと、旧時代は賤人であったが、後には国の本となった。一切すべてが調整されなければならず、ために意識形態における最初の反映として必然的に正名の要求が起こり、故に戦国時代にはいわゆる名家が生まれた。これは周秦の際において、中国社会史上に一つの画期的な時代変革が起こったことを証明するに足りよう。〔二〕二五三他方、郭沫若はさらに、漢代の人が言う「名家の流」に限らず、儒・墨・道・法の各家は名実の調整と辯察の場合の名辯に従事し、この現象はそれ自身として発展したために、儒家の「正名」から後に発展して各派の学説の論争となり、「一部の観念論者は観念の遊戯に走るという偏向性を持ち、さらに流れて純粋な詭辯に近づいた」という。またその後、各家の傾向はほとんど一致してこのような偏向を挽回しようと企図するようになり、新たに正名の実際を回復するまでに至った。秦に六国が統一されたのち、封建社会の新秩序が完成すると、名実はまた互いに水と乳の関係になった。そこで名辯の潮流も完全に停止した。ここまでが、先秦名辯思潮の全発展過程であると主張した。〔二〕二五四

郭沫若は一気呵成に一連の先秦における名辯の人物たちについて整理した。①列御寇、②宋銒と尹文、③兒説・貌辯・昆辯、④告子と孟子、⑤恵施と荘周、⑥桓団と公孫竜、⑦墨家の辯者、⑧鄒衍、⑨荀子このような春秋戦国から秦以前に到る名辯人物は、同様でない学派の伝承系統に属したが、名辯思潮の激動においては積極的な役割を演じた。郭沫若の彼らについての考察と論述は詳細であり、また郭沫若の考証を経て一人の人物となったものもいる――例えば兒説・貌辯・昆辯――これについては、詳しく後述する。

列御寇と「正名」の関係について、郭沫若は『戦国策』韓策から取材し、韓人の史疾が楚国に出使したという故事から得て判断し、史疾が楚王に向かって講明して、「列子圉寇の言を治む」を「貴正」としたこと、ならびに「烏は鳥為らず」・「鵲は鵲為らず」の「名不正」から見て、列御寇に「正名」の学説の傾向が存在することを明らかにした。郭沫若はさらに、列御寇は黄老学派の人であると明示した。〔二〕二五四明確に、梁啓超の「列御寇本『荘子』寓言中人物」(六)の見解とは同一ではない。郭沫若の見解は、唐鉞の見解と同一である。(七)ただし、郭沫若は『列子』の真偽に関しては議論していない。

次いで郭沫若は宋銒・尹文を挙げる。彼らは稷下の黄老学派に属しており、かつ師と弟子の関係といえる。先に郭沫若は「宋銒尹文遺著考」で、『管子』心術篇・内業篇は宋銒に属し、白心篇は尹文に属すると考証した(八)。この中で郭沫若は、彼らは均しく主観・先入観を排除し、純粋客観的態度を取ったと主張したとし、つまり、「因なる者は己を舎てて物を以て法と為す」である。彼らの名の理論はこのような基本的な主張から出発し、一種の純正な「正名」を表現した。別に郭沫若は『呂氏春秋』先識覧 正名篇には、尹文と斉湣王とが士を論じ

た際の「正名」の義に関して、内容の上では白心篇の見解と符合するとしている。士を論じた対話について、郭沫若は尹文はどこか詭弁を弄しており、斉の湣王は辯を善くしなかったために、勝利をしたことを示すのみとなった。〔二〕二五五、二五六、二五八

さらに、兒説・貌辯・昆辯の三人の人名について、郭沫若は『韓非子』外儲説左上に記されている資料を根拠に、兒説は宋人で辯を善くし、「白馬非馬」の論を持して、公孫竜よりも早くこの論を現したと指摘する。さらに、『呂氏春秋』審分覧 君守篇の兒説の記載を取り上げた。兒説は斉の威宣の世の人であり、兒説は貌辯ではないかと疑った。貌辯の逸話は『戦国策』斉策と『呂氏春秋』知士篇に見えている。『戦国策』の故事における貌辯は一人の「人と為りや訾多し」の辯者である。『漢書』古今人表は貌辯を昆辯に作っているが、昆は兒（古の貌字）の誤りである。郭沫若は考証を一歩進めて、兒説と貌辯とは「おそらく同一人物である」とした。兒説は「白馬非馬」の説を知り、公孫竜はこれを祖述した。おそらく兒説の弟子あるいは孫弟子であろう。郭沫若はさらに、「白馬非馬」の分析をする傾向は或いは子思の五行説に淵源があるとする。五行の中で白は金に属し、馬は土に属す。郭沫若は『公孫竜子』通変篇の「青驪は白くして白勝たず……是れ木 金を賊へばなり」を根拠に、白馬説は五行説に淵源を持つとした。また、公孫竜が道家の別派に属していることから、兒説は或いは宋鈃・尹文の系統に属していると推論した。〔二〕二六一

告子と孟子については、告子も黄老学派に属しているから、宋鈃・尹文と同一の系統に属していると判断し、ならびにこの人は『墨子』公孟篇にも見えているという。郭沫若は、「生 之を性と謂ふの辯」と「仁内義外の辯」の二つを例として、具体的に告子と孟子との間の辯難を論証した。性の辯においては、二人の辯論は性を取り上げているが、定義は同様でない。告子は万物一体観から出発し、孟子は五行説から出発している。二人は表面的には同じものを辯論しているが、実は別のことを述べているのである。さらに、「仁内義外」の説は、『墨子』と反対で、告子もまた道家的な態度であり、典型的な観念論者である。孟子は比べて客観的である。しかしながら、辯者としての孟子は、好辯を以て称せられ、絶えず人と辯論し、宋牼（鈃）・淳于髡・告子・許行の徒・墨者と辯論し、さらに自身の門徒とも辯論した。これは儒家の立場を以て「人心を正し、邪説を息め、詖行を距ぎ、淫辞を放こ」うとしようとしたのである。想定している敵は揚墨である。〔二〕二六五 別の文章には、『孟子』・『墨子』中に現れる告子および告子の学派の属が現れると、いつもある人は彼は孟子の弟子（趙岐）、あるいは墨子の弟子（錢穆）であると認識するが、彼は明らかに儒では無く墨では無く、あるいは儒であり墨であるという。〔二〕二七〇

惠施と荘子について、郭沫若は、彼らはよい友人で、また一対の辯論家であるという。それにより、郭沫若は名辯の主題の下、重点的に論述をした。郭沫若は、「惠施は先秦諸子の中の巨匠である」と強調するが、惜しいことに書物が伝わっていない。彼の残した言葉や逸行は、『荘子』・『荀子』・『呂氏春秋』と『戦国策』の中に散見される。『荘子』天下篇には惠施の学説があり、集中して惠施の思想の主要な様相を現している。郭沫若は精緻に『荘子』中に記される惠施の思想の多様な命題を分析し、惠施は「大一」の観念を第一位に置いているから、疑いなく黄老学派に属す。[九] この大一は黄老思想の本体であり、また道であり、空間と時間の範囲を超越している。故に「至大無外」と言い、惠施は人格神の存在を否認していることを知ることができる。さらに「去尊」の主張に依拠し、宇宙観上の無神と政治上の無君をはっきりと現した。郭沫若はさらに、惠施は「小一」という観念を独創

したが、これは印度古代思想の極微とギリシャの原子とに類似し、その小なることは空間と時間を超越している。故に「至小無内」といい、明らかに惠施は道家の本体観と儒家五行説とを総合している。郭沫若は、荘周的の思想と惠施の思想は似たところもあるが、思維の方向は全く同じではなく、「惠施は外に極端に求め、荘周は内に冥捜する」である。二人は、「同じく観念論者ではあるが、主観を重視し、客観を重視するという違いがある」と。例えば、惠子は魚ではなく、客観的な根拠がないから、魚の快楽を断定しようとしない。荘子は魚ではないのに、主観によって推測し、魚の快楽を断定する。郭沫若は、惠子の方法を拡充すれば、必然的に不可知論に陥り、荘子の方法を拡充すれば、必然的に同一の結果に陥り、同様の詭辯となる。〔二〕二七二郭沫若は、荘子はひたすら辯論を好むが、却って理論的には辯の作用を否定している。斉物論篇に論じていることを案ずるに、辯の效用は知られないだけでなく、一切の事物は均しく知られない。惠施と荘子とは客観と主観の両種の観念論を代表し、同様のところに帰着したが、彼らは共に不可知論に満足せず、ために宇宙・人生に説を述べたが、独断に流れることを免れなかった。〔二〕二七三このような観念の遊戯が生まれた社会的背景について、郭沫若は批判性を帯びた指摘を行い、これは明確に新興地主・封建政権がようやく強固になり、学者たちはこの現実に直面し、あるいは意識的にあるいは無意識的に、あるいは積極的にあるいは消極的に、みなこの政権の基礎のために強固さを加えることを免れなかったという。惠施が主張する「山淵は平らかに、天地は比し」の思想は「王者や長者とは争うことはないということを論すこと」と「下層の闘志を無くそうということ」を狙ったものである。荘子の是非美悪の不分という見方は、「無意識の内に消極的に人々を貧しきに安んじ賤しきを楽しむ」ようにさせ、「同様に下層の闘志を無くした」のである。この中で、郭沫若は思想の階級属性の問題を強調した。

　ついで辯論家の思想の様相についてさらに考察し、郭沫若は『荘子』徐無鬼篇にいう「辯士は談説の序無ければ則ち楽しまず、察士は凌誶の事無ければ則ち楽しまず」の見解を用い、桓団と公孫竜について考察し、この二人の出現は、ほとんど辯察のための辯察であり、観念的な遊戯も最高の域に達した。郭沫若は重点的に公孫竜の学派の属性と名辯の学説について考察分析を加え、彼は兒説の門徒であり、道家に属し、或いは宋鈃に淵源を持つとした。彼の思想は黄老学派の系統に属し、黄老学派の観念論を極端に発展させた。具体的に公孫竜の分析主義思想についての考察することを経て、郭沫若は、彼の詭辯はほぼ観念的な遊戯であり、その著作がほとんど散逸したために、成立させた論拠は考察しえない。しかし関鍵は、それらの詭辯に畢竟どのような社会的意義があるかについてで、どのような原因あるいは意図によりあのような詭辯が生まれたかにある。郭沫若は強調して、これは歴史を研究する人が注意すべきことで、一般的な古代思想研究者はあまりこのようなことには注意しない。郭沫若の見立てでは、公孫竜が自身で暴露する立場は、彼の政治的な主張は、臣は君と争うことはできなく、争えば天下は争乱するという、ことを明示している。これは「先秦初期の学者の革命的な意義を完全に否定している」である。〔二〕二八三郭沫若の持つ思想の批判的な視角が再び鮮明になっている。

　墨家の辯者について、郭沫若は、墨家が辯者の色彩に染まったのは、どうやら孟子の時にあり、楊・墨は共に辯論をし始めた。宋鈃・尹文・惠施・公孫竜は楊派に属し、墨家の辯者は墨子の後学に属し、名辯の点では楊より後であるため、楊・墨と並称された。墨者の辯の文献は、現存している『墨子』の中に経上篇・経下篇・経説上篇・経説下篇・大取篇・小取篇の六篇があり、これは先秦の名辯家と比較して完全に保存されている。しかし、最も注意すべき問題が忽せにされている。それは一般学者が六篇の文章を一家とみていることであり、「実際には少なくとも多少違った二派があり、ある種の見解については完全に対立している」、また、「経上篇・経説上篇と経下篇・経説下篇は、ある種の主張について完全に対立している」と。郭沫若は『荘子』天下篇を根拠に、墨家の三派は「堅白同異の辯を以て相訾り、奇偶不件の辞を以て相応ず」と述べていて、主張が全く異なり、時に相互に反駁しあっていた。たとえば堅白論をとると、経上篇派は堅白を盈たすことを主張するが、経下篇は堅白を離すことを主張する。後者は公孫竜と完全に一致する。同異の辯については、経上篇派の同異観は常識を根拠とし、経下篇派はかなり惠施の主張を受け入れ、或いは公孫竜と近接している。〔二二八三〕

郭沫若はさらに、堅白同異の辯以外には、経下篇は惠施・公孫竜と同様な辯辞がとても多いという。〔二二九〇〕他に大取篇・小取篇の見解と経上篇派は相い近く、公孫竜と反対である。既に「白馬非馬」説に反対しているが、さらに経上篇派は常識を根拠とした同異観を保持しており、惠施・公孫龍及び経下篇派と相い反している。郭沫若は、強くある学者が墨家の辯者の中には既に近世の厳密な論理的分析学が展開されているとすることに反対している。それについて彼は、「辟は譬喩であり、侔は比附であり、援は援引であり、推は推詳あるいは推諉である」といい、また、「決して専ら真理を追究するためのやり方ではなく、敵と辯論して勝利を得るための術である」という。仮にこのような法術を用いる際に一定の限度がなければ、大きな間違いに向かう危険性がある。ために「殺盗非殺人」という主張はもとより法理上の用意があったが、儒家と道家との反駁にあった。もし「殺盗非殺人」というものを堅持するのならば、盗は論ぜられることなく殺害されてしまい、そこで暴君や酷吏が利用すれば民衆は活路を無くしてしまう。〔二三〇一〕

陰陽家の鄒衍について、郭沫若は文献を根拠として以下のようにいう。鄒衍は完全に正常な立場を保持しており、そう判断する関健は、『史記』平原君伝にある。「鄒衍 趙に過ぎり、至道を言ひ、乃ち公孫龍を絀く」と。また、南朝宋の裴駰『史記集解』に引く劉向『別録』に、「勝者は其の守る所を知らず、勝たざる者は其の求むる所を得たり。是くの若く、故に辯は為すべきなり」とある。郭沫若はまた、彼の百余篇の著作が完全に失われ、その学説が爪の先ほどしか残っていないことを惜しんだが、鄒衍は確かに創造性を有した大思想家であったという。その思想は奇異で狂気じみているとされたが、その責任はその説を借用してその意に通じなかった燕斉の方士たちにあるという。〔二三〇一、二三〇二〕さらに、『史記』孟荀列伝に依拠して、概括すると、彼の立論の原則は経験と類推を重んじることであり、小より大を類推する。学説の内容は主として歴史と地理であり、その歴史観は現代から始まって古代に推し及ぼし「五徳終始説」を創立した。それは、儒家の陰陽観を拡大させたものである。その地理観測は中国から海外に推し及ぼし、「大九州説」を創立した。その学説は誇大にすぎる。しかし、その豊富な想像力を表してもいる。郭沫若はさらに、『呂氏春秋』応同篇にある「五徳終始説」は鄒衍が出自であるという。〔二三〇四〕さらに、「五行相剋で順序ができ、勝者が主に代わるということは、革命を容認するという用意ができている。これは、『月令』の五行相生説により春秋の交替を説明する方法と異なっている」ともいう。また、鄒衍は二千年前に、五つの簡単な元素の中に一種の周期律を求め、それにより宇宙・人生を解説したのは、一種の勇敢な思想の飛躍である。〔二〕三〇五郭沫若はさらに、鄒衍の主要な思想は儒家の思孟一派の発展であり、九州説は『禹貢』にみえ、五行説は『洪範』にみえる。これらはすべて思孟一派の創造であり、鄒衍は儒家からでているため、儒家の態度を保持している。〔二〕三〇六

最後に、郭沫若の筆は荀子の名辯思想について考察した。彼は、荀子は儒家の中で最も辯争に参加した代表であり、荀子は、「君子は必ず辯ず」と称し、辯の中で小人・君子・聖人を区別している。いわゆる聖人の辯とは倫理的な内容に重きを置き、論理的な形式に重きを置いていない。いわゆる小人の辯は遍く当時の諸子百家を指し、儒家の別派も含まれている。郭沫若が論証していうには、荀子は名家に対して最も憎しみ深く痛烈に批判を行い、これは彼の門戸心の酷烈さを表しているが、惠施・公孫龍と一部の墨家辯者が名辯の潮流を誤った道へ引っ張って行き、辯術の正規の法則は解明されず、ただ遊戯的な詭辯が弄されるのみで、諸家の皆に批判を受けた。荀子はこのような反詭辯の潮流にあり、破邪の他に、顕正への努力をしたいと願った。その思想の主張は正名篇に集中して存在する。郭沫若はさらに一歩説を進め、荀子が時代に向かって叫んだ正名と孔子の時代に要求された正名とはすでに二種となっている。孔子は旧名を正し、荀子は新名を正し、旧名の中で一段と光りかがやくものを発現した。これが、新旧の調和するところである。荀子はさらに、同異を合すことに反対し、同異を別つことを主張した。〔二〕三〇九比較としては、郭沫若は荀子の「制名の枢要」の意見と『墨子』経上篇派の見解が近く、名実の一致、同異の有別に重点が置かれている。しかし、郭沫若は荀子の名学の方法の発明と建設に対してはあまり評価が高くなく、荀子の示した辯説の最高レベルは、ただ倫理的な「道」の演繹で、名辯の法則の論理を探求して真理を求めるのではなく、一種の主観的・観念的な倫理に依拠して説辞を為し、方法において墨家の経上篇派と類似しており、せいぜい正名と推類の工作をしているにすぎない。郭沫若は最後に荀子の弟子の韓非に言及し、説難篇と難言篇の諸篇には、「時と与に遷徙し、世と与に偃仰す」・「緩急贏絀」の傾向がさらに一歩発展したが、宣伝術と雄辯術に属すのみであり、論理学ではない。〔二〕三一二

ここに至り、郭沫若は名辯思潮と名辯の代表人物を糸口として、一貫して先秦諸子の名辯思想を整理、考察した。名辯論題に対する名辯思潮について、一種の社会思潮の出現および歴史的意義として最も関心を持った。これは胡適が一九一七年に書き、一九二二年に上海業東図書館出版より刊行された『先秦名学史』と郭湛波が一九三二年編著者となった『先秦辯学史』等による中国早期の論理学史とは異なり、また取り上げた名学・辯学の人物も差違がある。

二、思想人物と学派研究としての代表的な文章

郭沫若自身がかつて言及したことであるが、彼は歴史人物に対する研究において、主に自分の好悪に任せ、さらに好きな人物の方が主であり、悪から研究した人物は比較的少ない。彼の好悪の基準は一言でいえば、人民本位である。彼はこの人民本位の基準の下、研究に従事し、創作に従事した。〔四〕五創作は文学に属し、研究は歴史を重んじ、また思想史の視座から包括して歴史の人物を研究した。

（一）屈原研究

屈原についての研究は、郭沫若の歴史人物研究と思想史研究においてとても重要な位置を占めている。『屈原研究』は郭沫若の歴史人物を研究した文章の中で比較的超大である。〔四〕七—一〇五その原因を探求

すると、当時の廖平・胡適らの屈原の是否に対する懐疑によるだろう。(一〇)したがって郭沫若の研究の関心を引きおこし、そこでもろもろの考辯が進行した。特に「屈原不仅是存在」・「連他的生卒年月日都是可考的」を確認した。(一一)郭沫若の第二節での屈原のいた時代に対する理解に加えて、郭沫若は思想史的な視角から屈原の思想を完全に分析し、肯定している。

屈原の作品中に体現される思想について、郭沫若はいくつかの方面から表現している。たとえば宗教的な思想について言うと、郭沫若は、『楚辞』は超現実性に富み、ないし南方思想家の超現実性に富み、これらはすべて殷人の宗教的な性質の後継であり、屈原は終始殷代の賢者である彭咸を崇拝しているのも、屈原の超現実的な思想の来歴をまさに表現している。このような超現実的な宗教性をもつ思想は、屈原の思想の特徴ではなく、彼自身懐疑的な態度を保持している。[四]五五彼は一面で極端に懐疑的であり、別の一面では喜んですでに存在する具象化した思想観念を利用している。ただ上帝・百神・天堂・地獄などのいくつかの観念を彼が本当に信仰していたなら、絶対に自殺など選択しなかっただろう。彼の自殺の理由は、彼の懐疑的な精神の必然的な結果である。[四]五六さらに、郭沫若は、屈原は彼の倫理思想において特に儒家思想の影響を受けており、それらは屈原の作品に現れているという。たとえば、「善不由外来兮名不可以虚作（抽思）」、「重仁襲義兮謹厚以為豊（懐沙）」、「秉徳無私、参天地兮（橘頌）」などの格言的な辞句は、「儒家の口ぶりと寸分も異なることはない」という。さらに「屈原が仰ぎ見ている古人、たとえば堯・舜・禹・湯王・文王・箕子・比干らは、儒家典籍の中によくいる人物である」と。ならびに最も注意すべきは屈原は楚人であるが、道家の虚無恬淡、寂寞無為の学説に対して、全く染まっていない。これらから推し測ると屈原はあるいは孟子の称する所である「周公仲尼の道を悦び、北のかた中国に学ぶ」という楚人陳良の弟子であったかも知れず、少なくとも陳良の影響を受けたに違いないと主張する。[四]五六

さきに述べたように、屈原のいた時代について、郭沫若は相当な紙幅を用いて考察論述した。「屈原的思想」の部分について、郭沫若は先に侯外廬の屈原研究に言及し、特に「屈原的秘密」(一二)の中に屈原の思想には矛盾があり、「この秘密は彼の世界観と方法論の間の矛盾に帰結する」という判断について、郭沫若は賛同した、「この判断はなかなか正確である」と。ただし、侯外廬は屈原と王国維とをフランスのバルザックやロシアのトルストイに対比し、郭沫若は検討する価値があるとする。[四]七六彼の見解としては、屈原の世界観は進歩的で、革命的であったが、彼の方法——詩人としての構想と遣詞造句の技術について——はいささか保守的な傾向があることは免れないとする。これが郭沫若の認識している屈原の思想的矛盾である。[四]七七関連する議論は、彼らの学術見解上の相違を表している。[一三]屈原の思想の特徴について、郭沫若は再三指摘している。屈原の思想は非常に明らかに儒家的な風貌を帯びており、古人がつとに指摘している。屈原の道徳の徳目も儒家の理想とする所と完全に一致している。屈原は形而上の思想に関しても深く儒家の影響を受けている。[四]九〇、九六、九八ために郭沫若は推断し、屈原の観念における「皇天」あるいは「后皇」も儒家と一様で、ただ一種の理念にすぎず、殷周時代ないし墨家の意識にあったような人格神ではなかったかもしてない。[四]九八屈原の思想は奴隷制時代の神権の束縛に対して本来的に懐疑的であったが、労を惜しまずに天国・地獄を描き、依然として上帝と土伯の存在を承認していた。屈原は怪力乱神に反対したが、怪力乱神を謳歌した。この矛盾について、郭沫若の解釈は、屈原は決して純粋な思想家ではなく、

卓越した芸術家であった、ということである。彼は思想上は、ひたすら北方式の現実主義の儒者であったが、芸術上は却って南方式の浪漫主義的な詩人であった。〔四〕一〇一 屈原の思想的評価について、郭沫若は以下のような判断を下した。「要するに、屈原の思想は進歩的で、南方の儒者であった。儒家思想は当時――奴隷制から封建制へと転換した当時――において進歩的であった。我々は現代の観点から反動であると斥けることは良くないし、更に屈原も思想は反動であるというのは良くない」と。〔四〕一〇三 郭沫若は、屈原の思想と儒家的関係とを分析するという方面に重きを置き、いわばその学術的特徴と歴史的深意を極めている。

(二) 墨子研究

「墨子的思想」は一九四三年八月六日に書かれ『青銅時代』に収録されている。ただし郭沫若の墨子思想についての研究と評価は、これより先に一つ体系だって成立している。(一三)〔一三〕我々は先に「読梁任公〈墨子新社会之組織法〉」(一九二三年)から始め、郭沫若は墨子と墨家の認識と評価についてひとつ基礎が存在し、批判と負の側面の評価もあることを認識しなければならない。(一四)『先秦天道観之進展』には、この認識と評価は明確に現れている。「墨子的思想」、および「孔墨的批判」中の「墨子的思想体系」、また「名辯思潮的批判」の「墨家辯者」、『奴隷制時代』における「墨家節葬不非殉」(一九五一年)に至り、墨子に関する一連の研究が構成されている。換言すれば、『先秦天道観之進展』と「名辯思潮的批判」中において、墨家の位置についてはすべて言及され、さらに「墨子的思想」と「墨子的思想体系」においてそれは一歩進み、「墨家節葬不非殉」において補充された。

先に述べたように、郭沫若は梁啓超の研究を考察する所から議論を始めている。郭沫若は次のように述べる。墨子の根本観念は「尊天明鬼」であり、彼の学説はすべて「天」を出発点と帰着点としており、これは王公大人が天下を治めるための道理であり、彼の思想の帰着点は政教不分、一権独擅であり、強制専制的な色彩がとても強い、と。後に郭沫若はさらに強調して、墨子は根本的な宗教家として、殷周の伝統思想を復活させ、事実復古派として、その思想は歴史の変転から観ると反動といえる。「墨子的思想」の中で、郭沫若はさらに自己の墨子に対する評価を強調した。墨子は終始宗教家であり、墨子の思想は充分に反動性、また反科学、反民主、反進化、反人性を帯びており、名は兼愛といっても実は偏愛であり、名は非攻といっても実は美攻であり、名は非命といっても実は皈命であると認識していた。〔一〕四六三 つまり、郭沫若は、墨子は王公大人を語り、鬼神上帝を思い、極端な専制・極端な保守の宗教思想家であると認識していたのである。郭沫若はある学者が墨子を「工農革命の代表」とする説に賛同しなかった。さらに墨子の不科学を述べて、墨子が天志を以て法儀と為し、上帝を信仰し、更に鬼神を信仰し、上帝は宇宙の最高主宰であり、鬼神は上帝の輔佐であると認識することは、上帝鬼神の存在は絶対的であると捉えていること、疑いないと主張した。さらに、墨子は「神道設教」という説に賛成せず、彼は「神道設教」は儒家の辯法であるとした。

郭沫若はまた『墨経』のいくつかの篇に存在する初歩的な科学現象を取り挙げて述べたてることに賛成しなかった。また、墨子の不民主と「替王公大人」の説については、墨子十篇から統計をとり、その中にある六七個の「王公大人」は、多く「士君子」と連文であり、当時の官僚あるいは統治階級の中に、墨子がこの階層に属していることを知ることができるという。貴者・智者によって天下を統一するという思想が墨子の政治思想である。

郭沫若はさらに、墨子の反進化は、「質由り文」という一般進化の通例であるとした。墨子はしばしば節用を強調し、節用をのぞいて他には積極的な生産を増加する方法が無いというのは、墨子の経済思想の貧困性を証明している。また、真正革命の主張は要するに平民の生活を上げさせ、平民を王公大人の享受と同等にさせようとした。郭沫若はさらに墨子の反人性について述べ、墨子の見解には人情に冷たい部分が多く存在するとした。郭沫若は墨子を特に人民を王公大人の所有物と見なし、また二重の生産工具とみなしているために、反人性の宗教思想家であるとした。墨子は名義上は兼愛といっても実は偏愛であり、「兼愛」は愛を無限大に押し広げるが、実は愛を希釈させて無くさせてしまう。ゆえに、墨子の最大の矛盾は一切の既成の秩序の差別や対立を承認しているのに人に「兼」を求めることにあり、これは、多数の安楽しない者を去って少数の安楽する者を愛することに他ならなく、偏愛が成立することとなる。また、墨子が名義上は非攻といっても実は攻を美みするということについて、郭沫若は次のようにいう。墨子は攻戦を窃盗とみなし、私有財産と国家の対立を承認して非攻という見解を提出し、国にあれば非攻、家にあれば殺盗、そうして必然的に攻伐に対する賛美に向かい、最終的に征伐は聖王の事情であるとし、強暴な者の攻伐を奨励するに至るのであると。〔四〕四七二、四七三

墨家の名は非命といっても実は帰命であるということについては、郭沫若は以下のように言う。非命は儒家の学説に対抗して発現したが、儒家の主張する本意と墨子の非難する所は完全に相反する。儒家の天は自然界中の理法であり、いわゆる命は時に必然性を指し、時に偶然性を指す。有命論は本意を失って宿命論に流れてしまう。墨子はこれについて反駁を加えているが、彼の文脈において、非命は実は宗教式の帰依となる。また、明鬼を主張することにより、非命となるのである。さらに彼は上帝鬼神の外にすべて必然性あるいは偶然性を有する支配を否認している。

郭沫若はこのような方面の論述を経て、彼の認識している墨子思想の反動性を説明し、さらに二十年あまり前に提出した次の結論を堅持している。墨子は一つの目線からみて中国のマルティン・ルター、ないしヤハウェであるが、べつの目線から彼をみるとただの頑強な守旧派であり、時代に反抗した復古派にすぎず、また、墨子の思想が本当に中国に復活したとは思われないと。

郭沫若は墨子思想の特徴と学派の存亡の討論を展開させた以外に、彼の前後の墨学研究者の観点を借り受けあるいは指摘した。たとえば、彼は方授楚「墨学源流」の墨学の滅亡について引き、墨家が嬴秦を擁護した嫌疑の証左とし、ならびに墨学の中心は秦国に移り、墨者は秦王と相い得、ために秦法中に有墨法が混ざったと提案した。〔二〕四八三

郭沫若はさらにある学者が墨子は奴隷解放者であると指摘したことについて証拠的な問題を指摘した。またある学者が墨学は消失せず、後生の任侠者が墨家の変化したものであるという説について取り上げ、儒家にも任侠はおり、これにより儒墨は儒墨、任侠は任侠であり、古人は混同しなかったのであるから、今人も混同することはできないと述べた。〔二〕四八五

「孔墨的批判」の一部に墨子の思想体系について論及されている。郭沫若は明確に、墨子は孔子の反対の命題として出現し、基本的な立場は同様ではなく、思想においてもほぼ完全に相反すると指摘している。ただし、郭沫若の墨子思想についての評価は、その他の学者と同様でない点が多い[一五]。郭沫若は、墨子は王権が衰微してしまった時代に「天志」を提唱しているが、無論どのように辯護しても彼は復古の立場になく、革新の側にあるとは述べづらいという。さらに、墨子の

立場は決して農民の利益を代表するものではなく、仮に墨子の天道観が平等であるとすれば、当然その王道観も平等となるが、まさか奴隷制度も平等なものであったと言うのであろうかという。

郭沫若はまた、墨子の鬼神信仰は「神道も教を設ける」であるという見解に対し同意しなかった。〔二〕一〇九、一一一ただ、墨子の思想の中で最も特徴があり、核心的なものは「兼愛」と「非攻」であり、郭沫若は墨子は財産私有権を神聖視を強調する以外に、「奴隷制から封建制への過渡期において、財産私有権は未だ十分に強固ではなく、一つの体系的な学説を立ててそれを神聖化しようとすることを、軽率に「反動」とするべきではない」、という説に対して「私のこの判断を取り消してもよい」と述べる。〔二〕二一七ただし、郭沫若は依然として墨子を奴隷解放者、農工革命の先駆者として認識せず、「限取りを貼り間違えているのだ」とした。墨子の節用節葬説に関しては、郭沫若はその学説はすべて王公大人を対象としたもので、ただ人民の生活を極めて苛簡な段階に留めている。墨子の非楽については、郭沫若は胡適の墨子の「楽は以て楽を為すなり」という説は非常に科学的な説であるという見解に対して賛同せず、中国古代の学問で本当に科学的な性質をもつものは音楽の楽律と暦法であるが、しかし墨子は暦法に言及せず、音楽については極端に反対しており、故に墨子は一人の科学者であるとすることはできないと述べる。〔二〕二二二また墨子の三表法については、上から下への演繹であり、下から上への帰納ではなく、かついくらかの基づくに足らない故実に依拠して、真理あるいは真実として自己の学説の出発点とするのは最も科学に合致するものではないという。また、郭沫若は墨子の非命は儒家を対象としているが、儒家の命は一種の素朴な必然論であるのに、墨子が攻撃するのは宿命論であり、ただ必然論を攻撃して鬼神のために「帰命」性を景気づけているという。〔二〕一二三、一二五

墨子の研究については、『十批判書』後記に述べられている。彼は四十年代における新史学研究の気風の刺激を受けて周秦諸子の研究を進め、かなり大胆に新史学陣営の多数の人に対して反対意見を出した。とくに儒家と墨家の見方については、いくらかの学者の見解とほぼ対立している。さきに記述のようであれば、郭沫若はすでに認めている。早年に墨子を謳歌し、崇拜し、彼は任侠の祖宗であり、とても平民的で、科学的で、この時の見解はその他の人達と異ならなかったと。しかし後に見方が変わったのである。墨子は純粋に宗教家であり、かつ王公大人の立場に立っていると考えるようになった。前後の見方は完全に相反しているというべきである。これについては以上の考察から理解できる。これについて郭沫若は、「私には私だけの客観的な根拠があり、私は決して「偏惡」あるいは「偏愛」しようという考えはない」と。彼はさらに、「私の方法は古代社会の発展を清算し、各家の学術的な立場と起源、及び各家の間の相互関係を探求し、その後に再び彼らの評価をすることにある。私は決して彼らを個々に扱ったり、主観的な見解に依拠して任意に解釈を加えることはない」という。〔一〕四六九、四七〇この中には、質問者への解答の意義も存在する。〔一四〕・〔一五〕

別に、「墨家節葬不非殉」（一九五一年）において、郭沫若は『呂氏春秋』上徳篇にある、「墨者の鉅子たる孟勝 死するや、弟子の之に死する者は百八十三人」という故事を引用して、墨家の組織は厳格であること、及び儒墨闘争の政治化、墨家の殉葬についての態度などの問題を看取した。

（三）孔子研究

「孔墨的批判」には、孔子と墨子の思想的主張が相対的に考察され

ている。先に述べた「墨子的思想体系」の内容に関すること以外では、郭沫若はまず始めに『墨子』非儒篇を用いて儒墨両派の基本的な立場に切り込み、同時に以下のように指摘した、以前孔子を尊崇した人は、孔子がすでに「大成至聖」となってしまっているために、これらの材料については一概に侮蔑だと見なして、全く考慮しない。いま墨子を尊崇している人は、墨派を侵犯すべからざるのトーテムと見なし、これらの材料についてはまた一概に痛快であると見、また全く考慮しない。実際にこれらの態度はおしなべて蒙昧にされており、蒙昧さを取り除かない限り、正確な認識には到達しない。〔二八五郭沫若は改めて学術的で客観的な視座を用いて孔墨思想の相違を主張する。郭沫若が言うには、孔子の立場は時代の潮流に乗って、人民の解放に同情するものであった。しかし墨子は孔子に相い反していると。〔二八五郭沫若はさらに強調して、孔子の基本的な立場は当時の社会変革の潮流に順っているからには、彼の思想と言論は清算的な基準を有しており、だいたい彼は人民の利益を代表する方面に立っていて、積極的に文化の力を利用して人民の幸福を増進させようと願い、過去の文化については部分的に整理・受け容れた以外には、また部分的に批判改造し、一つの新たな体系を建築して新たに来たる封建社会の紐帯としようと企図した説明する。廖季平・康有為が倡道した「古に托ちて制を改むるの説」は確かに当時の事実を喝破したのである。〔二八七

孔子の思想体系への論及は、郭沫若は「仁」と「礼」、「命」と「天命」の分析から議論を展開した。彼はいう、仁という字は孔子の思想体系の核心であり、春秋時代の新名詞であり、この文字は先の古書の中には無く、金文と甲骨文の中にも探しだせない。必ずしもこの字は孔子が創造したものではないが、彼が特に強調したしたのは事実である。仁の含義は「己に克ちて人の為にす」という一種の利他的行為であり、仁者は人を愛するの人は人民大衆であり、人を愛することが仁であり、また「親を親しみて民を仁す」の仁民の意味でもあり、彼の仁道は実際に大衆のための行為である。彼は人々が一切の自私自利的な心積もりを排除して、大衆のために献身するという犠牲の精神を養成することを望んだ。視・聴・言・動すべて礼に合致しなければならなかった、礼とは何か。それは一つの時代の中でそれによって社会生活を維持する各種の規範であり、これはすべての人が遵守すべきものである。各人がこの規範の下におり、自己を縦にして多くの人を侵犯せず、たとえ自己を犠牲にしても多くの人の幸福を増進させ、自己の安寧・成功を得ようとするのならば、みなを安寧にさせ、成功させなければならない。これは相当高度な人道主義である。〔二八九内から外に及ぼし、己から人に及ぼす人道主義の過程は、孔子の持っていた一貫した道であった。君子の「己を修むるに敬を以てす」・「己を修めて以て人を安んず」・「己を修めて以て百姓を安んず」という三つは、「己に克ちて礼に復す」・「己 立たんと欲して人を立て、己 達せんと欲して人を達す」・「博く民に施して能く衆を済ふ」を別に体現したものである。彼のこのような仁道は明らかに奴隷解放の潮流に順応しており、これはまた人間の発見である。〔二九一礼について、郭沫若はまた以下のようにいう。孔子は春秋の末年に礼制を強調しているが、それには二つの点から批判できる。一には礼の形式に新しい精神を吹き込んだこと、二には「庶人に下らず」というものを少なくとも精神面については庶人まで下したことである。仁道の新しい精神を古い形式の中に注ぎ込み、彼の進歩的な精神を表しており、礼楽の両者を織り交ぜて人類政治生活の紐帯としている。これが孔子の政治哲理の特徴であり、人文主義を極端に推し進めるに至った。彼は古礼については、一面では復古派であり、一方では維新派である。〔二九七、九

八孔子の教民思想と後の道家法家の愚民政策とは根本的に異なる。人民については二つの政治態度がある、「一つは知ることができないことを丁度よいとする」、つまり「民智を閉塞す」であり、「もう一つは彼らを知ることができるようにさせなければならない」、つまり「民智を開発す」である。郭沫若は、「孔子の態度は疑いなく後者である」と判断する。［二］一〇〇孔子が「命」と「天命」とを強調したことについて、郭沫若は以下のように言う、孔子は利を語ることはとても少なく、ただ命を称し、仁を称するのみであった。命と仁とは孔子の思想において厳然として同等の重要性を持っていた。孔子の言う命については、神の予め定めた宿命と解釈することはできず、当然自然界における一種の必然性と見るべきである。このような必然性は前に定まっているようで、人力ではどうしようもできないものである。孔子の天命観は明らかに一種の必然論であり、宿命論とは区別されるものである。さらに、孔子は決して命が定まっていることに頭を垂れる妥協者ではない。彼はこの点についてのみ説明をしていないが、つまり一切すべては変化しつつあり、命もまた変わりつつあり、人の努力は古い命を捨てて新らしい命を支配できるのであるという。奴隷制時代の湯・武王は革命をすることができ、奴隷制を崩壊させた人民もまたまさに革命をしつつある。孔子はこのような革命の潮流で生きていた人であり、実際に彼もまさに着新しい必然性の支配に参加している。いわゆる、「五十にして天命を知る」というのは、この時に到って始めて自然の趨勢が賦与する彼の新しい使命を自覚したのかもしれない。［二］一〇六、一〇七

以上から見るに、郭沫若の孔子の思想体系についての評価は比較的高く、賛美の具合も少なくない。よって、ある学者は郭沫若は「尊孔反墨」であると認識するに至った。これに対して、郭沫若は『十批判書』後記の中で説明している。彼は、「私の孔子と墨子に対する見解は、相当の普遍的非難を受けたが、私はかえって一層の自信を深めた」と述べ、また、「私がいくらか孔子を擁護しているというのであれば、私はかえって認めよう。私の見ている孔子は奴隷社会から封建社会への変化における、その上昇段階の中の先駆者であり、私はこのような意味において彼を「擁護」する。私の見方と二千年来の見方は多少異なる」と言う。［二］四七八

（四）諸子学派および人物についての研究

学派研究の中で、郭沫若は儒家学派についての研究が比較的に集中してかつ論文が最も豊富であり、ために体系的な論述を形成している。「駁〈説儒〉」（一九三七年五月）から「論儒家的発生」（一九四二年七月）にいたり、再び「秦楚之際的儒者」（一九四三年八月二九日）から「儒家八派的批判」（一九四四年九月一一日）に至った。別に稷下黄老学派と法家学派についての研究もあり、前者には「稷下黄老学派的批判」があり、後者には「前期法家的批判」と「韓非子的批判」の二篇がある。

「儒家八派的批判」は一九四四年九月一一日に書かれ、概括的に言えば『韓非子』顕学篇に記される八派に分かれた儒家について――子張の儒・子思の儒・顔氏の儒・孟氏の儒・漆雕氏の儒・仲良氏の儒・孫氏の儒・楽正氏の儒――の考察と研究がなされている。郭沫若は、まず始めにこの八派の中に子夏氏の儒が無いことについて指摘した。郭沫若は、これは韓非が法家は子夏より出ていること、法家の宗師であることを承認しているため、儒家に並べないのであるという。上述の八派について、郭沫若は逐一評価的な観点を提示し、いくつかの重要な見解は注目に値する。

例えば子張の儒について、郭沫若は次のようにいう。『論語』に記されている子張の性格を案ずるに、子張は孔門の中の過激派で、博愛容衆に偏向している。また子張氏の一派は表面的には墨家と類似しているように見え、後学は更に墨家と接近している。しかしながら墨子は子張よりも後の人で、墨子はまた元々儒学を学んだのであるから、墨子は子張の影響を受けたと見るべきである。彼らは精神面では必ず相容れない所があったであろうが、子張氏は儒家の中で民衆のためにする立場の最左翼に位置し、墨家は王公大人の立場に立つので、彼らの間には厳格な区分が存在する。〔二〕一二六、一二九、一三二

さらに、郭沫若は子思の儒・孟氏の儒・楽正氏の儒はただ一つの系統と言うべきであり、実際にこれらは子游氏の儒に他ならないという。これについては証拠がある。『礼記』礼運篇は、少しの疑いもなく子游氏の儒の主要経典である。それは孔子と子游との対話であり、孔子の晩年に弟子と大同小康を談じたという故事はなんら不可能なことではない。さらに、大同小康の説はその実、決してそれほど深遠というわけではなく、それはただ原始社会と奴隷制から反映されて出来た、いささか正確性に欠ける歴史的影像である。〔二〕一三三、一三四 この他に、郭沫若は彼と同時期の学術界において『尚書』堯典・皐陶謨・禹貢・洪範はすべて戦国時の儒者の仮託したものであるという見方が共通の理解であることに依拠し、さらに進んでそれは思孟の徒により作られたものであるとした。〔二〕一三八 郭沫若はさらに、大学は孟学、さらに楽正氏の儒の典籍であり、『礼記』学記もまた楽正氏の作ったものであり、修斉治平の四条目は明らかに孟子の演繹から出来た。これは馮友蘭が見る学記篇・大学篇はすべて荀学のものであるという見方とは一致しない。〔二〕一四一、一四二

顔氏の儒については、『荘子』人間世篇に顔回と孔子とが心齋について論じたものと『荘子』大宗師篇に顔回と孔子とが坐忘を論じた二つの文章がある。これらはすべて顔氏の儒の『伝習録』であり、荘子は重言としてそれらを採用したものである。孔子・顔回はこのような傾向を持ち、顔氏の儒により誇張されたのもありえないことはない。〔二〕一四七

また、漆雕氏の儒は孔門の任侠の一派であり、『礼記』儒行篇に、儒者が剛毅であり独立していることを盛称しているが、これもまたこの一派の儒者の典籍である。仲良氏の儒は陳良の一派であるかもしれない。陳良は長く南方で講学し、年代で言うと屈原は彼の門下から出たに違いなく、屈原の思想は純ら儒家思想である。〔二〕一四九 また、『易』は子弓が創作したもので、先秦儒家の中で〔荀子が〕『易』について語った唯一の人である。彼ははじめは『易』を経とは見なさなったが、後には深く影響を受け、『易伝』は多く彼の門人の手になっており、故に「易伝」の「子曰」は荀子が説いているのである。これにより、荀子はあのように子弓を神聖視したのである。年代に照らして言うと、子弓は子思と同時期の人で、五行の概略を知ることができたのは、この両派が儒家思想において一種の展開であり、中国思想史において最初に分析から着想するという傾向を表わしたものである。彼らは同様に宇宙は変化の過程であると認識し、説明の過程の中で、子思は五行相生説を提唱し、子弓は陰陽の対立を提唱した。この二つの学説は後に鄒衍により合併され、さらに展開を加えて所謂陰陽家となった。〔二〕一四九、一五二、一五四

「稷下黄老学派的批判」で、郭沫若は、道家思想の淵源は黄帝・老子を祖述したものにあり、黄帝は本来、皇帝あるいは上帝が変転したものであるという。〔二〕一五五 黄老の術の培植・発育と唱盛は戦国時代の斉国に始まった。稷下の学者の派閥の別は、孟子・荀子は儒家で、

鄒衍・鄒奭は陰陽家で、田駢・慎到・環淵・接子、また宋鈃・尹文は、すべて道家である。淳于髡は学派がなく、兒説・田巴はともに名家の流である。其の中に墨家はなく、道家が最大多数を占有している。〔二〕一五七　郭沫若はかつて「宋鈃尹文遺著考」の中で『管子』中に現われる心術篇・内業篇・白心篇・枢言篇などは宋鈃・尹文の遺著であり、明らかに心術篇・内業篇は宋鈃のもので、白心篇は尹文より出でたことを、詳細に考証した。併せて学派の属性を論じ、「宋鈃の一派は、疑いなく戦国時代の道家学派の先駆けであり、それらは主要な傾向」は、「儒墨を調和することにある」と。〔二〕五六九、五七〇　これは、郭沫若が明確に宋鈃・尹文が道家に属していたとみていたことを示す。

老聃が存在するかどうかについて、一九三・四十年代の学界でもまた論争の焦点となった。郭沫若は、ある人は老子は根本的に虚構の人物であると言い、ある人は主张老子は老莱子あるいは太史儋であると主張し、決着していないと言う。郭沫若の認識としては、『老子』という書物の問題と老子という別の問題について、両者を漢代でも現代でも一緒くたに考えてしまっている。『道徳経』が遅くに出たことは問題がなく、それは環淵が著した『上下篇』であり、関尹は環淵の音が変化したもので、転じて環淵が『上下篇』を著したことが変化して老聃が関尹のために『上下篇』を著したという聞きかじりの話になったのである。さらに、老聃本人の存在は否定することはできず、『荘子』・『韓非子』・『呂氏春秋』と儒家の著作にはすべて老聃という人が存在し、かつ孔子の先生となったことが承認されている。〔二〕一五九　別に「孔墨的批判」の中で、郭沫若はまた、この問題は先秦諸子を通じて史実として承認されているとしている。〔二〕一〇五

思想学説から述べると、郭沫若は、老子は上帝を否認しただけでなく、合わせて一種の本体論を構築して上帝に代替した。ある学者は思想発展の順序から見ると老子の本体論は孔子よりも先に発生するはずがないとみている。これは形式論理による推論である。春秋時代には普遍的に上帝に対して懐疑がもたれ、まさしくこれが老子の本体論を産む絶好の土壌であったが、彼の学説は大衆に基礎が無く、思想界を支配することは無く、孔子さえも何も受け継がなかった。老子の学説は合間を経たのち、そのまま環淵・荘子に到り始めて充分な発展を遂げたのは、決して不可能なことではない。〔二〕一〇五　ここで、郭沫若は強調して、道家は均しく「道」を宇宙万物の本体としている。この新たな概念には当然唱導したものがいるに違いなく、宋鈃・彭蒙の師から遡って一・二代に到れば老聃という存在が存在したことになる。その身分と生活条件から見るに、超現実的な本体観と隠遁生活の理論が、彼から唱導され始めても何も不合理なことはない。〔二〕一六〇　郭沫若はさらに詳説して、老聃学派の発生は社会史的な根源がある。この学派はすでに斉国の稷下制度の養成を経、たちどころに繁栄し始めた。郭沫若は、道家の興起は学術上において意義と貢献を有しており、一概に抹殺することはできない。しかしながら儒墨の先達ではあるものの、現実から離れ、議論が高尚であるため、老聃・揚朱から揚朱の弟子の時代に到るまで学術界の潮流とはならず、稷下の先生時代に到り、道家三派は――宋鈃・尹文学派・田駢・慎到学派・環淵・老聃学派――ほぼ前後して斉しく進み、先秦思想を多様化させ、儒墨はその影響を受けて変質し、更に道家の直接の感化により陰陽家・名家・法家の諸家もまた派生したのであると指摘する。

郭沫若はまた、道家三派の思想の特徴についても詳細に論証した。宋鈃はおそらく揚朱の直系であり、告子は宋鈃・尹文派の学者である。慎到・田駢の一派は道家の理論を法理の方面で発展させ、韓非子の思想は、主要なものは慎到の学説から発展したものであるが、申子ある

いは関尹・老子の学術が混ざっている。郭沫若はさらに『荀子』非十二子篇は慎到・田駢を一派としていると言う。さらに強調して、法家は慎到の段階においては社会変革の進行期に適応しており、まだ人民のために思考しており、専ら新興の統治者のために思考することはなかった。これは多く進歩性を有している。〔二〕一六六、一六七、一六八、一七二郭沫若はさらに、『荘子』天下篇は、関尹・老聃を道家の正統とし、実は関尹は環淵であり、『荀子』非十二子篇は誤って它囂とし、韓詩外伝は誤って范雎としている。郭沫若はさらに高度な概括を以下のように行った。この三派の特徴は、宋鈃・尹文の志は「救世」にあり、慎到・田駢は「尚法」を尊び、ともに現実から遊離していない。しかし、関尹あるいは環淵は、ほぼ完全に現実から遊離してただその身を善くすることに専心している。「澹然として独だ神明と居る」である。『道徳経』六十五章・六十六章における愚民政策の分析について、郭沫若は、これらが仮に老聃の遺説であれば、旧時代の残滓が未だ除かれていないのであろうし、仮に関尹が発展させたのであれば、新時代の統治者に対して忠を尽くしていることになる。「人民を本位としない個人主義は、必然的に発展してこのようになるのである」と。〔二〕一八五

郭沫若の法家学派についての研究は「前期法家的批判」に集中している。その中で、社会が変革して始めて新たな法制が生まれ、そうして始めてこのような新しい法制を運用する法家思想が出現する。法家の傾向が春秋の末年に始まることは、春秋の中期以後中国社会史上に一大変革があったことを証明するに足る。さらに、新しく起こった法家精神は私有財産権を保護することに重点を置いた。純粋な法家は富国強兵を目標とし、彼らの採用するものは国家本位であったが、必ずしも常に王家本位であったわけではなく、彼らは私門を抑制して分散した力量を集中して一体にし、全国的な富強を図ろうとした。人民は厳刑の圧迫を受けて国家に服役するが、必ずしも常に一人一姓のために服役するわけではなく、人民の利益も決して完全に抹殺されたわけではない。人民の大部分は確かに旧時代の奴隷の地位から解放されたのである。商鞅は、まさしくこの種の法家が成功した代表例である。〔二〕三一四、三二九 法家の発生について、郭沫若は子産まで遡ることができるとみている。しかし、厳密な意義においては李悝が法家の始祖であり、また儒家の気風も有している。呉起も法家の重要人物である。〔二〕三一二、三一四、三一八、三一九 商鞅は李悝の学生で、魏文・武の二侯の時代で儒家の気風とても濃厚な空気の中で育まれ、その思想も儒家から脱皮したものである。郭沫若は、申不害は法家の列に並べられるが、実は術家とする。〔二〕三三九 慎到は厳密な意義においては法家である。彼らはみな学者の立場により、一定の法理を立法の根据とした。李悝・呉起・商鞅はみな子夏氏の儒から出で、申不害は黄老学派に属す。前期法家の淵源は子夏氏であり、子夏氏の儒は礼制に重きを置いた一派で、礼制と法制とは時代の進展に応じた新旧の名詞にすぎない。〔二〕三四一

儒家八派・稷下学派・前期法家の研究の他には、「荘子的批判」・「荀子的批判」・「韓非子的批判」、また「公孫尼子与其音楽理論」（一九四三年九月八日追記）・「述呉起」（一九四三年九月一一日全集一巻第五〇六頁）、「関于呉起」（『郭沫若佚文集』下冊、五〇頁）、「〈老子其人与老子其書〉語」（原載一九四四年三月重慶『中原』一一―三期、『郭沫若佚文集』下冊、六一頁）がある。別に「『韓非子』初見秦篇発微」（一九四三年一二月一八日）、「〈侈靡篇〉的研究」（一九五四年五月五日『奴隷制時代』、『郭沫若全集・歴史編』三巻、一四五頁）などの研究、および『呂氏春秋』についての研究として「呂不

韋与秦王政的批判」がある。これらはすべて郭沫若の先秦思想史における総合的研究として重要な成果であるが、字数の制限もあるので逐一紹介することはしない。だが、春秋戦の思想史の外観についての総結として、郭沫若はとてもよい概括者であり、彼の主張については、以下のように抄録してもよかろう。

> 春秋の末期より中国の思想は一大解放に至り、百家争鳴の状態となった。その原因をたずねると、奴隷制度が崩壊し、知識が下に移り、民権が上に漲り、みな新しい紐帯を求め、それを新社会の綱領としようとしたためである。儒墨がまず興り、黄老がこれを継ぎ、進んで名・法・縦横・陰陽・兵・農、などが出現し、各々一端を執り、各々一つの術を掲げ、世に広めようとし、そのために互いに争った。［二］四〇二

参考文献

［一］郭沫若著作編集出版委員会編『郭沫若全集・歴史編』一巻（人民出版社、一九八二年）。

［二］郭沫若著作編集出版委員会編『郭沫若全集・歴史編』二巻（人民出版社、一九八二年）。

［三］郭沫若著作編集出版委員会編『郭沫若全集・歴史編』三巻（人民出版社、一九八二年）。

［四］郭沫若著作編集出版委員会編『郭沫若全集・歴史編』四巻（人民出版社、一九八二年）。

［五］王錦厚・伍加倫・肖斌如編『郭沫若佚文集一九〇六－一九四九』上冊（四川大学出版社、一九八八年）。

［六］王錦厚・伍加倫・肖斌如編『郭沫若佚文集一九〇六－一九四九』下冊（四川大学出版社、一九八八年）。

［七］林甘泉・蔡震主編『郭沫若年譜長編』（中国社会科学出版社、二〇一七年）。

［八］梁啓超『墨子学案（飲冰室合集八冊、飲冰室専集之三十九（一九二一））』（中華書局［北京］、一九八九年）。

［九］張岱年『中国哲学大綱』（中国社会科学院出版社、一九八二年）。

［一〇］龔濟民・方仁念『郭沫若伝』（北京十月文芸出版社、一九八八年）。

［一一］羅根澤編著『古史辯』六冊（上海古籍出版社、一九八二年）。

［一二］黄曉武「一九四二年郭沫若与侯外廬関于屈原思想的論争」（『中国現代文学研究叢刊』二〇〇六―六）。

［一三］馬征「試論郭沫若対墨子及其学説的批判」（『郭沫若研究（三）』、一九八七年）。

［一四］詹劍峰「関于墨家和墨家辯者的批判問題――郭著『十批判書』質疑之一」（『学術月刊』、一九五七―四）。

［一五］安妮（Annick Gijsbers）「捍衛墨子――論侯外廬對郭沫若墨子明鬼主張之駁議」（『学術月刊』、二〇一四―四）。

［一六］劉大年「郭沫若与哲学」（『郭沫若研究』、一九八四年）。

［一七］牛林豪「従『中国文化之伝統精神』看郭沫若的早期伝統文化観」（『史学月刊』、二〇一一―九）。

［一八］孫開泰「郭沫若対古代思想史研究的開創――読『十批判書』（『郭沫若研究』四、一九八八年）。

［一九］林甘泉「従『十批判書』看郭沫若的史学思想郭沫若百年誕辰紀念文集」（社会科学文献出版社、一九九四年）。

［二〇］彭邦本「学術史視閾中的郭沫若――従『十批判書』中的儒学研究説起」『郭沫若学刊』、二〇〇九―三）。

［二二］桂遵義「郭沫若与先秦思想史研究」（『郭沫若百年誕辰紀念文集』社会科学文献出版社、一九九四年）。

《訳者注》

本論文の訳出については、中村俊也訳『郭沫若選集一三（青銅時代）』（雄渾社、一九八二年）、稲畑耕一郎訳『郭沫若選集八（屈原研究・屈原賦今訳）』（雄渾社、一九七八年）、野原四郎・佐藤武敏・上原淳道訳『中国古代の思想家たち上・下』（岩波書店、一九五三年）を大いに参考にした。ただ、参考箇所が膨大であるため、逐一指摘はしていない。また、本論文は『郭沫若全集』からの引用、抜粋が多くあるため、著者の注のママ逐一挙げている。さらに、繰り返し述べるが、本論文は、多くが『郭沫若全集』の引用、抜粋による。ゆえに、本来であれば日本語訳する際に、郭沫若氏の記述は、「〜という」・「〜と述べる」という形にしなければならない。しかし、その表現が重なるとかなり冗長になってしまうため、「である」・「〜だ」などの表現にしていることを予め記しておく。

《注》

（一）郭沫若は李镜池の「易伝探源」（『古史辯』第三册）における象伝の作者は斉魯の間の儒者であり、時代は秦漢の際であるという説に賛同している。（『郭沫若全集・歴史篇』第一巻、三九六頁）

（二）「老聃・関尹・環淵」は、一九三四年一二月に書かれ、一九三五年四月に発表され、一九四五年に『青銅時代』に収録された（『郭沫若全集・歴史篇』一巻、五三四-五四六頁）。郭沫若のこの文の主旨は唐蘭（「老子時代新考」）の主張にほぼ近い。老子は確実に孔子の師の老聃であり、老子書は確実に老子の語録で、『老子』の語録を集成したのは楚人の環淵である。『老子』は、老聃の手によるものではないが、その中の主要思想は、依然として老聃の創見である。郭沫若は并せて『史記』孟荀列伝における「環淵は楚人」を典拠として提示している。「黄老道徳の術を学び、因発明序其旨意」、「環淵著『上下篇』」の記載、『史記』老子伝にいう関令尹は『荘子』天下篇、『呂氏春秋』不二篇の関尹は、環淵であると考証し、推断した。

（三）郭沫若の引用は、「有物混成、先天地生。寂兮寥兮、獨立而不改、周行而不殆、可以為天地母。吾不知其名、字之曰道、強為之名曰大一」となっており、一字脱落している（『郭沫若全集・歴史篇』第一冊、三五一頁）。

（四）『尚書』洪範篇の思想は、郭沫若は常に関心を持ち議論してきた。早期から、「夏禹の思想は『尚書』洪範篇に表現されている（『我国思想史上之澎湃城』）」とし、さらに「洪範篇は、夏禹の著作と断定することはできないが、三代の伝統的な思想が内包されている」と述べた（『郭沫若全集・歴史編』三巻、二六七頁）。ここで、郭沫若は洪範篇が遅くに成立したと判断した。同時に、郭沫若はさらに、堯典篇・皋陶謨篇・禹貢篇もまた子思の著作と見なした（『郭沫若全集・歴史編』一巻、三六七頁）。さらに後に、郭沫若は『古史研究的自我批判』を書いたときに、当時の学会が堯典篇・皋陶謨篇・禹貢篇・洪範篇はすべて戦国時代の儒者が附託したところであるという見方に賛同し、并せて思孟の徒の作品であるとした。

（五）『〈周易〉之制作時代』（一九三五年三月一〇日）で、郭沫若は『中国古代社会研究』の第一篇第一章「〈周易〉時代的社会生活」と第二章「〈易伝〉中辯証的観念の展開」の著作の後に、さらに一歩『周易』の時代性の考察研究を進め、その中で多くの観点を提起し論証した。

（六）梁啓超は『清代学者整理旧学之総成績』四「辯偽書」の中で、「偽中の偽者」は、「たとえば列御寇本『荘子』寓言中の人物であり、『漢志』に『列子』八篇があり、すでに周末あるいは漢初の人の偽撰である」という（『中国近三百年学術史』東方出版社、一九九五年、三〇六頁）。

（七）唐氏は梁啓超が列子本人が『列子』を書いたわけではないという偽作の観点について明確に、「列子は関尹に学んでおり、よって老聃関尹の一派である。天下篇はたまたま触れなかったが、列子が全く存在しないということにはならない」と述べた。(『国故新探』巻三「列御寇有無的問題」(商務印書館、一九二七年。八四頁)。

(八)この文章は一九四四年八月二九日に書かれ、『青銅時代』に所収である。

(九) 郭沫若は、「以前ある人が彼は墨家であるとしたが、完全に誤謬である(『郭沫若全集・歴史編』第二巻、二六八頁)」という。

(一〇)廖平の「屈原その人は居なかった」という観点は『楚辞新解』と、郭沫若の当時では謝無量『楚辞新論』中の写す所の内容から知り得る。胡適『読楚辞』には、「屈原は誰か。この問題は誰も問うことはない。私は現在、屈原とは何者なのかという問いだけではなく、屈原とはいったい何なのかということを問うべきである」という。この観点は、郭沫若もまた謝無量『楚辞新論』中から転写している(『郭沫若全集・歴史編』第四巻、一〇頁)。

(一一)ここで郭沫若はさらに注しており、彼の『屈原考』の一文に詳細な論述がある。郭沫若『蒲剣集・関于屈原』(一九四〇年五月三日)、『蒲剣集・屈原考』(一九四一年一二月二一日講演)を参照。これらは均しく『郭沫若全集・文学編』一九巻に所収である。

(一二)侯外廬『中国古代思想学説史』第十三章「附論屈原思想」は加えて副題として「この章の二文はもともと郭沫若先生との議論文である」といい、二文の標題は『屈原底秘密』と『屈原思想底評量』である。嶽麓書社、二〇一〇年版。二六三・二七〇頁を参照。

(一三)郭沫若の墨子思想的研究に関しては、馬征「試論郭沫若対墨子及其学説的批判」(『郭沫若研究』、一九八七年六月三〇日)が参考になる。

(一四)ある学者が指摘したように、「孫詒讓の『墨子間詁』以後、墨学を研究する人が増え、墨子を称賛する者は多いが、墨子に反対する者もまた多く、その中で郭先生は最も突出した存在」である。詹剣峰「関于墨家和墨家辯者的批判問題——郭著〈十批判書〉質疑之一」(『学術月刊』一九五七—四)を参照。

(一五)先の「墨子的思想」の中で、郭沫若は何度も「ある朋友の説(翦伯賛『中国史綱』の論法)」、「ある朋友がさらに言う」、「多くの朋友たち」、「朋友たちの多くは言う」等を自己の見解と異なる学者の意見を表明する際に用いている。

第一部会 一

中国思想史研究の方法論に関する所見

李 振宏
袴田 郁一（訳）

中国思想史研究の方法論に関する問題は、すでに多くの議論が重ねられてきた。社会存在が社会意識を決定するという、数十年に渡って堅持されてきた方法論を除き、具体的な方法論の研究はなお大きな成果を挙げてきた。注目すべきものとしては、たとえば侯外廬学派のそれは、思想史と社会史の関連に着目する方法論であり、劉澤華を代表とする王権主義学派は、矛盾より歴史を論じた方法論、あるいは陰陽の結合から構成を考える方法論であった。葛兆光は一般の知識や思想、信仰から思想の展開過程を論じ、張分田は事実を羅列することを主とする研究方法を提示し、雷戈は「歴史—思想研究法」を利用した。[一] いずれも各人が積み上げてきた思想史研究の実践に根ざすものであるが、上述の思想史研究の方法論のほかにも、筆者は、なおここで取り上げるに値する重視すべき方法論がいくらかあると考える。それはひとつには、思想家の思想の矛盾点を正確に見極め、綿密に弁証を行い、個々の思想の変化や矛盾、複雑性を重視すること。ふたつには、思想の変化と分化とは、思想史における発展の正常な経過であり、思想が歴史の糸口を発展させることを重視して、思想の原点に一途に回帰するばかりではないことに注意すること。最後に、思想家に対する個々の学術研究を重視し、漢代に定まった九流百家という枠組みで安易に分類することをしないということである。

一、思想家における思想の変化と矛盾への重視

ひとりの思想家が歩んだ人生は、しかし後世が参照できる文字文献にあっては、平面的かつ静的な文章の羅列となる。文献の平面性は、活きた思想の変化と発展を覆い隠し、そして研究者は往々にしてその様を読み取らず、思想家をひとつの確定した不変の主体として取り扱った。このため、原典の多義性や矛盾が露呈したとき、研究者の評価は多くの分裂を生んだ。我々は弁証的な視座により思想の事例を分析しなくてはならない。

孔子研究を例に取ろう。孔子研究におけるとある孔子評価の中で、しばしば見られるひとつの論調として、すなわち孔子の政治理想とは周の礼制の復興を目指すものであり、その思想は退嬰的である、とするものがある。とくに文化大革命の最中では、孔子は最大の封建的退嬰的論者とされ、奴隷制的時代へと逆行させる代表的人物とされた。[二] しかし実際、真に偉大なあらゆる思想家は退嬰的論者とすることなどできず、まして孔子のごとく中国の二千年の歴史に影響を及ぼした重要人物にあっては、なおさらである。孔子を退嬰的論者とし、その政治理想を周代への回帰と見なすことは、孔子の思想の真なる姿とは異

なる。

もちろん、確かに孔子は周の礼制に対し大きな関心を示すことが少なからずあり、伝統的な礼制によって当時の社会を評する言論もまた少なからずある。よく事例として挙げられるものとしては以下の通りである。

子曰、周監於二代、鬱鬱乎文哉。吾從周（『論語』八佾）。[三]

孔子謂季氏、八佾舞於庭、是可忍也、孰不可忍也（『論語』八佾）。

孔子曰、天下有道、則禮樂征伐自天子出、天下無道、則禮樂征伐自諸侯出。自諸侯出、蓋十世希不失矣、自大夫出、五世希不失矣、陪臣執国命、三世希不失矣。天下有道、則政不在大夫。天下有道、則庶人不議（『論語』季氏）。

しかし、これらの言論の具体的背景について立ち返る術がないのであれば、これらが本当に内包する意味、ないし具体的に指し示すことは明確には判断し得ず、そうである以上はみだりに結論を下すことはできない。我々が孔子の思想をひとつの体系として対処しようとするのであれば、その基本的な思想傾向を考察しなくてはならない。孔子による周の礼に対する言説の特徴のうち、最も重要なことは、それを単に踏襲するものでも、復興を目指すものではないということである。たとえば学界で広く認められていることでは、孔子の思想の核心は「仁」であって礼制にあるのではなく、人を用いることに関しては「擧賢才」を主張しているのであり親を貴ぶものではなく、教育に関しては「有教無類」を主張していることなど、いずれも周の礼制を打破ないし背反するものであり、周の礼制への回帰とはまったく相容れない。筆者はかつて「「克己復禮」的百年誤讀與思想真諦」[四]の論考にてこの問題について取り上げた。前稿では、周代社会に対する孔子の尊崇と思慕をいかに考えるべきかという問題に関して、三つの見解を示した。

ひとつは、孔子の思慕したものとは周代社会のような秩序化された社会のあり様であって、周代的な秩序それ自体ではないことである。およそ思想家の思想とは何もないところから創造されるものではなく、必然としてその依拠する時代のうちから抽出されるものである。孔子の時代は、諸侯が覇を争い、戦乱の絶えない、「爭地以戰、殺人盈野。爭城以戰、殺人盈城」の時代であった。孔子は将来の社会の絵図を秩序と調和の方面から定めようとし、その政治主張はみな秩序と調和、穏健な社会への思慕より発せられた。そして新たな社会の趨勢が提示される以前、孔子の理論設計のインスピレーションは、歴史の記憶、すなわち孔子にとっての近世にして、秩序と調和、穏健な社会という特質を兼ね備えた西周の歴史に至ったのであろう。周の礼制度は、西周の社会的秩序を維持する重要な規範として機能していたものであり、ゆえに孔子は周の制度に対して一定の興味を示したのであった。前掲の引用を仔細に分析すれば、たとえば孔子が八佾を庭に舞わせたことを咎めたのは、礼楽・征伐が諸侯・大夫より出でるという、陪臣が国命を執る情況に対する不満より発せられたものであった。すなわちいずれも秩序という角度より発せられたものであって、周の礼制自体を肯定するものではない。孔子の周の礼制度に対するある種の肯定や思慕は、その実は時代の混迷がそうさせたものなのである。まさにエンゲルの言う、未成熟の理論は未成熟の生産状況と未成熟の社会状況に対応する、というものなのである。[五]

ふたつには、孔子の思想と当時の社会との齟齬が、その周代に対する感情をさらに深めたことである。

孔子は強烈な現実への懸念と堅固たる信念を懐いた人であり、ために彼の理想は十数年に渡って諸国の間を彷徨ったが、いずれの場面でも行き詰まり、幾度も挫折を喫した。その設計する社会理想を実現しようとするほどに、孔子は益々行き詰まり、そして社会の秩序化への想いはいよいよ強烈になった。このため西周の時代に、一層特殊な価値と意義を見出すこととなった。この様に、理想と現実の乖離は、周の礼制が造り出した秩序社会に対する孔子の感情をさらに強めたのである。「周監於二代、鬱鬱乎文哉。吾從周」という、この種の感情は自然の発露であった。ただし、これらも孔子の周の礼制に対する基本的な立場に影響を与えたわけではない。孔子は、周の礼制が維持しようとした社会を変革させ、新たな時代を創造することを希求したが、しかし時代の受け容れる所とはならなかった。孔子は周代の社会秩序を称賛したが、しかしこれが捨て去られる時代であること、それに回帰することが不可能であることを明確に自覚していた。このひとつのきわめて矛盾した心理のうちには、いくらかの昔日への感傷が込められていたとして理解することができよう。これに拠るならば、その理論の基本的な傾向を顧みずして孔子を退嬰論者と断ずることは、孔子に対する重大な歪曲であろう。

　最後に、ひとりの思想家の思想理論のうちに現れる矛盾も、なお理解可能であることとである。

　人の一生は、青年から老年に至るまで、思想の発展と成熟の連続である。前後の変化は非常に大きく、その晩年に至っては、思想はなお初期のそれから乖離もするし否定をもしうる。歴史上の思想家の思想文献は、その具体的な時代背景を区分することが困難ではあり、ひとつの平面上によってそれを提示したときにある種の矛盾が生じるのはごく普通のことである。孔子についても同様である。言うまでもなく、『論語』中の孔子の言論は、『禮記』『左伝』『周易大伝』に見られるそれを含め、いずれもその具体的背景を明らかにすることは難しく、またいずれも断片的な語録であり成語である。これら時期も環境も異なる中での孔子の言論を、平面的に羅列したならば相互に矛盾を来たすのも自然である。たとえ思想の発展に由来する矛盾でなくとも、一個人の同時期の異なる問題に対する認識が、なお矛盾と齟齬を生むこともある。ゆえに矛盾した資料の一面のみを捉えて、その思想の全体を顧みないことは、思想史研究において解釈の齟齬を生じさせる原因のひとつとなる。我々はこのいくらかの矛盾を正視し、歴史人物の思想の混迷を理解しなくてはならない。

　前稿では、かかる孔子の混迷をいかに理解するかということについて、以下の方法論を採りうることを示した。

> 　孔子の生涯は大きな変革の黎明期にあり、旧時代の温暖な影が去りつつある一方、新時代の兆しもはっきりとした姿を見せてはいなかった。旧時代の思想はなお適宜的な温床として残り、新時代の精神はいまだ根ざすべき土壌を得るには至っていなかった。孔子は、旧時代を変革することに力を注ぎながら、なお当該時代に認められることはなかった。未成熟な現実の中にあって新思想の要素を見出す方法はなく、ただ新思想を創造する努力は過去の時代に向けられる他なかった。孔子は、鋭敏な洞察力によって歴史の蓄積のうちより、新たな時代の思想を創造したのである。孔子はこうした苦悩を懐きつつ、時代の前頭にあったのである。ゆえに、旧時代に対し深い想い焦がれを懐く開拓者として、旧時代に立脚する新時代の創造者として孔子を見ることができるのではないだろうか。真に歴史の弁証法を尊重する者、真に孔子を理解する者は、孔子が周の礼制を賛美したという、孔子に対する歴史的な誤解でこれを捉えることはない。孔子の思想は新時代の精神

的支柱であり、新時代が未だ到来する以前にあって、その設計した「礼」は後世への前準備となったのである。

歴史の過去性により我々が歴史の真相を完全には究明できないこと、また思想文献の矛盾と複雑さにより、確実な解釈をなしえないことは、いずれもいかんともしがたい事実である。こうした状況は我々に対し、ただ可能な限りで思想家の全体的な思想状況を把握して、その思想体系を分析するしかないということを要求する。ある一方向からのみ思想を捉えるのではなく、ある一部分のみを過大に取り上げるのではなく、思想文献に見られる些細な矛盾や不一致を危惧することもない。こうした方法論のもとでは、多くの矛盾するかに見なせるものに対してであっても、なお基本的な解決を得ることができよう。

二、思想史における思想の変化と分化に対する認識

思想発展の正常な経過より見ると、ある種の思想概念が提出された後に、後世へ伝播してゆく過程において、それが多義的に変化してゆき、最終的には原義を失って、ひとつの新たな思想概念へと変成していくことは、免れ得ないことである。ただ思想研究においては、この現象に対して異なる二つの評価がなされている。ひとつは、一途に原典における原義を強調し、思想ないし概念の本来的な意義を復元することを目指し、その派生した意義については否定する態度である。いまひとつは、すなわちその発展し変化してゆく具体的な過程を明確にした上で、その変化を承認し、新たに生じた意味に正当性を与えようとする姿勢である。

ここでは、孔子の「不患寡而患不均」という句の変化を例に見てみよう。

『論語』中の孔子の有名な語に、「不患寡而患不均、不患貧而患不安。蓋均無貧、和無寡、安無傾」というものがある。この文章は、その原義の如何に関わりなく、事実上中国古代においてすでに平均主義思想の源流が成立していたものとして、古代政治思想、及び社会思想と経済思想史上の重要な位置にあると見なされている。しかし間違いなく、孔子の本意はそれとはまったく異なる。

孔子の言葉は、以下のことを背景としている。すなわち、冉有と子路が魯の季氏を輔けて顓臾の国を攻め取ろうとした際、孔子はそれを止めようとした。冉有は強弁して、顓臾が季氏の封邑である費の地に近く、顓臾の問題を放置しては将来季氏の子孫に対する脅威となるであろうことは述べる。そこで孔子は冉有に反駁し、治国の道理は「不患寡而患不均、不患貧而患不安」にあるのであり、その領有する土地と民の多寡にあるのではなく、また国内の政治の是否は平均に、人々にとっての是否が「各安其分」にあること、国家の是否は貧富ではなく、その民の是否は安寧に、社会の是否は秩序の調和にあることを述べた。そしてこの道理から言えば、季氏の問題は顓臾の脅威にあるのではなくてその家門の内にあるのであり、顓臾を攻めることはただ季氏が領地を拡大せんとするための口実でしかないことを説いた、というものであった。

かかる背景を持つこの段落は、後世においては無数の解釈を引き起こした。総じて言えば、後人の解釈は二つに大別できる。ひとつは経学的な解釈であり、多くは孔子の講ずる「寡」と「不均」についてを、前者は領地の土地と民の多寡を指し、後者は政治・政教の不均等を指し、ために「各安其分」ことができないのであると理解する。しかし一般の政治家や歴史学者、文士の多くは、すなわち財産の多寡と不平等の拡大として解釈する。両者が、それぞれ異なる思惑によって生じ

たことは明らかである。具体的な変化の過程については、拙稿「「不患寡而患不均」的解説」を参照されたい。(六)近代以後に至り、「不患寡而患不均」の命題は、その原典の意味であった政治的意味を完全に失い、正真正銘の経済思想の概念として変容した。

「不患寡而患不均」をひとつの経済学のテクニカルタームとして見なし、同時に平均主義的思想の淵源として理解することは、孔子の思想としての原義から遠く離れ、厳密な思想史研究からは解釈の妥当性・合理性の点で疑問視される。しかし思想の歴史から言えば、これはまったく正常な発展の過程である。実際、伝統文化の中において、「不患寡而患不均」が後世ないし今日に対し本当に作用したのは、孔子の原義より変容した後の思想、すなわち財産の均等の角度からの解釈であった。この句は現代人の観念においては、平均主義の思想の淵源なのである。その原典的な意義は、すでにほぼ人々の知るところではなくなり、失われた。平均主義思想の格言として人口に膾炙するものへと成立しているのである。

また言うまでもないが、思想の発展過程における変容の正当性を肯定することは、思想史研究における原典に立ち返る研究態度、つまり思想の原義に対し根本に遡って考察するという方法論と相反しはしない。ひとつの思想の本来的な姿をはっきりとさせてこそ、我々が一思想の歴史的な発展の過程を認識することに利するのであり、思想の原義を考察し整理することは、いかなる時代にあっても意義を失わない。しかし、我々はおそらく知らなければならないのであろう。ひとつの思想の原義が明確にされたとき、その後世において展開した新たな思想の正当性と合理性を否定することを望まないであろうことを。

思想の発展とは、社会の発展に随って生じるものである。「不患寡而患不均」の句の変容と発展も、発展する社会の土壌と不可分であったと言ってよい。中国の幾千年に及ぶ農業社会が、平均主義の成長と発展のために肥沃な土壌を提供し、孔子的な均平思想を変容せしめ、ある特定の時代の限られた場面を脱して、普遍的に用いられる思想の伝統として成立させたのである。

思想の伝播とは、ひとつの無限に開放された発展の過程である。ある思想が、その伝播の過程にあって改造され、発展され、新たな意味を付け加えられることは、思想の発展の基本的なあり方である。ひとりの思想家が一個の思想、一個の命題を提出したのち、思想家が社会や後世のために提供した思維的空間に対し、後人はその提供された思想の殻の中から当世に対し有益な何かを見出し、新たな時代の理念を以てこれを利用し改造し、当世において有用かつ有益な新たなるひとつの思想へと発展させるのである。このように、一面では現実の発展が思想の歴史性を探し出す根拠となり、別の一面では前人の思想が新たな発展を導くのである。これが思想の歴史である。人類の思想史上、もし我々がいかなる古代思想をも見出さずに、あるいは後人の解釈を経た後にもなお原典的な意義に回帰することに固執するならば、思想に歴史はなくなり、発展もなくなる。これより言えば、孔子の「不患寡而患不均」思想の展開は、完全に正当的、合理的なものである。思想史研究は、このような思想の視座であらなくてはならない。

三、思想家に対する安易な分類について

両漢の以後、中国思想史上の先秦の学術に対する認識は、いずれも漢代によって立てられ我々の基本となった陰陽家、儒家、墨家、名家、法家、道家というこれらの学術体系の上にある。こうした学術の系譜は、しかし先秦の学術の真実の姿ではない。十年前、筆者は「先秦学

術体系的漢代生成」の論考のなかで、(七)この漢代に示された認識によって先秦の学問を捉えることに、大きな弊害があることを提示した。拙稿では、この学問認識の弊害について、「ある一学派の内部に対し、その個々の性質を措いて共通性に注目すれば、学派内部の差異を見ることは容易い。だが異なる学派間の独自性に対して、個々の性質を見ることに捉われその共通性を軽視すると、それぞれの学派で共有した思想文化の前提を見失わせ、先秦学問に対する三代の文化の基礎的な意義を見失わせる」とした。

実際、このように先秦の学問を見なすことは、先秦の学問に対する認識を晦ませ、ひいては後代の学問思想の研究に対し、良からぬ影響を及ぼす。両漢以降の思想史研究について、多くは研究対象を無前提に某家某派という枠組みに組み込むことを習慣とし、思想家の学問の個性と思想発展の基本的法則を蔑ろにしている。一個の思想家に対し、たとえば儒家でないならばすなわち道家であると、あるいは法家・雑家・陰陽家であると、活きた思想を先秦思想の枠組みに押し込めようとする傾向がある。一部の中国古代思想史は、儒・墨・道・法の概念史へと変貌している。これは重大な認識の偏見である。これを踏まえれば、中国思想史の研究は、思想家の学問の個性を重視するべきであって、一個の思想家を安直に某家某派という枠に帰することなく、思想家の思想史上における特異性を明らかにすべきなのである。

ここでは、陸賈を例としてこの問題を考えたい。

陸賈は、漢初において文献資料上に作品を伝える重要な思想家である。陸賈が残した文章はわずかであるにも関わらず、しかしその思想の深遠さは、漢初の国家意識形態の理論の骨子を定めた。漢代の歴史上、陸賈及び蕭何・韓信・張蒼・叔孫通らは、漢初の国家制度建設の基底を成した人物と目される。(八)かかる陸賈という思想家は、きわめて特徴的な個性を備えた人物であった。しかし従来の陸賈研究では、多くは惰性的な思考により、先秦学術を九流百家に区分する司馬遷以後に定まった枠組みに、陸賈を組み込んでいる。陸賈は本質的には九流百家のいずれかそのままに沿うものではなく、また漢初の思想は先秦学問の中から出発してその影響を享受しつつも、独自の思想体系を構築していた。それゆえに、その思想体系の中には幾多の学派の思想要素を見ることができる。ここにおいて陸賈研究では、各人がその思想の一端のみを取り上げて、銘々に陸賈を異なる学派に分類するというでたらめな事態となった。

およそ、かつての研究が提示した陸賈儒家説、ないし道家説、雑家説等々の見解は、それぞれの先秦儒家・道家・雑家の認識を陸賈に投影したものにすぎず、陸賈の思想家としての特質を見落とし、また漢初の特異な時代性が思想の発展に及ぼした影響を見落とした。我々はこの問題をいかに考えるべきであろうか。陸賈の思想形成は、数多の思想の要因を吸収した結果である。また前人の思想を自己のものとする際には、単に取り入れるばかりではなく、自己の角度から取捨選択と改良を進めた上で、前人の思想を自己の体系の中に融合させたのである。このように陸賈は、前人から吸収したものを自己のものへと組み替えた結果の上に、一個人としての著述を打ち立てたのである。陸賈はいかなる儒家・道家・雑家それ自体ではあり得ず、いかなる学派にも当てはめ得ない。陸賈はすなわち陸賈なのである。

実際、陸賈が生きた時代、人々の先秦の学問に対する認識は、どのような学派の図式もなく、根本的に上記の学術観念はなかった。九流百家の概念がいまだ形成されていなかった時代、陸賈は自らをいかなる学問として自覚していたのだろうか。儒家ないし道家を担う者として自らを認識していただろうか。彼の脳裏には、明確に区分された九流百家の概念などなかったのである。『新語』の中を探しても、儒家、道家、墨家を指すようなテクニカルタームはなく、「儒者」「墨者」の類の言葉に至ってはまったく見ることができない。分家分派の概念は彼の時代の思想舞台にはいまだ姿を見せてはいなかったのである。

陸賈はいかなる学派でもなく、陸賈はただ陸賈自身でしかないのである。陸賈は道を講じ、無為を講じ、仁義と道徳を講ずるが、いずれもその当時の社会の現実より出発して、先秦思想の中から思想資料を選取して、新たな時代の文化を建設するために利用した結果なのである。周桂鈿の『秦漢思想史』は、「陸賈はひとつの非常に稀なる思想であり、それは現実社会のために必要とされたものであった」、「陸賈は、真正なる道とは「施於世」であり、社会に関与し、生活に介入し、社会に作用を働かせることを望んだ。もしただ机上の空論にすぎず、社会に用をなさないのであれば、それは真正なる道ではないとした」と指摘する。[九]これは陸賈を某家某家と断ずる方法論から脱却して、真実の陸賈を論じている。

この問題を踏まえた上で、陸賈がいかに前人の思想資料を汲み取って自己の思想体系を形成したかという問題について考えたい。

いかなる思想の創造も、前人がすでに形成した思想資料を基礎として展開されるものである。先秦時代に百家争鳴して創造された豊富な思想文化は、陸賈の思想の淵源となった。ただし陸賈の思想は、先秦の思想に依拠するところがあるとは言え、しかし先秦時代の某家某派のいずれかに限定されるものではない。現実政治を取り巻く需要のため、先秦学問の中から養分を汲み取ったものである。ゆえに陸賈は道家でも法家でもまして雑家でもない、いかなる学派でもない、独自の個性と風格を持つ思想家である。その思想体系からは、それぞれの思想家の影響や要因を見ることができるが、それは陸賈が各思想家の思想を取り込み、自らの明確な目的のもとに、一個の有機的総体として融合させたためである。では、陸賈が先秦思想より取り入れた結果としての、とくに注目すべき特徴を以下に挙げよう。

第一は、道家の「無為」と儒家の「仁義」を統合して、新たな徳政の学説を創出したことである。

陸賈は徳を尊んで刑を尊ばず、徳政と仁義を主張しているが、このことにより多くの人は陸賈を儒家として分類する。しかし、陸賈はまた無為の政治も明確に主張し、かつ一般に言われるような無為ではない、真に老子の無為思想を獲得していた。陸賈の言う、「懐剛者久而缺、持柔者久而長、躁疾者為厥速、遅重者為常存、尚勇者為悔近、温厚者行寛舒、懐急促者必有所虧、柔懦者制剛強……自媚飾非、而不能為公方、藏其端巧、逃其事功」[一〇]、「道莫大於無為、行莫大於謹敬」[一一]「事逾煩天下逾亂、法逾滋而天下逾熾、兵馬益設而敵人逾多」[一二]などは、ただ語彙の上でのみ道家や老子に近接するだけでなく、論証方法や言語の風格の上でもなお老子と相似している。しかし、陸賈はまたこのように道家の思想を用いつつ、徳政や仁義を論証する際にも、その仁義理論と道家の思想を密接に関連させている。

> 是以君子之為治也、塊然若無事、寂然若無聲、官府若無吏、亭落若無民、閭裏不訟於巷、老幼不愁於庭、近者無所議、遠者無所聽、郵無夜行之卒、郷無夜召之征、犬不夜吠、雞不夜鳴、耆老甘味於堂、丁男耕耘於野、在朝者忠於君、在家者孝於親、於是賞善罰惡而潤色之、興辟雍庠序而教誨之、然後賢愚異議、廉鄙異科、長幼異節、上下有差、強弱相扶、大小相懷、尊卑相承、雁行相隨、不言而信、不怒而威、豈待堅甲利兵、深牢刻令、朝夕切切而後行哉。[一三]

この段落より、陸賈が儒道双方の思想を一体の典範として統合していたことが見える。形態は道家の如く、精神は儒家の如く、道家の知恵を用いて実質的には儒家の範疇に属する問題を論証するのである。そこで強調して論じられる主な問題としては、「忠君」や「孝親」であり、また「長幼異節、上下有差」という、国家の大局的な問題である。儒道を統合して陸賈個人の風格を具える新たな思想体系を形成したのである。陸賈においては儒道は対立する概念ではなく、いずれもみなその用いるところとなっている。

第二は、法家の尚刑を批判しつつも、なお法家の有益な思想要素を吸収していることである。

陸賈は『新語』において、法家が刑罰を濫用させることをつとめて批判し、法家の尚刑思想を批判してはいるが、しかし法家思想を一概に排斥する態度を採るわけではない。法家思想における積極性を重んじ、自己の体系に注意深く取り込んでいる。

まず、法家の抱える問題について、陸賈は法家思想と法家思想が運用されることにより生じる問題を分けて理解する。陸賈は、法家思想がひとつの理論・思想として一面で有用性を持つことを認め、法家思想の運用については、情勢の変化に応じて都度取捨されてきたと見なす。たとえば、法家の耕戦政策について、秦が強盛になりつつあった過程、または始皇帝の中国統一の過程にあっては、無論強力な作用を発揮し、そこには合理性や積極性があった。しかし、安定した統一政権に至っても、ひたすらにこの一観念を堅守し、形勢の変化に応じて調整することを知らないのであれば、自然と問題が発生する。秦の問題はここにあり、陸賈もそれを認識していた。馬上にあって天下を取らんとする時、耕戦政策や富国強兵、苛烈な法律はいずれも必要とされる。しかし天下を治める段になり、統一された大一統の王朝における統治として言えば、なお修正が必要となる。陸賈は馬上馬下の理論を提出し、仁徳によって天下を治めることの重要性は無論のことであるが、また一方で法家の思想が天下を取ることに際しては正当性と合理性があることを肯定する。陸賈が法家の理論に対し、絶対的な排斥ないし否定をしているのではないことが理解されよう。

次いで、陸賈はまた本来的には法家に属する観点をも、自己の思想体系に取り入れている。陸賈は法令や刑罰といったことについて、これが勧善をなすことのできるものでないが、しかし懲悪をなしえるがゆえに、一個の巨大な国家を治めるにあたり懲悪の手段としてなお需要があることを明確に述べている。陸賈は、「鳥獣草木尚欲各得其所、綱之以法、紀之以数、而況於人乎」と言う。[一四]法律がなければ社会を安定させることは不可能である。さらに法家の「法」「術」「勢」の理論についても、陸賈はまたその有用性を認める。陸賈は、「道因権而立、徳因勢而行、不在其位者、則無以齊其政、不操其柄者、則無以制其剛」と言う。[一五]道は強力な政治権力の助力を必要とし、徳もまた「勢」によって生じる影響を必要とする。君主が徳政を進めようとするならば、その権勢と地位を借りることは必須であり、権柄を造作なく切回すことが求められるのである。

第三に、天人分離と天人相感の思想を合わせてひとつに混成させることである。

陸賈の学問の伝承は荀子に私淑したものであり、天人分離の思想もまた荀氏から継承した。たとえば『新語』明誡篇では、「安危之要、吉凶之符、一出於身、存亡之道、成敗之事、一起於善行、堯、舜不易日月而興、桀、紂不易星辰而亡、天道不改而人道易也」としている。[一六]荀子の「天行有常、不為堯存、不為桀亡」[一七]（『荀子』天論）を想起させる文章である。しかし、『新語』は同時に、天人感応・天人相感の思想も取り込み、かつ非常に巧妙に両者を結合させている。明誡篇の以下の段落を見よう。

故世衰道失、非天之所為也、乃君国者有以取之也。惡政生惡氣、惡氣生災異。螟蟲之類、隨氣而生、虹蜺之屬、因政而見。治道失於下、則天文變於上、惡政流於民、則螟蟲生於野。賢君智則知隨變而改、緣類而試思之、於□□變。聖人之理、恩及昆蟲、澤及草木、乘天氣而生、隨寒暑而動者、莫不延頸而望治、傾耳而聽化。聖人察物、無所遺失、上及日月星辰、下至鳥獸草木昆蟲、□□□鷁之退飛、治五石之所隕、所以不失纖微。（一八）

この段落は、第一句で「世衰道失、非天之所為也」と天人分離を述べながら、下文においては、君主が自然災異の発生に対して責を負うという、まったく異なる主張を示している。世間の一切の災異は、みな国家統治の問題より発生するとして、「惡政生惡氣、惡氣生災異」とするのである。かつ、「治道失於下、則天文變於上」と、人格化された「天文」が、君主の統治下の社会状況を観察しているかのように見なす。つまり、一たび政治上に問題が発生すると、この人格化された天が災異によってそれを示す。そして真に明賢なる君主は、自然災異の変化の原因を知り、自己の政治の問題を反省し、「緣類而試思之」と、それに随って改める、とするのである。陸賈は陰陽家の説をいかにも自然なように自己の理論体系に絡ませたのである。

以上、陸賈は現実政治の需要のため、一切の垣根を取り払って、各家各派の思想を取りこんで一体に融合させることを重視し、当該時代に適応した政治思想の体系を創出したのである。

では、陸賈の独特の理論体系と思想の個性はいかにして形成されたのであろうか。この問題については、いくつかの方面から理解することが可能である。

まず、陸賈自身の「因世而權行」という思想方法である。陸賈の儒家経典に対する態度は、「書不必起仲尼之門、藥不必出扁鵲之方、合之者善、可以為法、因世而權行」と言うように、弁証的に実質を求める。これは、陸賈のあらゆる問題に対して見られる重要な思想方法である。その観念において、一切の思想理論は、みな当世に従事することを目的とする。歴史とは発展し変化するものであり、すなわち「因世而權行」とは、社会の変化に随って思想及び行為の選択を行うのであり、何らかの既成観念や理論を固守することはできないということである。この様に、現実にある時代の需要の前では、後世において儒家と称されるもの、ないし道家・墨家・陰陽家等々を含めてそれらはみなさして重要ではなく、重要なことは、それらに含まれるうち当世に適合する事柄である。「善言古者合之於今、能述遠者考之於近」と述べるうちの「合之於今」は、陸賈が前人の思想より取捨選択する際の唯一の基準であった。「合之者善」とは、現在の需要に符合するものこそが良いという、彼の価値基準であった。このように、陸賈はそれが何人の学問であるかは問題にせず、ただ「合之於今」ということのみによって、先人の思想より選択をすることができたのである。ここからは、民を休めるという当時の求めによって、陸賈が道家の思想を取り入れたこと、または秦が暴政により滅亡したという教訓を鑑として、儒家より「仁義」、「徳政」を取り入れたこと、あるいは社会秩序の需要によって、法の観念を強調したこと……等々が理解できる。これら一切が一個の思想体系に融合された結果として、仁政によって国を立て、徳を主としつつ刑によってそれを補い、無為によって治めるという治国の路線が形成されたのである。この政治路線は、儒家的であり道家的でありまた同時に法家的でもあるが、しかし儒家とも道家とも法家とも言えない、渾然一体とした思想の集成である。

次に、漢初の大一統の時代において、かつての先秦時代の諸子百家では、いずれかの一家それ単体では漢帝国の国家意識の構築を果たしえなかったということである。先秦時代の各家の学説はいずれも、諸国が林立した状態においてこそ、それぞれが自己の長所を発揮した。諸国が林立するという状態と、百家争鳴して政に関わらないという特殊な局面が、学説の局限性を包容した。しかし天下の統一が果たされ、統一された政治舞台にて思想がその才華を発揮することが求められる時代になると、単一の思想の特殊な視角では統一国家の政務を担うには限界があることが露わになった。秦の法家思想の単一性が最期には滅亡を招いたことは、それを如実に語っている。このように、新たな一統が確立された後、大一統の政治局面は、思想意識形態の適応性に対し、あるいは統一された複雑な社会の管理という問題について、あるいは皇帝権力の確立と安定という問題について、その求めに応じた思想理論の体系を立てることを厳しく要求した。この角度より言えば、陸賈が百家を相容れて新たな思想理論の体系を創造したことは、やはり歴史より提出させた責務であったと言える。

　最後に、陸賈の思想の学問的個性が、彼の学問上の師と強く関連することである。陸賈が荀子に私淑したことは前段で触れたが、このことからもおおよそ判断できよう。陸賈が荀子に師事したかを判別することはできないが、しかし思想関係より分析すれば、その思想が荀子の学問を継承したものであると言うことはできよう。荀子の歴史観では、手本にすべきは後王であり、また古今の一致と、近きによって遠きを知ることを強調する。『荀子』非相篇に、「欲観聖王之跡、則於其粲然者矣、後王是也。彼後王者、天下之君也、舍後王而道上古、譬之是猶舍己之君而事人之君也。故曰、欲観千歳則数今日、欲知億萬則審一二、欲知上世則審周道、欲知周道則審其人所貴君子」とあり(一九)、また『荀子』不苟篇に、「天地始者、今日是也、百王之道、後王是也。君子審後王之道而論於百王之前、若端拜而議」とある(二〇)。このような歴史観は、上古よりも現代を重んじ、現実より問題を出発させるという思想方法を導く。「善言古者必有節於今、善言天者必有征於人」とも言う(二一)。こうした荀子の近現世を出発点とする思想方法は、陸賈の「善言古者合之於今、能述遠者考之於近」という方法論の淵源と言ってよい。この思想方法が、新たな時代の需要に適合させるという陸賈の思想体系の方法論の基礎となったのである。

　『新語』を見てはっきりとわかることは、陸賈の一切の思考が、みな先秦思想の平面上に展開されていることである。陸賈はただ漢初の時代の求めから出発して、漢代の大一統政治を取り巻く国家社会の建設のため、先秦思想の中から必要なものを汲み取った。諸子百家のいずれかに関わらず、ただ彼にとって有益であり、かつ彼の時代に適合するものを偏見なく汲み取り、ともに自己の思想の有機部分としたのである。現行の『新語』十二篇の内容からは、陸賈が吸収した思想成分が、伝統的な中国思想の図式で言うところの儒家、道家、法家、墨家、陰陽家等々に及んでいたことが見える。陸賈は冷静かつ理性的、科学的な態度を以て、各家各派に対し批判と取捨を行った。おおよそこのように、陸賈は広く百家を取り入れた上で、それを熔解させ自己のものとしたのである。百家を借りたとはいえ、そのうちのいずれの一家でもない。陸賈は継承した基礎の上に、当該時代の社会の需要に適合した自己の思想を創造したのである。これが陸賈の思想の真なる個性と言えよう。もし我々が、先秦学問の余脈うちいずれかの一家に陸賈を押し込めようとしたならば、陸賈の思想の特質は覆い隠されてしまうであろう(二二)。

《注》

（一）この方面の研究成果としては、龔傑「論侯外廬學派的代表作「中國思想通史」」（『西北大學學報』一九八九年第一期）、方克立・陸新禮「「侯外廬學派」的最新代表作 ―讀〈中國儒學發展史〉」（『中國社會科學院研究生院學報』二〇一〇年第二期）、李振宏「在矛盾中陳述歷史：王權主義學派方法論思想研究」（『河南師大學報』二〇一七年第五期）、李振宏「天高皇帝近：一個重要的思想史命題」（『史學月刊』二〇〇七年第九期）、李振宏「中國思想史研究中的學派、話語與話域」（『學術月刊』二〇一〇年第九期）、張分田「完善事實陳述的主要途徑 ―涉及中國思想史研究方法與視角的治學心得」（『湖南大學學報』二〇一〇年第六期）を参照。

（二）蔡尚思も、「すでに社会から否定された周の礼制は、なお孔子の政治上の基本信念であった」（『孔子思想體系』第七三頁。上海人民出版社、一九八四年）としている。匡亞明は、「孔子一生は、「周の礼」の回護と恢復を以て己が任と為した。その政治主張はみなこの目標から出発して提出れたものである」（『孔子評傳』第二五四頁。南京大學出版社、一九九五年）と述べる。任繼愈は、「孔子の一生はまさに崩壊せんとしていた奴隷制度（周の礼）を護ることに注がれた。彼はただ齊や魯などの国家において文王・周公の道を復興しうると願っていた」（『中國哲學史』第一冊第六一頁。人民出版社、一九五五年）と述べる。李澤厚は、「無論いずれの研究者にあっても恐らく、孔子が「周の礼」の護持に力を尽くしていたというこの事実は否定し難いであろう。『論語』が「礼」を講ずることは非常に多く、……人々がそれぞれの方面から「周の礼」を恢復・順守することを孔子が望んでいたことを、鮮明に示している」（『中國古代思想史論』第八頁。人民出版社、一九九五年）と述べる。これらの解釈は、いずれもそれぞれの時代における社会政治環境の影響を多分に受けたものと理解できよう。しかし孔子が周の礼制の復興を主張したとの認識は、これらの蓄積のもと人々のほぼ普遍的な歴史認識となった。

（三）十三經注疏整理本『論語注疏』（北京大學出版社、二〇〇〇年）。

（四）趙書妍・李振宏「「克己復禮」的百年誤讀與思想真諦」（『河北學刊』二〇〇五年第二期）。

（五）「未成熟な理論は、未成熟な資本主義的生産状況と、未成熟な階級の情況とに対応している。社会的な問題の解決は、なお未発展な経済関係の中に隠されており、ゆえにただその頭脳のうちから生み出さなければなかった」（『反杜林論』二五六頁。人民出版社、一九七二年）。本文は、エンゲルスのこの種の問題に対する思想方法を参考とした。

（六）李振宏「「不患寡而患不均」的解説」（『二十一世紀』二〇〇五年第五期）。

（七）李振宏「先秦學術體系的漢代生成」（『河南大學學報』二〇〇八年第二期）。

（八）『漢書』高帝紀に、「天下既定、命蕭何次律令、韓信申軍法、張蒼定章程、叔孫通制禮儀、陸賈造新語」とある。班固は、陸賈を蕭何・韓信・張蒼・叔孫通とともに、漢代の制度を創建した五人の功臣のひとりとしている。

（九）周桂鈿『秦漢思想史』第五七・五九頁（河北人民出版社、二〇〇〇年）。

（一〇）王利器『新語校注』第五二・五三頁（中華書局一九八六年版）。

（一一）王利器『新語校注』第五九頁。

（一二）王利器『新語校注』第六二頁。

（一三）王利器『新語校注』第一一八頁。

（一四）王利器『新語校注』第一五五頁。

（一五）王利器『新語校注』第八四頁。

（一六）王利器『新語校注』第一五二頁。

（一七）王先謙『荀子集解』下、第三〇六・三〇七頁（中華書局、一九八八年）。

（一八）王利器『新語校注』第一五五頁。

（一九）王先謙『荀子集解』上、第八〇・八一頁。

（二〇）王先謙『荀子集解』上、第四八頁。

（二一）王先謙『荀子集解』下、第四四〇頁。

（二二）筆者が数年前に指導した学生の「陸賈思想獨立性研究」という学位論文

では、以下のようにした。「陸賈の思想における立論の基礎は、思想と政治の共鳴による産物である。陸賈は歴史の事実より出発して、劉邦が欲した「馬上治天下」という錯誤した治国理念と鋭く対立した。陸賈はいかなる学派の肩書きも帯びず、ただ個人として、「君主為本」、「經世致用」の理念を著し、漢初において君主の道と治国の理念のため有益な見解を提出した。陸賈はただ陸賈である。その思想は某家某派という陳腐な空論に帰せられることなく、なお非常に強い現実感を具えている」。霍雲「陸賈思想獨立性研究」第五八頁（碩士学位論文、河南大学、二〇一三年）を参照。

第一部会 二

イエズス会士による東洋情報取得と「四書」翻訳の実情

井川　義次

イエズス会士の中国適応策に基づく東方哲学情報の研究成果のヨーロッパへの流入

本稿では中国布教のイエズス会士が取った現地「適応策Accomodation」に関して、「知」と合理性に重点を置き儒教を尊重し、儒教古典を徹底研究および分析し、その知識を活用してキリスト教を布教しようとしてきた事実を確認し、さらにはこうした適応派の中国情報が、欧州において紹介されたこと、またそうした研究を承けたシノロジーの学者がどのように儒教を理解したかに関して考察する。

イエズス会士と儒教との関連に関する先行研究

本件に関しては西欧、アジアともに汗牛充棟の研究がある。ここではあくまで、そのごく一部の代表的研究について想起したい。

欧米における研究

第二次世界大戦以前の重要な研究著作はフランス人ヴィルジル・ピノーVirgile Pinotが一九三二年に発表した『中国とフランスにおける哲学的精神の形成』[一]である。本書はフィリップ・クプレを中心とする宣教師たちが発表した『中国の哲学者孔子』[二]の中で取り上げられている中国哲学情報と「四書」のラテン語翻訳に関するプロセスについて論じられている。

デンマークのルンドベック（Knud Lundbaek）は一九六四年以降の著作[三]の中で、イエズス会宣教師の儒教研究と彼らが張居正の注釈を採用したことの実況と、「四書」の翻訳にける朱子学批判の記述について詳細に考察している。

アメリカのマンジェロ（David Mungello）は一九六九年以降の論文・著作[四]の中で、クプレの『中国の哲学者孔子』とフランソワ・ノエル（François Noël）の『中華帝国の六古典』[五]における「四書」等のラテン語訳文に対して、歴史学や文献学の視点から研究を行っている。

中山大学のメイナール（Thierry Meynard、梅谦立）教授は、二〇〇二年以後の論文・著作[六]の中で、儒教古典漢文原典と張居正等の注釈に対して実証的な分析を行った。さらに、彼は『中国の哲学者孔子』の大半の部分を英訳してもいる。この点彼は現在、中西思想交流研究の指導的立場に立っているといえる。

中国における研究

朱謙之は一九四〇年に発表した『中国思想の欧州文化に対する

影響』（七）の中で東西の研究文献を広く渉猟し、東西交流の実情と中国哲学の西洋に対する影響――啓蒙主義・フランス革命等――に関して考察を進め、後世に対して甚大な影響を与えた。

さらに北京外国語大学「海外漢学中心」主任、張西平教授は、一九九八年以来、相継いでこの分野に関する研究著作を発表している。（八）彼の研究は中国のみならず、世界的にも高く評価されている。

その他に、北京外国語大学ラテン語学科の羅瑩博士（九）も注目される。彼女は『中国の哲学者孔子』の文献の成立過程や一七―一八世紀のヨーロッパにおける「四書」の翻訳出版状況、とりわけ『中庸』訳文について、ラテン語その他の欧文に対する語学力を駆使して、実証的な文献研究を推進している。

日本の儒教古典の西洋哲学に対する影響に関する研究

日本は明治時代以来、東西文化を比較する伝統を有している。こうした状況の下、比較的に早い時期から儒教思想の欧州に対する具体的影響に関する実証的研究が現れていた。

言語的制約の関係で、日本における東西思想交流の研究について世界ではほとんど知られていない。そこで、ここで日本の儒教古典と宣教師との関係に関する研究についてあくまでも簡単に取り上げたい。

早稲田大学の五来欣造は一九二七年出版の『儒教の独逸（ドイツ）独逸《ドイツ》政治思想に及ぼせる影響』（一〇）において、ライプニッツLeibnizとクリスチャン・ヴォルフChristian Wolff（一六九七―一七五四）のドイツ語やフランス語の哲学文献を分析し、そこから彼らが『易経』を初め「五経」等の儒教文献の影響を受けたものと断言している。

五来はヴォルフ『中国の実践哲学に関する講演』仏訳（原文ラテン語）に対して深く考察しており、筆者自身も大いに啓発された。一九三三年、東京大学の後藤末雄は主にフランス語文献に基づき、宣教師の中国における活動について調査した『中国思想のフランス西漸』（一一）を出版した。後藤は書中で『中国の哲学者孔子』の中の『大学』の仏訳と古典漢文との関係について考察している。

一九八二年、筑波大学の堀池信夫はライプニッツの『中国自然神学論』に対する考察の中で、ライプニッツが『性理大全』『中庸』等の文献の訳文を通じて、彼自身の哲学思想と儒教との間に類似点があると確信して、中国哲学を擁護した、と指摘している。（一二）それ以降、堀池は一九九六年と二〇〇二年に相継いで『中国哲学とヨーロッパの哲学者』上・下冊を出版した。（一三）

つぎに筆者自身の関連する研究について紹介したい。

筆者が一九九二年以来分析・研究した資料と問題にはつぎのようなものがある。『中国の哲学者孔子』序説（一四）、ロンゴバルディNicolas Longobardi『中国宗教に関する二三の論議』（一五）、張居正『中庸直解』、『中国の哲学者孔子』の鬼神論（一六）、『中国の哲学者孔子』の易経理解（一七）、シボPierre-Martial Cibotの「孝」論（一八）、ノエル『中華帝国の六古典』の『孟子』訳文における性善説、民本主義と革命論（一九）、ノエル『大学』訳文における朱子『格物補伝』（二〇）、ノエル『中庸』訳文における性理説（二一）、『小学』訳文中の初等教育論（二二）、『孝経』訳文の宇宙論的「孝」の観念。（二三）

以上の論文に対して大幅な修正を加え、さらにクリスチャン・ヴォルフの『中国実践哲学講演』における中国哲学称賛の事実に関する論考を補充して（二四）、二〇〇九年に筆者は『宋学の西遷――近代啓蒙への道』を発表した。

その後、筆者が発表した論考には以下のようなものがある。ノエル『中国哲学三論』におけるアウラAura（二五）、シュピツエルGottlied Spizel

『中国学芸論』ならびに青年ライプニッツが研究最初期に得た中国哲学情報（二六）、イントルチェッタProspero Intorcetta『中庸』訳文の情報とライプニッツ（二七）、ビルフィンガーBilfinger中国哲学観と青年カントImmanuel Kant等の研究論文（二八）。

ヨーロッパ最初期の東洋情報、儒教紹介書

プロテスタントの神学者ゴットリープ・シュピツェル(Gottlieb Spizel、一六三九－一六九一)は、主にイエズス会士らによる膨大な中国情報に関心をもち、それらを編集し、さらには自説を加えて『中国学芸論』(一六六〇)（二九）を著わした。そこには東方布教の使徒ザヴィエルの日本情報をはじめ、イエズス会宣教師、とりわけ布教対象国に対する「適応策Accomodation」の立場に立つ宣教師たちの情報を随所に紹介されている。たとえば適応策の提唱者アレッサンドロ・ヴァリニャーノ(Alessandro Valignano、一五三九－一六〇六)や、ルッジエリ(Michele Ruggieri、一五四三－一六〇七)と同僚の初代中国布教長リッチ(Matteo Ricci、一五五二－一六一〇)、またマルティノ・マルティニ(Martino Martini、一六一四－一六六一)らの中国哲学紹介の文章が、視覚面ではセメドやキルヒャーなどからの情報が引用されている。彼は『易経』の図説や、宗教情報にかかわる図像を提示している。また単なる趣味的なエキゾティシズムの著作でなく、宗教教理に関する解説や哲学資料からの引用文も含まれており、その点で文献学的実証研究といえる。『中国学芸論』はインドのブラフマンや、日本の本覚思想に見られるような万物に内在する仏の「一心」の情報についてまで言及している。さらには、『孟子』の人間本来の固有性が、善をなすことだとする「性善」説や、諸事物の原因や本性の認識を通じて理知・意志・身体を完成し、さらに社会ないし世界を完全なものとすることを究極理想とする『大学』のルッジエリ訳とマルティニ訳を併載して解釈の客観性を担保しようとし、また内在する人間∩万物の本性を、自然の命令JUSSA NATURALIAと見る『中庸』の「天命」説などについても、ヨーロッパの哲学と比較対比して詳しく解説を施している。またそこに引く『大学』『中庸』『孟子』を含む「四書」は朱子の再編集に関わるから、シュピツェル書は朱子学の重要古典と内容を、間接的ではあるが、本格的にヨーロッパに紹介した文献ということになろう。

シュピツェルはその書の第八節のタイトルにおいて中国哲学概要として、その特質を列挙する。「最高の完成〔完全性〕Summa perfectio。自然本性的〔生具的〕な光の燃焼〔点火〕Luminis Naturalis accensio。自然本性的に植えつけられた規定〔命令〕の遵守Praeceptorum a Natura insitorum observatio。生得的法jus connatumの二重の現れ。能動知性intellectus agensの働き〔作用〕。中国の完成に関する手立て。儒教哲学とプラトン哲学の調和Harmonia Philosophiae *Confutianae* et *Platonicae*。その目的Finis。その他の諸哲学の完成。中国の分類。中国の詩Poësis。自然本性的部分の先在性Partis Naturalis prioritas。……。」

そしてシュピツェルがこうした中国哲学における人間の完全性と自然法、人間の究極目的に関係する古典として最初に提示するのが『大学』〔朱子『大学章句』経第一章〕の冒頭部分である。彼が引用する『大学』とは、初代中国布教長マテオ・リッチの同僚で彼とともに適応派・中国哲学有神論説の立場に立つルッジエリの訳文である（三〇）。ルッジエリに関しては張西平による詳しい論文がある（三一）。さらにシュピツェルは中国布教を指導、マルティニをも引用する（三二）。これらの『大学』の

両訳文については井川義次[三三]が、「三綱領」「八條目」に関する箇所をめぐって考察したことがある。

シュピツエルは、マルティニの『大学』の「正心」「誠意」「致知」「格物」に関する訳文を引用する。「哲学を通じてわれわれは為すべきことと避けるべき事柄の知識を得る〔致知〕。この知識によって、われわれは思慮〔思量〕consiliaを導く。これによって、われわれは意志voluntasを完成させる〔誠意〕。すなわち理性ratioに適合する事柄以外、何ものも（観照においてin Theor.）感知〔判断〕せず、何ものも（実践においてin Practic.）欲することがないように、〔為すべき善と避けるべき悪〕二者〔択一〕の行為を完成させるのである」。(pp. 127, 143) すなわち中国哲学の筆頭であり、その概要を説くと見做される『大学』の根本を「理性」ととらえるものとして紹介したことになる。

彼は中国哲学を西欧哲学の雄プラトンと比較してつぎのようにいう。

> プラトンは孔子と次の点で異なる。孔子はあらゆる人間の完成と、絶対的人間の完成absoluta humana perfectioを獲得できるように努め、プラトンは神に関わる完成divina perfectioを獲得できるよう努めたということである。(p. 144)

つまりシュピツエルはつぎのように理解したのである。究極目的について、プラトンは最高善としての「神」と見なし、他方孔子は個人ないし人類の可能性の全面的発揮にあると見なしたのだと。重点が両者で異なっていると見たのである。すなわち彼は、プラトンは天上を重視し、孔子を地上を重視したのだと。

シュピツェルは、『大学』第一章の「知止而后有定、定而后能静、静而后能安、安而后能慮、慮而后能得。」の語を引く。つまり人間の可能性の極限の向上の点で、中国哲学とそれらが類似しているととらえたのである。そしての『大学』訳文を提示する。

> 最終的に止まるべき場所が見つかったならば、そのとき人間は確定する。確定する者は平静となる。平静になった者は安定する。安定する者は推論・判断でき、ついには願望を実現できる。[三四] (p. 146)

シュピツェルは中国哲学の本質は、人間の願望実現としての究極的目的の探究〔修己治人〕と、それに向けての知的完成にあるととらえたのである。こうした人間の完成に向けての連鎖的・段階的な発展・向上に関して「見よ！なんと豊穣な収穫の成果だ」と、中国哲学を絶賛しているのである。

このように、イエズス会士たちによる中国哲学研究の成果は、シュピツェルというプロテスタントの研究家によって取りまとめられたのである。彼の著作の読者として注目すべきは近代合理主義・初期啓蒙主義の代表的哲学者ライプニッツである。果たして中国哲学、とりわけ朱子学によって整合的に体系化された哲学がライプニッツ、あるいはその他の学者たちを通じてヨーロッパに流入したのか否か。今後の実証的研究が俟たれるところである。

イントルチェッタ、クプレ、ノエル――『中庸』の世界観と主要概念をめぐって

イエズス会士、プロスペロ・イントルチェッタ（Prospero Intorcetta, 一六二六―一六九六）[三五]は『中庸』のラテン語初訳、『中国の政治・道徳学』を著した彼は最初に広東省で（一六六七）、続いてゴアで（一六六九）本書を出版している。[三六] 彼は中庸を翻訳する際に、当時公認された朱熹の『中庸章句』に依拠していた。それは序の部分

でイントルチェッタが、朱熹Chu-Hi『四書集註』su-Xu-çie-chuを参照したと宣言していることからも分かる。[三七]

イントルチェッタ訳『中庸』は、宋学の合理主義に全面的に依拠していたため、他のイエズス会士たちからも信仰に矛盾しかねないものとと危惧された。そのためフィリップ・クプレ（一六二四－一六九二）を中心とし、ルイ十四世に支援された複数のイエズス会士たちはイントルチェッタ訳を全面的に改訳し『中国の哲学者孔子』[三八]（一六八七）の中に編入した。その際、クプレらは天、上帝、鬼神等の概念に一定の能動性・主体性を認める明代を代表する大政治家、張居正（一五二五－一五八二）の注釈『四書直解』に基づいて翻訳を進めていた。

これらにつづく訳業はイエズス会士フランソワ・ノエル（François Noël，一六五一－一七二九）の『中華帝国の六古典』である。[三九] 本書は『中国の哲学者孔子』で未訳あった『孟子』含めた「四書」のヨーロッパ初のラテン語全訳であり、加えて、明～清代にかけて基礎教育に用いられた『孝経』『小学』の訳文も収録している。その特徴としては張居正『四書直解』だけでなく、説明に有効であれば朱子その人の注釈『四書集註』をも忌憚なく採用したことが挙げられる。すなわち当代中国の哲学的世界観が本書を通じて本格的・全面的にヨーロッパに紹介されたことになる。

以下で『中庸』の世界観に関わる主要概念をめぐってイントルチェッタ、クプレ、フラノエルの訳文を比較対比し、考察したい。

天命、性、道、教

『中庸』第一章冒頭においては、万物、とりわけ人間の本性・本質としての〃性〃が〃天命〃に由来するという天人合一の観点が示される。

なお参考のために、以下ではじめに『中庸』原文を示し、次いで（ ）内に朱熹の『中庸章句』を示す。

天命之謂性、率性之謂道、修道之謂教。（命、猶令也。性、即理也。天以陰陽五行化生萬物、氣以成形、而理亦賦焉、猶命令也。於是人物之生、因各得其所賦之理、以為健順五常之德、所謂性也。率、循也。道、猶路也。人物各循其性之自然、則其日用事物之間、莫不各有當行之路、是則所謂道也。修、品節之也。性道雖同、而氣稟或異、故不能無過不及之差、聖人因人物之所當行者而品節之、以為法於天下、則謂之教、若禮、樂、刑、政之屬是也。）（朱子『中庸章句』第一章）

これに対するイントルチェッタの訳文は以下の通りである。

天coelumから生得的に与えられたものinditumは、理性的本性〔性〕natura rationalisと言われる〔天命之謂性〕。この本性に合致するものは、規則〔準則、〃道〃〕regulaと言われる。この規則を回復するものは、教育〔制度、〃教〃〕institutioと言われる。（『中国の政治・道徳学』、『中庸章句』第一章）

すなわちイントルチェッタはヨーロッパ人としての世界観に立脚して〃性〃を天与の生得的本性、とりわけ人間の「理性的本性」である理解していた。そうした限りで、中国哲学を代表する人間本性論の根拠を、さしあたりは〃神性〃と直結しない天coelumにもとづくものと訳している点が注目される。というのもこれは一般的な自然の天、法則性としての天と受け取られ得るからである。

つづいてクプレならびにノエルの翻訳を見る前に、両者が依拠したと明言する張居正の『中庸直解』の解説を見てみよう。

天之生人、既與之氣以成形、必賦之理以成性、在天為元亨利貞、在人為仁義禮智、其稟受付畀、就如天命令他一般、……蓋人物各循其性之自然、則其日用事物之間、莫不各有當行的道路、仁而為父子之親、義而為君臣之分、禮而為恭敬辭讓之節、智而為是非邪正之辨、其運用應酬、不過依順著那性中所本有的、所以說率性之謂道。……聖人於是因其當行之道、而修治之、以為法於天下、節之以禮、和之以樂、齊之以政、禁之以刑、使人皆遵道而行、以復其性、……可見道之大原出於天者矣。知其為天之所命、而率性修道之功、其容已乎。（張居正『中庸直解』第一章）

人間のさまざまな特性は、人間本性における一つの限定であり、それも究極的には天の「元」の作用、万物を創生する働き、「亨」の継起・連続の作用、「利」の万物を成就せしめる作用、「貞」の固定化・結実の作用等の各機能と人間の「仁・義・礼・知」とは貫通、対応しているものであるという、このような見解に立つものだった。最後の方では、「道の大原は天より出づるを見る可きなり」、ということである。「其の天の命ずる所と為るを知れば、性に率い道を修むるの功は、其れ已む容けんや」、つまり、やむわけにはいかないのだと、我々はそれを自覚し、努力して実現していくべきである、発揮させていくべきである、完全化すべきである、展開していくべきである、このように主張されている。

朱熹『中庸章句』の過度な合理化を距離を置いて、張居正注釈を重んじたクプレの訳文は次の通りである。

天から人間に生得的に与えられたinditumもの〔天命〕は、理性的本性〔性〕natura rationalisと言われる。自然本性naturaが理性的本性に合致し、それに随うことは、規則〔道〕regula、すなわち理性に適合することconsentaneum rationiと言われる。自分と自分に関わるものをそれによって調整しながら、規則を熟練するほど反復することは、準則institutio、すなわち諸徳の教育〔教〕disciplina virtutumと言われる。（『中国の哲学者孔子』『中庸』第一章）[四〇]

イントルチェッタ訳に比べてみると訳語の面で多く重なるが、人間本性としての理性の側面が前面に押し出された翻訳になっている。

つづいてノエルはこの重要な箇所を次のように訳している。

天の法〔則〕こそ、まさしく本性である。この本性の導きがなすべき正しい道である。この道の指導が正しい生活の規律、あるいは正しく生きるための規定である。Caeli lex est ipsa natura; hujus naturae ductus est recta agendi via; hujus viae directio est recta vitae disciplina, seu recta vivendi praecepta.（『中華帝国の六古典』『中庸』第一章）

原文の「天命」は「天の法〔則〕」と訳され、それに根ざすものが「性」、すなわち「人間本性そのもの」と訳される。ついで、「性に率《したが》う」ことは「本性の導き」つまり本性が人間を導くものと訳され、重点が人間の自覚や主体的行動よりも、「本性」自身に置かれている。さらに「道を修める」ということも、人間が道を修めることということよりも、その道の導き自体の正しさが強調された訳となっている。これは「性」「道」「教」三者の源泉である「天」が最重要視されたためである。というのもこの首章を解説するのに、究極的価値の源泉を「天」に見る張居正の注釈を引用し、ほぼ全面的にこれに依拠して翻訳しているからである。

張居正がこのテキストをつぎのように詳しく解説している。

「本性natura（すなわち理性的なrationalis）をもたないような者は誰もいない。しかしどこからこの本性の名が〔起こったのか〕。天Coelumが人間を生み出すとき、彼に身体を形作るために気aër、あるいは可感的質料materia sensibilisを与えた、ついで同様に、本性を完成させるために理性ratioを注ぎ込んだ。この理性は天に止まるときは、第一義的、もしくは偉大なる〔元〕primum seu magnum、共有の〔亨〕communicativum、規整的〔利〕directivum、完全な〔貞〕perfectivum 原理principium といわれる。一方、人間に存在するときは、慈愛〔仁〕pietas、公正さ〔義〕aequitas、高貴さ〔倫理性、「礼」〕honestas、思慮prudentia、あるいは生得的知性認識〔智〕intelligentia congenitaといわれる。この理性の注入infusio と受容inceptioは、天から賦与された法〔則〕や規定のようであるinstar legis ac praecepti a Coelo impositi。それゆえ、本性は天の法〔則〕（すなわち第一現実態〔働き〕におけるin actu primo)である。ついで、自らの道をもたないものはない。しかしどこからこの道の名が〔起こったのか〕。人間とその他の事物は、自らの本性の生得的〔内在的〕傾向性innata propensioにしたがい、その活動全体において保持すべき道をもっている。たとえば、父母と子らが互いに愛し合う慈愛〔仁〕pietas、王と臣下が職分を尽くす公正さ、内的・外的な尊崇〔義〕reverentia、そして親切心と社会性〔礼〕comitas et urbanitasが保たれている。高貴さ、真理が虚偽から、品位が汚辱から識別される思慮〔智〕prudentiaは、われわれの本性の導きがなすべき正しき道recta agendi viaと言われるのである。最後は、真理の知恵をもった師傅たちが伝えた、なすべき正しき道の規律に関わる事柄である。しかしどこからこの規律の名が〔起こったのか〕。本性であれ、本性の導きであれ、万人において同一である。なぜなら、多くの人々は、あるいは資質indolesにより、あるいはさまざまな習慣〔気稟〕moresによって、かの本性〔自然の〕導き、またはかのなすべき正しく生きる道にしたがわないからこそ、知恵ある教師〔聖人〕たちが、こ〔の道〕を最善の規定optima praeceptaとして、あらゆる教導、訓戒と手だてにおいて共有し、すぐれた範例〔実例〕によって明らかにし、祭儀を高貴さによって飾り、音楽の調和nusicae concordiaによって平穏にし、公正さによって法を制定し、刑法を守ったのである。それだから、またつぎのように言われるのである。「道の教導は正しき生活の規律である。しかしこの生活の規律は、なすべき正しき道に由来し、なすべき正しき道は自然〔本性〕の導きに由来し、本性の導きは天に由来しているex Coelo oritur」。そこから、「偉大にしてかつ第一義的な、あらゆる正しき生活の原理〔始源〕は天である」ことが明らかとなるのであるunde patet magnum et primum totius rectae vitae principium esse Coelum。まさにその通りなのである。
（『中華帝国の六古典』『中庸』第一章）[四一]

きわめて説明が多いが、訳文からはノエルが全体的に張居正の仲介に立脚していることが分かる。

以上イントルチェッタ訳、クプレ訳、ノエル訳に関して〃天命〃〃性〃の理解を比較対比するなら、クプレ訳はイントルチェッタ訳をいわば敷台にしたものであった関係上、語彙の方面でも重なる点が多々ある。ただイントルチェッタ訳は序言で述べるとおり朱子『四書集註』を基礎したのに対し、後のクプレ訳は朱子の理を媒介とする極度の整合的世界解釈を忌避・隠蔽しつつ、万物の大本たる〃天〃をキリスト教的人格的超越神と重ね合わせるような伏線を訳文の各所に張りつつ、ヨーロッパ読者を誘導するような配慮をめぐらせていた。それに対してノエル訳は、ある意味でキリスト教徒の過剰な思惑とは距離を置くかのように、可能な限り人間理性称揚を促すような論述を朱子注、張居正注を駆使して展開していた。ただいづれの訳にせよ、朱子ないし宋明理学の解釈に導かれつつ、各概念を、一見、人格性や神性を想起させない「天」が与えた天命、人間の理性的本性(性)本性への適合(道)道の教導(教)ととらえて、「理」を通じて天と人とが密接不可分に連関しているということが透けて見えるような、まさしく宋明理学の思考枠組にしたがった翻訳となっている。すなわち、〝天〟と〝人間〟ないし〝万物〟とを、〝理〟を仲介にして連繋させ、人類・社会から世界宇宙にいたる無限の発展を標榜する朱子学ないし宋明理学の合理的整合的世界観ないし思考枠組みが、宣教師たちの訳業を通じて三度にわたって引き写されてヨーロッパに紹介されることとなったのである。[四二]

シノロジーの成立——注釈・翻訳の参照研究

フランス革命以降、学問的客観性を重視するシノロジーSinologie(中国学)が隆盛を遂げた。一八一四年、コレージュ・ド・フランス(Collège de France)が中国語ならびに満州語の講座を開設した。シノロジーの代表的人物たるアベル・レミュザ (Jean-Pierre Abel-Rémusat, 一七八八―一八三二) とスタニスラス・ジュリアン (Aignan-Stanislas Julien, 一七九七―一八七三) 師弟は、中国をはじめとして東アジアに関する調査研究に着手する。彼らは先行するイエズス会士の訳文を参照しつつ、彼らより以上に、学問的客観性を保持すべく努力した。そのため儒教理解のために、それまでヨーロッパにもたらされた多数の漢文注釈書を参照したのであった。[四三]のみならず彼らは、満州語による儒教古典の訳文をも参考として利用した。満州語は当時の中国を統治・支配した清王朝の母国語であった。清王朝による満州語の翻訳は、当然正統性が与えられていたために、彼らは古典を解釈する際にこの満州語を利用したのであった。彼らが古典を翻訳するときには、漢文原典や古代から近代に至る諸々の注釈だけでなく、こうして満州語訳文をも参照して、三次元的・立体的に中国哲学の実情をヨーロッパに紹介できたのである。

ジュリアンが漢文で参照としたものとしては、レミュザより豊富に、漢の趙岐『孟子』註、宋の朱熹『四書章句集註』はもとより、明の胡広等撰『四書大全』、明の蔡清『四書蒙引』、清の喇沙里等撰『御制日講四書解義』等が挙げられる。そしてさらには清王朝の母語による『満文日講四書解義』からの訳文も提示して、客観性を担保しようとしていた。

今回、スタニスラス・ジュリアンの『孟子』訳文[四四]に関して検討したい。ジュリアン訳のなかでは「梁恵王上」「梁恵王下」「公孫丑上」篇の三篇だけが訳されている。

ジュリアンはレミュザ同様、翻訳に際してほぼ漢文の語順にしたがったラテン語の逐語訳を与えている。意味上ヨーロッパ人にとって理解しづらい文言については斜体にして補いの訳語を与え、原語と訳し分けている。以下に参考のために『孟子』原文ならびにラテン語訳、満州語訳の拙訳を示そう。

初めに人間の性具的な徳性の実在を端的に説く、「公孫丑上」に関するジュリアンの訳解を見てみたい。

四端

孟子曰、「人皆有不忍人之心。先王有不忍人之心、斯有不忍人之政矣。以不忍人之心、行不忍人之政、治天下可運之掌上。所以謂人皆有不忍人之心者、今人乍見孺子將入於井、皆有怵惕惻隱之心。非所以内交於孺子之父母也、非所以要譽於郷黨朋友也、非惡其聲而然也。由是觀之、無惻隱之心、非人也。無羞惡之心、非人也。無辭讓之心、非人也。無是非之心、非人也。惻隱之心、仁之端也。羞惡之心、義之端也。辭讓之心、禮之端也。是非之心、智之端也。人之有是四端也、猶其有四體也。有是四端而自謂不能者、自賊者也。謂其君不能者、賊其君者也。凡有四端於我者、知皆擴而充之矣、若火之始然、泉之始達。苟能充之、足以保四海。苟不充之、不足以事父母」。（『孟子』公孫丑上）

以下にジュリアンによる翻訳を示す。

〔ラテン語訳〕孟子が言う。「すべての人間は人々〔の窮状に対して〕忍びがたいという（すなわち憐れみmisericordia）の心〔魂〕animusをもっている〔不忍人之心〕。古の帝王たち〔先王〕は人々〔に〕忍びがたいという〔憐れみの〕心をもっていたので、すぐに（すなわち即座に）人々〔に〕忍びがたい〔憐れみの〕統治〔体制〕regimenをもったのである〔有不忍人之政〕。彼らは人々〔に〕忍びがたい心を用いて、人々〔に〕忍びがたい統治〔体制〕を実行したので、帝国を統治することは彼らにとってあたかも何かを掌中にもてあそぶように簡単であった。『すべての人間は人々〔に対して〕忍びがたいという〔憐れみの〕心をもっている』といわれることを実例で確認するために、今、もし人々が突然、まさに井戸の陥ろうとする無力な幼児を見るときは、全員戦慄して憐れむ心〔怵惕惻隠之心〕をもつ。というのは無力な幼児の父母と友情を結ぶことを望むからではない。彼の隣人や村落の仲間や友人から称賛を求めるからでない。彼らの言葉（すなわち非難）を悪むから、このようになされるのでもない。この実例から分かるのは以下のことである。もしも憐れみの心〔惻隠之心〕を（すなわち憐れみの感覚miserucirdiae sensus）もたない〔ような〕者は、人間ではない。もしも〔悪に対して〕羞恥し忌避する心〔羞悪之心〕をもたない者は、人間ではない。もしも辞退し譲渡する心〔辞譲之心〕をもたない者は、人間ではない。もし善と悪の〔判別〕心〔是非之心〕をもたない者は、人間ではない。憐れみの心は、人間性の原理〔仁之端〕humanitatis principiumである。羞恥し忌避する心は、公正の原理〔義之端〕aequitatis principiumである。辞退し譲渡する心は高貴さ〔倫理性〕の原理honestatis principiumである。善と悪の心は、思慮の原理である。人間がこの四つの原理〔四端〕をもっているのは、まるで彼らが四肢をもっているようなものである。この四つの原理をもっていながらも、自分はできないと言う者は、自分自身を亡ぼす〔自賊〕者である。自分の主君が成し得ないと言う者は、自分の主君をそこなうものである。もし、これら四つの原理を自分のうちにもつわれわれすべてが、同時にそれを拡張し充満〔拡充〕させることができるなら、それは燃えだす火、湧きだす泉のように〔止めどなく〕なるだろう。もしもある君主が真にそれ〔原理、「四端」〕を充満できるなら、四方の海〔なる〕人民を愛護する〔保四海〕のに十分（すなわち可能であり）、もし真にそれを充満できないのなら、父母の保護さえ十分ではない」。

（pp. 122–124）

ジュリアンが参照した満文訳の拙訳は以下のとおりである。

〔満州語訳〕孟子が言うには、「人にはみな〔他〕人に忍びない心niyalma be jenderaku mujilen〔不忍人之心〕がある。かつての王nenehe han〔先王〕には人に忍びない心があって、そこで人に忍びない政〔不忍人之政〕があったのである。人に忍びない心をもって人に忍びない政を準じ行うならば、天下を治めることは掌中に転がすようである。それゆえ人にはみな人に忍びない心niyalma be jenderaku mujilen〔不忍人之心〕があると述べたのは、今たとえば、人がたちまち幼い子の井戸に転落しようとするのを見たとき、みな、はっと動揺して、忽然と憐れむ心〔怵惕惻隠之心〕がある。その幼い子の父母に親交を結び、付き合おうということではない。村民の友達に称賛を得たいということではない。彼の評判にとって悪い〔から〕と、こうしたわけで〔も〕ない。このことから見た場合、はっと動揺して憐れむ心〔惻隠之心〕がないならば、人間ではない。〔悪を〕恥じ入り憎む心〔羞悪之心〕がないならば、人間ではない。遠慮し謙譲する心〔辞譲之心〕がないならば、人間ではない。是となし非となす心〔是非之心〕がないならば、人間ではない。はっと動揺して憐れむ心〔惻隠之心〕は、仁愛の始まり〔仁之端〕gosin i deribun である。〔悪を〕恥じ入り憎む心〔羞悪之心〕は、節義の始まり〔義之端〕jurgan i deribunである。遠慮し謙譲する心〔辞譲之心〕は、礼式の始まり〔礼之端〕dorolon i deribunである。是となし非となす心〔是非之心〕は、賢智の始まり〔智之端〕mergn i deribunである。人間にこの四つの始まり〔四端〕があることは、さながら四つの肢体があるようなものであり、この四つの始まりがあって〔自〕身を無能であると言うことは、身をそこなうこと〔自賊〕である。その主君を無能であると言うことは、その主君をそこなうことである。われわれ各々にある四つの始まりを、みなが復帰させ充満させる〔こと〕を知るならば、火のまさに燃え上がり、泉のまさに湧き上がるようなものである。果たして充満させることができるなら、四方の海を保護〔助成〕すること〔保四海〕ができる。はたして充満させることができなければ、父母をさえ養〔い事える〕ことはできない」。(p. 69)

ジュリアン訳「端」を「原理」と訳している。これは朱子の注「惻隠、羞惡、辭讓、是非、情也。仁、義、禮、智、性也。心、統性情者也。端、緒也」の「性」に下属する「情」であるの位置づけよりも、より一層ずっと高められており、その点でジュリアンの翻訳は朱熹の解釈に比して人間性重視の理解となっている。それも満語「始まり」の訳であるとするなら、あながち間違ってはいないとも考えられる。しかしこのように「端」を「原理」であると明確に訳すと人間の感情レベルでの人間機能が高く上げられる。それはそれで人間存在の高く強い肯定の主張となるであろう。

こうした人間理性の受容性に依拠すれば、理性的人間を虐げ損なう者には必然的に誅伐を加えてしかるべきとする過激な主張も導かれ得る。

周知のように中国において「王」「皇帝」は天子、すなわち天の子と称される。このことはまた他方で天の委託、人間性の育成を実現できなければ、その地位の剥奪・移譲も可能であることが極言されることにもなる。

次いでこれに連関する革命説に関して、目を向けてみよう。

革命

宣王問曰、「湯放桀、武王伐紂。有諸」。孟子對曰、「於傳有之」。曰、「臣弑其君、可乎」。曰、「賊仁者謂之賊。賊義者謂之殘。殘賊之人謂之一夫。聞誅一夫紂矣。未聞弑君也」。（『孟子』梁惠王下）

〔ラテン語訳〕斉国の宣王regulus Siouan wangが質問して言う。「わたしは〔儒家の聖人〕湯王が〔その君主たる〕帝王桀を配所に送り、また〔同じく儒家の聖人〕武王が〔その君主たる〕帝王紂を攻撃したと聞いているが、そんなことが実際にあったのか」。

『孟子』が答えて言う。「歴史〔伝〕historiaにおいてそのことが実際に存在しております」。王が言う。「よもや臣下に自分の主君を殺すことoccidere〔弑其君〕が許されているのか」。孟子が言う。「人間性〔仁〕humanitasに対して侵害を行う（すなわち人間性をそこなう）者は略奪者〔賊〕praedoとよばれ、公正〔義〕aequitasに対して非道を行う者は極悪人〔残〕vir-nefariusとよばれます。さらに略奪者であるとともに極悪である者〔残賊之者〕は、単独のsolus（すなわち私的なprivatus）人間homo〔一夫〕とよばれる。わたしはたしかに湯王が、紂という名の一私人unus-homo-privatusを殺したoccidisseこと〔誅〕を聞いていますが、いまだ臣下たる湯〔王〕が自らの主君を殺害したperemisse〔弑〕とは聞いていません〔未聞弑君也〕」。（『孟子』「梁恵王下」篇）

〔満州語訳〕斉国の宣王が問うて〔言う〕。「湯は、桀王giyeihanを〔配所に〕移してjailabuha、武王は、紂王joo hanを征伐dailahaしたといことが本当にあったのだろうか〔有諸〕mujanggao」。孟子がこたえて〔言う〕。「史伝〔経伝、伝記、「伝」〕ulabunに〔そう〕あります」。〔宣王〕言う。「臣でありながら、主君を弑殺してよかろうかbeleci ombio」。〔孟子が〕言う。

「仁愛gosinをそこなうものを、悖徳者〔賊〕ebderekuという。節義をそこなうものを、兇悪人〔残〕kokirakuという。兇悪、悖徳の人〔残賊之人〕を、一介の男〔一夫〕emhun hahaという。一介の男紂を、殺〔誅〕したwahaということを聞いています。主人を弑殺したということを聞いていません」。（『孟子』「梁恵王下」篇）

この訳文は、人間性を破壊する君主はその資格を剥奪されるべきであるのみならず、極限的には紂伐を免れない、という『孟子』の主張をあからさまにヨーロッパに提示するものであった。人民の福祉を実現できてこそ委託権能を与えられ、統治においてはあくまでも公共福祉を実現すべきである。君主に暴君の行為があったとき、革命を起こす権利はある。『孟子』原文はもとより、各種注釈や満文訳によろうともこのことは隠し立てのないことである。ジュリアンはあえて自らこうした『孟子』を翻訳したのである。

ちなみにジュリアン訳に先行するノエル訳はフランス革命直前にプリュケによって訳されている。ジュリアンは革命前後の空気を受けたことも相俟って、このような過激な主張も訳出したのだろうか。何らかのシンパシーや時代思潮に応じた共感の情がジュリアンをして精緻な文献実証的方法を背景とする『孟子』訳を完成させたものと考えられる。

結語

宣教師らによる経書の翻訳・紹介においては、いずれも自らの自然本性・理性能力・徳性を発揮し尽くして人格完成者、完全人が自己の本性、ひいては他者から諸事物にいたるまでの本性をも発揮させる天地とならぶ力能を有するものと理解されるものとなっていた。

またジュリアンのラテン語訳はより極限的な人間の可能性を説くものであり、これを侵害する者は弾劾されるべき対象であった。レミュザのこれら訳文は先行する宣教師らの各種訳文と、宋明理学の諸注釈の蓄積、さらには支配王朝、清の母国語満州語にすらに依拠していたのであった。

かくして人間本性と世界万物への関与の限りなき可能性に関する中国哲学の内容が各種の紹介を通じてヨーロッパに流入したのである。

《注》

(一) Virgile Pinot, *La Chine et la formation de l'esprit philosophique en France, 1640-1740*, Paris, 1932, Slatkine Reprints, Genève, 1971.

(二) Intorcetta, Prospero, Philippe Couplet et al, *Confucius Sinarum Philosophus*, Paris, 1687.

(三) Knud Lundbaek, "Chief Grand Secretary Chang Chü-cheng and the Early China Jesuits", *China Mission Studies (1550-1800), Bulletin III*, 1981; "The first European Translations of Chinese Historical and Philosophical Works", *China and Europe: Images and Influences in Sixteenth to Eighteenth Centuries*, Edited by Thomas H. C. Lee, Chinese U. Press, Hong Kong, 1991.

(四) David E. Mungello, *Leibniz and Confucianism: The Search for Accord*, University of Hawaii Press, 1977., David E. Mungello, 'The Jesuits' Use of Chang Chü-cheng's Commentary in Their Translation of the Confucian Four Books (1687)', *China Mission Studies (1550-1800) Bulletin III*, 一九八一., David E. Mungello, 'The First Complete Translation of the Confucian Four Books in the West', *International Symposium on Chinese-Western Cultural Interchange in Commemoration of the 400th Anniversary of the Arrival of Matteo Ricci, S. J. in China*, Taipei, Taiwan, 1983., David E. Mungello, *Curious Land*, The University of Hawaii Press, Honolulu, 1985., David E. Mungello, 'The seventeenth-century Jesuit translation-project of the Confucian Four Books', *East Meets West: The Jesuits in China, 1582-1773*, Ed. by Charles E. Ronan, S.J. Loyola University Press, Chicago, 1988., Mungello, David E. (ed.), *The Chinese Rites Controversy: Its History and Meaning*, Institut Monumenta Serica, 1994., David E. Mungello, *The Great Encounter of China and the West, 1500-1800*, Rowman & Littlefield, 2005.

(五) Francisco Noël, *Sinensis Imperii Libri Classici Sex*, Pragae, 一七一一.

(六) Thierry Meynard, *Following the Footsteps of the Jesuits in Beijing* (St Louis, 2006);《北京教堂及历史导览—北京耶稣会足迹导游册》(北京、2007);*The Religious Philosophy of Liang Shuming* (New York, 2010); *Confucius Sinarum Philosophus, The First Translation of the Confucian Classics* (Rome, 2010); *The Jesuit Chreia in Late Ming* (Peter Lang, 2014); *The Jesuit Reading of Confucius: the first complete translation of the Lunyu published in the West* (Brill, 2015);《最初西文翻译的儒家经典》、《中山大学学报》、广州、二〇〇八年、第二期、第四八卷、一三一—一四二页。《在全球化时代阅读经典》、《神州交流》、澳门、第五卷、第一期、二〇〇八年一月、三九—四九页。"La première traduction des Entretiens de Confucius en Europe : entre le *li* néoconfucéen et la ratio classique,” in Etudes Chinoises XXX (2011)：173–192；《论语在西方的第一版本（一六八七年）》李志刚、冯达文主编《近代人物与近代思潮》、《世明文丛》第七期、二〇一二年、第一〇〇-一一八页。梅谦立、齐飞智《〈中国哲学家孔夫子〉的上帝论》、《国际汉学》二二辑、二〇一二年一月、二五-三七页。《东方的“哲学之父”——论最早的西文孔子传记的撰写过程》、北京市行政学院学报、二〇一三年、第五期一〇月份、一一一-一二一页。《从西方灵修学的角度去阅读儒家经典：耶稣会所译的〈中庸〉（一六八七年版本）》、游斌主编《诠释学与中西互释——比较经学期刊》宗教文化出版社、二〇一三年九月、第二期、六一-八九页。

（七）朱谦之《中国思想对于欧洲文化之影响》、商务印书馆、一九四〇年。

（八）张西平《中外哲学交流史》（主编之一）、一九九八湖南教育出版社。《中外宗教交流史》、（撰稿人之一）一九九八湖南教育出版社。《本色之探：二〇世纪中国基督教文化学术论集》、（主编之一）、一九九九中国国际广播电视出版社。《中国和欧洲早期宗教与哲学交流史》、二〇〇一・二东方出版社。《西方人早期汉语学习史调查》（主编）、二〇〇三・三大百科出版社。《传教士汉学研究》二〇〇五。《中国图说》（与人合译）、二〇〇一・三大象出版社。《利玛窦全集》（主编之一）、二〇〇一・一〇商务印书馆。《论民初中国基督教改革运动的思想史价值》、一九九八・二《世界宗教研究》。《交融与会通》、一九九八・三《学人》第一三期。《易经在西方早期的传播》、一九九八・四《中国文化研究》。《论明清间耶稣会士的合儒与补儒》、一九九八・五《传统文化与现代化》。《取精用宏、含英咀华》、一九九八・一〇《国际汉学》第二期。《儒学在西方早期的传播》、《中西初识》、一九九九・大象出版社。《利玛窦天主教教义研究》、《中国文化研究》二〇〇五年。《中国基督宗教研究论文索引：一九四九-一九九七》（与人合作）、一九九九《基督宗教研究》第一期。《明清间来华耶稣会士对基督教经院哲学的介绍》、一九九九《基督文化学刊研究》第一期。《天主教要考》、一九九九・四《世界宗教研究》。《穷理学：南怀仁最重要的著作》、一九九九・八《国际汉学》第四期。《利玛窦对中国宗教和哲学的介绍》、一九九九・四《国际汉学》第三期。《关于明末清初中国天主教史研究的几点意见》、一九九九、见《基督宗教研究》第一期、社科文献出版社。《罗明坚：西方汉学的奠基人》、二〇〇一・三《历史研究》第二期。《神奇的东方：基歇尔中国图说》（与人合译）、二〇〇〇・九《汉学研究》第五期。《明清间的“西学东渐”》、《语言文化论集》、外语教学与研究出版社、二〇〇一年。明清间入华传教士对经院哲学的上帝论介绍》、《较对话宗教比较与对话》第三期、二〇〇一年。《明清间入华传教士对基督教论理学的介绍》、《宗教比较与对话》第三期、二〇〇一年。《明清间入华传教士对亚里士多德哲学的介绍》、《江海学刊》、二〇〇二年三。《利玛窦的中文著作》、《文史知识》、二〇〇三年夏季号。《一六-一九世纪西方人的中国语言观》、《汉学研究通讯》、台湾二〇〇三年三月。《西方近代以来的汉语研究》、澳门《文化》、二〇〇三年四月。

（九）罗莹《“道”可道，非常道 ——早期儒学概念西译初探》、《海外汉学》、二〇一〇年第二。《〈中国哲学家孔子〉成书过程刍议》、《北京行政学院学报》二〇一二年第一期。《十七、十八世纪“四书”在欧洲的译介与出版、二〇一二・五、《中国翻译》、《十七、十八世纪欧洲主要的《中庸》译本》、二〇一二・一〇《澳门理工学报》（人文社会科学版）。《清初来华耶稣会会士的儒学观》、二〇一三・五、《中国文化的域外解读》。《十七世纪来华耶稣会士对儒学概念的译介——以“性”的翻译为例》、二〇一三・八、*Journal of Confucian Philosophy and Culture*;《超越传统的看法——德国汉学家郎宓榭访谈录》二〇一三・一一、《国际汉学》。《启蒙时代的孔子》、二〇一四・一、《道风基督教文化评论》。《第一位中国籍耶稣会神父澳门人郑维信生平考略》、二〇一四・三、《全球视野下的澳门学》、《雷慕沙《中庸》译文新探》、二〇一四・一二、《国际汉学》。

（一〇）五来欣造『儒教の独逸政治思想に及ぼせる影響』、早稲田大学出版部、一九二七。

（一一）後藤末雄『支那思想のフランス西漸』、平凡社、一九三三。

（一二）堀池信夫「『中国自然神学論』研究：ライプニッツと中国思想」『哲

学・思想論集』八、二七-六五、一九八二。さらにつぎのような論文がある:「『中国自然神学論』研究序説:ライプニッツの中国知識の形成」『筑波中国文化論叢』二、五五-七二、一九八二。「マルブランシュと中国:『キリスト教哲学者と中国の哲学者との対話』執筆まで」『筑波中国文化論叢』五、三七-五三、一九八四)。「マルブランシュの晩年の思想:『キリスト教哲学者と中国の哲学者との対話』をめぐって」『筑波中国文化論叢』六、五三-六八、一九八五。「ディドロの中国思想解釈について」『哲学・思想論集』一五、五一-八一、一九九〇。「『中国自然神学論』の「鬼神」:ライプニッツの朱子解釈」『東洋研究』(一八四)、一-二六、二〇一二。

(一三) 堀池信夫『中国哲学とヨーロッパの哲学者 上・下』、明治書院、一九九六、二〇〇二。

(一四) 井川義次「イントルチェッタ『中国の哲学者孔子』に関する一考察」『中国文化論叢』第一二号、一九九二。

(一五) 井川義次「ロンゴバルディとイントルチェッタ——中国哲学解釈をめぐる二つの道——」『哲学・思想論叢』第一一号、一九九三。

(一六) 井川義次「張居正の『中庸』解釈——「鬼神」を中心に——」『筑波哲学』第五号、一九九四。

(一七) 井川義次「十七世紀イエズス会士の『易』解釈—『中国の哲学者孔子』の"謙"卦をめぐる有神論性の主張——」『日本中国学会報』第四八集、一九九六。

(一八) 井川義次「ヨーロッパ人による"孝"の解釈」『漢意とは何か—大久保隆郎教授退官紀念論集』東方書店、二〇〇一。

(一九) 井川義次「ヨーロッパ人による『孟子』の初訳について——ノエル著『中華帝国の六古典』における儒教解釈——」『人間科学』第一〇号、二〇〇二。

(二〇) 井川義次「ノエル訳『大学』における性理学の解釈—— "大学章句序"と"補伝"を中心に——」『人間科学』第一一号、二〇〇三。

(二一) 井川義次「理性と天命——ノエル訳『中庸』と朱子『中庸章句』——」『人間科学』第一二号、二〇〇三。

(二二) 井川義次「ヨーロッパ人による初めての中国初等教育に関する情報の紹介——朱子編『小学』とノエルの翻訳——」『人間科学』第一三号、二〇〇四)。

(二三) 井川義次「十八世紀ヨーロッパ人による「孝」の理解——ノエル訳『孝経』を巡って——」『琉大アジア研究』第六号、二〇〇七。

(二四) 井川義次『宋学の西遷——近代啓蒙への道——』、人文書院、二〇〇九第一版、二〇一〇改訂版、二〇一七第三版。

(二五) 井川義次「鬼神とアウラ」『中国文化』第六九号、中国文化学会、二〇一一。

(二六) 井川義次「若きライプニッツと朱子の邂逅:シュピツェル『中国文芸論』をめぐって」堀池信夫編『知のユーラシア』明治書院、二〇一一。

(二七) 井川義次「プロスペロ・イントルチェッタ『中国の政治・道徳学』——『中庸』における朱子性理説情報のライプニッツへの流入——」『ホモコントリビューエンス研究』筑波大学大学院人文社会科学研究科、二〇一一。

(二八) 井川義次:《青年康德与中国哲学——以比尔芬格尔(Bilfinger)的中国哲学观为背景——》、《西学东渐与东亚近代知识的形成与交流 下册》、第四届出版史国际学术研讨会论文集、二〇一一、六〇七-六一四页。

(二九) Theophil Spizel, *De re literaria sinensium commentarius*, Lugd. Bat., Ex officina Petri Hackii, 1660.

(三〇) Antonii Posseuini, *Societatis Iesu Bibliotheca selecta qua agitur de ratione studiorum in historia*…, Lib. IX, Romae, 1603, p. 456.)所収。

(三一) 张西平:《罗明坚:儒家经典西传的开拓者》、《西学东渐与儒家经典翻译国际学术研讨会论文集》、中山大学哲学系、二〇一五年、第一〇三-一一四。

(三二) Martino Martini, *Sinicae historiae decas prima: res a gentis origine ad Christum natum in extrema Asia, sive magno Sinarum imperio gestas complexa*, 1659.

(三三) 井川義次「若きライプニッツと朱子の邂逅：シュピツェル《中国文芸論》をめぐって」、堀池信夫編《知のユーラシア》明治書院、二〇一一。

(三四) この『大学』からの引用文は、ルッジェリの訳文である。Antonii Posseuini, *Societatis Iesu Bibliotheca selecta qua agitur de ratione studiorum in historia*…, Lib. IX, Romae, 1603, p. 455. 参照。

(三五) Prospero Intorcetta, *Sinarum scientia politico-moralis*, parisiis, 1672.

(三六) David E. Mungello, *Curious Land*, The University of Hawaii Press, Honolulu, 1985, p. 251.

(三七) Prospero Intorcetta, *Sinarum scientia politico-moralis*, parisiis, 1672, p. 4.

(三八) Philippe Couplet et al, Confucius Sinarum Philosophus, Paris, 1687.

(三九) Francisco Noël, *Sinensis Imperii Libri Classici Sex*, Pragae, 1711.

(四〇) Intorcetta, Prosper, Philippe Couplet et al, *Confucius Sinarum Philosophus*, SCIENTIAE SINICAE, LIBER SECUNDUS, p. 40.

(四一) Noël, Francisco, *Sinensis Imperii Libri Classici Sex*, IMMUTABILE MEDIUM, pp. 41–42.

(四二) 井川義次『宋学の西遷——近代啓蒙への道——』、人文書院、二〇〇九第一版、二〇一〇改訂版、二〇一七第三版。

(四三) cf. Tokio Takata, *Inventaire sommaire des manuscrits et imprimés chinois de la Bibliothèque vaticane: a posthumous work by Paul Pelliot*, Kyoto: Istituto italiano di cultura, Scuola di studi sull'Asia orientale, 1995.

(四四) Stanislas Julien, ed., tr., *Meng Tseu vel Mencium*, Paris, 1824.

第一部会 三

世界文明史から見る啓蒙——啓蒙に対する一種の広義解釈——

周 群
伊藤 涼(訳)

はじめに

カント〔Immanuel Kant〕が一七八四年に『ベルリン月報』で「啓蒙とは何か、という問いに対する答え」〔「Beantwortung der frage :Was ist aufklärung」〕と題する文章を発表して以来、「啓蒙とは何か」ということは学者たちが広く注目し、時間が経つ程に新鮮味を帯びる話題となり、ここから生まれた研究成果はさらに膨大で、壮観なものとなった(一)。これはもちろん学者たちのひとりよがりな自己満足からきたのではなく、実際には一七世紀ヨーロッパに端を発した啓蒙運動に由来する。〔啓蒙運動は〕人類史上のある時までは最も偉大な狂瀾怒涛の思想・文化・社会の解放運動だったであり、人類の文明が伝統から現代に転換する歴史の指標をなしたのである。それは新興資産階級の階級精神と価値追求を作り上げただけでなく、資産階級の政治革命のために思想理論という武器を提供し、そこで提唱された一連の啓発意義をもつ社会政治原則・価値観というのは、さらに資本の対外拡張と全世界への移民に伴い、非ヨーロッパ世界に影響を与えてそれを変容し、今日の世界秩序や現代の社会文明を作りあげる最も重要な要素となっている。

しかしながら、啓蒙は従来の研究者が通常考えるようなそれ——ヨーロッパ独特の現象であり、ヨーロッパに生まれ、さらにアジアを含んだ世界各地に伝播するものでは決してない。このような観点はヨーロッパを全世界の影響と相互交流の動力とみなすもので、そこで作られた話語体系は、すなわちヨーロッパ中心主義の神話を前提として、同時にまたこの神話を強化し続けるのである(二)。これはウィリアム・マクニール〔William Hardy McNeill〕が『西洋の台頭』〔『The Rise of the West』〕の中で「ヨーロッパ早期の天才たちが我々と、二〇世紀のこの世界を創造した」と提言したことと似ている(三)。〔しかし一方で、これらの考えに反駁する〕挑戦者たちは、一八世紀文化の様相、即ち一般に言われる「啓蒙」が、ヨーロッパの思想家達の独自の成果ではなく、世界各地の人々が共同で創造した結果である〔と考え、また〕、「理性」の進歩などのヨーロッパの観念の外から「啓蒙」という語彙を研究することで、啓蒙思想が国を越える影響と全世界の相互交流に対する一種の応答であると分かる〔と考え、また〕、啓蒙主義はロマン主義運動によって終結せず、逆に、それが一九世紀全体を貫通してさらに遠くに延び、断続した歴史ではない、と考えるのである(四)。

〔このように〕啓蒙ヨーロッパ起源論を越えた全世界史の視点は出現しているが、今までのほとんどの研究では、すべてカントが最初に啓蒙に下した、「啓蒙とは人間が自分自身で責めを負った未成熟状態から抜け出ることである。未成熟状態とは他人の指導なしには、自分の悟性を用いる能力がないことである。その原因が悟性の欠如にあるのではなく、他人の指導によらずに、〔自分の悟性を用いる〕勇気と決断の欠如にあるならば、この未成熟状態は責めを負ったものではない。」(五)という典型的な定義を離れていない。つまり、一部の学者は啓蒙が異なった国家・異なった民族において独自の意味をもつと考えているのであるが、〔実は〕啓蒙の背後に隠される核心的な価値追求、即ち人類の理性を賞賛すること、自由・平等・人権・博愛を推奨すること、自然法が人類に与えた先天的な権利を伸長すること、歴史進歩の必然性を信奉することというのは、未だかつて地区・国家・民族が異なることによって本質的な区別を生じたことがなく、しかも全世界への伝播によって普遍的な世界の意義を備えて、長らく人類文明の不断の進歩を牽引する灯台となっているのである。

すべての偉大な社会思潮と同じく、啓蒙思想も完全無欠であることはできない。新しい時代の高い見地に立ち、啓蒙運動以来の人類社会の発展過程を振り返れば、私たちは啓蒙思想が制約されていることに気付くことができる。例えば経済における権益至上、政治における犬儒主義、道徳における等閑視、精神における虚無感は、すでに資本の世界拡大に随って暴かれ続け、個人主義・民主主義・自由市場経済を核心とする現代性が人類社会の有機体を引き裂き、直接的に人類文明の永続的な発展に危害を及ぼしているのである。(六)人々はすでに啓蒙の制約を克服しようと試みてきたが、しかし今まで、人類社会はなおも啓蒙運動以来の血なまぐさい歴史に満ちあふれる資本拡張・二極化・イデオロギーという深刻な対立を抜け出しておらず、「真の理性と正義は今でも世界を統治していない」(七)。ただ単に啓蒙思想に頼るだけでは世界に進歩と調和をもたらすことは不可能であり、逆に道徳・文化・イデオロギーが一段と優れていると思い込んだ教え導く人々〔啓蒙教師们〕が異なった民族・国家間の物質的精神的な溝を広げてしまうのである。(八)

したがって、世界文明史の視点に基づき、「啓蒙」を世界文明史の発展の長い流れの中で考察し、「啓蒙」を狭義のヨーロッパの範疇から世界の領域に拡充して、より広い意味で「啓蒙」に対する位置づけと解釈を行うことは、私たちが人類思想の進化・世界文明の過程・現代社会システムを改めて認識するための新しい扉を開くことになるのである。

一、何を啓蒙というのか

「啓蒙」という語は、その当初の意味から、童蒙を教育し、初学の人に基本的・入門的な知識を得させ、あるいは教育の推進を通じて、無知な人を愚昧と迷信から脱却させ、新しい物事を受け取らせて進歩させることを指す。「教え導く人〔啓蒙教師〕」・「啓発を受ける〔受到了啓蒙〕」などの用語は、すなわちこうした意味に基づいて人々に日常生活のうちで使われるのである。

しかし学術概念としての「啓蒙」は、多くは一八世紀の西ヨーロッパにおける特定の歴史地理条件のもとで生まれた啓蒙思潮を指し、一般に「一八世紀の啓蒙」と呼ぶ。そしてどのようにより広い意味で「啓蒙」を理解して使用するのか、どのように資本主義の啓蒙を超越して人類の文明の永続的な発展のために「啓蒙」の現代的な解釈を提供するのか、というのは私たちが必ず思考して解決しなければならない重大な理論と実践の問題なのである。プレハーノフ〔Г.В Плеханов〕はその著作の『ロシア社会思想史』(『История русской общественной мысли』）の序文に、「歴史家は泣いてはならず、笑ってはならず、精深な見解を求めていかなければならない。」と説く(九)。歴史学者は歴史に向かい合う際に、厳粛で真摯な態度を取る必要があるばかりでなく、「啓蒙」についての重大な理論と実践の問題に向かい合う際にも、こうした態度を持ちながら、あわせて長期的な視野・大局的な観点・発展の観点によってそれらの問題を扱い続けなければならないのである。

私たちが「啓蒙」を人類の歴史発展の長い流れに位置づけるに当たり、資本主義の狭い範疇における「啓蒙」から跳び出し、〔また、〕一八世紀の新興資産階級に代表される中心的な価値観から跳び出して、改めて「思想・文化・社会の解放運動」の視点を採用して「啓蒙」を定義づける時、世界文明史は私たちの目の前にまったく異なった様相を表す。意識から思惟へ、そして思惟から観念・思想へ。原始社会から奴隷社会・封建社会へ、そして封建社会から資本主義社会・社会主義社会へ。私たちは少し心がけるだけで、〔こうした〕人類社会のその度ごとの重大な自己発展が、すべて思想・文化・社会の解放運動から離れられないことに気付くのである。

「思想・文化・社会の解放運動」の視点はまったく新しい「啓蒙」の認識スタイルである。この新しい認識スタイルによれば、「啓蒙」というのはもう一般的な思想の発展・進化に限定されない、もとの社会の主流的なイデオロギーへの反動・突破なのであり、思想・文化・社会等の多くの側面で形成される既存社会に対して根本的な変革の性質を有する解放運動である。〔そして〕それは相互に関係し、また次第に進展する三つの要素を包括する。

まず、「啓蒙」は思想領域に出現する解放運動である。いわゆる思想解放は、間違いなく、社会の既存の思想認識に対する反動であり、結果では転覆でもある。それらは往々にして科学革命を先導者として、しかし通常は先に哲学の認知領域に表れ、続けて思想領域内のその他の範囲にまで蔓延する。しかも政治哲学・経済哲学・歴史哲学・文化哲学の水準から政治・哲学・歴史・文化などの領域における思想の創造・派生・社会化に対して根本的な影響を及ぼすのである。

次に、「啓蒙」はまた文化領域に出現する解放運動であり、それによって古い文化の転換と新しい文化の生成として表れる。文化は、本質的に、哲学思想の表現形態である。広義の文化は、人類が社会歴史の発展の過程で創造した物質的財産と精神的財産の総体である。本稿では文化を精神のレベルに限定して、哲学思想が政治・哲学・経済・歴史・文学等の形而下の領域に具体的に表れるものを指す。例えばある時代の歴史書写・文学芸術作品等々である。「啓蒙」の出現に際して、文化領域の解放運動は、社会解放運動の先導者となり、社会の解放運動が出現する伝達装置・推進装置となるのである。

第三に、「啓蒙」は社会の現実生活のレベルで実際に根本的な影響を与えるべきもので、根本的なところから具体的に社会生活・政府行為・経済生産を指導する社会制度を変え、さらに人々の生存と発展の方法を変え、既存の社会形態を変えるものとして表れる。「啓蒙」が社会の現実生活のレベルに対して根本的な実際の影響を及ぼす時こそ、「啓蒙」はまさしく「啓蒙」と称することができるのである。

二、科学革命による思想啓蒙の価値

従来の啓蒙を研究する学者で、ある人はすでに科学革命の思想啓蒙に対する価値に注目し、関係のある研究書では科学革命についても言及していたが、科学革命の人類社会の発展進歩に対する貢献と比べると、あるいは科学革命の人類思惟・観念に対する突破性の影響と比べると、その重視される度合は遥かに不足しているように見える。

これはおそらく二つの原因による。第一に、従来の啓蒙を研究する学者は、圧倒的多数が社会科学出身であり、自然科学の系統的訓練を受けていない。さらに自然科学に対する系統的・哲学的・萬法帰一的な研究を行うことについては言うまでもないだろう。第二に、従来の啓蒙を研究する学者は、往々にしてヨーロッパ中心主義と啓蒙ヨーロッパ起源論の影響を受けている。啓蒙を「一八世紀の啓蒙」の狭い範疇に限定し、その関心が「一八世紀の啓蒙」とその波及・影響にあることによって、必然的に人類の社会発展史上にかつて燦然と輝いていた科学革命を啓蒙研究の範囲外へと排除しているのである。

したがって、理論上の自覚と研究視野の広がりが、啓蒙研究の限界を打破する二つの鍵となる。コーエン〔I. Bernard Cohen〕はその著作の『科学における革命』〔『Revolution in Science』〕で「科学革命が社会の中で果たす作用と政治革命あるいは社会革命の作用は完全に異なっている」と考え、科学革命における思想啓蒙の価値および社会の価値に気づき、「一部の大規模な変動は、ある学説にことごとく影響を与え、そればかりでなく、その一部の影響は他の学科の解釈手法と思惟方法にまで波及する」[一〇]ことにより、この本の研究目的の一つを「自然科学・精密化学の社会科学と行為科学の間に与える相互作用を解釈・分析する」[一一]と確定する。コーエンが注目したのは一七世紀から始まって二〇世紀に至る四百年の科学革命であるが、私たちは視線を全人類文明史に投げ込む必要があり、あわせて人類文明史の視点から、科学革命の思想啓蒙に対する価値と影響に注目する必要がある。

これらの視点から出発すると、本稿はコーエンの研究と異なった趣旨にあるだけでなく、またダンピアー〔William Cecil Dampier〕の研究とも大きな差異がある。ダンピアーはその著作を『科学史及び哲学・宗教の関係』〔『A history of science and its relations with philosophy & religion』〕と名付けるが、ただその重点はやはり科学史の方面にある。なぜなら「科学思想の発展の物語よりもさらに魅力のあるものはない」[一二]からである。とはいえ、ダンピアーは科学の発展と人類の文明の関係に注目したのであり、しかも科学の発展と社会の進歩の相互作用の関係に非常に気を配っている。

「科学」というこの語が、ラテン語の Scientia（Scire、学あるいは知）に対応し、学問あるいは知識を指すのは、最も広い意味の指称であり、英語では、"science"はむしろ natural science（自然科学）の略称である。本稿で「科学」という概念を使用する際に、それが指すものは英語での範囲よりも大きく、またラテン語の範囲よりも小さく、すなわち自然科学の範囲外に、文字学の意味を加えることにした。[一三]しかし本稿が注目する「科学革命」[一四]は、科学史上のすべての革命を含むものではなく、思想啓蒙の側面でかつて広い影響を与えた科学革命のことだけである。もちろん、これはその他の科学革命が科学の発展においてさらには人類社会の発展進歩を推し進める面において果たした独自の価値をまったく否定していない。

通常範囲の科学革命を打ち捨てた後に、人類史上の科学革命は奇怪な容貌を引き剥がして、私たちに明瞭な情景を表すのであり、科学革命における思想啓蒙の価値もこれによって顕著に示されるのである。

まず文字の発明と青銅器の出現について、これは人類の科学革命が重大な思想啓蒙の価値を有する第一の段階である。文字の発明は、人類思想により迅速、より正確な交流を可能にさせ、〔また、〕人類における文明と文化の成果により長い保存、より広範囲な伝播を可能にさせ、そのことによって原始の部落・種族間の融和がさらに便利になり、間接的に生産力の水準を高めることにも貢献した。世界で最も早く出現した文字は、中国土器の銘文の他にも、さらにエジプトの象形文字とシュメールの楔形文字がある。青銅は銅と錫を合鋳して作るもので、銅よりも硬いだけでなく、溶解しやすく、さらに各種工具や武器を鋳造するのに適していた。青銅器の発明は、間接的にではなく、直接的に人類の労働生産率を大きく高め、より多くの剰余製品を生産すること及びより高水準の文化活動を進めることに可能性を提供したのである。文字にしても、銅器にしても、どちらも前五千年あまりから前四千年頃に到るまでに出現し、青銅器は少し遅く出現したが、これも前三四〇〇年頃のことに過ぎない。この段階は、まさしく古代人類社会が原始社会から奴隷社会へと移行していく段階である。この意味において、私たちは根拠をもって、文字の発明と青銅器の出現というのが、人類が蒙昧から文明に向かって進む重要な前提であり、人類が文明時代に入る重要な目印であると考えるのである。比較して言うならば、ウィリアム・ダラント〔William James Durant〕は『世界文明史』〔『The Story of Civilization』〕の中で、文明の生成を経済・政治・倫理・心理の四つの条件にまとめたが（一五）、しかし彼は文字の発明を文学発展の一段階として記述しただけであり、文明の生み出す心理的条件として、明らかに文字が人類の歴史の意義と価値を発明することを十分に認識していない。

　次に鉄器の使用及び同時期の数学・天文学が獲得した成果で、これは人類の科学革命が重大な思想啓蒙の価値を有する第二の段階である。鉄は土の中に大量に存在しており、それを使って製造した工具や武器は、硬度・靱性・鋭さがすべて石器や青銅器を遥かに越え、より広い使用範囲をもつ。世界で最も早く鉄器を鋳造したのはヒッタイト王国で、今から約三四〇〇年前に遡る。しかし鉄器の広範囲で普遍的な使用は、中国では春秋戦国の時期で、ヨーロッパではおおよそ前五〇〇年頃なのである。そしてまた前五〇〇年頃からは、ピタゴラスとその学派が数学の発展に対して大きな貢献を果たしている。例えば勾股弦の定理（すなわち「ピタゴラスの定理」）を証明し、またエウクレイデスが著した『原論』は、当時の幾何学の集大成の作となっている。ピタゴラス・エウクレイデス及びアルキメデスを代表とするギリシャの数学家が、数学の発展をその頂点に推し進めたと同時に、また同時代の数学は生産と生活における広い使用のために貢献したのであり、その生産力に対する促進作用は、鉄器の発明と普遍的な使用とを同等に見ることはできなくとも、決して過小評価することはできない。そしてまたピタゴラス学派は全宇宙の体系を日・月・星辰などの一連の小球体を包含する大球体と見て、宇宙の中心の天体が「中心火」であるという観点から、早期ギリシャ哲学家たちがずっと主張し続けきた地球中心説を打破し、後の太陽中心説の輝かしい先駆けとなっている。ギリシャサモス島のアリスタルコスは、鮮明に太陽中心説を提出し、それによって後のコペルニクスによる太陽中心説のために基礎的な理論の土台を固めたのである。太陽中心説がギリシャで提出されたことは、科学革命の思想啓蒙の価値が必ずしも同時代に現れるとは限らないことを物語っており、逆に地球中心説が暗黒の中世において頑固・強勢の地位にあるのは、〔それに対する〕最も善い反証なのである。

　最後にコペルニクスの「地動説」・ニュートンの万有引力と「運動の三大法則」を中心とする一連の科学革命、及びワットの蒸気機関に対する表面的には改良、実質的には革命的な変革である科学技術革命である。コペルニクスが一五四〇年に書きあげた『天球回転論』は、太陽が宇宙の中心で、地球はただ太陽の周りを回転する普通の惑星に過ぎず、地球それ自体も地軸を中心として自転することを指摘する。

コペルニクスの「地動説」がギリシャ―エジプト天文学者のプトレマイオスによる伝統の「天動説」を覆したことは、教会が選定した地球を宇宙の中心とする謬論と神学世界観に対する手痛い打撃であった。ニュートンが一六八七年に発表した『自然哲学の数学的諸原理』は、万有引力と運動の三大法則に対する記述を行って、そこからその後三百年の物理世界の科学観点を固め、コペルニクスの「地動説」のために強力な理論の支えを提供し、科学革命の発展を推し進めた。もしコペルニクスの「地動説」やニュートンの万有引力と「運動の三大法則」を中心とする一連の科学革命がなければ、「一八世紀の啓蒙」の出現は想像することができなかっただろう。ワットは一七七六年に一台目の実用価値をもった蒸気機関を作り出し、その後に〔それは〕一連の重大な改良を経て、工業において広く活用されることになる。〔このことは〕人類がエネルギーを利用する新時代を切り開き、社会生産力の発展を著しく促進して、人類を「蒸気の時代」に突入させ、資本の世界伝播に大きな効果をもたらした。この時から、資本が先導し、啓蒙理性の旗印がそこで高く舞い上がっているのである。

　もちろん、一九世紀以来の人類の科学革命はますます頻繁に、ますます深刻に人類の生存と発展のスタイルに影響を与えてそれを変容する傾向を表している。〔それは〕例えばエネルギー保存と転換の法則・細胞説・生物の進化論の発見、及び電気・計算機・インターネットなどの発明と広い活用である。(一六) これらの科学革命はすべて人類が資本主義の時代に突入した後に、資本主義文明の光が包み込む中で獲得した成果であるが、まさしくこれらの成果の深刻な分析に基づき、〔また〕資本主義文明に対する深刻な批判に基づき、マルクス主義は無産階級ないしは人類の未来のために、新しい思想啓蒙の幕を開いたのである。この思想啓蒙は、一九世紀の四〇年代から開始し、今に至るまで未だに終息していない。

三、世界文明史の過程の中における啓蒙

人類史の長い流れは急激に流れてやまず、先進的な思想が歴史の流れの潮先にそびえ立ち、歴史発展の方向を牽引している。長い歴史と材料の制限により、私たちにはすでに人類文明のはじめの啓蒙の歴史を復元するすべがないが、そのことは私たちが歴史と時代の高い見地に立ち、人類啓蒙の歴史について要点を捉えた整理・分析を行うことを妨げない。

　私たちの長期的な視野で、大局的な観点・発展の観点・関係性の観点から人類社会が生まれて以来のすべての歴史を見る時、その度ごとの重大な社会形態の交替の過程というのがすべて思想・文化・解放運動を伴っているということに、気付くのは難しくない。そして思想・文化・社会の解放運動の結果は、生産関係が別の生産関係に代替するかたちで現れるだけでなく、またイデオロギーが別のイデオロギーを打ち勝つというかたちでも現れ、最終的に社会の主流的なイデオロギーの過程となっているのである。

　文字の発明は、人類社会が原始社会から奴隷社会に移行した時、人類の思惟と観念の発展を促進したと同時に、「不平等」あるいは「等級」の観念を人心に「深入」させた。もちろん、ここでの「深入」というのは、原始社会末期の新興奴隷主階級の暴力統治に基づいた上での「深入」であり、宗教神学エネルギーに助けを借りた「深入」である。この点について、中国奴隷社会の歴史資料には、伝統文献以外にも、出土した甲骨文・金文に、多くの記載がある。この点についての記載は、実際に人類社会の新思想の文化的側面における具体的な反映

である。しかし宗教神学のエネルギーは、西洋の歴史を研究するにせよ東洋の歴史を研究するにせよ、十分に重視される必要がある。なぜなら人類社会の発展の影響は、早期の人類社会であればあるほど、影響が大きいからである。宗教は西洋では、無分別の神々から高級神と低級神に区別され、しかも宗教信仰と宗教儀式が益々複雑化することに基づいて宗教の特権及び観念を発展してきた。このような宗教観は、奴隷社会にとても広い影響を与えただけでなく、ヨーロッパ中世数百年の「暗黒」時代を作った重要な原因でもある。東洋、主に中国では、祖先崇拝・トーテム崇拝から、「天」神崇拝へと発展し、さらに王権と結びついて、「礼」を中心とする奴隷社会の主流的なイデオロギーの形成をもたらした。

人類が奴隷社会の後期に突入する時、新興地主階級を代表する思想意識が登場し始める。思想啓蒙の足跡は西ヨーロッパでは明らかでないが[一七]、しかし中国では十全に表われる。中国の春秋戦国時代における百家争鳴は、思想の啓蒙と社会の解放運動なのである。儒家・墨家・道家・法家にせよ、縦横家・兵家・農家・雑家にせよ、すべてそれぞれの角度から現実社会に対する改造方案を提出して、商周以来の奴隷社会に対して、根本的な衝撃を与えたのであり、封建社会における主流的なイデオロギーの最終形成のために条件をそろえたのである。この思想の解放運動において、韓非子を代表とする法家思想は、思想の側面で商周以来の伝統的な「礼制」の思想に対する反動をもたらしただけでなく、現実の側面で戦国時代の封建政権の形成さらには秦朝の大一統のために、思想と理論の準備を整えた。一方で孔子・孟子・荀子を代表とする儒家思想は、その提出した「仁」や「徳」などの中心的な理念が、商周の「礼制」思想と形式上の多くの相似点があるにもかかわらず、封建社会前期即ち前漢武帝時代の董仲舒などによる理論の改造、そして「諸子百家を排斥し、儒学を独尊する〔原文：罷黜百家、獨尊儒術〕」という政府の行為を経て、最終的にはやはり封建社会の主流的なイデオロギーとなった。この過程において、中国社会の具体的な経済・政治・文化生活はすべて根本的な改変を起こし、〔ここでの〕生産力の発展・生産方法の変革というのが、最終的に中国の社会形態の大転換をもたらしたのである。ここから、こうした意味から言えば、春秋戦国時代の百家争鳴というのは、重大な意味をもつ思想の啓蒙と社会の解放運動なのであり、まさしくそれが思想と理論の先導作用を発揮したことにより、封建社会が最終的に中国歴史の舞台へと登ってきたのである。逆に、中国の封建社会の内部において、程朱理学も陽明心学も、思想の側面で封建社会の儒家理論の発展を推し進めたのではあるが、これらの発展はすべて儒学内部の発展であり、中国封建社会の伝統的イデオロギーを改変・突破しない上での発展であって、このことから思想の啓蒙・文化の転換・社会の解放の性質をもっていないのである。

「一八世紀の啓蒙」と標榜される「啓蒙」は、多くは一八世紀の西ヨーロッパにおける特定の歴史地理条件のもとで生まれた啓蒙思潮を指す。その時間を前へと遡らせる学者もおり、〔彼らは〕文芸復興も資本主義の萌芽発展を反映し、中世の蒙昧主義に反対する思想啓蒙運動であると考える[一八]。〔また〕一部の学者は啓蒙ヨーロッパ起源論を越える全世界史の視点に基づき、全世界の範囲内での「一八世紀の啓蒙」の思想に対する借用・強調・再創造を、啓蒙運動の自然発展の軌跡で、しかるべき本質であるとみなし、それによって啓蒙の歴史が、啓蒙知識の全世界における共同生産の歴史であると考える[一九]。しかしたとえ学者たちがいかなる定義をするにせよ、どれも一八世紀の啓蒙運動の根本的な性質を変えることはできない。即ち〔啓蒙運動は〕人類の理性という大きな旗を掲げ、封建制度及びそのイデオロギーへの容赦のない批判を通じて、資産階級の政治革命のために思想理論という武器を提供しており、またヨーロッパ以外に高度な文化を備える伝統的な国家や地区でも借用・強調・再創造といったこれらの概念のうちでの「近代化」の指向を変えることはできないのである。この点においては、日本の明治維新が典型と言える。しかし中国では、明末から、すでに人文主義を中心とする「新伝統」を開始・形成したが[一〇]、その発展の速度は結局のところ緩やかであった。近代に到った以降、特に一八四〇年のアヘン戦争の後に、中国の思想啓蒙の速度は徐々に加速していくのである。洋務運動・戊戌の変法・辛亥革命・新文化運動で、啓蒙思想の中国への深刻な影響を反映しないものはなかった。

〔しかし〕前文で述べたように、人類史の発展は啓蒙運動によって開かれた資本主義の時代に永遠に留まることはできず、資本主義及びその啓蒙の精神は、人類のための永久的な平和と永続的な発展をもたらすことはできない。最近のアメリカ政府によって開始された中国への貿易戦争が、経済のグローバル化という大きな趨勢と相反し、〔また〕中国の指導者が提出した「人類運命共同体」の理念と相反し、全世界の多角貿易体制と世界貿易の秩序を破壊したことは、資本主義の経済における権益至上・政治における犬儒主義の典型的な表れである。これとは対照的に、一九世紀の四〇年代から、新生マルクス主義によって無産階級ないしは人類が未来に切り開いた新たな思想啓蒙の大幕は、すでに深刻に世界に影響を与えてそれを変容したとはいっても、資本主義が依然として主導的な地位を占める今日において、その影響は結局のところ限定されていた。

これによれば、この新たな思想啓蒙は極めて厳しい道のりになるだろうし、また輝かしい前途に満ちた道のりとなるだろう。マルクス主義はヨーロッパ・ソ連で挫折を味わったが、そこで蓄積した経験と教訓は、マルクス主義の中国化にとって十分なものであり、豊富な「他者」からの戒めを提供してくれた。中国化されたマルクス主義は、まずマルクス主義の基本的な立場と基本的な観点に基づき、一貫して人類が全面的な自由を実現することを自身の努力目標とするものであり、次に中国の現実的な国家の状況に基づき、中国自体の問題をうまく解決できることを歴史の前提とするものであり、最後に中国の優れた伝統に基づき、平和共存・和合文化を中国と世界の交際・交流に組み込むものである。マルクス主義の発展史、とりわけ中国化されたマルクス主義史は、マルクス主義の核心理念と啓蒙思想を核心とする資本主義の精神を鮮明に区別し、全人類の解放と自由をはっきりと示し、真の希望と前途を見出したのである。

《注》

（一）具体的な成果は一々列挙しない。ある顕著な例は二〇一三年五月に開かれた第二回中米学術上層論壇〔第二届中美学術高層論壇〕であり、そこでは「啓蒙」を会議の主題としている。この会議の前に、中国社会科学雑誌社の「一九四九年以来の我が国の啓蒙問題の学術史の整理及び特集研究」〔「一九四九年以来我国啓蒙問題問題学術史梳理及専題研究」〕の課題班が統計を行い、一九四九年から二〇一一年まで、中国国内の「啓蒙」に関する研究論文・著作が少なくとも五〇〇万字の膨大な量であることが示されている。

（二）【独】塞巴斯蒂安・康拉德〔セバスティアン・コンラッド、Sebastian Conrad〕：《全球史中的啓蒙：一種歴史学的批評》〔『世界史における啓蒙：一種の歴史学的批判』〕、王暉・王中忱主編、《区域》二〇一四年第一輯、北京：社会科学文献出版社、二〇一四年一一月、第八一－八二頁。

(三) William H. McNeill, *The Rise of the West: A History of the Human Community*(Chicago, 1963), p. 599.

(四)【独】塞巴斯蒂安・康拉德〔セバスティアン・コンラッド〕:《全球史中的啓蒙:一種歴史学批評》、王暉・王中忱主編、《区域》二〇一四年第一輯、第八三頁。

(五) 康德〔カント〕:《歴史性批判文集》〔『歴史批判文集』〕、北京:商務印書館、一九九一年版、第二三頁。

(六) 高翔、邁克爾、羅斯主編〔マイケル・ローズ〕:《傳統與啓蒙:中西比較的視野》〔『伝統と啓蒙:中国ヨーロッパ比較の視野』〕、北京:中國社会科學出版社、二〇一五年、第三八三頁を参看。

(七) 恩格斯〔エンゲルス、Friedrich Engels〕:《社會主義從空想到科學的發展》〔『空想から科学への社会主義の発展』〕、一八八〇年。

(八) 高翔、邁克爾、羅斯主編:《傳統與啓蒙:中西比較的視野》、北京:中國社会科學出版社、二〇一五年、第三七六頁を参看。

(九) 普列漢諾夫〔プレハーノフ〕:《俄國社會思想史》、第三頁。

(一〇)【米】科恩〔コーエン〕:《科學中的革命》、魯旭東等訳、北京:商務印書館、一九九八年、第一七・一九頁。

(一一)【米】科恩〔コーエン〕:《科學中的革命・前言》、魯旭東等訳、北京:商務印書館、一九九八年、第ix頁。

(一二)【英】W. C. 丹皮爾〔ウィリアム・セシル・ダンピアー〕:《科學史及其與哲學和宗教的關係》、李珩訳、桂林:廣西師範大學出版社、二〇〇九年、第二版序。

(一三)「文字学」の範疇だけを加えた理由は、文字の発明は、人類文明の発展にとって、その意義がどんなに強調されてもされ過ぎることがないからである。

(一四) 白春禮は、科学技術革命が科学革命と技術革命を包括すると考える。科学革命は人類の生活観念の深刻な変化を引き起こし得る科学の大きな変化であり、技術革命は人類の生産方式の深刻な変化を引き起こし得る技術の大きな変化である。科学革命は技術革命を促進することができ、技術革命は産業革命を導くことができる。産業革命は一般に重大な科学技術の突破により国民経済の産業構造に重大な変化を生じさせ、さらに経済・社会の各方面でまったく新しい様相を表させることを指す。(白春禮:《第六次科技革命　中國不能錯過》〔『第六次科学技術革命　中国はチャンスを逃してはならない』〕、《天津日報》二〇一一年一〇月一七日)

(一五)【米】威爾・杜蘭〔ウィリアム・ダラント〕:《世界文明史》、幼獅文化公司訳、北京:東方出版社、一九九八年。

(一六) 学者たちは一般に、人類文明の発展は現在まで、全部で五度の科学技術革命を起こしたと考えている。第一次科学技術革命はおよそ一六世紀と一七世紀に発生し、その目印は近代科学の誕生である。この科学技術革命はコペルニクス・ガリレオ・ニュートンの力学などの学説の樹立として表れ、近代科学はこれによって誕生する。これが第一次科学革命である。第二次科学技術革命は、一八世紀中後期であり、科学技術の目印は蒸気機関と機械革命で、蒸気機関・紡績機・工作機械の発明として表れる。これが第一次技術革命で、それは第一次産業革命即ち機械革命を導いた。第三次科学技術革命は一九世紀中後期であり、目印は内燃機関と電力革命で、内燃機関・電気機械・電気通信の生産として表れる。これが第二次技術革命である。第四次科学技術革命は一九世紀中後期から二〇世紀中頃に至り、その目印は進化論・相対性理論・量子論・DNA二重螺旋構造などの理論の誕生で、これが第二次科学革命であるはずだ。第五次科学技術革命は二〇世紀中後期で、電子計算機の発明・情報ネットワークを目印とし、電子技術・計算機・半導体・自動化ないしは情報ネットワークの生産として表れ、それは第三次技術革命の範疇に属する。(白春禮:《第六次科技革命　中國不能錯過》、《天津日報》二〇一一年一〇月一七日)

(一七) 西ヨーロッパの封建社会はローマの奴隷制度の崩壊とゲルマンの氏族制度の瓦解の上での、しかもこの二つの過程の「相互の影響と生産による新たな、綜合の制度である」。その初期における生産力の水準低下、自然経済が絶対的な統治の地位を占めること、及び甚だしい地方の割拠が、迷信による民の愚弄・教会の独尊に可能性を提供した。厳格な意味での西ヨーロッパ封建社会について、人々は一般に十世紀からようやく開始されると考え、そしてまさしく厳格な意味での西ヨーロッパ封建社会が、一二世紀の文芸復興運動を生んだのである。この運動はある程度まで西ヨーロッパ社会の奴隷社会から封建制への過渡期における思想啓蒙の空白を補填する。

(一八) 蕭萐父：《中國哲學啓蒙的坎坷道路》〔『中国哲学啓蒙の困難な道のり』〕、《中國社會科學》一九八三年第一期。

(一九)【独】塞巴斯蒂安・康拉德〔セバスティアン・コンラッド〕：全球史中的啓蒙：一種歴史學的批評》、王暉・王中忱主編、《区域》二〇〇四年第一輯、第一〇五頁。

(二〇) 新伝統は市場経済の迅速な発展という新たな歴史条件に根ざしており、新興の市民階層はその重要な大衆的基盤である。新伝統が主張したのは人間性の自由と個性の発展であり、追求したのは物の享受と生活の楽しさであり、問い詰め批判したのは儒家の三綱五常・礼儀道徳である。一言でいえば、人文主義の色彩を帯びる価値観は、新伝統の実質であり神髄なのである。明末から一九世紀中頃まで、中国社会で存続してきた新伝統は、根本的なところから旧来の伝統の正統的な地位を変えることはできなかったが、社会文化の様相を変えながら、当時の生活スタイルに深刻な影響を与え、観念の変遷という角度から、中国社会が少しずつ三綱五常・礼儀道徳の束縛から抜け出すために精神力と知的支援を提供した。(高翔：《新傳統的興起——晩明観念變遷與生活方式》〔新伝統の興隆——明末における観念の変遷と生活スタイル〕、《吉林大學學報》二〇〇八年第五期)

第一部会 四

「黄河安流説」の再検討——リモートセンシングデータを利用した黄河古河道復元——

長谷川 順二

序

黄河の河道位置に関する文献記述が時代によって異なることは古くから知られていたが、各時代の記述をとりまとめ、黄河が古代から現在まで固定されたものではなく、時代によって変動していたという「黄河変遷説」は南宋期の程大昌『禹貢山川地理図』に始まる。その後清代に入って胡渭が「五大変遷説」を発表し[一]、これに咸豊五年（一八五五）に銅瓦廂で決壊し、現在の黄河へと移行した変動を加えて六回、あるいは北宋の乱流期や南宋~清における黄河南流期の変動を考慮した七回とする考え方が主流となっている。

民国期の申丙は胡渭の五大変遷説を踏まえ、黄河河道が変動した時点を以下のように分類した（申丙一九六〇）。

①周定王五年（前六〇二）
②後漢明帝永平一三年（七〇）
③北宋慶暦八年（一〇四八）
④金章宗明昌五年（一一九四）
⑤明孝宗弘治六年（一四九三）
⑥清咸豊五年（一八五五）

このうち特筆すべきは②から③にかけての期間である。他の期間は百年から長くとも四百年前後であるのに対して、胡渭は「凡九百七十七歳」[二]とし、魏源は「千年無患」[三]とするように、他の時期と比べて二倍以上の長い期間に渡って継続している。この理由については、多くの学者が後漢初期の水利家・王景による治水工事の功績としていたが、譚其驤はその要因を黄河中流域の植生変化に求める「黄河安流説」を発表した（譚其驤一九六二）。この譚其驤の「安流説」に対して、多くの賛否双方からの意見が登場したが、現在に至るまで決定的な結論は出ていない。

報告者はこの論争に関する問題点は、安流説の賛同者と反対者の双方共に、具体的な黄河下流域の実状を把握しないまま議論を進めている点にあると見た。本報告ではリモートセンシングデータ（以下、「RSデータ」）を利用して復元した二つの時代の黄河（前漢黄河・『水経注』黄河）[四]を使い、復元の過程で判明した両時代における黄河の形成経緯や黄河下流平原の状況を勘案することで、黄河安流説に関する再検討を行う。

一、黄河変遷説略史と「安流説」

黄河安流説を検討するに当たり、まず前提となる黄河変遷説に関する情報を整理する。

一—一、「安流説」以前

黄河が時代によって移動し、河道を変化させてきたという「黄河変遷説」は程大昌『禹貢山川地理図』に始まる。程は『尚書』禹貢篇（以下、『禹貢』）の記述に基づいて古代の黄河の位置を検討し、前漢期の変動として『史記』『漢書』等に記される「周定王五年（前六〇二）」「前漢元光三年（前一三二）」を挙げ、前漢期の黄河が『禹貢』に記されるいわゆる「禹河」とはすでに異なることを指摘した。元代の王喜『治河図略』では「歴代河図」として最古の禹河から元代当時までの歴代河道図を作成しているが、「禹河」「漢河」に次いで「宋河」「今河（元代河道）」としており、この時点では後漢～唐代黄河は歴代河道とは考えられていない。

後漢～唐代の黄河が歴代河道に入ったのは、顧祖禹『読史方輿紀要』や胡渭『禹貢錐指』などの清初における考証学の成果である。従来の黄河変遷説では触れられていなかった後漢から南北朝期における黄河河道が、『水経注』の記述を用いることで初めて想定されるようになった。光緒年間に成立した劉鶚『歴代黄河変遷図考』は『禹貢錐指』の成果を随所に引用しており、「禹貢全河図」「周至西漢河道図」「東漢以後河道図」「唐至宋初河道図」「宋二股河道図」「南河故道図」「現今河道図」の七つの時代の黄河河道図を掲載している。[五]

胡渭は後漢初頭の「王景治河」から始まる約一千年間は、黄河が氾濫・決壊等を起こさずに河道の大きな変化がなかった「安定期」としており、この黄河の「安定期」に対して、魏源や李儀祉はその要因として後漢期の王景が実施した治水工事に由来するという説を立てた。

一―二、譚其驤の「黄河安流説」

一方、譚其驤は後漢～唐代に至る黄河の安定を、従来のような王景の水利事業に由来するとせず、後漢以降に進展したオルドスを始めとした黄河中流域への進出に要因を求めた。

具体的には、後漢以降にオルドス高原に遊牧民族が進出したことで農業が退行するとともに現地の植生が回復し、そのため黄河への黄土の流入が減少した。結果として、下流域での土砂の堆積が減少し、水災もまた減少したとする「黄河安流説」を発表した（譚其驤一九六二）。

譚其驤が安流説を発表したその年に、任伯平はこの安流説に対する反論を展開した。任は下流の排沙排水能力に着目し、前漢後期の水災頻発は人口増加や農耕開発の進展によって屯氏河等の分流が途絶したことで、下流自身の排水排沙能力が減退したためとしている。譚の挙げた「遊牧民族の進出によって黄土高原の植生が回復した」という点については、短期間で下流への影響を与えるほどの植生回復は考えがたいとし、また南北朝期の家畜数を推算した結果、むしろ過放牧の状態にあり、逆に深刻な水土流失を招いていたのではないかという疑義を述べている。結論として、当時の黄河下流平原が安定していたのは黄土高原の植生とは無関係であり、あくまで王景の治水工事がうまく機能していたためとした（任伯平一九六二）。

任の反論掲載の二ヶ月後に、譚其驤とともに『中国歴史地図集』の編纂にも参加した鄒逸麟が任への再反論を発表した。鄒は任説を三点に分けて検討し、第一の「黄河決壊は河道の排泄能力に左右される」という点については同意している。

第二の点として、任の「中流域の植生回復が下流平原の安定に対して、短期間で劇的な影響を与えるとは考えがたい」という主張を取り上げている。

任論文では『後漢書』明帝紀および王景伝の全文を引用していない

が、これらの記述から前漢末に発生した決壊が閉塞されずに六〇余年間放置されていたことがわかる。ここからこの六〇余年の間に中流の耕地面積が縮小し、自然植生の回復も進展し、水土流失の影響も小さくなっていったことが推測でき、それがために王景が治水工事を行ったことで長期安流の局面が発生したのであろうと、鄒は指摘する。

第三の点として、任は後漢期にはすでに遊牧を主とした羌族の人口が百万人に達していたことから、当時の陝北一帯に限っても六百万頭以上の家畜が存在していたとするが、鄒は『魏書』食貨志等の記述から推測し、任の推算が過剰であると指摘する。

以上の点から、任の「中流域の植生回復は黄河の安定とは無関係である」という指摘は成立しないとしている（鄒逸麟一九六二）。

二、「安流説」を巡る議論

譚其驤の安流説発表後、年内にはすでに前章末で挙げたように任伯平と鄒逸麟による議論が行われている。この議論は二者の論文発表によってひとまず収束したが、八〇年代以降になるとこの問題が再燃し、多くの研究者による安流説の検討、特に譚其驤説への同意や反論が登場している。しかしどの意見も残念ながら明確な証拠が存在しないため決め手に欠けており、結論には至っていない[六]。以下、代表的な意見を紹介する。

二―一、王質彬一九八〇：「王景治河」以外の要因検討

王質彬は、魏源や李儀祉などの黄河の安定は王景治河にすべての功績を帰すという意見に対して、これらの意見は王景治河を理想化したものであり、実は当時の技術では実現できなかったものも含まれていることを指摘する。特に、これだけ高度で精密な治水工事を一年という短期間で、しかも黄河下流域の一千里に渡る長大な区間に実施できたかという疑問を提示している。

一方、譚其驤の提唱した中流域の植生変化が下流河道の安定に寄与したという考え方も、やはり不足しているとする。黄河の状況は複雑で、多くの方面からの分析を加えて検討する必要がある。ここでは譚其驤前後の意見を収集・整理し、黄河安流が成立するための要件として以下の四つを挙げている。

①王景の定めた河道が地形的に理想的な河道であった。②後漢～南北朝期において黄河下流には大規模な支流が数多く存在し、これによって黄河の膨大な沙泥を分割して受け止めることができた。③後漢以降、黄河中流の人口は減少し、多くの耕地が牧畜へと転換したことで、植生状況はある程度改善したと思われる。これによって下流へと到達する沙泥量はある程度減少し、河道維持の期間が比較的長期化した。④社会的要因が大きい。後漢末以降、黄河下流は長期的な混乱に陥ったため黄河下流堤防の管理機能が減退、または消失し、恐らく魏晋南北朝期のある時期以降、堤防機能は喪失していた。一旦洪水が発生したときには溢れた河水は溢れたままにまかせていたと思われる。

これらのうち②は『水経注』の記述に基づく見解、③は前章で挙げた譚其驤の見解である。①はやはり前章で挙げた魏源・李儀祉等の見解に由来するが、彼らが挙げている「王景の堤防技術」には元・明・清などの文献で登場する技術が多く含まれており、これらの技術がすでに後漢時点で利用されていたかは不明瞭なため、ここでは敢えて「堤防」には触れずに「王景の定めた河道」という表現に留めている。

最後に王は清代の康基田による『河渠紀聞』の「平原以北にて大河故道は未だ残存しており、周囲よりも低い場所に位置してすべて沮洳

（沼地）であった」という記述を取り上げ、この記述が正しいとすれば、魏晋南北朝期の黄河は大きな変動は無かったが長期的な小変動、つまり常に「漫溢氾濫」状態にあったと思われることを指摘した。

二―二、王尚義一九八九：正史記述の整理

王尚義は、正史の記述を収集整理して王朝別の黄河決壊・越流回数を取りまとめ、前漢以前は数多くの「決」（決壊）が記録されているのに対して、王莽新・後漢から隋代にかけては一度も「決」と記されず、幾度か「溢」（越流）が記されるのみであるとした（図一）。

さらに前漢期の黄河決壊が頻発した時期と後漢以降の安定期を比較し、黄土高原の農牧業転換と黄河下流平原の安定には相関関係があるとした。

朝代	决	溢	徙	合计
新莽			1	1
东汉		2		2
三国		1		1
西晋		1		1
东晋十六国南北朝		3		3
隋				

図一　歴代王朝の決溢移回数

二―三、趙淑貞・任世芳一九九七：水災記述の詳細検討

趙淑貞・任世芳は、譚其驤の「安流説」には以下の三つの難点が存在すると指摘する。

一番目は「大規模な河道変化は存在しないが、中小規模の水災は常に発生していた」点であり、決壊を示す「決」はないが越流を示す「溢」や、その他「大雨」などの記述は多く見られる。

二番目は「南北朝期の水災記述が少ないのは、戦乱によって黄河下流平原の人口が減少していたことに由来する“仮の現象”」という点である。胡渭『禹貢錐指』でも指摘されるように、南北朝期の正史には河渠志・書が立てられていないことも合わせて考えると、「人為的な資料記述の欠乏」であり、「表面的な安流」現象と見るべきである。

三番目は「黄河中流域の植生は短期間では容易に回復しない」点である。農業機械を使用できる現在においても、森林伐採から植生回復には最短でも三〇年を要すると考えられている点や、遊牧民族による過放牧の可能性などを挙げ、植生回復の困難たることを指摘している。

以上の点から、後漢から唐代にかけての「黄河の長期安定はなかった」としている[七]。

二―四、王守春二〇〇〇：趙淑貞・任世芳への反論

王守春は、二―三で挙げた趙淑貞・任世芳論文に対する反論として、以下の点を指摘する。

「後漢以降も中小規模の水災は発生していた」とする点だが、両先生の挙げる水災記述のうち、大半は「黄河で発生した」と明記されていない記述であり、河災とは言えない「大雨」も数に入れているなど、過大な計上となっている。

「南北朝期は黄河下流平原の人口が減少」とする点だが、確かに戦乱が続いて社会が不安定な時期は人口減少が見られるが、社会が安定すると急速に回復する。特に黄河下流平原では曹操による黄河流域の統一以後は生産能力の大幅な発展、および経済活動の急速な回復が見られ、決して「分裂・動乱の暗黒時代」とは言えない。

「人口減少によって河川の治水管理機能が縮小し、文献資料に記述が残らなくなる」という点については、『晋書』『魏書』等には「都

水使者」「都水台」「河堤謁者」などの河川管理専門の官職が記述されていることから、明らかに事実誤認であると指摘している。

以上の点から、王は趙淑貞・任世芳の「黄河の長期安定はなかった」とする主張は成立しないとしている。

二―五、段偉二〇〇三：災害学方面からの検討

段偉は、二つの観点から安流に関する情報の整理を行っている。

一つ目は「安流の状況と期間の整理」である。安流説の議論では後漢から唐代の八〇〇年間における全体的な黄河の安定性や決壊発生に関する議論で終始し、肯定派は後漢～南北朝期の五〇〇年間は安定しており、隋～唐の三〇〇年間においても水害は幾度か発生しているが、前漢期と比べると安定しており、何より唐末の景福二年（八九四）までは河道が変化していないとする。一方、否定派は八〇〇年間にも決壊や水害は定常的に発生しており、資料欠乏による「仮の現象」に過ぎないとする。この状況を明確にするために、唐代の水災記述を拾い上げて検討した。その結果、唐貞観十一年（六三七）から景福二年（八九四）にかけて二一回の水災が記録されていることから、実際の安定期間は後漢永平十三年（七〇）から唐貞観一〇年（六三六）までの五六七年間と規定した。

次にこの五六七年間の水災記述を拾い上げ、後漢：四回・曹魏：一回・西晋：三回・十六国期：二回・北魏：二回・北斉：二回の、計一三回の水災記録があったが、前漢期と比べて回数も少なく、改道も発生していないため、この五六七年間については、黄河は安定していたと言っても差し支えない。

二つ目は「安流要因の整理」である。災害学の手法に基づき、黄河水災の要因を「致災因子」「孕災因子」「承災体」という三つの観点から整理を行い、「前漢期と比べて気候が寒冷乾燥であり、黄河の流量が減少したこと」「王景が系統的な治水対策を行い、河道が比較的直線状であったため、流水能力が拡大していたこと」「安定化した堤防を、以後の政府が不断のメンテナンスを行っていたこと」「農業区が内地へと収縮し、黄河中流の植生が一定レベルまで回復したこと」などを挙げている。しかし一方で、これらの条件のうちひとつでも欠ければ、黄河下流の安流期は五〇〇年の長期にわたって維持しえず、少なからず水災が発生していたことは疑いない。

黄河が相対的な安流期にあった五〇〇年間に河底の沙泥は徐々に堆積し、中流の生態環境は徐々に悪化した。唐代には気候が温暖期へと転換し、黄河の流量も増加へと転じ、これらすべてが唐後半の氾濫頻発へとつながった。突然決壊が頻発し、規模が大きくなったというわけではない。しかし唐・五代の各王朝が備えていた水災への対応能力は未だ当時の水災に対応しきれるものではなく、結果として黄河の氾濫は宋代以後さらに頻発するようになったとしている。

二―六、辛徳勇二〇一二：「安流説」を巡る議論のまとめ

辛徳勇は、これまでの安流説に関する議論のポイントである「中流域での植生回復」「王景治河の手法」について詳細に検討している。

植生回復については後漢以降を対象とするのではなく、少し前の時代から開始するべきとして、前漢初期のみならず秦始皇帝の時期からの黄河中流の開墾政策をとりまとめ、黄河中流への開墾移民政策については前漢武帝期の元光河決（瓠子河決）から開始していたとした。

また「王景治河」について、すでに挙げられている各種の渠道・水

門の建設方法について詳細に検討している。既存の解釈を三つに分類し、それらすべての手法は実現可能性が低く、当時の技術水準で実現できたか不明という疑念を呈した。

さらに上記二点を検討した結果として、北宋期の文献で黄河の安定を五行説に依拠している点や、「八百余年河患無し」という記述に対して十分な憑拠を提示していないなどの例を挙げて、「黄河安流を王景の功績に帰する論法は、成立過程が著しく謹厳に欠けている」と、辛辣な論評を下している。

辛は、最終的には黄河河道が安定するための要因として、以下の六つの点をクリアしている必要があるとした。①下流河道には多くの分流が存在した。②中流地区の降水量が減少していた。③海平面が低くなっていた。④河道が地理的に有利な位置にあった。⑤上記の条件が満たされたうえで、さらに王景が実施した治水工事に対して適切な労力が投入された。⑥王景の工事実施後も、河道の管理措置体制が十分整備されていた。

ただし辛は上記の条件を挙げたが、この論文内ですべての条件について完全に憑拠を提示し、検討を尽くすことは出来ていないとも述べている。

三、復元河道の概要

次に、報告者がＲＳデータ・現地調査・文献記述を利用して復元した前漢黄河、および後漢～唐代のいわゆる『水経注』黄河の概要、特に河道位置を特定するに当たって重要な要素となった当時の黄河下流平原の特性を紹介する。

三―一、前漢黄河

報告者が復元した前漢黄河では、黄河に由来する「微高地」を復元の鍵とした。ＲＳデータの一種であるＳＲＴＭ―ＤＥＭ[八]を利用して、現在の地表面に形成された周囲より数メートル高くなっている幅二〇キロほどの地形を確認した。

現在の黄河は大量の土砂を含み、両岸に堤防を形成する。そのため下流平原で黄河に流れ込む中小河川は、「金堤河」や人工渠道などごく一部の例外を除いては存在しない。おそらく前漢黄河も同様の状況であったことが想定できる。特に前漢黄河は長期間に渡って経由した結果、堤防の内側にある「氾濫原」に沙泥が堆積し、最終的には両岸の堤頂部にまで成長した。これが現在の黄河下流平原に残る「幅二〇キロの微高地」の形成要因である。そして、この「幅二〇キロの微高地」は『漢書』溝洫志の記述と一致する。[九]

この微高地は『史記』『漢書』『水経注』等に記される前漢黄河とおおむね一致するが、一カ所、現在の山東省聊城市付近で微高地の東側へと外れることになる。では微高地の内側をそのまま流れる河川は存在しなかったのか、黄河本流以外の河川を探したところ、前漢武帝期に黄河から分流したとされる「屯氏河」がこの微高地と合致することが判明した。

『漢書』溝洫志の記述を見ると、屯氏河が派生した直後に「広深与大河等」という六文字が見られる。従来の注釈ではほとんど触れられていない記述だが、前段の微高地との関係で考えると、興味深い結果が得られる。

微高地の東側へ外れる箇所にほど近い、現在の黄河が流れる山東省済南市付近では、黄河の川幅（河道本体）は五〇〇メートル程度である。一般的な河川の川幅は河口に近づくに連れて広くなるため、前漢期の黄河でも恐らく数一〇〇メートルはあったと想定される。このような広い川幅の支流が、簡単に形成されるだろうか。

微高地の内側を走り、黄河本流と同等の幅や深さを持つという屯氏河の成立過程を想定すると、この時屯氏河は何もなかった平原に流出したのではなく、黄河の本流だった河道痕跡に流れ込んだと考えられる。

以上の点から、微高地内を流れていた黄河を戦国～前漢武帝期の河道、微高地から東側へ突出した黄河を前漢武帝期～王莽新までの河道とした（図二）（一〇）。

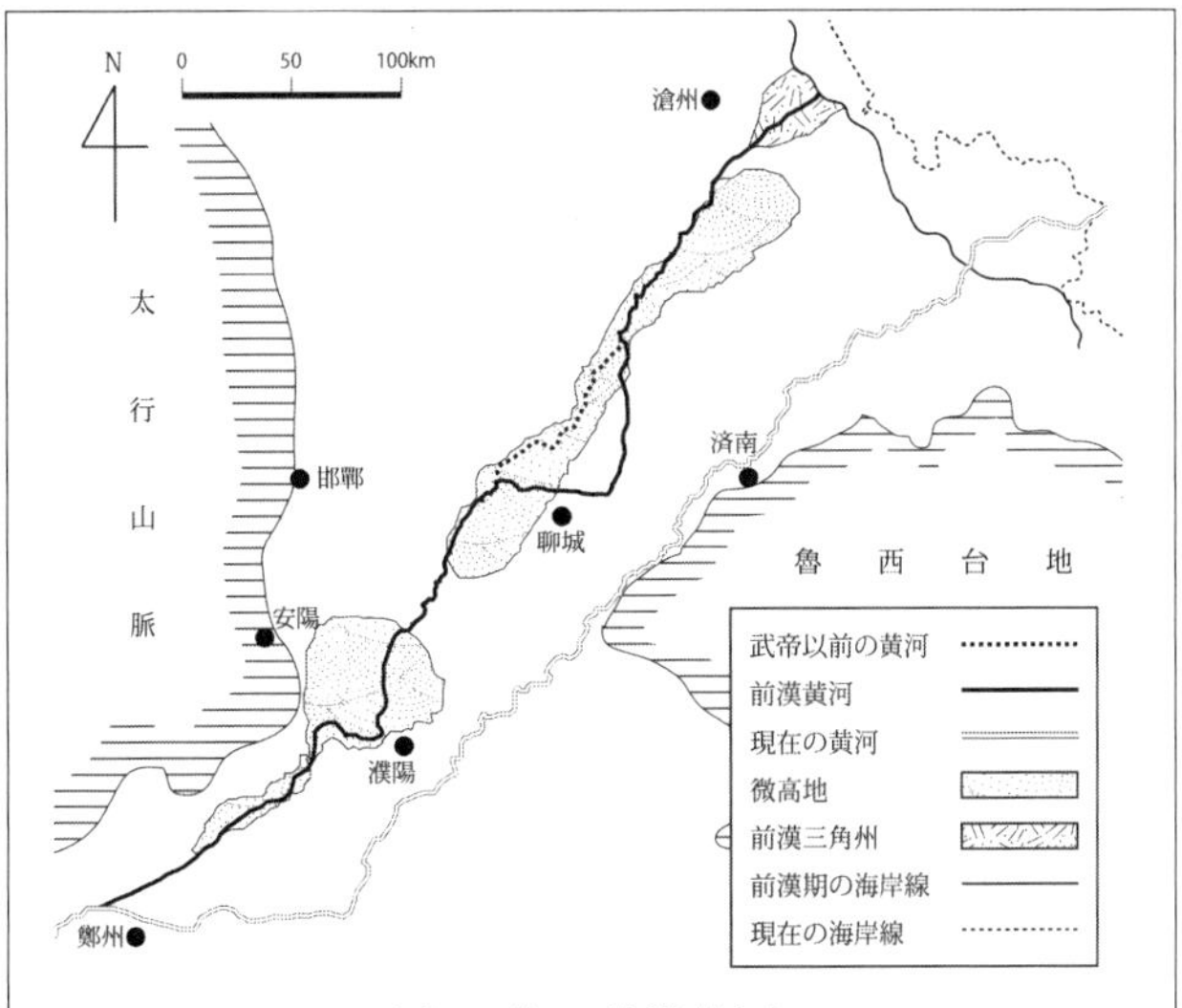

図二 復元前漢黄河

三―二、『水経注』黄河（後漢以降）

一方、『水経注』に記される後漢以降の黄河（以下、『水経注』黄河）では、様相は一変する。『水経注』河水注を見ると、前漢期の黄河下流平原には前節で登場した屯氏河を初めとした多くの黄河支流が記されるが、黄河本流に並走する河川についてはほぼ記されていない。他方で後漢以降の黄河においては「済水」「漯水」などの中規模河川が黄河と併走して海へと流れ込んでいる姿が記されている。前漢黄河が微高地に囲まれ、下流平原での分流や支流がほとんど存在しないのと比較すると、『水経注』に記される下流平原の姿は全く異なる。つまり、この二つの時期の黄河はまったく異なる特性を持つことが想定される。

『水経注』の記述から読み取れる当時の黄河の流路は、地名等を用いて検討したところ、前漢黄河の東側と現黄河の西側に当たる地域に位置したと考えられる。そこで対象地域に対して、RSデータを利用した地形・地質状況の把握を試みた。まず前漢黄河と同様に、SRTM―DEMを利用して地形状況を確認したところ、前漢黄河のような微高地はおろか、小規模な

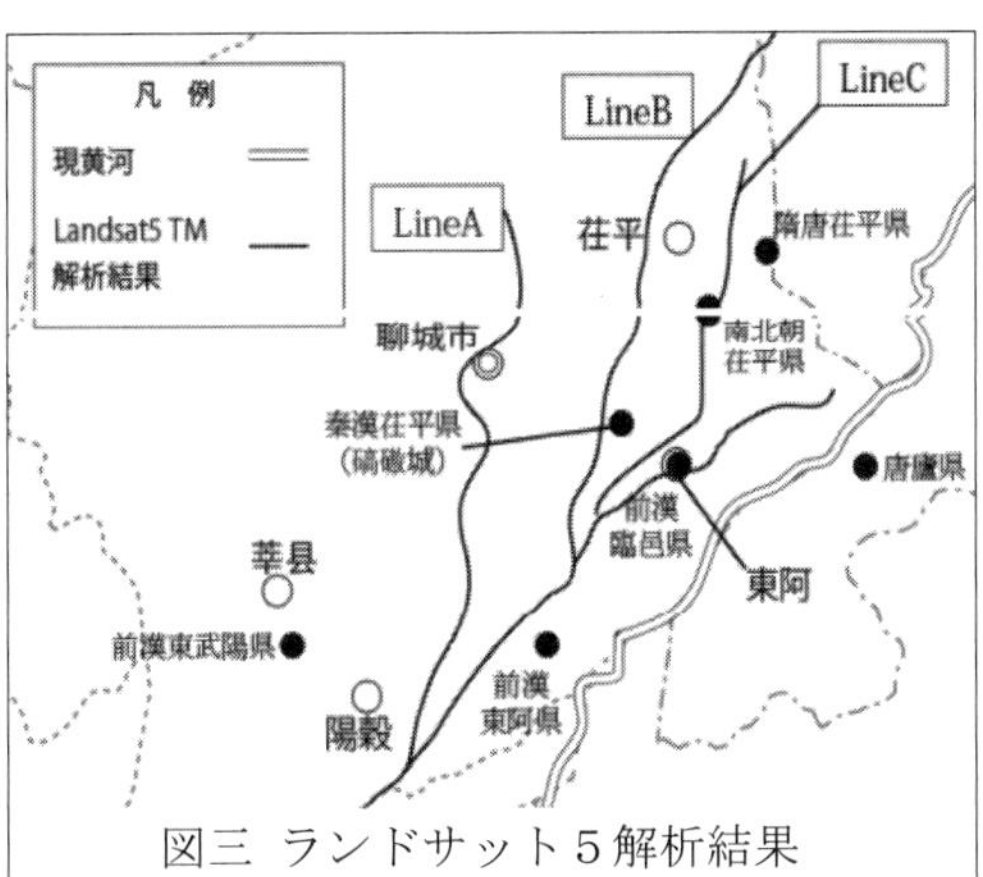

図三 ランドサット５解析結果

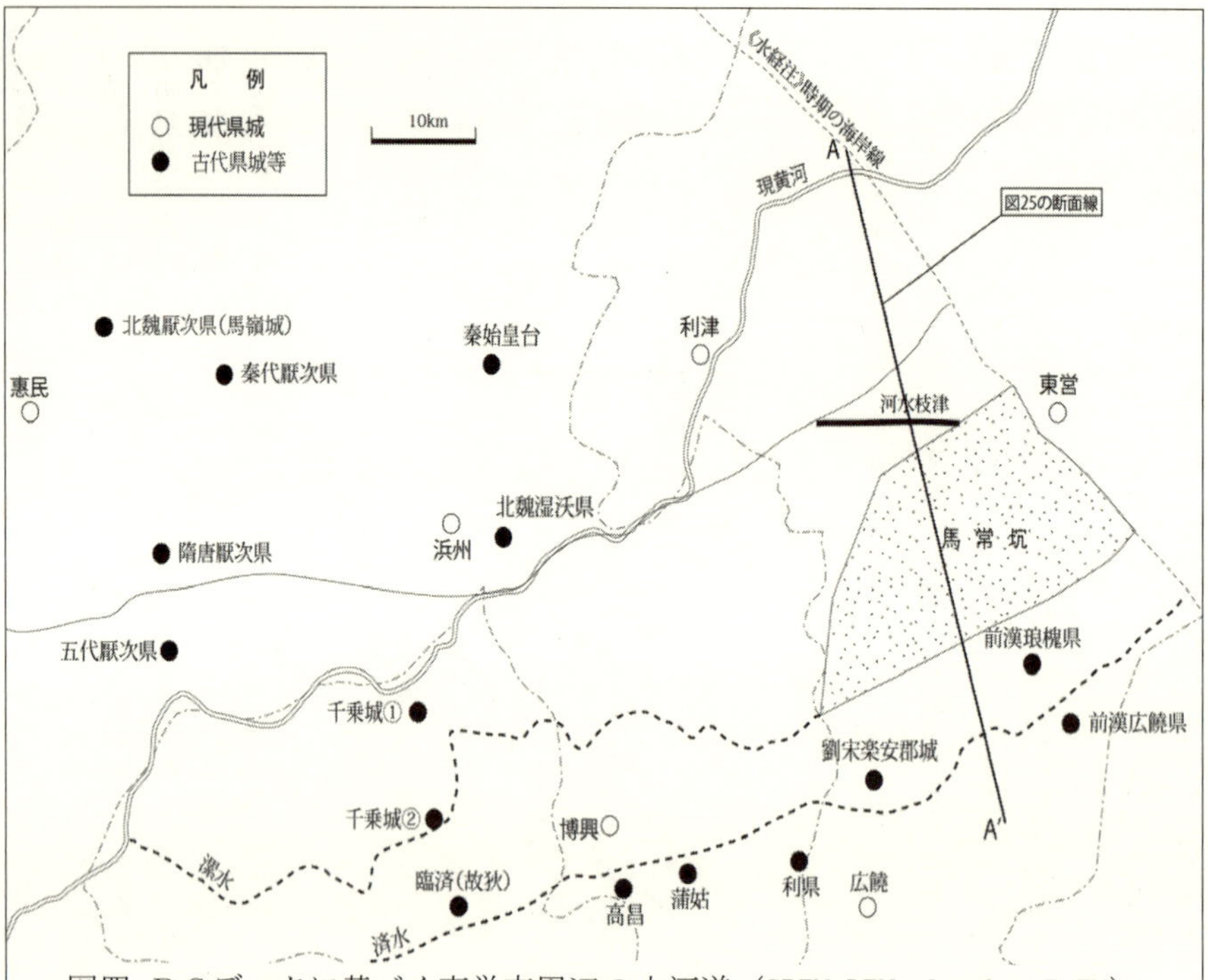

図四　ＲＳデータに基づく東営市周辺の古河道（SRTM-DEN、Landsat5 TM）

自然堤防の痕跡すら確認できず、平坦な地形が広がるのみであった。一方でランドサット５ＴＭデータ（二）を利用した地質解析を行ったところ、山東省東阿県付近で南北方向に走る複数本の痕跡を判読した（図三）。一方、河口付近と想定される東営市付近を対象としたＳＲＴＭ—ＤＥＭを用いた地形解析では東西方向に併走する三本の河川が確認できた（図四）。

二〇一三・二〇一五・二〇一六年の三カ年に渡って現地調査を実施した際には、現地の地形、特に平原地帯の微妙な起伏を実感するため、主に自転車を利用して走破した。そこでは「ａ．起伏の存在しない極めて平坦な地形」「ｂ．堤防の存在しない掘込河道」、そして臨邑県から東営市にかけての範囲で点在する「ｃ．油井」などの結果を得た。このうちａとｂは前述したＳＲＴＭ—ＤＥＭでの解析結果と一致する。ｃはこの地域に横たわる「勝利油田」に由来する油井であり、実は河口部分の「東西方向に併走する三本の河川」との関連が想定される。

現在の石油探査では油田を探す際には、一つの指標がある。一八八五年にホワイトが提唱した「背斜説」である（White 一八八五）。「背斜」は褶曲地形の一種であり、一旦堆積によって形成された地層が両面からの圧力によって上方に突出した形状を持つ（図五）。

地表面から見ると突出しているが、地層下方には「トラップ」と呼ばれる形状を備える。石油は水より軽く、透水層においては石油は上層へと貯まる特性を持つため、前述の「トラップ」などの地層構造へと貯まりやすいというのが、前述のホワイトが提唱した「背斜説」である。つまり地表面に背斜構造の特徴を備えた地

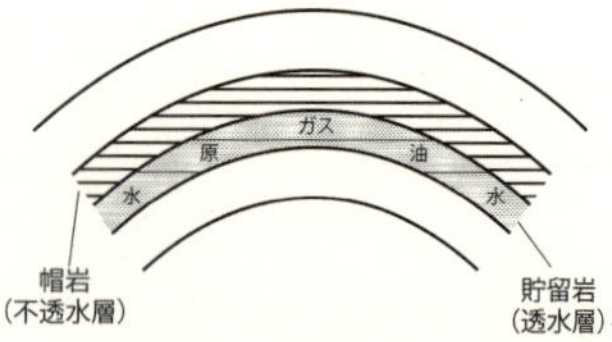

図五　背斜トラップ

点では、油田が発見されやすいということになり、実際にこの説に従って多くの油田が発見された。

一方、東営市付近の地域は馬莉娟等二〇〇〇によれば「東営凹陥」と呼称している（中国語の「凹陥」は背斜を指す）。さらにこの「東営凹陥」はより巨大な「済陽拗陥」と呼称する構造地形の一部であるとし、李徳生一九八〇によると最終的には河南省濮陽市にまで連なる巨大地質構造帯であるとしている（**図六**）。

『水経注』に記される北魏期黄河のうち、河南省濮陽市から山東省東阿県を経て臨邑県付近へと流れる河道についてはすでに検討を完了している。この臨邑県こそが前述の

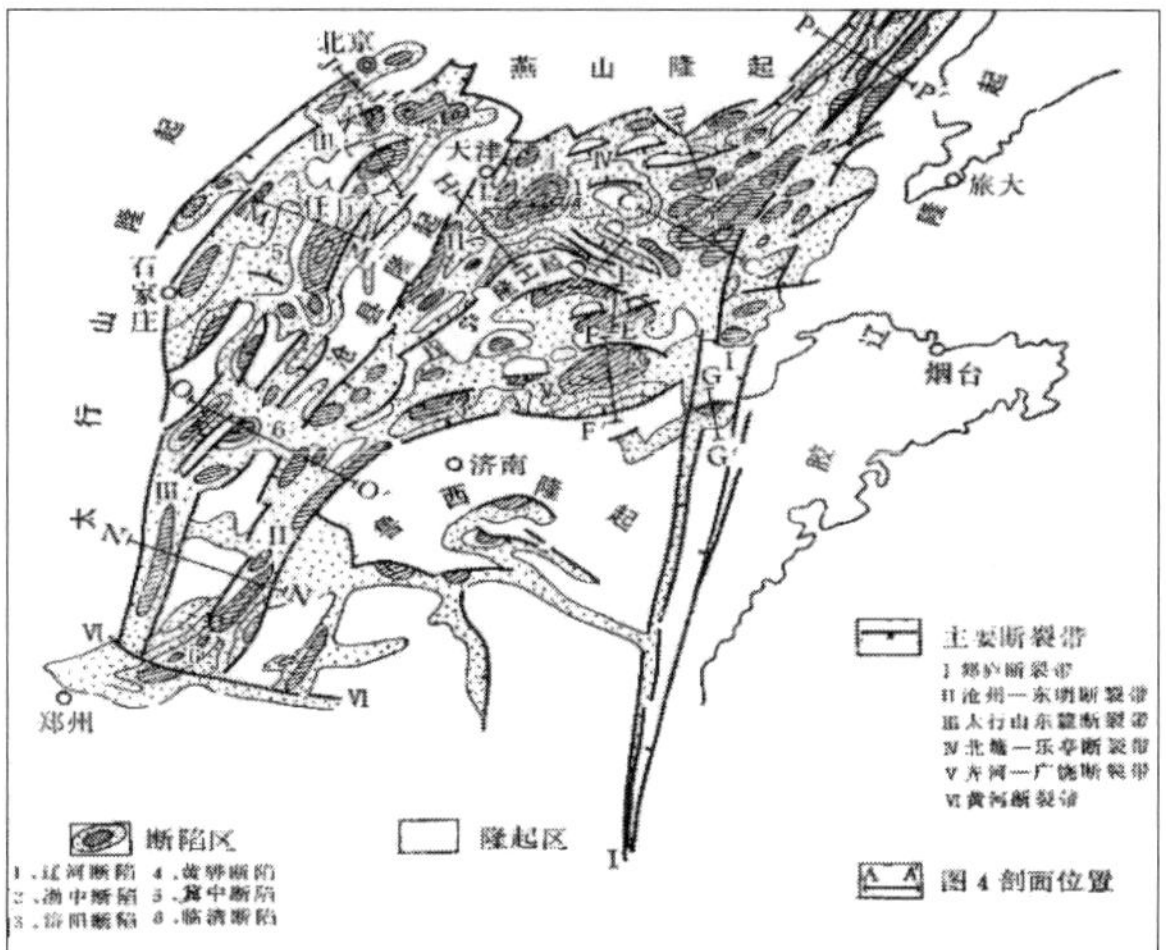

図六　済陽拗陥

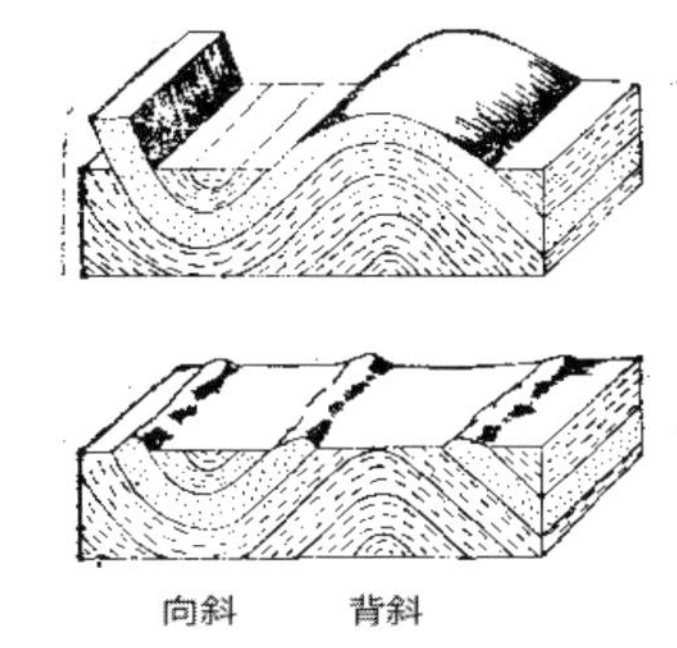

図七　背斜構造と並走地形

「済陽拗陥」の西端に当たり、東側は東営凹陥、つまり『水経注』黄河の河口部分に合致する。『水経注』黄河の河口と推測される山東省東営市で発見された「勝利油田」は西南西に当たる山東省臨邑県の方向へと連なっており、『水経注』に記される当時の黄河河道の方向と一致する。

そして背斜構造にはもう一つの特徴を持つ。上方へ向かって突出した堆積層が雨水などの浸食作用によって削り取られる際に、堆積層のなかに堅さの異なる地層があると、柔らかい地層は早々に浸食されるが、堅い地層はそのまま残る。これによって、背斜軸に沿って並走する幾筋かの溝状地形が形成される（**図七**）。これが『水経注』黄河の河口でも発生した背斜構造に基づく併走河道の成因と考えられる。

ＳＲＴＭ－ＤＥＭを用いて、現在の山東省東営市付近の断面図を作成した（**図八**）。すると、何カ所かに特徴的な凹凸が確認できた。この凹凸は前述の馬莉娟二〇〇〇で提示されている「東営凹陥」の地形構造と一致する。またこの断面図を見ると、『水経注』黄河と済水の間に漯水河道よりも幅の広い凹んだ部位を見つけた。『水経注』では漯水の河口部に「馬常坑」という陸側に切れ込んだ入り江があると言う記述があり、済水および『水経注』黄河との位置関

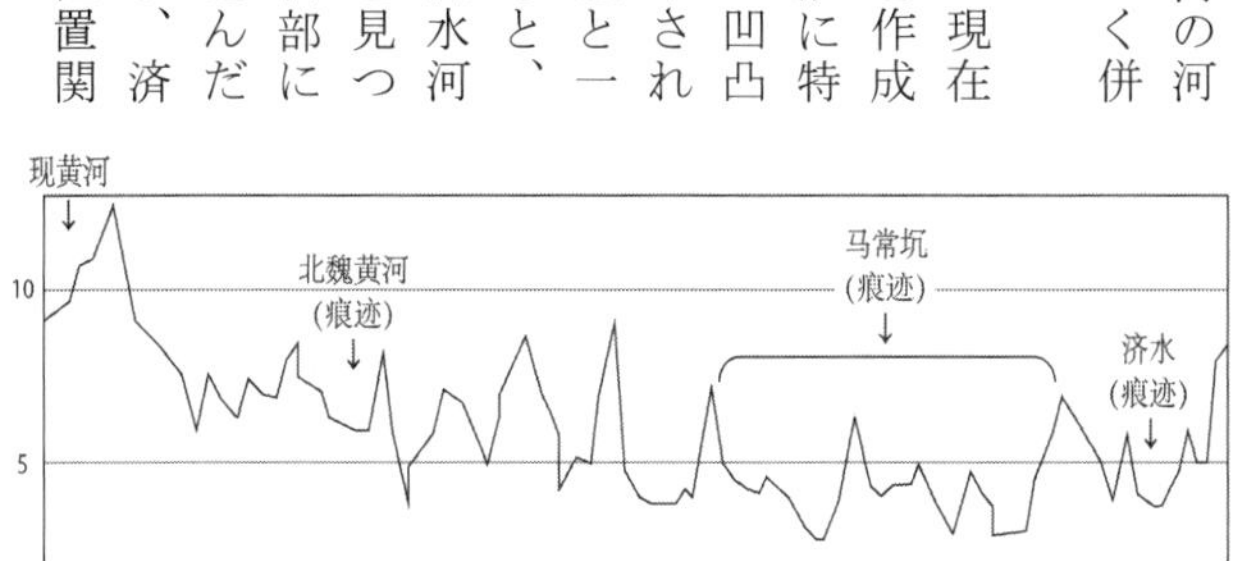

図八　東営市周辺の古河道（SRTM-DEN、Landsat5）

係は、この凹んだ部位と一致する。

上記の作業に基づいて黄河下流平原全体を精査し、前漢黄河・『水経注』黄河と現在の黄河の位置関係を示す図を作成した（図九）。前漢黄河については武帝期に発生した中規模改道以前の河道（戦国河道＝屯氏河）、『水経注』黄河については唐元和以降に部分変化した河道（鄧里渠）を併記しているが、図四で判明しているように『水経注』黄河には「漯水」「済水」などの黄河本流と併走する河道が存在する。また臨邑県付近から北へと分派し、現地では「沙河」（二二）と呼ばれる河道など、鄧里渠以外にも多くの併走河川が確認できる。

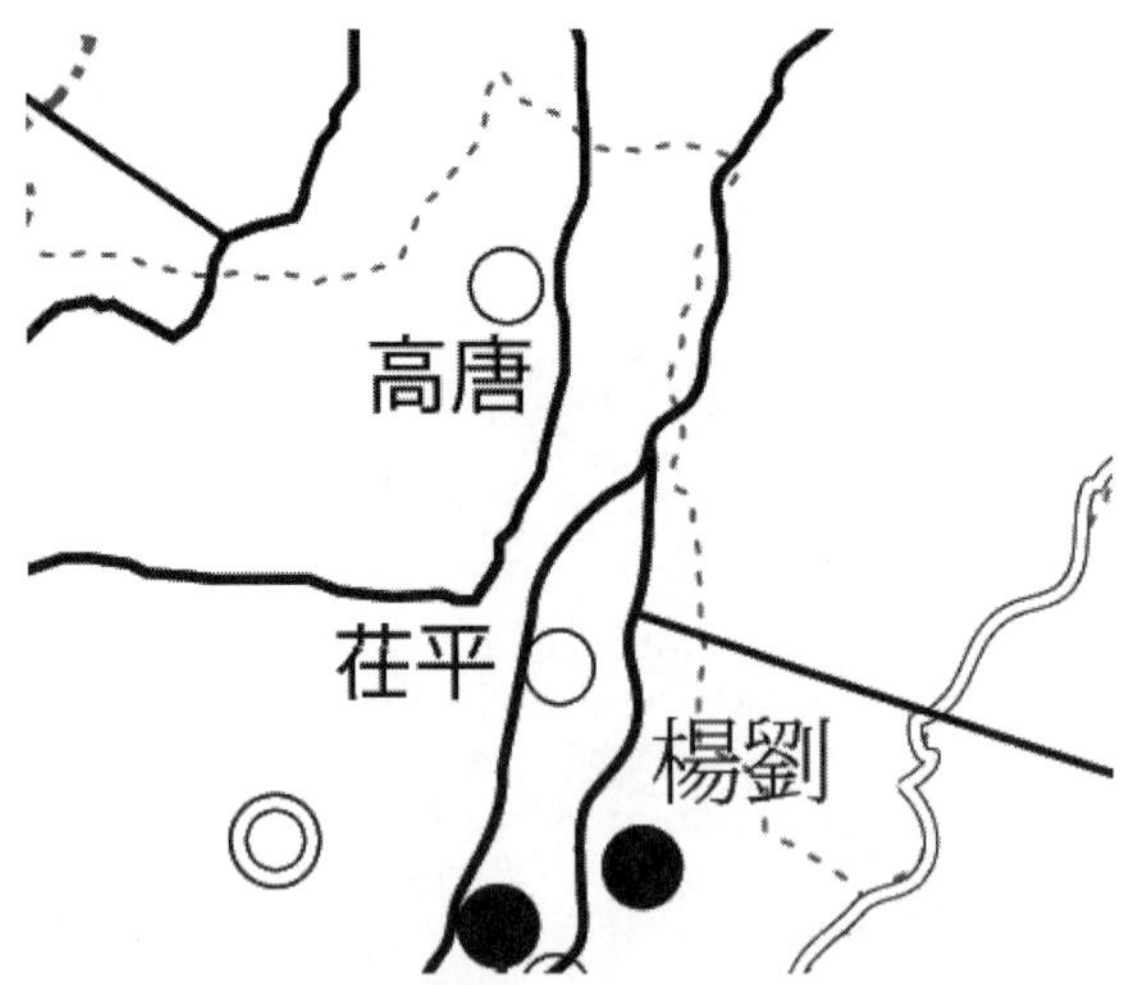

図九　前漢黄河・『水経注』黄河と現在の黄河

四、復元黄河に見る後漢以降の黄河下流平原

現地調査・RSデータおよび文献記述から収集した後漢～南北朝期における黄河および下流平原の特徴を列挙する。

①現地調査及びRSデータSRTM―DEMでは、前漢黄河と現黄河の広い範囲で自然堤防由来と考えられる起伏が確認できなかった。つまり、『水経注』当時の黄河は自然堤防を形成しない。

②河口部では漯水、済水と併走して渤海へとそのまま流下し、三角洲を形成していない。

③下流平原では黄河本流を含む複数河川が並走あるいは合流・分流していた。

①②は現地調査およびRSデータを利用した現地の状況把握の結果である。前漢黄河では滑澶・聊徳の二つの微高地、および孟村回族自治県を頂点とした三角洲の痕跡が明瞭に確認できた。現黄河でも河道の両側に堤防が形成され、現河口である東営市北側では現在も成長を続ける河口が確認できるのと比べると、『水経注』に記される北魏期の黄河は、まったく異なる河川特性を持つことが判明した。

③は『水経注』の記述に基づく。現在の黄河下流平原、特に北魏期の黄河が流れていたと推測される前漢黄河と現黄河に夾まれた地域では非常の多くの人工渠道が形成され、以前の状況を確認することが非常に困難である。しかし、この『水経注』の記述に基づいて当時の状況を推測すると、相当数の中小河川が複雑に錯綜していた可能性が考えられる。

復元河道および上記の特徴に基づいて、第二章で検討した「黄河安流説」の各説を再検討する

四―一、「王景による千余里の築堤」はあったか

『後漢書』巻七六・循吏列伝の王景条に、「(永平一二年)夏、遂に卒数十万を発し、(王)景と王呉を遣りて渠を修し堤を築き、滎陽より東して千乗海口に至ること千余里。」とある。これが王景による黄河治水に関する記述である。『後漢書』ではこの後に王景が行ったとされる工法について述べ、最後に「明年夏、渠成。」としている。つまり約一年間で黄河下流の水利工事を完了したとされる。

この文章には、「滎陽」「千乗」という二箇所の地名が登場する。千乗は現在の山東省広饒県付近に当たり、現在の黄河河口のすぐ南に位置する。滎陽は現在でも河南省鄭州市の西側に位置し、相互の直線距離は約五六〇キロ、漢代の度量衡では約一四〇〇里[一三]となるため、「千余里」でも違和感はない。

しかし『後漢書』の著者・范曄は河北を遊牧民族に支配されていた南北朝期の人物であり、范曄は南朝の宋に所属していた。そのため、王景治河で記されている地点には直接訪れていない可能性が高い[一四]。

『水経注』黄河復元の際に、前漢黄河と同様に自然堤防の痕跡が存在するかを地形データSRTM―DEMを使って確認したところ、前漢黄河のような明瞭な痕跡は確認できなかった。現地調査で訪れた際にも、臨邑県で自然堤防の痕跡らしき丘を一箇所だけ確認できたが、その他の地域はまったくの平坦であり、近年建設されたと思われる水路が巡らされており、自然河川も堤防を持たず、周囲から僅かに凹んだ河道を辛うじて流れている状況であった。このような河川を、堤防を持つ「築堤河道」に対して「掘込河道」と呼ぶ(図一〇)。

微高地に囲まれた箇所では満足な水路も無い前漢黄河の地域とは明らかに異なっており、むしろ『水経注』に記される、黄河を始めとした多くの河川・渠道が流れる当時の黄河下流平原の状況と一致する。

また王質彬一九八〇が取り上げている『河渠紀聞』の記述によれば、清代でも同様に堤防の無い「掘込河道」であったことが窺える[一五]。

ただし現在も堤防の痕跡が残る地域は存在する。河南省濮陽市から山東省東阿県にかけての範囲、現在は「金堤河」と呼ばれる河川の両岸に位置する堤防であり、一部は「濮陽金堤」として現存している。しかし距離は八〇キロ(約二〇〇里)と、一千里には遙かに満たない。

これらの点から、長くとも現在の金堤河に沿った八〇キロ前後の堤防については存在した可能性はあるが、少なくとも王景が一年で建造したとされる「滎陽から河口にまで及ぶ千余里の長大な堤防」は建造されていない[一六]。

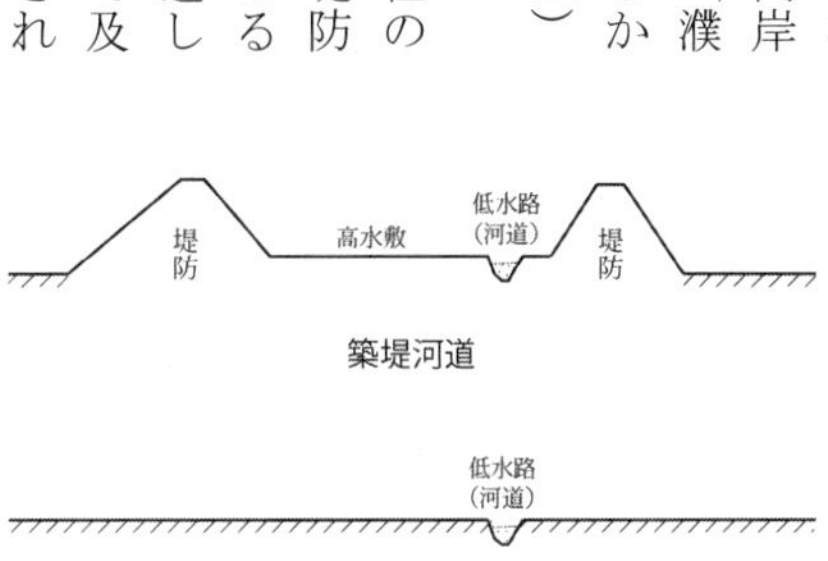

図一〇　築堤河道と掘込河道

四―二、「王景治河」再考

次に辛徳勇二〇一二で挙げている「黄河が安定するための六つの要因」について比較してみる。このうち復元河道に関連する要因は①〜④である。

①下流河道には多くの分流が存在した。

当時の黄河には「済水」「漯水」といった併走河川が存在した。

②中流地区の降水量が減少していた。

直接的な中流地区の降水量減少は確認できないが、劉振和一九九五によれば、壺口瀑布に見られる痕跡を用いた黄河流量の推定

結果を見ると、戦国〜前漢は安定していたが、後漢中期頃から減少に転じ、南北朝期には前漢期の二分の三程度にまで減少したとある。

③海平面（海水準）が低くなっていた。

趙希涛他一九七九によれば、中国大陸周辺の海水準は最終氷期の終わる一万五〇〇〇年前には現在よりも一五〇メートルほど低下していたが、その後上昇に転じ、六〇〇〇年前にはおおむね現在と同レベルの海水準にまで上昇し、以後は大きな変化が見られないとされる。

④河道が地理的に有利な位置にあった。

ＳＲＴＭ—ＤＥＭおよび現地調査によれば、前漢黄河の微高地と現黄河の堤防に挟まれた地域に位置しており、また背斜構造に由来する溝状地形に流れ込んだことで成立しており、比較的安定した河道と考えられる。

③海水準については際だった低下は見られないが、それ以外の三要因についてはおおむね辛氏の予想と合致した。そして①④は、河水の水勢を人為的に押し込めるタイプの治水策とされる堤防建造では、決して得ることは出来ない。むしろ、溢れた河水を広範囲に拡がるよう放置し、自然に収斂して安定させた結果として成立した河道だからこそ、実現出来た（一七）。ここからも、王景が千余里の堤防を建造したとする従来説は適さないことがわかる。

また任伯平一九六二では黄河河道の安定性は下流平原の排水能力に依存するとしているが、黄河本流＋済水・漯水を含めた数一〇キロ幅の広大な河道群を一つの河道と見なせば、五〇〇メートル幅の河道本体に両岸堤防五キロ幅の氾濫原を含めた現黄河よりも排水能力は高い。

このように、ＲＳデータを利用して復元した『水経注』黄河には、河道が安定するための多くの要素を備えていることが分かる。また王莽新に始まる前漢黄河から『水経注』黄河へと移行する水災の発端となったのは魏郡（現在の河北省大名県付近）での決壊だが、『水経注』黄河が前漢黄河から分岐したのは「長寿津」であり、ＲＳデータに基づく解析結果では現在の河南省濮陽市区の南西に位置する後河村付近と推定されている（一八）。つまりこの長寿津は決壊が発生した「魏郡」よりも上流側に位置する。

現在の河川工学では、河川決壊が発生した場合、決壊地点そのものを閉塞するのは一時的な弥縫策であり、再度の決壊が起こりやすいとされている。根本対策としては、上流側に立ち戻って決壊地点を経由しないよう分流、あるいは別河道を形成することが望ましいとされる（一九）。この点からも、治水技術に知悉した人物の関与が考えられる。

つまり永平一二〜一三年の一年間において王景が実施した黄河安定策とは「決壊地点を経由しないような新河道の形成」「河水が安定する箇所まで誘導するための堤防建設」であり、それは現在の河南省濮陽市から山東省東阿県にかけての八〇キロ程度の範囲に収まる。

四—三、「安流説」の再検討

最後に二章で取り上げた「安流説」を巡る議論で登場した意見を、復元河道の特性を考慮したうえでの再検討を行う。

二—二で取り上げた、王尚義が整理した「王莽新〜隋代を対象とした正史に見る王朝別の決壊・溢流等の記述回数」のうち、「決」が全期間に渡って発生していない点については、「決」が堤防決壊を指すことを考慮すると、堤防の存在しない「掘込河道」では「決」は発生しえないことが、「決」記述が無い要因と考えられる。

一方で河道から河水が溢れることを示す「溢」は、河川工学では

「越流」と呼ぶが、河道とその周辺の地表面の高低差が小さい「掘込河道」では、若干の増水で容易に越流が発生する。しかし黄河本流の左右には背斜構造に由来する「済水」「漯水」といった併走河川が存在するため、越流が発生した際には溢れた河水が済水・漯水へと流れ込み、それ以上の範囲に広がることはない。

この状況を示す記述が『資治通鑑』に見られる。五代・後周顕徳元年（九五四）に楊劉（現在の東阿県楊柳村）で発生した黄河決壊は北西に位置する博州（現在の茌平県博平鎮）にまで到達し、約四〇キロ幅にまで広がったとある[一〇]。この状況は、ランドサット5TMデータで判読した、山東省聊城市周辺の併走河川と合致する。

また『水経注』の記述によれば、当時の黄河と併走していた「漯水」「済水」は、濮陽付近では西から漯水→黄河→済水だったが、河口付近では北から黄河→漯水→済水となっており、下流平原の途中で漯水と黄河が入れ替わっている。また東阿県付近では「鄧里渠」[一一]と呼ばれる分流があり、唐代中期には本流との入れ替わりが確認できる。

これらの点から、後漢～唐代の『水経注』黄河は本流単体で存在していたのではなく、併走する「漯水」「済水」まで含めて一体化した河川であった可能性が高い。そして南北朝期は黄河を挟んで北朝と南朝が対峙していたため、国境に当たる黄河周辺には軍事拠点以外の城市は極めて少なく、恐らく『水経注』黄河が形成される後漢以前から各河川の間に存在していた城市は使用されなくなるか、または黄河の越流（決壊ではない）によって城が崩壊し、廃棄されるなど[一二]、黄河本流を中心とした数一〇キロに及ぶ併走河道の内側、越流の影響を受けやすい範囲については極力近づかない運用が、結果として為されていたと考えられる[一三]。

つまり『水経注』黄河は「決壊しない河道」だったのではなく、「決壊する堤防がない」河道であり、なおかつ「増水した際には併走河川に水が流れ込むことで、それ以上の広範囲に水災が及ばない」構造になっており、さらに「南北朝期には黄河を挟んで対峙していたため、黄河両岸は緩衝地帯としての役割が与えられた」ことで、いくつかの例外を除いて県城が設置されなかった」ため、たとえ増水の結果として越流が発生しても、水災の被害を受けにくい状況にあったと考えられる。

【参考文献】

〈日文〉

海津正倫・久保純子二〇一七　海津正倫・久保純子「旧河道と「おっぽり」―災害に弱い旧河道とおっぽりの話―」、『月刊地理』六二―一〇、二〇一七・一〇

中根洋治他二〇一一　中根洋治他「旧河道と災害に関する事例的研究」、『土木学会論文集D三（土木計画学）』、Vol.67,No.2、二〇一一

長谷川順二二〇一五　長谷川順二「リモートセンシングデータを用いた黄河古河道復元―後漢初期の第二次改道に関する考察―」、『日本秦漢史研究』第一五号、二〇一五年三月

長谷川順二二〇一六ａ　長谷川順二『前漢期黄河古河道の復元―リモートセンシングと歴史学』、六一書房、二〇一六年二月

長谷川順二二〇一六ｂ　長谷川順二「リモートセンシングデータを利用した『水経注』に記される北魏期黄河古河道研究―河南省濮陽市～山東省東阿県～茌平県～高唐県―」、『人文』第一四号、二〇一六年三月

濱川栄二〇〇六　濱川栄「漢唐間の河災の減少とその原因」、『中国水利史研究』第三四号、二〇〇六

〈英文〉

Hasegawa 2017　Hasegawa Junji, “A Study of the Ancient Channel of the Yellow River Using Remote Sensing Data: A Comparison of Distinctive Features of the Yellow River during the Former Han and the Yellow River Described in the Shuijing Zhu”, *Memoirs of the Research Department of the Toyo Bunko, 75*, 2017

White1885I. C. WHITE, THE GEOLOGY OF NATURAL GAS, *Science*, Vol.ns-5,

Issue 125, 26-June, 1885

〈中文〉

南宋・程大昌『禹貢山川地理図』

元・王喜『治河図略』

清・胡渭『禹貢錐指』

清・顧祖禹『読史方輿紀要』

清・楊守敬『水経注疏』

清・楊守敬『歴代輿地沿革険要図』

清・劉鶚『歴代黄河変遷図考』

清・魏源『籌河篇』

段偉二〇〇三　段偉「試論東漢以後黄河下游長期安流之原因」、『災害学』二〇〇三年九期

『黄河水利史述要』編写組二〇〇三　『黄河水利史述要』編写組、『黄河水利史述要（修訂版）』、黄河水利出版社、二〇〇三年

李徳生一九八〇　李徳生「渤海湾及沿岸盆地的構造格局」、『海洋学報』一九八〇年四期

劉振和一九九五　劉振和「黄河壺口瀑布変遷考証和相応径流関係的初歩分析」、『水科学進展』一九九五年三期

馬莉娟等二〇〇〇　馬莉娟・何新貞・王淑玲・任建業「東営凹陷沈降史分析与構造充填演化」、『石油地球物理勘探』二〇〇〇年六期

劉振和一九九三　劉振和「中国第二寒冷期古気候対黄河水量的影響」、『人民黄河』一九九三年六期

満志敏二〇〇六　満志敏「北宋京東故道流路問題的研究」、『歴史地理』第二一輯、二〇〇六 年 五月

任伯平一九六二　任伯平「関于黄河在東漢以後長期安流的原因―兼与譚其驤先生商榷」、『学術月刊』一九六二年九期

申丙一九六〇　申丙『黄河通考』、中華叢書編審委員会、民国四九年（一九六〇）

水利電力部黄河水利委員会一九五九　水利電力部黄河水利委員会編『人民黄河』、水利電力出版社、一九五九年

譚其驤一九六二　譚其驤「何以黄河在東漢以後会出現一個長期安流的局面―従歴史上論証黄河中游的土地合理利用是消弭下游水害的決定性因素」、『学術月刊』一九六二年第二期

王尚義一九八九　王尚義「隋以前黄土高原自然環境的変遷対黄河下游河道及湖泊的影響」、『山西大学師範学院学報』一九八九年一期

王質彬一九八〇　王質彬「対魏晋南北朝黄河問題的幾点看法」、『人民黄河』一九八〇年一期

趙淑貞・任伯平一九九七　趙淑貞・任伯平「関于黄河在東漢以後長期安流問題的研究」、『人民黄河』一九九七年八期

趙希涛他一九七九　趙希涛・耿秀山・張景文「中国東部二〇〇〇〇年来的海平面変化」、『海洋学報（中文版）』一九七九年二期

鄒逸麟一九六二　鄒逸麟「読任伯平《関于黄河在東漢以後長期安流的原因―兼与譚其驤先生商榷》後」、『学術月刊』一九六二年一一期

鄒逸麟一九九六　胡渭著、鄒逸麟整理『禹貢錐指』、上海古籍出版社、一九九六年

【ＲＳ関連用語】

リモートセンシングデータ（Remote Sensing Data）：

中国語で「遥感」と表記されるように、字義通りの意味では「離れた場所から物体に接触することなく表面を観測する技術」を指すが、狭義では人工衛星等に搭載されたセンサ機器を使って軌道上から地球表面を観測する技術、また観測したデータを解析する技術を指す。一般的には天気予報にも使われる気象衛星ひまわりや、後述する地球観測衛星ランドサットなどが知られている。

ＤＥＭ（Digital Elevation Model）：

日本語では「デジタル標高モデル」とも呼ばれる。地表面の標高を収録したデジタルデータであり、ＧＩＳソフトや３Ｄモデリングソフトなどを使うことで対象地域の３Ｄ地形モデルを作成できる。本研究では、現在の地表面に残存する黄河由来微高地や古河道そのものの痕跡を判読するのに利用している。

ＳＲＴＭ（Shuttle Radar Topography Mission）：

スペースシャトル・エンデバーにおいて二〇〇〇年に実施された高解像度ＤＥＭ作成用大規模測量計画、およびこの計画で作製されたＤＥＭデータ自体を指す（ＤＥＭデータの場合は「ＳＲＴＭ―ＤＥＭ」と呼称する）。現在公開されているのは一秒メッシュ（三〇メートル）のＳＲＴＭ―１、三秒メッシュ（九〇メートル）のＳＲＴＭ―３、三〇秒メッシュ（九〇〇メートル）のＳＲＴＭ―３０である。ＳＲＴＭ―１は当初アメリカ国内のみの提供であったが、二〇一五年九月から全球データの利用が可能となった。

ランドサット5TM：

ランドサットシリーズは一九七〇年代からアメリカが打ち上げた地球観測衛星の草分け的存在で、ランドサット5は一九八四年に打ち上げられたシリーズ五番目の衛星である。TMは衛星に搭載しているThematic Mapper（主題図作成用センサ）の略で、地表面を可視光域から熱赤外域まで七つの波長帯で観測し、三〇メートルという当時としては高い空間分解能を持つ。観測された複数の波長帯データを組み合わせて解析することで、地表面から浅地下までの地質状況を把握できる。

《注》

（一）雛逸麟によれば、胡渭が『禹貢錐指』を著したのは康熙三六年（一六九七）、胡渭六五歳の時とされる。（雛逸麟一九九六所収「前言」）

（二）胡渭『禹貢錐指』巻十三下・附論歴代徙流。

（三）魏源『籌河篇』。

（四）後漢から南北朝を経て唐代に至る黄河河道は、主に『水経注』の記述に基づいて復元を行ったため、本報告ではこの期間の河道を“『水経注』黄河”と呼称する。報告者が復元した前漢黄河については長谷川二〇一六a、『水経注』黄河については長谷川二〇一五・二〇一六b、Hasegawa2017を参照。

（五）『禹貢錐指』『歴代黄河変遷図考』を初めとした「後漢以降の黄河古河道に関する先行研究」については、長谷川二〇一五も合わせて参照。

（六）以下に挙げたのは、本報告の対象とする黄河下流平原を対象とした論文である。安流説に関する論文のうち、たとえば黄河中流域のみを対象とした論文については濱川栄二〇〇六等を参照。

（七）趙淑貞・任世芳はこの他にも譚其驤の安流説を否定する論文を何本か発表しているが、主に黄河中流域の植生変化を検討対象としているため、本報告ではこの一本のみを対象とする。

（八）「SRTM」については文末「RS関連用語」を参照。

（九）「二五里」という記述は現在の度量衡に換算すると一〇キロとなり、両幅で二〇キロとなる。詳細は長谷川順二二〇一六a・第二部第五章および第三部第二章を参照。なお『漢書』溝洫志では戦国時代の状況として記されているが、『漢書』が後漢期に成立したことを合わせて考慮すると、この記述は前漢期以降の状況を指していると考えられる。

「蓋し隄防の作、近くは戦国に起き、百川を雍防するは、各自らの利を以てす。斉と趙・魏は、河を以て竟と為す。趙・魏は山に瀕し、斉地は卑下し、隄を作るは河を去ること二五里。」（『漢書』巻二九・溝洫志）

（一〇）この中規模改道が存在したと考える根拠としては、この他に「戦国霊丘県と斉・趙の位置関係」「茌平県賈寨郷の“黒龍潭”」などいくつかの要素が存在する。また変動時期を前漢武帝期の元光三年（前一三二）春とした点など、詳しくは長谷川順二二〇一六a・第二部第五章を参照。

（一一）「ランドサット5TM」については文末【RS関連用語】を参照。

（一二）RSデータで確認できる『水経注』黄河の併走河川については長谷川二〇一六b、Hasegawa2017を参照。

（一三）ここでは後漢期の里制を「一里＝三〇〇歩、一歩＝六尺、一尺＝二三．二センチ」とし、一里＝約四二〇メートル→五六〇里＝約一四〇〇キロと換算した。詳細は長谷川二〇一六・第三部第二章を参照。

（一四）范曄と黄河下流平原の関係性については長谷川二〇一六を参照。

（一五）『黄河水利史述要』編写組二〇〇三はこの記述に対して、「地区窪下とは大河故道の南北地区を指して述べているのであって、故道本体を指してはいない」（一三四頁）という注を付けている。しかしRSデータの地形解析および現地調査の結果を見ると、『河渠紀聞』の記述が現状に合致していることは明白であり、『黄河水利史述要』の著者は現地の状況を見ていない可能性が高いと考えられる。

（一六）黄河本流が別の場所に移動したあとで、以後の浸食作用等によって堤防の痕跡が消失した可能性はあるが、自然浸食だけで地表面上にまったく痕跡を残さずに消失するとは考えがたい。

(一七) この「河水を自然に定まるまで放置する」という治水策は、前漢末に提案された「賈譲三策」の上策として提案されたものだが、遂に実行されなかった。

「今上策を行なわば、冀州之民の水衝に当たる者を徙してのち黎陽遮害亭に決し、河を放ちて北して海に入らしめよ。河、西は大山に薄し、東は金堤に薄し、勢は遠く氾濫する能わずして、期月にして自ら定まる。(略)此の功一たび立たば、河定まりて民安んじ、千載患い無し、故に之を上策と謂う。」(『漢書』巻二九・溝洫志)

(一八) 王莽新・始建国三年(一一)から後漢・明帝永平一三年(七〇)までの経緯について、詳細は長谷川二〇一六bを参照。

(一九) 二〇一五年九月に茨城県常総市で発生した鬼怒川での決壊は、旧河道の上に堤防を築いていたそのポイントから決壊が発生した。このことから、近年では旧河道や決壊地点での堤防建設の危険性について注目されるようになった。詳しくは中根洋治他二〇一一や海津正倫・久保純子二〇一七を参照。

(二〇)「河、楊劉より博州に至ること百二十里，連年東潰し，分して二派を為し，匯して大沢と為り，瀰漫すること数百里。」(『資治通鑑』巻二九二・後周紀三)

(二一)『水経注』黄河の分流である「鄧里渠」や、唐代中期の部分変化については長谷川二〇一六bを参照。

(二二)『水経注』黄河と鄧里渠の中間に位置していた「碻磝城」が黄河の水によって崩壊し(唐天宝一三載・七五四)、それまで設置されていた済州治が廃止され、所属県が周辺の州郡へと再配置されたという事例がある。詳細は長谷川二〇一六bを参照。

(二三) 前段で挙げた碻磝城は、黄河を挟んで対峙していた南北朝期における戦略的な重要度のために、廃棄も放置も許されなかった例外のひとつである。碻磝城と「河北四鎮」については長谷川二〇一六bを参照。

第一部会 五

商代の地理研究の進路と方法

張 興照
関 俊史(訳)

はじめに

商代の地理研究はすでに商代史研究の一部として見なされており、また歴史地理の商代の断代研究とも見なすことができる。伝統的な地理研究の視点と方法における変遷の影響を受けつつ、あわせて利用可能な資料が甲骨文に限定されることにより、商代の地理研究は長きにおいて卜辞の地名と方国地理の研究を主としてきた。歴史地理学の研究の拡大ともなって、研究方法が多様化し、さらに商代地理の多くが春秋以降の歴史地理研究の特性とは異なることにより多くの学問領域に依拠した、商代の地理研究の新局面が開かれることが望まれた。

一、商代の地理研究史の概況

甲骨文の発見以来、商代の地理研究は不断なる進展を得てきた。新材料・新方法によって学問領域の新たな理念が進行している今日、商代の地理研究についての研究史の回顧は有益で必要である。

(一) 商代の地名研究

甲骨文の発見以来、甲骨文中の地名に対して明示と考証を加えることが商代の地理研究の最も重要な内容であった。この種の基礎作業の重要性は言うまでもなく、豊富に続々と提出される研究成果が商代地理研究の基盤を形成することになった。

甲骨文を通して商代の地名を研究することは、文字考釈の基礎上に以下の三つの主な内容がある。それは地名の判別識別・地名の分類および地望の考証である。地名を判別識別するには二つの手法がある。一つは辞例を結合した内容判断である。もう一つは地名を根拠に構成した形式判断である。学者たちは甲骨文の地名の判別識別の基準と方法を整備しようとしつづけ、地名の統計と積算数もそれにともなってまた数量の変化があった(羅振玉・島邦男・饒宗頤)。胡厚宣は一九四四年に「卜辞の地名、見る所千に近し」(一)と語り、一九九三年にまた「甲骨の地名、見る所千を逾ゆ」(二)と言い、おおむね相違ないとみられる。

地名分類の研究について。胡厚宣はかつて甲骨文の地名の「命名之辞」を根拠に卜辞の地名に対して分類を行った。甲骨文の地名の多くは初めて命名され、長い時を経て口伝のため訛による変化が広がったが、地名に用いる字の形義によりその地の山水の物象を言うことには、多く確実で誤りがない。無論地名自体が義を含み地勢および人的活動が反映されているというのはほとんど推測に属し、全幅の信頼を置くわけにはいかない。甲骨の刻辞の内容による地名の分類についての研究はより客観的に実用的となる（鍾柏生）。ある一類の地名の判断はすべからく訓詁や文法・卜辞の内容および甲骨文の文例と結合して確定してゆく。

地望の考証は甲骨文を釈読することで地図上に落とし込むことができるものの、それは極めて難しく、今に至っても大きな進展はみられない。地望の考証の方法には以下の三つがある。一つ目に文献比附法（王国維・林泰輔）。二つ目に地名繫聯法（郭沫若）。三つ目に考古求証法である。日々増加してゆく商周の考古は不断なる新たな地下の古文字資料を発掘し、卜辞の地名と発掘資料に相関があれば、その地望の確定に対して疑いなき強力な証拠を提供できる。以上三種の方法は地名研究において多く総合して運用され、鐘柏生『殷商卜辞地理論叢』では総括・地名繫聯の方法を進め、地名ネットワークを構成する分野では大きな成果を得た。鄭傑祥『商代地理概論』では地名が連関するという前提の下文献を重んじた比較校勘により、考古材料を運用している。近年出版された『商代地理与方国』ではさらに各種の材料を総合して援用し、詳細に商代の王畿のエリアと四土の地名を考訂している。

（二）商代の方国と政治地理研究

商代のいわゆる「方国」は文献と甲骨文中の「某方」または一定の判断基準によって封国・臣国あるいは敵対国とを区別したものである。商代の方国における地理研究の発展は非常に早く、孫詒譲・郭沫若・董作賓・胡厚宣・丁山・陳夢家・島邦男・鍾柏生・鄭杰祥・李雪山らによって関連する研究が行われた。近年出版された『商代地理与方国』では一五八の方国を列挙し、西方の六十の方国、北方の八つの方国、東方の二三の方国、南方の方国と、地望の考察が俟たれる五五の方国について考訂がなされている。該書はまず方国を判断する八つの基準を確定し、充分に前人の研究成果を利用し、また材料を博集し、現在の方国地理研究の最新成果を反映している。

以上は多く総合的な基盤研究を行っており、その上で具体的なある地域の方国またはとある方国に対する考察を進めた。学界では方国の地望の考察に対しても前述の地名の地望の考察と同様に、また非常に多くの懸案となる未解決の問題が存在している。

これらの重要な方国についても未だその地望の適切な方角すら論定することができていない。例えば人方の地理位置についての非常に多くの論争があり（郭沫若・董作賓・陳夢家・李学勤・王恩・孫亜冰など）、学者たちの見解の相違は人方を制圧するにあたっての行軍の経路における起点・経由地・終点などの多く具体的に指示する地名および地望の解釈に径庭があることに起因し、導出される結論も異なる。問題の最終的解決はやはり地下文字の新材料の発見に頼るほかに、卜辞の地名の系聯と日譜を配列するなど具体的な研究方法の運用をさらに慎重に行う必要があるだろう。

商代の政治地理の主な研究は王畿・疆域および政治地理の構造である。学界では関連するある名詞例えば疆域・殷都・王畿・四土などの商代において指示する所について深い議論があり、例えば王畿は、商の時代には決してこの名称が存在しなかったとしても、古史研究のうちの概念としては比較的明確であり、「商代の王畿はただ商代の王都を主体的政治の中心区域としたにすぎない」。これらの名詞はすでに同概念の内にあるという前提に立ってさらなる考察が進められている。商代の疆域と政治地理の構造は密接な関連があり、学者たちは文献・甲骨文・考古学的材料を分別しあるいは多くの学問領域を複合することで連関する問題の探求を進めている（王国維・董作賓・胡厚宣・陳夢家・宋鎮豪・宋新潮・王震中・孫亜冰など）。

（三）商代の経済地理研究

商代の経済地理は農業地理・牧畜地理・田猟地理・交通地理などを包含しており、客観的には、商代の経済地理研究は主にやはり各種の生活に即した地名の考察であり、真の意義上の経済地理研究とは距離がありその上で着実に進む必要がある。農業地理の研究は主に二つの方面で行われており、それは農業生産の自然環境と農業生産区域の考察である。

胡厚宣著の『卜辞中所見之殷代農業』・『気候変遷与殷代気候之検討』は、商代の温暖湿潤の気候環境について論述している。商代農業生産区域の考察は実際には甲骨文の農業地名の研究である。張秉権『甲骨文与甲骨学』（六五箇所）、鐘柏生『殷商卜辞地理論叢』（九八箇所）、楊升南『商代経済史』（一〇四箇所）、彭邦炯『甲骨文農業資料考辨与研究』（一二〇箇所）、孫亜冰・林歓『商代地理与方国』（九八箇所）など。それぞれの学者が計上する数量の異同は占有する材料の多寡に起因するのみならず、農業地名の判断基準が異なることにも関連する。例えば甲骨文中に現れる農地と田地および田猟はすべて「田」の字を用いられており、いくつかの卜辞中の「田」に対しては結局数種の解釈があり、諸説紛々としている。

商代牧畜地理の研究はわずかに鐘柏生による『卜辞中所見的芻牧地名』があるのみであり、商代牧畜の進展にやや詳細な考察を加えている。楊升南『商代経済史』は商王室の畿内の牧場二十余箇所、諸侯の国境内の牧場九箇所について考訂を行っている。商代の牧畜の地についての研究はさらなる進展が俟たれる。

商代の田猟地理は甲骨学研究界の一つの関心事である。松丸道雄著「殷墟卜辞中の田猟地について――殷代国家構造研究のために」[1]は第一部で卜辞中の田猟の地理についての著作を専門的に論述し、集計して一五〇の田猟の地名を析出し、あわせて系聯して、それぞれの田猟地間の距離を推測している。その後田猟の地名に対して統計を行った主なものに、鐘柏生『殷商卜辞地理論叢』（三七四箇所の田遊の地名を記す）、陳煒湛『甲骨文田猟刻辞研究』（二七六箇所）、孫亜冰・林歓『商代地理与方国』（二一九箇所）などがある。

商代に固定的な田猟の地が存在したかについてと田猟の地の方角については、学者たちの見解に大きな隔たりがある。これは主にいくつかの田猟の地名の地望に対して持つ解釈の不一致に由来するもので、ひいては商・大邑商の商王が何処に在所したかという問題を孕んでおりテーマの大きな論争である。この他に卜辞の地名には異地同名が存在し、田猟区の地望の判断にも干渉している。また学者たちは決して商王が固定的な田猟区を所有していたとは考えていない立場があり、この立場には林泰輔、島邦男、鐘柏生がいる。地望考証の困難さは研究方法のすべてが合理的でないことに加え、商代の田猟地理の研究の蓄積がまだ充分な深さに至ってないことに起因する。

商代の交通地理研究は比較的研究が浅い。宋鎮豪・彭邦炯・張永山・孫亜冰らがこれに関連する研究を行っている。

（四）商代の自然地理研究

研究の利用に資する材料の欠佚により、商代の自然地理研究は比較的研究が浅く、近年では主に気候と水文地理学の両面の研究に集中している。

胡厚宣は商代の気候研究の創始者とも呼べる。胡厚宣は『卜辞中所見之殷代農業』・『気候変遷与殷代気候之検討』を陸続と出版し、商代の気候は現代に比べ河北一帯の気温が高く、しかも今日の長江流域以南の気候とほぼ同程度であったと考えている。竺可楨は『中国近五千年来気候変遷的初歩研究』を著し、季節学の観点による研究により、胡厚宣とおおむね同様の結論を導出した。これらの研究成果は今に至ってなお広く採用されるも、当時の学問発展の水準の限界が指摘され、上述の学者の研究方法はすべてが科学的なものとは言えず、論拠も十分に盤石であるとは言えない。考古学的な発展と現代の科学技術が歴史研究に応用されるにしたがって、商代の気候の検討は深化した。文献の記載・卜辞の内容および考古発掘の総合的な分析を通して、学者たちはすでに商代の気候とくにその乾湿の状況が決して恒常的なものではなかったことを察知していた（王暉、朱彦民、魏継印、楊升南など）。藍勇は商代の気候研究は歴史自然地理の基本理論に従う必要があると考え、「現在では季節学の方法と胞子や花粉の分析方法によりさらに正確に可能となる。」という。

商代の水文地理学の研究については更に困難を極めており、これは主に歴史上の河湖水文の状況の変化が極めて大きいことより、河湖遺跡は探し求めることが難しく、現在から古代の状況を推察するほかない。気候と動植物に対する考察を通しては商代の水文に一つの大きな判断を下すことができ、そして具体的な河川の流れに対しては多くの学問領域による総合的な研究が要求される。劉起釪『卜辞的河与〈禹貢〉大伾』は主に商代における黄河の流路について考察しており、卜辞と『尚書』禹貢を結合させ、その方法は後学の手本となるに値する。黄河は商の王都の東を流れ、南北に走向したことは既に確実で疑いない。鄭傑祥『商代地理概論』はさらに歴史地理の視点より全面的に卜辞と河川とが相関する地名を考察し、商代の黄河下流の古流路を探究している。多くの疑問が存在するといえども、商代黄河の流路の重要な参考となる価値は減じない。そのほかに楊升南・羅琨・姚孝遂らは商代の黄河の自然の特性と神格に対していずれも検討している。

黄河のほかの商代の河川についてはたとえば滴水・洹水・沁水についての探究もまた甲骨学商史研究の注目するところであり、葛毅卿・楊樹達・丁山・李学勤・鄭傑祥・羅琨・楊升南・石田千秋らは商代の河川の流れに対して関連する研究を行っておりいずれも斯学の研究に重要な示唆を与えてくれる。

二、商代の地理研究の進路

夏商周の断代研究および中華文明の根源を探る研究の相次いだ発展に従って、新材料・新方法・多くの学問領域の支え、とりわけ甲骨学および考古学の成果の助けを借りることは、商代地理研究のブレイクスルーとなる希望が持てる。近年隆盛してきた環境史学はわれわれに学術手法の転換を示唆しており、歴史思惟を刷新し、伝統的な歴史地理研究の範疇に囚われていない。商代について言及すれば、甲骨文の地名の考証は短時間では重大な進展は得られず、また必ずしも春秋以降の歴史地理研究の方法と手段を適用し得ない。視座と思考力が早期の歴史地理のより広範により深くに投入されることで、商代地理研究の新たな目的が模索されるだろう。地理環境は歴史的事象の舞台であり、文明の発展において重要な要素として働き、上古の地理環境は最もその関心事として注目に値する。商代地理研究の研究範囲はやや広いため、筆者は三つの研究内容を提示したい、それは殷人の視野の中での地理環境を明示し、商代の自然地理環境の状況を考察し、地理環境と商代文明の発展との関連を検討することである。以下に図示する。

（一）甲骨文の地理学の考察を契機として、甲骨文字の形義および甲骨文の地名が反映している地理環境を検討する。

一、地理環境が甲骨文字の構造の元となることについて

甲骨文の人的活動外の事物の名称における部首、人的活動外の事物の名称が文字の構成の根拠となるもの、人的活動外の事物が文字の構成要素となるものを判別・博捜することで、地理環境を示し、甲骨文字構造の中の形態と作用が文字の根拠となるのは、これは殷人の地理環境への認識の一端に由来する。

二、殷人が見た地理空間と地理景観について

甲骨文字の形義により殷人の地理空間の方位の確定・構造の区分および国境の意識を考察し、甲骨文字に反映された地理の景観は、天の運行や気象の景観・地形や地貌の景観・動植物の景観を含んでいる。

三、甲骨文の地名の自然と人的活動の特性について

文字の形義と卜辞の内容にしたがって甲骨文の自然の特性と人的活動による地名とを獲得することは、山阜類・河川類・物象類の地名および農業・牧畜・田猟の地名を包含しており、人的活動の地名については期間を区分し分類して配列し、産業の地理と環境の演繹変化を考察して基礎を打ち立てる。

（二）現代の地貌および区域の環境の特性を結合し、科学技術による考古を信頼し、文化遺産を発掘した環境の情報、商代の自然地理環境の状況に対する総合的な研究を進める。

一、商代の限定的な区域と地望

商代の境域限界の三つの展開・九州と四土の対応関係を検討し、商代の区画と位置の特性を把握し、地理単位の区分および異なる範囲などの地貌の類型を図示し、商代と現在とでは異なる地貌の特徴を明示し、原・隰・丘および海岸線の変遷について再考する。

二、気候と動植物の環境について

商代気候の変遷についての動向の研究を行い、その時代に旱魃があったとしても、総体的にはなお湿潤の特性に属している。主に考古学の史料に依拠して商代の動物の種族・分布およびその生存環境を検討し、商代の植物の種類・生育環境と植生の変遷について考察する。

三、水文環境について

総合して商代は水害が多いという時代背景を論証するのは、

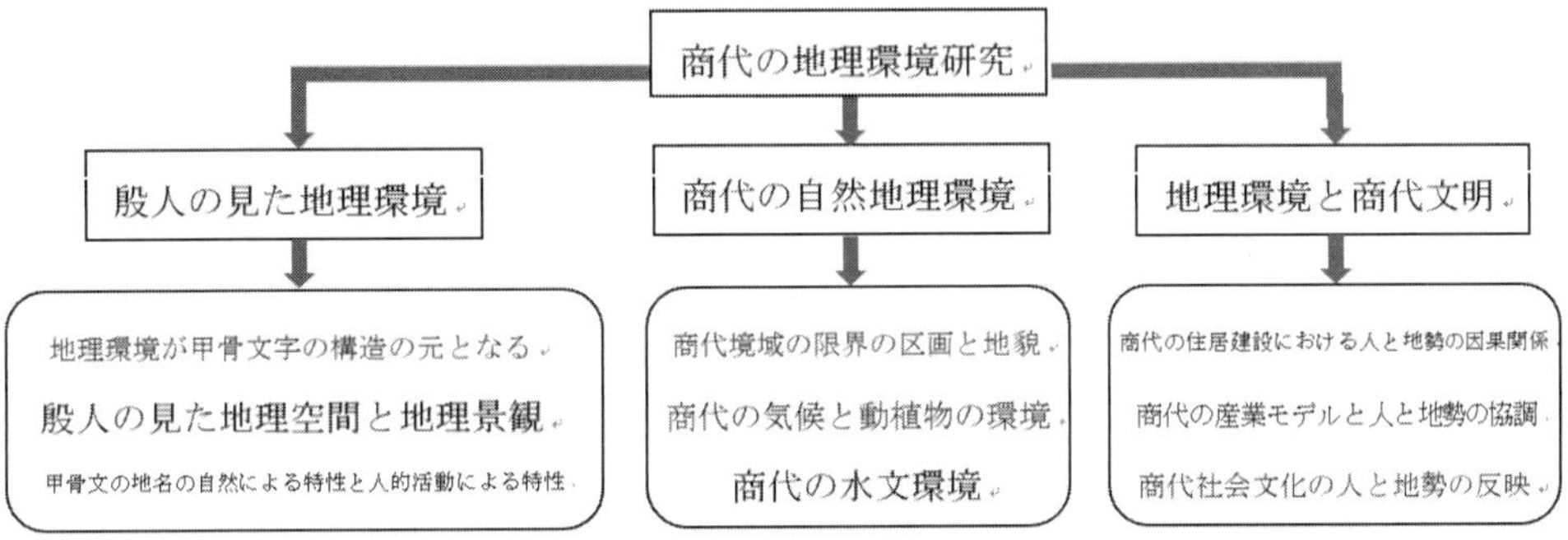

ただいわゆる「河患（河川の氾濫による水害）」ではなく、商代の黄河・滴水などの主な河川の流路を考察し、商代は後世の黄河下流域の水文状況とは異なることを探究し、甲骨文に記されている商代の水害を明らかにすることに注力する。

（三）人と地勢の関係を参考にした理論は、環境史的視野によって商代の文明を考察し、深く地理環境と住居を造営する地を選択して建設すること・経済活動および社会文化の関係を検討する。

一、商代の住居建設における人と地勢の因果関係について。

商代の都城が造営されるんに選ばれた自然の要素を考察し、商都がたびたび遷都した理由とされる「河患説」に反駁し、商代の邑聚の地に選定された地理的特徴すなわち山に沿い・盆地を択び・丘に居住し・河に臨んだことを明らかにし、商代の邑聚造営の規則と建築の環境との適応を検討する。

二、商代の産業モデルと人と地勢の協調について

商代資源環境と生存のための経済モデルとの関連を検討し、商代における各類の産業の分布と環境の調整を考察し、例えば商代の農業類型及び農業と牧畜の複合的な要素・田猟の活動と生態環境の変遷の関係などについて。

三、商代社会文化の人と地勢の反映について

地理環境と商代文化の興隆と交替伝播の関係を考察し、たとえば商代文化の一部の自然地理の特徴・文化交流の通過点特に青銅器文化の水路による伝播などに分けられる。人と地勢の関係より商代社会生活を見たときの、例えば商代社会の風俗・宗教などと地理的関係を検討する。

上述した内容について考察を行うことは、特に以下のいくつかの方面に新たな展開がある。

ひとつは甲骨文と商代地理研究に関してである。学界では卜辞の地名研究を通した商代地理に長期間大きな進展がなく、方針の転換と新規課題の開拓が必要であった。甲骨文字の本体および卜辞の内容には大量の地理環境と人と地勢との関係についての情報が隠されており、これに対して全面的な整理が行われ、そのうち文字の形義により、殷人の眼前に広がった地理空間と景観を明らかにすることで、商代人の地理環境に対する認識を総括することができる。網羅的に山阜類・河川類・物象類などの自然属性および農業地名・牧畜地名・田猟地名などの人的活動による甲骨文の地名を博捜することで、あわせて産業地理および環境の変遷の人的活動による地名との関わりについて期間を分け分類する。

二つめに商代の気候と水文について。学界では一部に商代は温暖湿潤的気候の特性と同じであると考えていることについて、一貫して反駁する立場がある。環境考古の材料及び物候の理論を利用することで、商代の気候変動の動態について研究を行い、商代に旱魃があったとしても、ただ総体的には湿潤の気候であったとみなすことができる。商代は水害が多いという状況下に置かれていたといっても、決していわゆる「河患」ではなく、商都の度重なる遷都と水害は関係がない。商代の黄河下流域は支川や河湖が非常に多く、洪水の表現形式が後世と多く異なる。商代の黄河下流域の流路はおおよそ春秋戦国時代と同じであるが、二つの大きな流れに分かれて存在していた。学界では広く黄河の流路は大伾山の西にある古河道が商代には滴水の河道であり、滴水は洪水であったと考えられている。

三つめは商代の動植物の環境について。学界では少数ながら商代の動植物の種や属およびその生存環境について関連する考察を進めて

いる。日に日に豊富となる動物骨格の化石資料に依拠することで商代の野生動物の分布を検討し、あわせて王畿区・東土・西土・北土および南土の野生動物の生存環境を分別して考察する。考古遺址に現れる商代植物の化石を博捜し、胞子や花粉を利用し、植物珪酸体の鑑定結果より商代植物の景観を検討し、植物学の知識を融合させることでその生長環境を明らかにし、植物の受けた変遷を通して異なる地域の商代前後期における気候環境の僅かな差異および水文環境のそれに対応した変化を検討する。

四つめに商代集落と環境の関係について。近年学界では商代の一つの集落および集落郡の人の居住環境について検討し、この基礎研究に立ち集落考古と環境考古を契機として、全体的な商代邑聚の土地の選定方法とくに都城の営造における自然環境の要因を検討することによれば、商都が度重なる遷都をしたのは「河患説」によるという考えは成り立たない。商代の邑聚の地理分布は山に沿い・盆地を択び・丘に居住し・河に臨んだという特性がある。商代の邑聚の区画整理を計画することおよびその建築はすべて充分に地理環境の要素を考慮して人と地勢の関係が調和していたことを表している。

三、商代の地理環境の研究方法

上古史の史料には限りがあり、その上研究対象が自然と人的活動の両面に関連するため、商代の地理環境を考察することは多くの学問領域を交差させた研究方法を採用する必要がある。慎重に伝統的歴史文献を操作し、充分に甲骨文・金文などの古文字資料を運用し、就中その科学技術の考古・環境考古と集落考古の成果、文化遺構の発掘による地理環境の情報を重視して利用し、あわせて実地での考察を進める必要がある。研究範囲の比較的広がりを鑑み、全てにおいて周到であることは不可能であり、突出した力点、新たな思想を生み出し、研究の方針を転換する必要がある。具体的に言及すると、商代地理環境の研究において最も注意されるべきは以下の三点である。

（一）伝統文献と出土文字材料の二重証拠について

歴史地理学は主に伝世文献に依拠し資料とデータを収集する、商代について言えば、甲骨文・金文などの古文字材料に大量の地理環境についての情報が隠されている。古史研究の二重証拠法はすでに膾炙した手法あり、商代の地理を研究するには、単に伝世文献の資料の価値を深く掘り下げるだけでなく、また充分に出土文字資料を利用する必要がある。例えば甲骨文字の形義を通して殷人の眼前に広がった地理環境が立ち現れる。卜辞における内容は商代地理のあらゆる方面を反映している。文字考釈・特定の史論の甲骨学研究の成果と商代地理もまた多く関連がある。青銅器の銘文・簡帛史料中の地名は多くの場合文献の記載を正すことができる。

（二）考古学と地理学の相互の結合について

学者が主張する歴史地理学と古地理学の間に存在するのが考古地理学である。商代地理は具体的に文献に明確に記載された時空の枠により、歴史地理学の研究の時間の枠組みは拡張してあわせて充分に考古学研究の成果の領域に転用できる。考古材料は単に追加・文字の記載を校勘するのみならず、いくつかの面の研究にさらに新たなステージを開くことが可能となる。例えば商代動植物の考古を通して、正確に当時の動植物の種や属を知ることができ、野生動物の分布・植生の変遷を検討することで、あわせてこれを借りて商代の気候と区域と水文環境を考察することができる。

（三） 環境史的な視点と方法について

環境史学は近年隆興しており、新たな学術の一つの頂点となった。環境史は単に人類の作用による自然環境の変遷に注目するのみならず、かつ自然の影響と参与する人類の活動をも考察する。環境史学の示唆を受けて、商代の地理研究は必ずしも伝統的な手法に拘泥することなく、新たなフレームワークによって思考され、当時の人と地勢の関係について深く考察し、例えば商代の邑聚の選択と設立・都城の遷都・住居の造成における地理的要因、商代の資源環境と生存経済の模式的関係、区域考古学の文化現象と地理環境の特性との関連などがある。

商代地理環境の研究方法はまだ挙例することで説明が可能である。多くの学問領域を複合した研究の方向性には、例えば商代の気候の乾湿の状況について検討することが挙げられ、文献の記載はやや簡略であり、卜辞の釈読は多く解釈が分かれ、単に考古材料にしたがった地下水位の判断を進めることもまた不確実であり、より多くの胞子や花粉および植物珪酸体の分析・物候学の資料を利用して、歴史地理学の成果とあわせた総合的な研究を進める必要がある。また例えば甲骨文に記された黄河と滴水の流路を判読し、研究に従事する諸家の視点と卜辞の内容を分析することの他に、更に歴史地理学・水文学の知識の研究を進める必要があり、加えて実地の地形を考察する必要がある。学術の進路の転換には、例えば甲骨文による地理学の考察をすることは、二点を重視する。一つは文字の形義の解読により、甲骨文字それ自体を通して現れる地理景観であり、一つは甲骨文の地名に対する時期区分と分類であり、地望の考証を重視せずして、しかもそれが反映する産業地理と環境の変化を発掘することである。

この他、商代地理環境の研究は可能な限り多く図表による形式を採用し、特にその地図上への描画に注意することで、直感的に研究内容と結論を反映することができる。

《 著者注 》

（一） 胡厚宣「卜辞地名与古人居丘説」（『甲骨学商史論叢初集』に所収、河北教育出版社、二〇〇二年、第四九一頁）

（二） 胡厚宣「〈商代地理概論〉序」、（『商代地理概論』、中州古籍出版社、一九九四年）

《 訳者注 》

（一） 松丸道雄「殷墟卜辞中の田猟地について――殷代国家構造研究のために」（『東洋文化研究所紀要』（三一）一九六三年、東京大学東洋文化研究所）。なお原文は《関于殷墟卜辞中的田猟地》と表記されているが、わが国の論文の表記の慣例に従い、「」で示した。

第一部会 六

経学と文学——詩経研究を例として——

牧角 悦子

はじめに

歴史学は、新しい学問方法である。近代になって文学・哲学・歴史という新概念がもたらされ、中国文化の長い蓄積を、文学的・哲学的視点で眺めることにより、文学史・哲学史が生まれた。また歴史というものが、一つの概念として独自の価値を有するものであれば、当然歴史研究という学問も生まれる。しかしそれら全ては近代の学術あるいは視点であり、二〇世紀初頭における中国あるいは東洋諸国の学問は、それとは異質であった。前近代的学問は、儒教を中心に据えた聖人君子の学、いわゆる経学こそがその中心であったからだ。中国においては「中体西用」、日本においては「和魂洋才」という言葉が端的に表すように、西欧からもたらされた近代的価値は、「用」あるいは「才」という技術的価値に過ぎず、学問の骨格にあったものは道を中心に据えた経学的理念なのであった。

経学は、東アジア文化の骨格を成すものであったが、近代という未曾有の価値転換期に、いちど徹底的に否定される。経学の否定と新しい概念に拠る価値の体系化は、特に教育制度の中で定着が図られ、高等教育としての大学における学術、中等・初等教育における国語表現を通して、あらたな価値が浸透していく。学問の世界では、哲学・史学・文学という区分が、従来の経学とは全く異なるデシプリンのもとに確立していくことになるのだ。

しかしこの新しい教育制度から生まれた新しい学術体系は、経学あるいは古典学という伝統的学問体系を分断し細分化することで、その全体が内包していた「学び」の意味を変質させた。それは例えば五四運動において「民主」と「科学」が絶対的価値として掲げられたことにより、あるいは「物」が、あるいは「社会構造」が、あるいは「人民」が主となる体系であり、経世済民を目的とした経学とは全く異質のものであったからだ。

教育体系はいつでもその時の政治体制や統治意識と直結する。時代に求められるものを濃厚に反映するのが教育だからである。しかし学問が、そのような統治的意図と離れて独自の価値を持つとすれば、それは時代を超えて残ってきた古典籍の、古典としての意味を問うこと以外にその意義は無いであろう。その際に、経学の時代的変遷と、特に近代以降の在り様を問うことは、学問という営為の持った価値の一端をうかがうに有効なのだと思う。本論では、『詩経』という歌謡であり経典でもあった古典中の古典を対象にして、近代という新旧相い異なる価値の衝突した時期における経学と文学の対立の実体と、それを超克する古典学の方法論について考察してみたい。

一、中国学と漢学——近代における経学の否定

近代以前の学問は、日本においては漢学であった。漢学とは日本人が受容し日本に適合させた中国の学問の呼称であり、洋学や国学との対比によって漢学と称される。しかし洋学や国学が登場する以前は、殊更に漢学と呼ぶ必要の無かったほど、日本人にとってそれは学びの中心であった。また、日本だけでなく、漢字文化を共有する東アジア文化圏においては、儒教経典を中心におき、経世済民を目標に掲げる経学が、支配者層に知識人としての教養を提供する学問として学の中心であった。漢学はまた、テキストの科学的な分析や、あるいは自己表現としての漢詩文の作成など、精緻な知性と洗練された感性を求める学問でもあった。そしてそれら全ては、儒教的真理である聖人の道の実現を目標とする、精神性の高い学問であった。

近代以降、学問の世界に新しい価値と方法論がもたらされた結果、西洋的な価値観を基に構成された学術体系の中で、中国古典学は分裂的に細分化される。哲学・史学・文学という分類、また客観性・合理性を重視する方法論、そして民主と科学を掲げる近代的価値観の中で、経学はいちど大きく否定されることになる。

一方の、中国における経学否定の急先鋒は、顧頡剛を旗手に掲げる疑古派であった。彼らは『古史辨』を中心に、経典の理念的解釈を退け、経典を歴史資料として、そこから「古史」つまり古代の「歴史」を構築しようとした。『古史辨』第三集の扉には鄭樵『通志』綜序の次の語を掲げる。

三百篇之詩盡在歌聲、自置詩博士以來、學者不聞一篇之詩。六十四卦之易該于象數、自置易博士以來、學者不見一卦之易。

三百篇の詩は盡く歌聲に在るに、詩博士を置きて自り以來、學者は一篇の詩を聞かず。六十四卦の易は象數に該《そな》わるに、易博士を置きて自り以來、學者は一卦の易を見ず。

『古史辨』は、鄭樵のこの批判を継承し、経典を古代という時代に戻し、そこに儒教的聖人の道ではなく古代的習俗を読み取ろうとしたのである。『古史辨』にははっきりと「歴史」の認識があり、また歴史資料の客観的分析という新しい方法論が自覚されていた。また、古代という時代について、それを聖人の理想的時代というそれまでの認識から解放し、文化の起源としての新しい価値づけが試みられた。古代の再発見は、中国近代学術の最大の成果である。

疑古派の主張は、急進性の強さと文献資料を中心に据える方法にある種の限界があったことにより、『古史辨』の終刊とともに終息してしまい、信古や釈古といった研究態度と相対化されるに止まるのであるが、しかし「歴史」という視点を明確に打ち立てたことの近代的意味は看過されるべきではない。

『古史辨』は、五経のそれぞれに新しい読みを試みるのであるが、『詩経』に関する論考は、第三集に纏められている。詩はもともとは歌謡である、という主張と、古代という時代の持った特殊な意義についての認識は、基本的にはここから始まる。

このように、日本と中国における近代的古典学、就中経典の再解釈は、経学を否定することから始まる。同時にまた経学的視点の中では古き良き時代、聖人の御世として憧憬と懐古の対象であった古代という時代が、新しい視点から再解釈されることになる。

古代という時代が、特殊な空間であり、それは神霊に対する祈りや呪術が近代とは異なる重要な価値を持っていたという認識は、主に西洋の文化人類学・民俗学に起こり、それが中国の学術界にもたらされると同時に、殷墟の発掘と甲骨文の解読を契機として、一気にひろがった。古典解読の分野でそれを導入したのが上述の疑古派であり、郭沫若・陳夢家などの金文古文を対象とする文字学者であった。また、『詩経』研究においては、マーセル・グラネの『中国古代の祭祀と歌謡』にはじまり、中国では聞一多が、日本では松本雅明・白川静・赤塚忠らが『詩経』の新しい解釈を展開していくことになる。

二、『詩経』の近代的研究

日本において詩経研究に新しい境地を開いたのは目加田誠が昭和十八年に出版した『詩経』である。対中戦争の泥沼化の中で社会全体が閉塞感に満ちていた時代の中で、目加田は『詩経』の中に新しい歌声を聞いた。それまでの経学的解釈からの解放と文学性への視点が、近代の詩経研究の幕開けを告げる。松本雅明『詩経の「興」詞研究』、白川静『詩経研究』もまた、それぞれ近代における民俗学研究の成果を受けつつ、新しい詩経解釈を展開する。赤塚忠『詩経研究』はさらに礼制度の視点から、『詩経』を古代文献として解釈しなおした。

日本における近代以降の詩経研究の中から重要なものを挙げると下記の通りである。

①目加田誠『詩経』（一九四三年　東京日本評論社）
②松本雅明『詩経諸篇の成立に関する研究』（一九五八年　東京東洋文庫）
③白川静『詩経研究（通論篇）』（一九六一年　京都朋友書店）
④鈴木修次『中国古代文学論――詩経の文芸性』（一九七七年　東京角川書店）
⑤赤塚忠『詩経研究』（『赤塚忠著作集』　一九八六年　研文社）
⑥家井真『詩経の原義的研究』（二〇〇四年　研文出版）

また、翻訳の分野では目加田誠『詩経』をはじめとして、下記数種類の全訳・抄訳が出版された。

①目加田誠『詩経　訳注』一九四九年
『新釈詩経』一九五四年・『詩経・楚辞』一九六五年
②吉川幸次郎『詩経国風』　一九五八年
③高田真治『詩経』集英社漢詩体系　一九六六年
④境武男『詩経全釈』　一九八四年
⑤新釈漢文大系『詩経』上・中・下　一九七七年～二〇〇〇年

同時期に中国においても、同じように近代的詩経研究が始まる。胡適・顧頡剛ら疑古派の『古史辨』に始まった近代的詩経研究は、聞一多・朱自清がその精度を高める。

①胡適・顧頡剛『古史辨』第三冊　一九一一年～一九三一年
②聞一多『詩経新義』　一九三七年
③朱自清『詩言志辨』　一九五六年
④朱東潤『読詩四論』　一九四〇年

これらはほぼ全て、従来の経学的詩経解釈から距離を置き、『詩経』を古代歌謡として読み解くことを目指した（いくつかの例外を除く）。

ただここで大きな問題が生じる。『詩経』という古典は、その発生の当時は歌謡であったであろうが、しかし漢代以降は儒教経典として、経学的に解釈された歴史が長い、ということである。全ての古典は解釈の歴史を持つ。その時代の要求を反映して、柔軟に解釈を変化させるのが古典だからである。だとすれば、『詩経』は古代歌謡として解釈することもできるが、だからと言って儒教経典としての解釈も一概に否定されるべきではない。しかしながら、その二つの立場による解釈の相違には、融合不可能な距離があるのである。
一つの例を示そう。『詩経（毛詩）』魏風「碩鼠」篇について。

『詩経』魏風「碩鼠」

碩鼠碩鼠　無食我黍　　碩鼠碩鼠　我が黍を食らうことなかれ
三歳貫女　莫我敢顧　　三歳女《なんじ》に貫《つか》えしに　我を敢えて顧みることなし
逝將去女　適彼樂土　　逝《ゆ》きて將に女を去り　彼の樂土に適《ゆ》かん
樂土樂土　爰得我所　　樂土　樂土　爰《ここ》に我が所を得ん

碩鼠碩鼠　無食我麥　　碩鼠碩鼠　我が麥を食らうことなかれ
三歳貫女　莫我肯德　　三歳女《なんじ》に貫《つか》えしに　我を敢えて徳することなし
逝將去女　適彼樂國　　逝《ゆ》きて將に女を去り　彼の樂國に適《ゆ》かん
樂國樂國　爰得我直　　樂國　樂國　爰《ここ》に我が所を得ん

碩鼠碩鼠　無食我苗　　碩鼠碩鼠　我が苗を食らうことなかれ
三歳貫女　莫我肯勞　　三歳女《なんじ》に貫《つか》えしに　我を敢えて勞することなし
逝將去女　適彼樂郊　　逝《ゆ》きて將に女を去り　彼の樂郊に適《ゆ》かん
樂郊樂郊　誰之永號　　樂郊　樂郊　爰《ここ》に我が所を得ん

この一篇に付された「毛序」には以下のようにある。

碩鼠刺重斂也。國人刺其君重斂、蠶食於民、不修其政、貪而畏人、若大鼠也。

「碩鼠」篇は重い税を批判した詩である。その国（魏の国）の人が、君主が重税を課し人々を食い物にし、政治を怠り、貪るばかりで人々に脅威を与えることが、まるで大きな鼠のようであることを批判したのだ。

また朱熹の『詩集伝』には、

民困於貪殘之政、故託言大鼠害己、而去之也。

人々が貪欲で殘忍な政治に苦しみ、それを大きな鼠が自分らを害する様子に託して歌い、そこから逃れ去るのだ。

という。毛序は「国人」が民に代わって批判する詩だとし、朱熹は人々の歌だとする違いはあるが、ともに民の暮らしを脅かす国政を批判する詩だとする点で共通する（二）。
しかし例えば、毎章ごとに繰り返される「三歳」という言葉は、国風に多見するが、それは主に男女関係を歌う中で、一方が他方に飽きる、あるいは愛想が尽きる、いわば男女関係の賞味期限を言う。また章ごとに変化する「莫我敢顧」「莫我肯徳」「莫我肯勞」に見える「顧」「徳」「勞」の語は、これも男女の情愛を言う表現として主に国風に多見する。とすればこの詩は、三年一緒に暮らした男に対して、女が投げつけた別れの歌だと解釈することが可能になるのだ。「碩鼠」は大きなねずみ。ねずみのように貪欲にご飯ばかり食べ、女のことを大事にしなかった男を捨てて、女は「楽土」つまりもっと楽しい土地へと去ってゆこうとする。

　でっかい鼠のようなあんた、私が汗水たらして育てた麦や黍を、もう食べないでおくれ。三年間あんたに尽くしてきたけれども、あんたはちっともあたしを大事にしてくれなかった。あんたなんかもう捨てて、もっと楽しい暮らしをしようと思う。ああ、きっともっと楽しい暮らしがあって、私もそこで笑って生きていけるわ。

「碩鼠」篇を、古代歌謡として解釈するとこのようになる。(二)
また、召南「小星」篇は、以下のような詩である。

嘒彼小星　三五在東　嘒たる彼の小星　三五　東に在り
肅肅宵征　夙夜在公　肅肅として宵に征き　夙夜として公に在り
寔命不同　　寔れ命は同じからず

嘒彼小星　維參與昴　嘒たる彼の小星　維れ參と昴と
肅肅宵征　抱衾與裯　肅肅として宵に征き　衾と裯とを抱く
寔命不猶　　寔れ命は猶《おな》じからず

　これを古代歌謡として解釈してみよう。「肅肅宵征　夙夜在公」の「肅肅」は、「縮縮」あるいは「夙夕」の語で『詩経』中に多く見られ、ここでは「夙夜」もまた同じ意味である。それは祭祀の場での恐れ慎む様子を表す。「公」は「公宮」すなわち宗廟であり、この二句は日暮れから夜にかけて執り行われる祖霊祭祀を歌っていることになる。「寔命不同」「寔命不猶」の「寔命」は降臨した祖霊の下す命であり、「不同」「不猶」は「たがわない」と訓ずることができる。つまり、祖霊の命に子孫たちが忠実に従うことを言う。第二章の「參」「昴」はそれぞれオリオンとスバル。第一章の「小星」同様、古代人の祈りの対象である。第三章に歌われる「衾」と「裯」は、人の魂を包むものとしての衣服だと解釈できる。これらを総合的に考えると、「小星」一首は祖霊祭祀において、子孫たちが畏れ慎みながら祖先の霊を降ろし、命に従い幸福を祈願する詩となる。

　きらきら輝くお星様。東の空に三ツ星と五つ星。恐れ謹んで夜に行き、恐れかしこんで公宮《みたまや》にお仕えする。こうやって祖霊の下された命に忠実に従えば、祖霊は恵みを与えてくれる。

　きらきら輝くお星様。オリオンとスバルの星。恐れ謹んで夜に行き、衾《うわぎ》と裯《ひとえ》を身にまとう。こうやって祖霊の下された命に忠実に従えば、祖霊は恵みを与えてくれる。(三)

　しかし毛序及び朱熹はこの詩を、諸侯の夫人の人徳を歌うものだと解する。つまり、夫人は夜に妾たちが夫のもとに通うのを嫉妬せず、また妾たちも身分の違いをわきまえて粛々と夜具を抱えて静かに通う、と解するのである。(四)
　この融合不可能な二つの解釈はしかし、どちらかが正しいという二者択一を迫られるべきものではない。解釈は立場によって、また時代によって変化するものだからだ。毛序や朱熹の詩経解釈は、確かに近代的感覚からすると、大きな違和感に満ちている。それは詩の解釈ではないと誰もが感じる。しかしだからと言って、それは否定の対象にだけなる存在かというとそうではないのだ。一方は経学という立場から、一方は文学という立場から、『詩経』という古典を「解釈」しているのだからである。

　ただ、上述の近代的詩経解釈においては、『詩経』の文学性を重んじる余り、経学的解釈を大きく否定する傾向が強い。そこには、『詩経』は詩であり文学なのだから、という「近代」の視座が大きく働いているのだ。[五]

三、経学と文学——総合的詩経研究の必要性

　解釈における如上の対立について、渡邉義浩は以下のように指摘する。[六]

> 第三は経学を否定する「近代化」論の有効性である。魯迅が経学を否定したように、近代文学は経学を断ち切ることにより成立した。日本近代の中国史学が、「堯舜抹殺」論のように漢学の否定から始まったことと事情は同じである。中世の「封建」性から抜け出し、西欧近代の学術を指向するには、それは必要不可欠な視座であった。……しかし西欧近代が相対化された現代において、経学を悪者と捉える視座からは、『詩経』の原義は解釈しえても、中国文学史全体における『詩経』の位置は見えてこない。……経学を客観化することによる『詩経』の文学性の捉え直しが必要なのではないであろうか。

　近代以降は儒教的価値観からの解放によって、古代への新しい視点が啓かれ、『詩経』を古代歌謡として読み解こうとする立場が多いことは前述の通りである。それはまた『詩経』の中に「人間の善意（吉川）」「詩の本意（目加田）」「古代習俗（白川）」を読みとろうとする方向を顕著にする。[七]民俗学・宗教学の応用による古代学としての新展開を見ると同時に、一方の経学的な読み、あるいは経典としての『詩経』の研究は否定の対象になるばかりで影をひそめるのだ。

　しかし、『詩経』のみならず全ての古代文献は、発生の当初と伝承の過程、そして成文化されテキストとなり、さらにそれに解釈が付されて読み継がれる。『詩経』という時に、いったいどの時点でのそれを言うのかによって、内実は異なってくる。『詩経』を古代歌謡として、あるいは経典として解釈する、という二項のみならず、成立・伝承・成文・解釈という時代の流れの中でトータルにとらえる視点は、古典学として『詩経』を対象とする際に必要な方法だと思う。[八]

　そしてその際、『春秋左氏伝（以下『左伝』と略称する）』に見える引詩の事例は、古代歌謡としての『詩経』とも、また儒教経典化された『詩経』とも異なる、非常に特殊な詩経理解を示す。『左伝』と『詩経』の関係に視点を当てることで、古代歌謡と経学という対立項から自由になることが可能になるのだ。そこで以下に、『左伝』に見える『詩経』の引用を、「断章」と「賦詩」の語に注目しつつ考えてみたい。

四、『春秋左氏伝』と断章取義

　『左伝』に見える『詩経』（以下『詩』と呼び漢代以降の『詩経』と区別したい）の引用は、主に諸侯間の外交の場面で「賦詩」されることがその中心である。最も典型的な例として襄公二十七年の記事を引こう。

「鄭伯享趙孟于垂隴。子展、伯有、子西、子産、子大叔、二子石從。趙孟曰「七子從君、以寵武也。請皆賦、以卒君貺。武亦以觀七子之志。」子展賦草蟲。趙孟曰「善哉。民之主也。抑武也、不足以當之。」伯有賦鶉之賁賁。趙孟曰「牀笫之言不踰閾。況在野乎。非使人之所得聞也。」子西賦黍苗之四章。趙孟曰「寡君在、武何能焉」子産賦隰桑。趙孟曰「武請受其卒章。」子大叔賦野有蔓草。趙孟曰「吾子之惠也。」印段賦蟋蟀。趙孟曰「善哉。保家之主也。吾有望矣。」公孫段賦桑扈。趙孟曰『匪交匪敖』、福將焉往。若保是言也、欲辭福祿、得乎。」 卒享、文子告叔向曰「伯有將為戮矣。詩以言志、志誣其上而公怨之、以為賓榮。其能久乎。幸而後亡。」叔向曰「然。已侈。所謂不及五稔者、夫子之謂矣。」文子曰「其餘皆數世之主也。子展其後亡者也。在上不忘降。印氏其次也。樂而不荒。樂以安民。不淫以使之。後亡、不亦可乎」。

鄭伯 趙孟を垂隴にて享せり。子展、伯有、子西、子産、子大叔、二子石 従えり。趙孟曰く「七子君に従いて以て武を寵せり。請う皆な賦して以て君の貺を卒えんことを。武も亦た以て七子の志を観ん。」子展 草蟲を賦す。趙孟曰く「善きかな。民の主なり。抑《おも》うに武や、以て之に當るに足らざるなり。」伯有 鶉之賁賁を賦す。趙孟曰く「牀笫の言は閾を踰えず。況んや野に在りてをや。人の得て聞かしむる所に非ざるなり。」子西 黍苗の四章を賦す。趙孟曰く「寡君の在ませば、武 何ぞ能くせん」。子産 隰桑を賦す。趙孟曰く「武 請う其の卒章を受けんことを。」子大叔 野有蔓草を賦す。趙孟曰く「吾子の惠なり。」印段 蟋蟀を賦す。趙孟曰く「善きかな。家を保つの主なり。吾れ望む有り。」公孫段 桑扈を賦す。趙孟曰く『匪の交り敖《おご》ら匪《ざ》れば、福將に焉くにか往かん』。若し是の言を保てば、福祿を辭せんと欲すも得んか。」 享し卒え、文子 叔向に告げて曰く「伯有 將に戮せられん。詩は以て志を言う、志 其の上を誣して之を公怨し、以て賓の榮と為せり。其の能く久しくせんか。幸にして後に亡びん。」叔向曰く「然り。已《はなは》だ侈《おご》れり。所謂五稔に及ばずとは、夫子を之れ謂うなり。」文子曰く「其の餘は皆な數世の主なり。子展は其れ後に亡ぶ者なり。上に在りて降を忘れず。印氏は其れ次なり。樂みて荒せず。樂みて以て民を安んず。以て之を使うに淫せず。後に亡ぶるは亦た可ならずや。」

春秋の大国晋と鄭の緊張に満ちた外交関係の中で、鄭に立ち寄った晋の趙孟を鄭伯がもてなす。郊外の享宴に集まった鄭の公子たちに、趙孟は詩を賦すことを請う。そこで、子展は「草虫」を、伯有は「鶉之賁賁」を、子西は「黍苗」を、子産は「湿桑」を、子大叔は「野有蔓草」を、印段は「蟋蟀」を、公孫段は「桑扈」を、それぞれ賦した。趙孟はその一つずつに、コメントし、伯有がこの後謀反を起こして戮されるであろうことを、その賦した詩から予測した、という話である。

重要なのは、春秋期諸侯間の外交の場では詩を賦すことによって「志」を表した、ということである。「詩言志」の原点である「詩以言志」の語がここにある。この場面では、一方で上客を頌しもてなす為に、また一方で自己の心境を表明するために鄭国の公子たちが「賦詩」する。

外交における「賦詩」が「言志」つまり心の内を表明するための特殊な方法であることについて、『漢書』藝文志（詩賦略）は以下のように説明する。

古者、諸侯卿大夫交接隣國、以微言相感、當揖讓之時、必稱詩以諭其志、蓋以別賢不肖、而観盛衰焉。

古は、諸侯卿大夫 隣國と交接するに、微言を以って相い感ぜしめ、揖讓の時に當りては、必ず詩を稱して以て其の志を諭う。蓋し以て賢と不肖とを別かち、而して盛衰を観るなり。

「微言を以って相い感ず（以微言相感）」とは、ほのめかしの言葉を介して意を通じ合うことである。それは論理的直接表現ではなく、『詩』の共通理解を前提として、相手の斟酌や忖度を導く外交手段となる。同時にそれは双方の文化水準を量る政治的成熟度の物差しにもなる、というのである。

「詩を賦す」行為が、論理的あるいは説明的表現よりも次元の高いスキルであったことは、『論語』に見える「與語詩」の語からも分かる。『論語』には、孔子と弟子との会話の中で「與に詩を語る」という表現が二度登場する。「学而」篇と「八佾」篇に見えるそれを下に引用してみよう。

子貢曰「貧而無諂、富而無驕、何如」子曰「可也。未若貧而樂、富而好禮者也。」子貢曰「詩云『如切如磋、如琢如磨。』其斯之謂與」。子曰「賜也、始可與言詩已矣。告諸往而知來者。」（「学而」篇）

子貢 曰く「貧にして諂ること無く、富みて驕ること無きは何如」と。子 曰く「可なり。未だ貧にして樂しみ、富みて禮を好む者に若かざるなり。」と。子貢 曰く「詩に云う『切るが如く磋るが如く、琢するが如く磨するが如し。』其れ斯の謂いか」と。子曰く「賜や、始めて與に詩を言う可きか。諸に往を告げて來を知る者なり。」と。（「学而」篇）

子夏問曰『巧笑倩兮、美目盼兮、素以為絢兮。』何謂也」。子曰「繪事後素。」曰「禮後乎」。子曰「起予者商也。始可與言詩已矣。」（八佾篇）

子夏 問いて曰く『巧笑 倩たり、美目 盼たり、素 以て絢と為す』とは何の謂なるか」と。子 曰く「繪事は素を後にす。」と。曰く「禮は後なるか」。子 曰く「予を起こす者は商なり。始めて與に詩を言う可きか」と。（八佾篇）

いま、詳しく内容を分析することはしないが、この二例はともに『詩』の言葉を介して、孔子と弟子の会話空間が、一つ上のステージへとレベルアップしたことを語っている。「與に詩を言う（與言詩）」とは『詩』の言葉の背後にある世界、あるいは『詩』の言葉から生み出される特殊な空間を、会話を通して双方が共有することを言うのだ。そこには、『詩』が『詩』として持った本来の意味（本義）への志向は存在しない。解釈は臨機応変に目前の命題によって変化する。その場面における一回性の意味を共有する関係を、「與に詩を言う」と孔子は言うのだ。だとすれば、「賦詩」あるいは「與言詩」という行為は、詩の作品としての意味の追求とは別の方向を目指すものだと言わなければならない。

「賦詩」という行為において、その詩の語句の意味が詩の一篇の内容と微妙に、時に大きく齟齬することについては、既に早くから認識されていた。そしてそれは「断章」という語で説明される。つまり『詩』の一部を切り取って、目の前の現実に即応した意味を付与するものとして歌われる、ということである。『左伝』襄公二十八年に、

癸臣子之、有寵、妻之。慶舎之士謂盧蒲癸曰「男女辨姓、子不辟宗、何也。」曰「宗不余辟、余獨焉辟之。賦詩斷章、余取所求焉。惡識宗。」

癸 子之に臣たりて、寵有り。之に妻《め》あわす。慶舎の士 盧蒲癸に謂いて曰く「男女姓を辨つ、子 宗を辟けざるは、何ぞや」と。曰く「宗 余を辟けざるに、余 獨り焉ぞ之を辟けんや。詩を賦すには章を斷つ、余 求むる所を取る。惡んぞ宗を識らんや。」

とあり、「断章」の語はこれが初出である。ここでは、斉の（慶封の子である）慶舎が妻を娶るにあたって、同姓不婚の禁を破ることの理由を、「賦詩」の際に断章するのと同じだ、という。つまり「宗（おおもと。ここでは宗主の意）」を知らないわけではないが、それを敢えて取らない（「避」）、というのだ。この「断章」について杜預注は「譬えば詩を賦する者、其の一章を取るが如きのみ（譬如賦詩者、取其一章而已也）」と、また竹添光鴻『左氏会箋』は「時事に便宜有ること、詩を賦するが如し。一章を断ちて唯だ欲する所を取り、其の本義に泥まざるのみ（時事有便宜、如賦詩焉。断一章唯取所欲、不泥其本義耳）」と説明する。つまり賦詩において、『詩』の都合のよい部分を引用し、「本義」に泥むことなく便宜的に使うことを「断章」と言うのだ。

確かに上に引いた襄公二十七年の例を見てみると、伯有の歌った「鶉之賁賁」は、家庭内の不和を歌う、という『詩』の義と対応するが、子展の賦した「草虫」は、全体としては趙孟のコメントのように相手を賛美するものではない。召南「草虫」篇は以下のような詩である。

喓喓草蟲、趯趯阜螽。　喓喓たる草蟲、趯趯たる阜螽
未見君子、憂心忡忡。　未だ君子を見ず、憂心 忡忡たり。
亦既見止、亦既覯止、　亦た既に見、亦た既に覯し、
我心則降。　我が心ち降れり。

陟彼南山、言采其蕨。　彼の南山に陟り、言に其の蕨を采る。
未見君子、憂心惙惙。　未だ君子を見ず、憂心 惙惙たり。
亦既見止、亦既覯止、　亦た既に見、亦た既に覯し、
我心則説。　我が心 則ち説べり。

陟彼南山、言采其薇。　彼の南山に陟り、言に其の薇を采る。
未見君子、我心傷悲。　未だ君子を見ず、我が心 傷悲す。
亦既見止、亦既覯止、　亦た既に見、亦た既に覯し、
我心則夷。　我が心 則ち夷んぜり。

この一篇は、経学的解釈にしろ、古代歌謡としての解釈にしろ、明らかに男女関係を歌う詩である。第一章では飛び跳ねる「草虫」を、第二・第三章では「南山」で蕨と薇を采る行為を興として、「君子」と「会えない（「未見」）」→「会えた（「既見」）」→「覯した（「既

覯）」ことで、晴れない思いが「降（おちつき）」「説・夷（よろこび）」に変わったことを歌う。ところが『左伝』のこの場面では、おそらく「草虫」篇の一部分、章ごとに繰り返される「未見君子、憂心忡忡。亦既見止、亦既覯止、我心則降」の句を歌うことで、上客を迎える喜びを表現したと思われる。

このような『詩』の引用法を、後世「断章取義」と呼ぶのだが、実は「断章」と「取義」を合わせて一句とし、作詩法の立場から論じたのは『文心雕龍』であった。(九)『文心雕龍』章句篇には、

尋詩人擬喩、雖断章取義、然章句在篇、如繭之抽緒。原始要終、體必鱗次。啟行之辭、逆萌中篇之意、絶筆之言、追媵前句之旨。故能外文綺交、内義脈注、跗萼相銜、首尾一體。

詩人の擬喩を尋ぬるに、章を断ち義を取ると雖も、然れども章句の篇に在るは、繭の緒を抽くが如し。始めを原ね終りを要むるに、體は必ず鱗次あり。啟行の辭は、中篇の意を逆萌し、絶筆の言は、前句の旨を追媵す。故に能く外文は綺交し、内義は脈注せり。跗萼相い銜み、首尾體を一にす。

とある。「詩人」はもちろん『詩経』の詩人である。『詩経』の詩人が『詩』に託した意は、断章の中にも明らかに見て取れる。全篇が首尾一体となった整った完全な形体であるためである、という主旨である。これは『詩経』の「文」としての完全無欠を言うものであるが、しかし「雖」の語が図らずも示すのは、一つの文には始めから終わりまで一貫した「意」・「旨」があるのだ、という意識である。

「断章取義」という言葉を、都合の良い勝手な解釈という意味で批判的に使うようになるのは中世以降である。(一〇)その背景には、文には本来の意味（本義）がある、という無意識の前提がある。しかし『左伝』の賦詩の場合、詩の義は多様で、思想背景や時代背景に応じて自在に変化する。臨機応変の解釈を許容する要素を『詩』は持っていたからだ。断章すること、意をもって義が変化することは、むしろ当然のことだったと言ってもよい。『詩』に求められたものもまた、本義（仮にそれが有るとして）ではなく、変幻自在に現実に対応する、言葉の背後にある空間であった。それが「感じ」合うことを通じて共有されるのが洗練された外交であり（「微言相応」）、またこのような感じ合う要素を許容する『詩』の独自な働きを、後に「興」という言葉で表したのではないだろうか。

おわりに

『詩経』の研究は、現在の学術区分ではどこで扱われるのが適当なのであろうか。

『詩経』は、発生の当初にあっては古代の歌謡であった。古代という時代の持った特殊な空間から、神霊祭祀における呪術的言辞として生まれたという意味で、その解明には宗教学や文化人類学が有効になる。また『詩経』が文献として登場する最初は『論語』と『左伝』であるが、その時代の『詩』が特殊な古典であったことについては上に述べたとおりである。そして秦の焚書を経て、漢初に文字化されテキスト化された三家詩と毛詩を研究するには、経学的視点と書誌学的方法論が必須であろう。更に後漢になって儒教国家の枠組みが完成して後は、『詩経』は文の規範として神棚に祭り上げられ、厳密な解釈体系を賦与される。それを対象とするためには、漢代儒教の実際への視

点、経学・歴史、特に統治形態としての制度史や思想史的な知識も必要となる。六朝には『詩経』は、文の規範として文論の原点となるほか、成熟する五言詩の世界で抒情的表現の資源にもなる。それは詩歌の歴史的把握という意味では文学研究であり、しかしまた厳密なテキストを確定するためにはやはり書誌学的、そして経学的視点も重要となる。

つまり、『詩経』という古典をトータルに把握するためには、文学・哲学・歴史・文字学といった現在の学術区分を大きく跨ぐ必要性があるのだ。そして恐らくそのことは、『詩経』だけではく、中国の古典全般に言えることなのだと思う。

今回の論壇のテーマは「学際化する中国学」なのであるが、そもそも中国の古典学というものは、学際的視点をもって始めて可能になる学問なのだと私は考える。

《注》

(一) 近代的な解釈の中でも目加田・白川ともに、この詩に関しては伝統的な解釈と大きく異ならない。目加田誠「田を荒らす大鼠を以て、己の生活をおびやかす残暴なるものに喩えて歌った。」白川静「領主地主を大きな鼠にたとえて、その搾取を否定して、所遷りすることを歌う。」

(二)「碩鼠」篇についての筆者の解釈については、「あたらしい中国文学史のために」(『創文』二〇〇七年)及び角川ソフィア文庫ビギナーズ・クラシックス中国の古典『詩経・楚辞』(角川文藝出版　二〇一二年)の中でも言及した。

(三) ここでの解釈は、明治書院新釈漢文大系『詩経』上(牧角担当)に拠る。

(四)「毛序」には「小星は恵の下に及ぶなり。夫人に妬忌の行い無ければ、恵は賤妾に及ぶ。君に進御するに、其の命に貴賤有るを知りて能く其の心を盡すなり。」とあり、集伝には「南国の夫人后妃の化を承け、能く妬忌せずして、以て其の下を恵む。故に其の衆妾これを美みすること此の如し。」という。

(五) 近代の詩経解釈における経学の批判、なかでも聞一多の鄭玄批判については、牧角悦子「中国文学史における近代——古典再評価の意味と限界——」(中国社会科学院歴史研究所・東方学会編『第六回日中学者中国古代史論壇論文集——中国史の時代区分の現在——』二〇一五年)参照。

(六) 渡邉義浩編『両漢における詩と三伝』(汲古書院　二〇〇七年)。

(七) 近代の詩経研究の傾向と問題点については、牧角悦子「詩経の文学性——聞一多の古代学を中心に」(渡邉義浩編『両漢における詩と三伝』汲古書院)二〇〇七年)参照。

(八) 牧角悦子「古典とその「解釈」——『詩経』を例として——」(二松学舎大学『東アジア学術総合研究所集刊』第四十八集　二〇一八年)参照。

(九)「断章」の語は『左伝』の本文に(既述)、また「取義」の語もまた『左伝』の注には見えるが、「断章取義」と熟すのは『文心雕龍』からである。

(一〇)「断章取義」の語は、上述の『文心雕龍』の他、経典の注疏にいくつかの用例が見える(『礼記』中庸の疏に、『詩』の「屋漏に愧じず(大雅・抑)」という句の意が断章取義的に使われているという解釈がある等)。注疏においては未だ批判的な意味合いは薄い。「断章主義」の語義の変化については、別途考察を加えたい。

第一部会　七

強制解釈から公共解釈へ——中国学界における歴史理論と思考の動向——

李　紅　岩
新津　健一郎（訳）

かつて先学は歴史学を人体に見立て、骨格があり、血肉があり、表情があると表現した[一]。この比喩を手掛かりに、ここ四〇年における中国歴史学の発展及び変化の基本的趨勢を整理することができるだろう。

二〇一八年という年は、中国にとって改革開放四〇周年にあたる。この四〇年、中国史学界における研究の内容・方法のありようには、重大な変化が生じてきた。「変化」というのは、改革開放以前の三〇年における状況と比べてのことである。こうした変化の基本的趨勢は、歴史学の骨格を重視することから歴史学の血肉を重視することへの移行と言える。その行き着いた先をまとめれば、歴史の血肉はかつてないほど豊かになったが、歴史の骨格は相対的にそれほど明らかではなくなった、ということになる。

もし歴史を一筋の大河とみるなら、その主流と流水方向とは歴史の骨格に相当し、また人類発展の歴程と大道にあたる。改革開放以前、中国の研究者は唯物史観の導きの下、この大道について、社会発展史の角度から欠落なく系統だったものとして説明を組み上げた。そこでの社会発展史とは、今日の研究者たちが言う社会生活史とは異なり、社会構造及び社会形態史を指すのであって、それはまた生産様式の歴史であり、政治史とはその上に付着したものとされた。このストーリーラインを際立たせるために、歴史上の膨大で豊富な事実内容は重視を受けなかった。明らかに、歴史はたいへん「骨ばった（原文：骨感）」ものとなったが、それは豊潤ではなかった。このストーリーラインを際立たせるために、当時中国の研究者は理論の問題を重視した。研究の主たる目的は歴史の理論秩序をできるだけ明晰に練り上げることにあり、同時に唯物史観における一般理論と中国史上の特殊状況とを互いに結び合わせ、中国史の秩序を唯物史観的秩序のうちに組み入れていくことによって、人類史の発展における統一性、普遍性と法則性を説明しようとした。改革開放以前、中国の研究者が中国史の発展法則の探求、古代史の時代区分や土地制度、農民戦争、資本主義の芽生え、漢民族の形成、歴史発展の原動力、近代史発展の筋書きといった重大な歴史理論上の問題について検討を加えた際に、その出発点及び立脚点は、中国史の発展における特殊法則と人類史の発展における普遍的法則との間の関係をできるだけ鮮明に解きあかし、中国史発展の骨格を明瞭に提示することにあったのである。

このような研究方法と価値基準は、筆者から見れば、二〇世紀初めに梁啓超が提起した「史界革命」から始まったものである。後に続いた郭沫若、范文瀾、呂振羽、翦伯贊、侯外廬らもみなこの径路を辿った。かくして、これらは少なくとも八〇年ほどにわたって持ちこたえた。

だが、改革開放の後、状況は少しずつ変化した。中国の歴史家はもはやただ歴史の骨組みを際立たせるというだけでは満足せず、歴史の骨組みに血肉をまとわすことが必要であると考えた。彼らの考えは次のようであった。歴史という樹は、幹が強く丈夫であるだけでなく、枝葉もまた勢いよく茂っていなければならない。歴史という川は、本流がはっきりしているだけでなく、支流もまた発達していなければならない。このような考え方に駆動されて、史学全体の容貌は次第に変化していった。

これにより、改革開放以後、文化史・社会史が力強く興起した。とりわけ社会史については、中国古代社会史が緻密な描写を獲得したというだけに留まらず、近代・現代及び現在の社会史もまた同様にかつてなく重視されることになった。社会史の理論方法や学術的位置付け、内部分岐などの問題は、みな掘り下げて検討する対象となった。今日の中国史学に触れるとき、多くの人がまず口にするものこそ、この社会史である。

社会史研究の勃興に伴い、ここ四〇年の間、環境史・災害史・都市史及び観念史・概念史・医学史などは、地域史・生活史・生活習俗史などと互いに交わって盛行し、歴史学の発展において新たな学術の成長点として重要な地位を占めるに至った。おおよそ過去の人類の形跡は、ほとんど全てが中国史家の視野に収められ、専著として出版されるようになったと言うことができる。

大部な通史、各時代史の著作、大型の史料集成や叢書が出版され、世界史は第一級の学問へと昇格した。外国語に精通した世界史の専門家は国外の同業者と歩調を合わせて研究を進めてきた。あまたの世界史著作はすでに外国における同種の作品と遜色ない。考古発掘が専門家の領分から飛び出して社会全体の関心の的になったように、歴史学の研究領域も日増しに拡がり、手段は日に日に進歩し、研究費は日を追って充実する。研究方法、研究スタイル、研究理念は日ごと多様化し、世界中の同業者たちとの交流は空前の密接さとなり、学際研究（原文：跨学科研究）・分野横断研究（原文：交叉学科研究）・フィールド調査も広く見られるようになった。

目下、中国の歴史書籍・論文はいわば「五花八門」、無いものなど無いほどの多様さを呈しているというべきだろう。それは大変雑駁で、甚だしくは些かの混乱すらあるが、しかし決して貧困ではない。

こうした状況は必然的に、中国史学界に次のような思考を迫る。すなわち、いかにして潤沢な血肉をして骨格の煩いとならないようにするか、いかにして繁茂した枝葉をして幹を遮蔽することがないようにさせるか、いかにして細々とした支流を集めて大河に流れ込ませるか。これによって、部分的研究において全体に思いを巡らせることとなり、歴史描写の中にあって本質を忘れることがなく、交流に学ぶ中で自我を失うことがなく、ミクロな考証において細切れにとどまることがなく、史料整理において思想を忘却することもなくなる。まとめて言えば、豊かな中で優れた風貌を保ち、歴史学の真・善・美という全体的効用を失わないことが、新たな思考のテーマとなるのである。

最近になって、中国の研究者の思考は新たな理論構築の方向へと進み、理論体系・用語体系の新潮流を表し出すようになってきた。こうした新傾向は、一言でまとめると、「強制解釈（Imposed Interpretation）から公共解釈へ（原文：従強制闡釈走向公共闡釈）」となる。それが意味するのは、中国における歴史学が、歴史的事実の再構成を重視することから、歴史解釈に重きを置くことへと転換しつつあるということである。従来史実の再構成に偏り、歴史的要素の欠落を避けようとしたために、歴史の「内容」はかつてないほど豊かになった。しかし、ぜにさしから飛び出してばらばらに散った小銭のように、（訳者補：まとまりの）中心は見えにくくなり、こまごまとした技術に行き着いてしまったことはその弊害であった。歴史解釈への転換とは、つまり理性に基づく論理を基軸とすることに移行し、微細な史実の再構築への重視を避けるということである。歴史的論理の透明性を目標とし、数多くの史実を散漫に重ねることで明らかさを遮蔽しないようにするということである。「公約数」（訳者補：共通要素）となるものを規範とし、特別性・唯一性の探求を本旨としないということである。全体の構造性を志向し、個別要素の効用をもって決断しないということである。そして、分野間の障壁を超えることによってアピールとし、学史への反省を方法上の入口とすることである。「史学四長」といわれるように、歴史家には才・学・識（訳者補：見識）・徳という四種の能力が要求される。この四〇年、「学」は明らかであったが、「識」は昏かった。公共解釈をメルクマールして、識・学はたがいに重要なものとなっていくだろう。この傾向は、フランス・アナール学派第三世代のパラダイムから出たことを意味する。二〇一七年、公共解釈概念は正式に理論として示された。内部には主体史（概念史・観念史・思想史・語彙史・時間史・理論史・学術史）の動きを強化し、分野としてはパブリック・ヒストリー（原文：公共史学）をますます盛んにするものである。縷々述べてきたように、みな公共解釈の範疇に帰せられる。その安定性とは確かなことを固く守ることにあり、その民族性は伝統史学を全く新たに解釈することにあり、その独創性は中国の学者が提起したことにあり、その時代性は昔話を繰り返さないことにあり、その体系性は全体を貫くことにあり、その専門性は対象外のものへの強制的適用を阻むことにある。基盤となるアイデアは、「骨格」と「血肉」とを、ともに重視することにある。

　こうした最新の思考動向には、一つのいわば初期設定が内在する。すなわち、強制解釈を解体し、公共解釈を構築する、ということである。それによれば、四〇年来、中国における人文・社会科学の発展はあまりにも二〇世紀西方の思想・学術潮流に依存してきた。それは現代中国における学術の繁栄を手助けすると同時に、一つの明らかな弊害をもたらした。それこそが強制解釈であって、つまりこれは二〇世紀における西方の思想と学術潮流の基本的特徴なのである。

　「強制解釈」の思想理論的基礎は、いわゆるシステム哲学（原文：系統的哲学）を峻拒するところにある。いわゆるシステム哲学の基本特徴とは、認識論を中心に、客観性と合理性を追求することにあり、一般に基礎付け主義の認識論・ロゴス中心主義・実証主義・経験主義と呼ばれる。強制解釈の最も典型的な表現は文芸理論分野においてである。基本的に「テクスト分析」分野を指向し、社会歴史的要素ないしは作者性を「テクスト」の中から追い出して単純に「テクスト」内部の要素を考察し（つまり、英米のニュー・クリティシズムを代表とする、いわゆるテクスト中心論である）、文学の消費と受容という次元に向かって急速に発展し、受容美学（訳注：ハンス・ヤウス（Haus Jaus）らの用語）を形成した。このように社会歴史要素を追い出し、また作者の意図を、ないしは作者性を抜き去ったテクスト分析こそが、「強制解釈」なのである[二]。中国の作家・銭鍾書は「もし、あなたが鶏卵を食べておいしいと思う時に、どうしてその卵を産んだ母鳥を知っていなければならないだろうか」と述べた[三]。テクスト中心論をもっともよくあらわした言い方に「作者は死んだ」というものがある。このようにテクストと作者及びその時代とを互いに切り分け、ただテクスト分析の立場と主張に着眼しようとするのみでは、中国の

「知る人が世を論ずる」（「知人論世」『孟子』万章章句下）という学術伝統とは厳しく乖離かつ対立することになる。

文芸理論における強制解釈の表現については、世界的なもの、あるいは中国国内におけるものなどすでに数多くの議論があり、ここであまり紙数を割くべきでないことは明らかであろう。興味深いことに、この概念は中国では歴史学の中で既に参照されている。強制解釈を批判する立場からみて、筆者が思うに、史学において強制解釈を代表する人物はフランスのミシェル・フーコー（Michel Foucault）である。彼は「起源・原因・出典・影響と目的といった問題への関心を排除し」、「歴史過程におけるいかなる目的論あるいは因果関係の観点に対しても激しく敵視する態度をとった」[四]。このため、彼は歴史に反する歴史家と呼ばれた。彼のこうした「排除」は、明らかに、「作者の死」を主張するポストモダニズム文芸理論家が、作者及びその時代背景に関する主張を排除したことと同形の関係にある[五]。ゆえに、このような歴史に反する歴史家とは、強制解釈を用いる歴史家ということになる。ここから、歴史学分野における強制解釈の第一の態度として、起源や原因の探求及び因果関係などを排除するということがわかる。つまり、歴史研究にあっては、いわゆるところのロゴス中心主義を排するのである。

第二の態度は、対象外への適用を強行すること、つまり歴史学理論以外のその他の（訳者補：分野の）理論を簡単に援用してきて歴史研究に押し付けることである。この四〇年、中国の学者たちが最も熱心に議論してきた問題の一つが、いわゆる学際研究である。このために少なくない数の論著が世に出されてきた。こうした状況は明らかにフランス・アナール学派の影響を受けている。フェーヴル（Lucien Febvre）は「新しい歴史学は、文字で書かれた文書やそこからもたらされる制限から解放されなければならない」、「幅広く他の学問分野——地理学・経済学・社会学や心理学——の発見や方法を吸収しなければならない」と述べた。こうした主張が中国の研究者に与えた影響は甚大であり、そのために学際性は最も強力な主張の一つとなった。

かなり強い程度において、いわゆる学際研究はすでにフランス・アナール学派の歴史研究スタイルを代表する言葉になっている。中国では、学際研究を主張する研究者のほとんどは、アナール学派が提唱したところの、経済・社会・文化を包括して内在する「全体史」観念を熱心に紹介し、彼らが採用した総合的研究法は学際研究に対して成功事例を提供するとしている。前世紀六〇年代及び七〇年代初に歴史学と社会学とか結合してから、七〇年代末以降歴史学・人類学が結合するようになるまで、経済史・社会史・人口史が勢い良く発展しただけでなく、かつその中心は文化史と精神状態史に移っていった。中国の学者が八〇年代にアメリカの史学界について見出したのは、各分野の専門家たちは分野の独立性と同時に、学際研究によって一点を突破していくという原則を保持していて、経済史・思想史・社会史・文化史及び中国史の研究においても学際研究を実践していたということであった[六]。このため、中国の研究者たちはこのような理念と方法を中国史学にも持ち込もうとした。一九八七年に創刊された雑誌『史学理論』では、雑誌の基本方針として意識的に学際研究を取り上げ、「歴史学の発展と学際研究」などといった特集討論を組織した。当時の研究者たちは、経済学・社会学・社会人類学・社会心理学などの分野の中で、実証され、科学的価値を備えた方法をみな史学分野に引き入れるべきことをアピールした[七]。こうした雰囲気の中で、ブローデルの『地中海とフェリペ二世時代の地中海』は地理学を用いた古典的成果、『物質文明・経済と一五−一八世紀の資本主義』は経済学・社会学・

政治学を一つに結び合わせた古典とされた[八]。

明らかに、こうした観念と方法とは歴史学研究の領分を拡張し、歴史学研究が大きな成果を得ることを後押しした。しかし、既存の（訳者補：歴史学に対する）外部的理論をもって歴史学そのものの研究を行うことは、歴史学を傷つけることにならないだろうか。中国の研究者は、学際研究の境界を定めることを試みようとした。例えば歴史心理学の場合、彼らの考えは次のようである。歴史人物に対して科学的心理分析を行い、その人物の心理がある歴史的行為に及ぼした影響を判断・計測することに一定の道理はある。しかし個々の人物の心理的性質・傾向の上に歴史発展の動力と趨勢とを見出すことは、歴史の研究を必然的に誤りへと誘導する。ちょうど、ファシストの反人道的犯罪をヒトラーという個人の心理に集約してしまうことが、まさに一種の反歴史的歴史研究であるように。明らかに、「他に人を納得させうる説明の仕方があるのなら、（例えば経済学的解釈のように）心理学的説明の力を借りる必要はないのである」。あるもの、またはある人の心理の動きから歴史事象を説明しようとするとき、その「重大な危険とは、（訳者補：個々の）場合を顧みることなしに心理学上の普遍的概念――具体的には、劣等感・抑制・潜在意識・内面――を使用して歴史の原理を説明してしまうことにある[九]」。

前世紀八〇年代の状況と比べてみると、重点の差異は極めて明らかである。一九八一年、湖南人民出版社は燕国材の『先秦心理思想研究』という書籍を刊行した。一九八四年には燕の『漢魏六朝心理研究』がやはり同じ出版社から公刊された。江西人民出版社は一九八三年に潘菽・高覚敷編『中国古代心理理想研究』を世に出した。わずかな間に、歴史心理学は大変目を引く言葉となった。一九八七年以後、この方法によって実際の歴史研究に従事する研究者が現れ、「心性史（原文：心態史学）」と呼ばれた。フェーヴルが一九三八年に著した「歴史と心理学：一つの全体的見解」（訳注：中文原文を直訳）も同様に高く評価された。アメリカの心理史学研究はとりわけ重視された[一〇]。しかし、中国の研究者は歴史に対する心理的要因の作用を強調することに賛成せず、むしろ心理的要素を基礎に歴史を説明しようとすることには反対した。そうした人々にとって心理分析という方法は補助的手段に過ぎず、また心性史をアナール学派に、心理史学をフロイトに帰着させて考えていたのであった[一一]。

心理学の他に、歴史計量学を不適当に用いることもまた「強制解釈」をもたらす。歴史計量という方法は専門的意味の上で用いられ、計量史学とも呼ばれる。計量とは一つの方法であり、早くから史学の中で運用されてきた。その「計量」とは、今日のビッグデータ時代における「計量」概念と同列に語ることはできないから、通常は「統計」と呼ばれる。一九二二年一一月一〇日、梁啓超は「歴史統計学」を題目として南京東南大学史地学会で講演を行い、「歴史統計学とは、統計学的法則を用い、数字を取り上げて史料を整理することで歴史事象を推論する」と論じ、「歴史を研究する上で一つの優れた方法であり、中国史学界に大変相応しいもの」と思われる、とした。その後の代表的な著作には丁文江『歴史人物与地理関係』、朱君毅『中国歴代名人年寿之統計研究』、衛聚賢『歴史統計学』などがある。しかし、柳詒徴・何炳松は早くからこの方法の限界を見通していた。以後、梁方仲『中国歴代戸口・田地・田賦統計』を除いて、計量的方法を用いた好著はほとんどない（同書は一九六〇年代にものされ、一九八〇年に正式に刊行された）。

しかし、八〇年代から数量的方法はにわかに「ホットに」なった。一九八六年、全国史学理論検討会では計量史学の方法について議論がされた。翌年、『史学理論』誌の第四号は計量史研究に焦点を当てた欄を設けた。同年、イギリスの歴史家、ジェフリー・バラクラフ Geoffrey Barraclough の『当代史学主要趨勢 Main Trends in History』（訳者補：の中国語訳）が刊行された。その中では、西方の歴史学において最も有力な新傾向こそ量の探索であるとされた。つまり、当時の西方における史学の突出した特徴とはいわゆる「計量革命」[一二]とされ、この観点は中国の史学界に大変大きな影響を及ぼした。しかし現在、自覚的に計量史学を提唱する中国人研究者はすでにほとんど見られない。逆に、それを否定的に評価する声は少なくない。フォーゲルとエンガマンの著作である『苦難の時期：アメリカ黒人奴隷制の経済学』（訳者補：[和訳：田口芳弘・榊原胖夫・渋谷昭彦訳、創文社、一九八一年）が受けた批判こそ、その主因であった。イギリスの歴史学者ロデリック・フラウド Roderick Floud は「たしかに、あまり質の高くない計量史はいくらかある。その中で、証拠は各種のことに強いて当て嵌められるのであり、分類ありきになっている」[一三]と述べた。中国の研究者は次のように論じた。本来歴史学を対象にしない理論を応用するならば、どのような場合であれ限定が必要である。外部の理論を取り入れることに伴う問題を解決することとは、その理論を精錬して当該分野の実際的な方法とし、その学問領域の精神・観念と緊密に結び付けることに加えて、科学的精神の導きのもとに、改造と精錬を経た理論を正確に運用して学問研究を前進させることなのである。安易にそっくり取り入れて、模倣するということは許されないのである。

　歴史学領域における強制解釈が示す第三の態度とは、細分化した研究状況を出現させることである。こうした状態をもたらす直接の原因は、歴史の全体性を離れて、歴史的要素が引き起こすものに対して過度に関心を注がせることにある。まさに文芸分野における強制解釈によって、いわゆるテクスト外部の要素というものが駆逐され、テクスト内部の分析へと集中させられようとしていたとき、歴史学分野では歴史全体という概念を放棄して、歴史の構成要素に対して考察を加えることに集中しようとする傾向が現れていた。歴史要素への考察に集中しようとした結果として、一面では、歴史事実の内容が豊かになった。正の側面である。他方、歴史の細分化が生じたのは負の側面であった。

　思想史を例にとってみると、前世紀七〇年代から西方の思想史研究は「意味深い変化を経」ている。思想史家たちは「ひとつの独特な問題」に直面した。それは、どの程度「その場の人の風俗習慣を受け入れるべきか」ということである。このことは社会史が思想史に向けた「最大の挑戦」であり、「社会、文化史方面の動向に、どうやら既に発生しているものである」[一四]。こうした社会文化史への転換は、社会生活の様々な要素条件の描写へと向かう。思うに、「その場の人」というときの「その場」とは、一つに全体に対する部分をいい、もう一つには部分における具体的要素をいう。「その場」のような具体的要素が本体あるいは中核的位置を占めるとき、おのずと、かかる全体的・全般的「仮定あるいは暗示」もまた「見せかけ、あるいは人に反感を抱かせる性質をもつ」ことになる。それゆえ、思想史研究分野に対する社会史の挑戦は、歴史全体論を放棄して歴史要素論に向かうことを実質とする。「要素分析」をもって「全体分析」を代替し、その行きつく先として、必然的に細分化へと向かうのである。当人たちがまさに細分によって歴史全体を作り上げようとするとき、そこには強制解釈が立ち上がる。

　「具体的考察」をもって「全体的考察」に代えることを哲学の術語によって表すならば、ハイデガーの用いた概念である「現存在（ダーザインDasein)」によって「共存在（ミットザインMitsein)」を置き換えるということになる。「現存在」の「現da」とは、思想史家にいわせれば「その場にいる人の風俗習慣」となり、ル・ロワ・ラデュリの『ラングドック』あるいは『モンタイユ』に対応する。[一五]アナール学派のこうした研究手法が中国の研究者に与えた影響は潜在的かつ深甚なものであった。

二〇世紀において、アナール学派第一世代の基本的立場は「一人ひとりをその時代に回帰させなければならない」ということにあった。しかし「時代」とはどういう意味か。「時代に回帰させる」というとき、その本質は「その人」にとっての「現場」に帰ることにあり、それこそ「現存在」、つまり歴史の具体的な現場・要素に立ち返ることであり、また生態-人口学モデルであり、また地質・気候・伝染病・感染症といった要素であって、そこにこそ歴史研究の秘訣があるとしたのであった。アナール学派の巨頭であるフェーヴルについてみれば、「こうした独創性をアプリオリに帰納して定義づけることは不可能であ」[一六]った。このようにみると、歴史研究とは地質・気候・伝染病・感染症などの分析であって、文芸領域の強制解釈としてテクスト内部の修辞、メタファー、テクスチュア、意図、言葉遣い、ボキャブラリーなどを分析することと相互に完全に対応する。こうした「多極性論」が一度主流となると、細分化はまさに論理に合致した必然の結果となった。

近年、史学の細分化という問題は中国の研究者により比較的熱心に論じられている。ある研究者は細分化をすべきではないといい、別の研究者は細分化がまだ不十分であって、中国の歴史学界が世界と軌を接するにはさらなる細分化をすべきである、という。

一九七八年には既に、銭鍾書氏がイタリアでの講演の中で細分化の問題に触れていた。それによれば、解放以前、ある高名な研究者が白居易の「長恨歌」を論じたとき、博学と細心の注意を費やして「楊貴妃は入内したときに処女であったかどうか」という問題に答えようとした。「キーツはどのような粥を食べたか」「プーシキンはたばこを吸ったのか」といった西方の研究課題と比べて一層意味のない問題である。彼によれば、こうした研究の気風は主に清代における「朴学」の伝統と欧米の入口からの実証主義とを相互に組み合わせて形成されたものである。その基本的特徴は次の通り。煩瑣で意味のない考証、盲目的な資料への崇拝、文学研究と考証あるいは考証と「科学的方法」とをそれぞれほとんど同義語としてしまうこと。このような雰囲気の下、作者の事績や作品版本の校訂、及び校訂を通じ作品自体に隠されたものを探し求めることによって、はじめて厳格な「科学的」研究とみなすことができるとした。このため、「彼らは、時に細かい言葉を論評することにばかり気をとられ、来歴を追求することや典故の注釈をつけることに従事し、またそうでなければ小話や逸話をかき集め」た。最も「科学的」な態度とは「実証主義的考証」に没頭することなのであった。

上に述べた特質と相応するのは、こうした学者のほとんどが理論を軽視あるいは見下した点である。たとえ中国文学批評史を研究する者であっても、資料の探索を重視したうえで、次に重要な地位には理論の分析と批判を置く。銭鍾書は、「これまで、中国の西洋文学研究者はみな、多かれ少なかれ一般的な文学論と芸術原理とを研究してきた。中国文学を研究する人々は、ほとんどどのような理論にも関与することがなかった」と述べた。なぜならば、そのような学問的雰囲気の中で、一切の文学批評はただ「詞章の学」であるのみであって、根本的に「研究」とは認められなかったからである。「彼らは、ベルクが

『詩学理論というあの一派のでたらめや妄言をやめさせよう』と言ったように、あるいはグリルパルツァーが『理論など一切合切悪魔にくれてしまえ！』と述べたほどではないが、少なくとも西洋文学を研究する者に対して、どのようなものであれつかみどころのない抽象理論を述べることをやめさせようと考えた」。

銭氏が批評したのは古典文学研究だが、同じことは史学の細分化現象にも当てはまる。なぜならば、後者の基本的特徴は、ちょうどある学者が概括したように、まさに「深い理論的思考能力を欠き」、「歴史研究の究極的目的や人類の命運が行き着く先への関心が欠如し、細々とした考証でもって理論的思考を代替し、資料をただ沢山かきあつめ、屋上に屋を架すように、ゴマを拾って宝石とみなすかのようであり、手あかのついた言い回しを繰り返して自身の見聞が多いことを誇るかのようにふるまう。すべてにおいてバランスが悪く、木を見て森を見ない」。

細分化はこれだけではない。研究者の知識構造・個人的関心や学問的対象の差異などの原因により、細分化研究は特定の分野において必然性を有するだけでなく、相当の合理性をも持っている。細分化を否定することは、包含される合理的要素を否定することを意味せず、また具体的な微視的研究を否定することとも等しくない。これについて銭鍾書は、実証主義と、事実と証拠とを否定することとを拒否し、「考証癖」と、考証を否定することとを拒否した。拒否の目的は「厳密さを低減させる」ためではなく、「思想性を加える」ためであった。なぜならば、「文学研究とは一つの厳密な学問であり、資料を掌握する時には細かな考証が必要であるが、しかしこうした考証は文学研究の最終目標ではない。それが母屋を乗っ取り、作家と作品の解明・分析や評価にとってかわることはできない」からであった。

歴史学は実証科学であり、もちろん精密な考証と微視的・具体的研究を離れることはできない。しかし、細分化が歴史学の効能を完全に映し出すこともない。歴史学の効能とは二点――すなわち、再現と表現、あるいは再構成と解釈だけではない。細分化が経験的事実に限って研究するということならば、それは断片化し、それ自体細かく砕いた経験的事実の内にあるものである。これは歴史学の効能を矮小化し、あるいは弱める。実際、成功した歴史論著は「明晰な理論的分析」と「錯綜する複雑な事実」とを、ともに欠いていない。前者がなければ、歴史学が見せかけと真相のありようを判別することは、そこらの店の主人にすら及ばないかもしれない。後者にからめとられれば、死んでも書籍を齧るような本の虫となり果て、歴史的条件を離れて形式上の引証をなすのみである。歴史家としては、細分された研究領域に限定する権利があるとしても、しかし思想の上ではこれで足れりとしてはならず、またこれによって強制解釈が歴史に依拠することを許してはならない。

以上によってわかるのは、強制解釈とは歴史研究分野において確かに表れていたということである。これについてはさらにはっきり論じなければならない。では、二一世紀に向けて、科学的歴史解釈とはどのようであるべきだろうか。これについて、公共解釈論は基礎となる構築的テクストを提示する。思うに、それは二一世紀の科学的歴史解釈理論を構築することに対して適合的なテクストである。

「公共解釈」(一七)とは、中国の研究者が二〇一七年に提示した概念・理論である。それによれば、解釈とはそれ自体一種の公共行為であるという。公共解釈の意味内容とは、解釈とは普遍の歴史的前提を起点とし、テクストを意味対象とし、公共理性の生産には限界による拘束と公約数的に有効な解釈があるとするものである。公共解釈には六点の特徴がある。第一には、理性的解釈であり、人類共通の認知である論理の表れであること。第二に、明瞭な解釈であって、公共の意味領域に配置され、人々に理解される解釈であること。第三に、公約数的解釈である、つまり解釈と対象、対象と受容、受容相互の間には共通性があること。第四に、構築的解釈であって、解釈が人々の理解および視野に対して修正、統合及び派生展開を加えること。第五に、超越的解釈である、つまり個別的解釈を超えること。第六に反省的解釈であって、テクストと対話・交流する中においてテクストの意味を求め、理解と融合を達成するものであること。

上に述べた六つの特徴は、筆者が思うに、まさしく歴史解釈における六個の原則である。歴史研究分野の「強制解釈」は、この六大原則とは背反する。例えば、細分化は実に容易に、歴史に対して私的な個別解釈に流れ、それによって公共性とは乖離してしまうだろう。公共解釈論者の考えでは、それぞれの解釈には二種類の結果がある。一つは、言語共同体と、より広い範囲の人々の理解と受容によって公共解釈へと昇格するもの。もう一つには、私的な解釈にとどまり、最後には落ちぶれて淘汰されていくもの。細分化研究の結果もまた明らかにこの二つに落ち着く。それゆえ、我々が上に述べてきた論述においても、断片化を徹底的に否定することはなく、同時に断片・細分化の内奥と限界を指摘した。

同様に、心理学・計量学の不適当な運用も、大変容易に個別解釈という結果をもたらす。ヒトラーの行為・帰結は心理に原因があると考えるならば、まさにそれであろう。一方では、「公共解釈が承認され、流行する以前には、創造的意義のある個別的解釈が公共解釈の原初的動力で」あって、これは個別的歴史を論ずる者による研究の意義が所在するところであった。しかしもう一方では「個別解釈の理解と受容は公共理性によって拘束され」、もし制約を受けないならば個別の解釈とは「まったく公共に意義を留めない」ものとなる。実に心理学的意味におけるヒトラーとは、公共理性の束縛を脱したがゆえに、公共性を残留させたはずはなく、そのテクストの制作者もまた、これによって「その公共効果を歴史に組み入れる」ことはできないのだ。

実のところ、歴史学者とは一人の個人としての解釈者であり、法学者などと同様に公共の拘束を受けることは明らかである。「ここにある共存在の基礎は、どれほど遠大に見えたとしても、結局は思想の創造と理解を決定するということにつきる」。歴史学者は、まさに公共的束縛の中にあって創造的活動を展開していく。この点で、多くの史学理論家たちには、例えばコリングウッド Collingwood のように、みな非常に見事な議論がある。

まとめると、公共解釈は歴史の方法論という分野における中国学界の最新の動向を代表している。この理論構築はさらに充実と精緻化を必要とするが、議論の方向は正確であって、その見通しは期待に値する。目下、中国の歴史学界はすでにこの命題をめぐって議論を交わし始めている[一八]。文学理論分野と哲学分野でも多くの論文が公表されている。この潮流を契機として、中国史学の形が変容していくこともまた同様に期待してよいだろう。

≪注≫

（一）銭基博は「人体を例えに用いると、事柄とはちょうど歴史の肉体であり、ことばによってこれを述べることで歴史に表情がうまれ、義によってこれを立てることで歴史にたましいがうまれる」（『現代中国文学史』上海古籍出版社、二〇一一年、六頁）と述べた。本稿では改変を加えて引用した。

（二）張江「強制解釈論」『文学評論』二〇一四年六期。同「〝意図〟在不在場」『社会科学戦線』二〇一六年九期。同「理論中心論：従没有文学的〝文学理論〟説起」『文学評論』二〇一六年五期。中国においては、銭鍾書が一九三三年一〇月の『中国文学小史序論』で発表したものが、おそらく最も早くテクスト中心論に触れた論文であろう。（訳者補：銭鍾書）『談芸録』の第一篇、「詩分唐宋」における、この立場・観点によるシステマティックな論述は、全篇の綱領となっている。

（三）これは、銭鍾書が面会を求めてきたある人に対して電話で語ったことだという（楊絳『将飲茶』生活・読書・新知三連書店、一九八七年、一〇二頁）。

（四）馬丁・傑伊「思想史応該接受語言学転向嗎?」拉卡普拉・卡普蘭主編（王加豊等訳）『現代欧洲思想史：新評価和新視角』人民出版社、二〇一四年版、第七一頁（訳者補：［原書］マーティン・ジェイ「思想史は言語学的転回を受けるか：ハーバーマス・ガダマー論争の考察」ドミニク・ラ＝カプラ、スティーヴン・カプラン編『現代ヨーロッパ思想史：再評価と新視角』コーネル大学出版、一九八二年［Jay Martin, "Should Intellectual History Take a Linguistic Turn? : Reflections on the Habermas-Gadamer Debate" in La Capra Dominick, and Kaplan Steven ed., *Modern European Intellectual History: Reappraisals and New Perspectives*, Ithaca: Cornell University Press, 1982］）。

（五）張江「作者能不能死」（『哲学研究』二〇一六年五期）を参照せよ。

（六）栄頌安「当代史学研究方法的変革与趨勢」（『国外社会科学』一九八五年第五期）を参照せよ。

（七）龐卓恒「労働者生産生活史的研究与多学科方法的引進」『文史哲』一九八六年第三期。

（八）栄頌安「当代史学研究方法的変革与趨勢」『国外社会科学』一九八五年第五期。

（九）傑弗里・巴勒克拉夫（楊豫訳）『当代史学主要趨勢』上海訳文出版社、一九八七年、一一二頁。（訳者補：［原書］ジェフリー・バラクラフ［松村赳・金七紀男訳］『歴史学の現在』岩波書店、一九八五年）Barraclough Geoffrey, *Main Trends in History*, New York: Holmes & Meier, 1979.

（一〇）裔昭印「心理学原理在歴史研究中的応用」（『上海師範大学学報』一九八八年第二期）、羅鳳礼「西方心理歴史学」（『史学理論』一九八九年第一期）、彭衛「心態史学研究方法評析」（『西北大学学報』一九八六第二期）、朱孝遠「現代歴史心理学的産生和発展」（『歴史研究』一九八九年第三期）を参照。

（一一）羅鳳礼「再談西方心理歴史学」『史学理論』一九八九年第四期。

（一二）数年後、「計量史学」は「反歴史主義」と指弾され、再び流行することはなかった。代わって起こったのは「物語的歴史（原文：叙事史、訳者補：訳語はNarrative Historyの和訳を参考にした）」の復権であった。陳啓能「従〝叙事史的復興〟看当代西方史学的困惑」（史学理論叢書編集部編『当代西方史学的困惑』中国社会科学出版社、一九九一年、所収）三一-五二頁を参照。

（一三）前掲論文（原文ママ）二一九頁。

（一四）『現代欧洲思想史：新評価和新視角』、前言参照。

（一五）『ラングドックの農民 *The Peasants of Languedoc*』はル・ロワ・ラデュリの博士論文であり、『モンタイユ *Montaillou*』はその最もよく知られた著作である。ミクロ歴史学の初期における典型的研究と呼ぶ者もある。

（一六）『現代欧洲思想史：新評価和新視角』、四・九頁参照。

（一七）張江「公共闡釈論綱」『学術研究』二〇一七年六期。同「公共闡釈還是社会闡釈：張江与約翰・湯普森的対話」『学術研究』二〇一七年一一期。同「〝闡〟〝詮〟弁」『哲学研究』二〇一七年一二期。

（一八）『歴史研究』二〇一八年一期「公共解釈と歴史解釈」特集を参照せよ。

第一部会 八

孔子の「巫史図像」観の探求

劉　中　玉
滝口　雅依子(訳)

一、はじめに

イメージによる記録は、人類の古代文明における伝承方式のひとつであった。特に先史時代という物質文化形成の最初の段階には、自然と生命の神秘性に対する畏敬と崇拝に基づき、画像を主たる表現方式とするイメージ記録は、感情と精神を伝達する媒介として伝播していった。[一]『易』繫辞傳に、「聖人有以見天下之賾、而擬諸其形容、象其物宜」とある。[二]この言葉は画像の効果に対する上古の民の素朴な認知を反映するのみならず、同時にこの種の認知・能力を備えた人を「聖人」とみなしたことをも強調する。「聖」字は、『説文解字』許慎注に、「通也。從耳呈聲」とあり、[三]いわゆる聖人とは、「聖通而先識（『周礼』鄭玄注）」の人である。つまり、天地人神を通達させられる人であり、原初の聖人とはこうした能力と権力を掌握した人を指した。今の我々が普段言うところの「巫」である。『國語』楚語 觀射父論絶地天通に、「古は民神 雜らず。民の精爽にして攜貳せざる者にして、又能く齊肅衷正にして、其の智は能く上下に比義し、其の聖は能く光遠宣朗にして、其の明は能く之を光照し、其の聰は能く之を聽徹す。是の如ければ則ち明神之に降りて、男に在りては覡と曰ひ、女に在りては巫と曰ふ」とある。[四]多くの文献と考古学的発見が、古代人類社会の政権組織形態が、巫と王（聖）を同一視していたことを示す。王は群巫の長であり、集落首領でもあった。このように政教一致の最初の形態の中では、巫・史・祝・卜は最初期の文化階層を形成しており、しばしば通用されるために文献中にも多く巫史・祝史と併せて称されているのである。[五]文字が生まれる以前、巫史が絵によって物事を記していた事象は、「歴史を図によって伝える」ことの始まりを明示する。

巫史が天地人神を取り次ぐ媒介であるように、画像が巫術の媒介とみなされたことは、人類文明の発展史上に深く刻まれている。例えば西方の文字体系では、巫術（magic）と画像（image）の二語はすべて同一のアルファベットで構成されている。これは偶然ではなく、両者が自然を淵源とする符号を備えていることの現れである。フランスの思想家Régis Debrayは「画像はそこにある実在の手段であり、超人的・超自然的な力に導くことができるものである。その形而上的な機能は画像に実用性・操作可能性を与える。画像は一種の媒介とみなされ、占い、防衛、決断、治療、啓蒙などの手段として、個人を宇宙的レベルにまで吸収して、生と死・人と神・人と自然の調和の橋渡しをする」と考える。[六]同様に中国古代の歴史記録の体系の中では、巫史はまた画像を媒介として、「生と死・人と神・人と自然の調和」を築いている。その中で、符号を刻み卦を描くことは、最もありふれた表現形式である。裴李崗文化の「賈湖契刻文字」を文字とみなすか否かの大論争——「卦象文字」と呼ぶ学者もいる（七）——などは、文字としての属性はさておき、その一般的機能性から言って、亀甲に「卦象」を描くことは、吉凶を判断したり、変化を見たりする巫史と関係がある。ここでは「以通神明之徳、以類萬物之情」ということが為される。この側面より見れば、『周易』にある「伏羲画卦」といった記載も荒唐無稽な神話や伝説とは言えず、古代人類社会発展の実情より考えれば、この中の「承天画卦（『漢魯相韓敕造孔廟禮器碑』）」などの描写自体が、伏羲の「巫王合一」の特徴を仄めかす（八）。

もちろん巫史が天地と人と神を疎通させるには、符を刻み卦を描いたり卜筮禱祝する以外にも、大量の犠牲と礼器の助けを借りねばならない。『國語』楚語 観射父論絶地天通篇には、「是れ神の處位次主を制せしめて、之が牲器時服を為らしめ、而る後に先聖の後の光烈有りて、能く山川の號、高祖の主、宗廟の事、昭穆の世、齊敬の勤、禮節の宜、威儀の則、容貌の崇、忠信の質、禋潔の服を知りて、明神を敬恭する者をして、以て之が祝為らしむ。名姓の後、能く四時の生、犧牲の物、玉帛の類、采服の儀、彝器の量、次主の度、屏攝の位、壇場の所、上下の神、氏姓の出を知りて、心は舊典に率ふ者をして之が宗為らしむ。是に于て天地神民類物の官有り、是を五官と謂ひ、各ゝ其の序を司り、相 亂れざるなり。民は是を以て能く忠信有り、神は是を以て能く明徳有り、民神 業を異にし、敬して瀆れず、故に神之に嘉生を降し、民は物を以て享して、禍災至らず、求用匱《とぼ》しからず」と言い、巫祝の職責を挙げる（九）。引用箇所が言及する礼器・玉帛・采服・彝器の類が単なる儀式の置物ではないように、そこに描かれた饕餮紋、夔龍紋、蟠螭紋、鳳鳥紋などの画像もまた単なる装飾文様ではなく、巫史たちが願いに飛んでいくことを象徴する。饕餮や夔龍などの霊異神獣の力を借りる、つまり瞑想によって意思を疎通させ、利益を望むのである。張光直氏はかつて「周商時代は動物を巫師の手伝いや使者としていたが、確かに祖先や神霊の世界へ「飛んで」行く事ができる」と述べた。これらの不可思議な神獣は現実的世界に決して存在しない。巫史たちが鳥や獣の形を雑取して神獣を描いて、天地人神を疎通させるための助けとしたのである。

さて、巫と史が並び称された時代には、卜筮祭祀は中心的な存在であり、描かれた画像は、ある種独立した完全な叙事のシステム——「巫史画像システム」——を構築し、そして相当の長期間に渡って、文字による叙事システムと並んで重視された。この「巫史画像システム」の研究を重視して、人類文明の生成発展の変化の歴史を整理・考察した場合、その価値と意味は文字叙事システムにも劣らないと本稿は考える（一〇）。先行研究においては、特に巫が神に仕えるための礼から、王が人々を治めるための礼（制度）へと変化する過程で、礼の秩序が形成され、画像の機能・役割も再定義されたこと等の問題は、十分な注意が払われてこなかった。そしてこの変化の過程の中で、孔子に代表される先秦思想家の巫史と『易』、及び画像（絵画）の機能（後述の「絵事後素」の問題のように）に対する態度は、我々のさらなる注意と研究が求められるものなのである。

二、「同途殊帰」の『易』

遅くとも戦国時代以前には、巫と史の境界は限りなく不明瞭であり、巫と史は両者とも画像の助けを借りるのみならず、天地の観測や卜筮祭祀、医療や教育を掌ってきた他、歴史を記し伝えることもその重要な職責の一つであった。[一一] いわゆる「王前巫而後史（『禮記』禮運）」は、巫と史が王の左右に侍り（しばしば一人が兼ねるが）、王が民衆を治めることを助け、『禮記』曲禮上に、「信時日、敬鬼神、畏法令」とあるようにさせた。中国の歴史上最初に文献に表された歴史官である夏王朝の太史令は、長いこと巫と史を兼ねていた。[一二] 孔子の生きた時代に至っても、依然として巫と史は併称された。現存する文献の記載によって分かるのは、孔子の鬼神への態度は、「子不語怪力亂神（『論語』述而）」や、「敬鬼神而遠之（『論語』雍也）」とあるように明確であったこと、「絶地天通」を主張しており、後に『易』に熱中するに至ったこと等であり、これらには深く注意すべきである。馬王堆帛書の「要篇」には、孔子が子貢と交わした巫筮についてのやり取りが残っており、孔子は返答の中で、自分と巫史との異同を強調したのみならず、巫と史についても区別して、「讚ありて數に達せざれば、則ち其れ之を巫と為す。數ありて德に達せざれば、則ち其れ之を史と為す。史巫の筮は、□なる者にして之を義行するのみ。讚ありて數に達せざれば、則ち其れ之を巫と為す。數ありて德に達せざれば、則ち其れ之を史と為す。史巫の筮は、之に鄕へども未にして、之を好めども非なり。後世の士、丘を疑ふ者は或ひは易を以てするか。吾 其の德を求むるのみ。吾は史巫と塗を同じくして歸を殊にする者なり。之を君とすれども未にして、之を好めども非なり。後世の士、丘を疑ふ者は或ひは易を以てするか。吾 其の德を求むるのみ。吾は史巫と塗を同じくして歸を殊にする者なり。」と述べた。[一三]

「要篇」によれば孔子は晩年『易』を好み、「居則在席、行則在槖」と言うほどであったという。また、『論語』述而篇では、「加我數年、五十以學『易』、可以無大過矣」という感慨をこぼした。孔子が『易』に耽溺したのは、孔子本人の言を用いれば、『易』に「古の遺言」があるからである。李学勤氏は、いわゆる「古の遺言」とは古代の話をひろく指すのではなく、「教や道をおしえ、前世の聖人の遺教を継承する」ものであると考える。[一四] 孔子はかつて、「昔三代明王皆事天地之神明、無非卜筮之用、不敢以其私、褻事上帝（『禮記』表記）」と述べており、ここから孔子が『易』を学ぶのは神明を讃えるためではなく、卜筮の備える「忠信」の特性、つまり神明の面前では決して「私」ではないことを重視していることが分かる。「忠信、所以進德也」と彼自身は言い、まさに乾卦九三の「君子終日乾乾、夕惕若、厲無咎（『周易』上經）」のようであるべきなのである。こうした点から、彼は自分と巫史は「途同而殊歸」であると述べた。これが孔子が「途同而殊歸」の第一の意味である。

巫史は「易六畫而成卦」、「仰ぎて以て天文を觀、俯して以て地理を察し、是の故に幽明の故を知る。始めを原《たず》ね終に反り、故に死生の説を知る。精氣は物を為し、遊魂は變を為し、是の故に鬼神の情狀を知る（仰以觀於天文、俯以察於地理、是故知幽明之故。原始反終、故知死生之說。精氣為物、遊魂為變、是故知鬼神之情狀）」（『周易』繫辭上）、「神明を幽讚して蓍《し》を生じ、天を參にし地を兩にして數を倚《た》つ（幽讚於神明而生蓍、參天兩地而倚數）」（『周易』說卦）とあるが如く、図を描いたり舞踊瞑想することを通じて、吉凶禍福や未来の行方を予測することができる。このように画像を制作したり解釈できる能力は、補政と教化の権力に自然と転化していき、並びに祭祀、祝賀が発生していく過程の中で、神意・禁忌・様式などが規範化、制度化され、世俗の礼秩序となった。いわゆる「鬼神に依りて以て儀を制す（依鬼神以制儀）」（『大戴禮記』五帝德）である。これこそまさに孔子が『易』を重要とみなした理由の一つである。そして孔子は仁と德を宣揚して「郁郁乎文」の治世に帰ることを望みつつも、しかしその淵源を探ることは出来なかった。さて、前掲の文中からわかるのは、孔子が後人からの誤解を恐れているからこそ、繰り返し自分と巫史が『易』を用いる目的が異なり、自分については「吾求其德而已」である、つまり「同塗而殊歸」ということを主張したということであった。これが第二の意味である。

　第三には、孔子と巫史は、ともに礼秩序の回復を望みながらも叶わなかったという共通点が挙げられる。幽讚の巫や明数の史、そして通徳の君子に至るまで誰もが、孔子と同じく「徳」の重要性を強調したが、孔子にも巫史たちにも、礼秩序を「恢復舊常」させ、上下が各々その序を乱さないようにさせることはできなかった。現在学界では、「要篇」のやりとりが孔子自身の言葉であるかについては意見が割れている[一五]。しかし、「要篇」の重要な点というのは、孔子の当時から、またそれを継いだ学者たちへと脈々と受け継がれる「巫史」観が現れていることである。文字を書く主体であった「士」は、巫史との境界を自覚しながら、「家為巫史、無有要質」[一六]という礼秩序が崩壊した状況を変えようとした。「使復舊常」は孔子の時代の多くの士君子の心の声であったが、宿願を達成するためには、内外を修め、巫史とは異なった言語による地位を確立せねばならなかったと言えよう。

　周知のように、卜筮祭祀から制礼作楽にいたるまでの発展は、神明の権威が人へと移るための重要な一歩であった。つまり原始的な巫術のあやしげな色を弱めると同時に、神人共治時代より君権神授の時代への移行が実現された。礼楽はこの過程において重要な役割を果たすものであったため、支配層は礼楽を独占し、国家の理念にまで昇華させ「君之大柄」とした。つまり、「嫌を別ち微を明らかにし、鬼神を儐し、制度を考へ、仁義を別つ所以、政を治め君を安んずる所以なり（所以別嫌明微、儐鬼神、考制度、別仁義、所以治政安君也）」（『禮記』禮運）ということである。そして代々こうした特権を独占するために、「禮は庶人に下らず（禮不下庶人）」（『禮記』曲禮上）を徹底した。周朝が興って以来、国子（貴族）たちは幼いころより「礼、楽、射、御、書、数」（『周礼』保氏）の六芸を習うこととなる。これが「後進君子」の学であり[一七]、国子が六芸を習うのは、内外を修めることで[一八]、「克《よ》く峻徳を明らかにす（克明峻德）」（『尚書』堯典）に至ることが目的である。ここでは政治を行うことが徳を施すための重要な手段となる。孔子の言う「己を修めて以て百姓を安んず（修己以安百姓）」（『論語』憲問）がこれであり[一九]、換言すれば、「成教化、助人倫」が目的と言えよう。六芸の中では、礼楽が首であり、その他の諸芸は礼楽を修めてから習うもので、孔子は繰り返し「文を學び、之を約すに禮を以てす（學於文、約之以禮）」（『論語』顔淵）と強調した。

　六芸の中で書芸は、象形・指事・會意・形聲・轉注・假借の六方面に分かれ、「六書」とされた。この中の象形の学は、つまり図画の学であり[二〇]、それで後世には「六書は之を首にするに象形を以てし、象形は乃ち絵事の權輿なり（六書首之以象形、象形乃絵事之權輿）」という説も出てきた[二一]。現存の文献資料では孔子が絵画に直接的に言及する箇所は少ないが、絵画のことによって『詩』の比喩を解釈する中にその態度が見えるのである。

三、「絵事後素」の要旨

　孔子の「絵事後素」という言葉は、弟子の子夏（卜商）との対話に見える。『論語』八佾篇に、「子夏問ふて曰く、「巧笑 倩たり、美目盼たり、素以て絢と為す。何の謂ぞや」と。子曰く、「絵事は素を後にす」と。曰く、「禮は後か」と。子曰く、「予を起す者は商なり、始めて與に詩を言ふべし（子夏問曰、「巧笑倩兮、美目盼兮、素以為絢兮。何謂也」子曰、「絵事後素」曰、「禮後乎」子曰、「起予者商也、始可與言詩矣）」とある。この対話は歴代注疏の争点となってきたが、重要なのは「素」の解釈であり、論争の焦点は、孔子が「絵事後素」の「素」と、『周礼』考工記の「素功」についてをどのように理解していたかということである。[二二] 歴代の主要な注は、大まかに言えば、素喩禮説・白采説・素功説・忠信説・禮後説などの数種に分けられる。

素喩禮説は孔安国に興り、何晏の集解や皇侃の義疏などを経て、清では毛西齡・惠棟・戴震などに継承された。孔安国注の原本は佚したが、その主要な見解は何晏・皇侃の『論語集解義疏』に見られる。孔安國原注に、「孔子 絵の事は素を後にすと言ひ、子夏 聞きて解し、素を以て禮に喩ふるを知り、故に禮は後かと曰ふ。（孔子言絵事後素、子夏聞而解、知以素喩禮、故曰禮後乎）」とあるのが、素喩禮説である。[二三] 次に白采説は鄭玄に端を発し、かれは「素」を「白采」と注し、質であると解釈した。そして「絵畫、文也」といい、礼のことと解釈した。その上で、「凡そ絵畫は、先づ衆采を布き、然る後に素を以て其の間に分布し、以て其の文を成す。美女に倩盼の美質有りと雖も、亦た禮を須ちて以て之を成すを喩ふるなり（凡絵畫先布衆采、然後以素分布其間、以成其文、喻美女雖有倩盼美質、亦須禮以成之也）」と述べた。[二四] これら孔・鄭を代表とする論語古注に対して、清人である范鵬は、その師の全祖望への質問の中で、「引「考工」、不引「禮器」。其解「考工」、亦引『論語』」と述べている。[二五] つづいて北宋に至ると、程門四大弟子の一人であった楊時は『論語』を解釈するためにはじめて『礼記』禮器を引き、[二六] その「甘は和を受け、白は采を受く（甘受和、白受采）」と、『周礼』考工記の「絵畫の事は素功を後にす（絵畫之事後素功）」を用いた。朱熹注『論語』の時には、『周礼』考工記と『礼記』禮器を合わせて引用しながらも、「後素」を「後於素」と注した。[二七] その集注は明清期に官学の標準と認定されたが、この「素功説」には非難が集まり、たとえば前述の毛西齡も素功説を誤りとした。

范鵬は前述の質問で、この問題を折衷する方法を尋ねたのである。それについて全祖望の態度は非常に明確で、孔子が「絵事後素」を借用した目的は『詩』を解釈することであり、故にその意味合いは『周礼』考工記とは異なり、むしろ『礼記』禮器と通じると考えていた。全氏は「『論語』之素、乃素地、非素功也、謂有其質而後可文也」と言い、また「素地」は「忠信」と解するべきことを以下のように論証した。「夫れ巧笑美目は、是れ素地なり。此有りて而る後に粉黛簪珥衣裳の飾を加ふる可く、是れ猶ほ絵事のごとくして、所謂絢なり。故に絵の事は素より後にすと曰ふなり。而るに之に因りて以て禮を悟れば、則ち忠信は其れ素地、節文度數の飾にして、是れ猶ほ絵事のごとくして、所謂絢なること、豈に了了ならざらんや。「考工」に云ふ所の若ければ、則ち素功は素地に非ざるなり。絵事の五采を謂はば、素功は乃ち其の中の一にして、蓋し粉の采を施すに、粉は汙れ易く、故に必ず諸采の既に施すを俟ちて之を加へ、是を之れ後と謂ふ。然らば則ち『論語』と絶へて相 蒙らず。夫れ巧笑美目は、豈に亦た粉黛諸飾中の一ならんや。抑ゝ亦た巧笑美目は人工より出づ。且《も》し巧笑美目反りて粉黛諸飾の後に出づれば、此れ其の説は必ず通ずる可からざるなり。而れども其の説を禮に參ぜんと欲すれば、則ち忠信も亦た節文中の一なり。忠信も亦た人為より出づ。且し忠信反りて節文の後より出づれば、五尺の童子、啞然として笑ふ。龜山 其の非なるを知る。故に別に「禮器」を引きて以て之を釋し、此れ乃ち真の注疏なり。朱子は既に龜山の説を是とし、而れども仍りて兼ねて「考工」の文を引くは、則ち誤なり。然して朱子「考工」を誤解するも、卻りて『論語』を誤解せず、此の一句を芟《のぞ》けば、便ち釋然たる可し。若し古注の如ければ、則ち『論語』を誤解す。朱子の誤、亦た本づく所有り、蓋し鄭宗顔の「考工」を解するより出づ。宗顔又 之を荊公（王安石）に本づき、蓋し『論語』と「禮器」とを之れ一説と為すを知らず、「考工」を之れ又 別に一説と為すなり。毛西河（奇齢）に至るが若きは喜びて朱子を攻め、嘵嘵たる強詞は、是れ則ち深く詰《と》ふに足らざるなり」とする。[一八]

この箇所より、全氏は、朱子が「絵事後素」を誤解したのは王安石と鄭宗顔の二人が『周礼』考工記を誤解した影響であるとし、また「朱子「考工」を誤解するも、卻りて『論語』を誤解せず、此の一句を芟《のぞ》けば、便ち釋然たる可し（朱子誤解「考工」、却不誤解『論語』、芟此一句、便可釋然）」や「毛西河（奇齢）に至るが若きは喜びて朱子を攻め、嘵嘵たる強詞は、是れ則ち深く詰《と》ふに足らざるなり（毛西河喜攻朱子、嘵嘵強詞、是則不足深詰也）」と言って、朱子を擁護している。

さて、礼後説は淩廷堪より説かれたが、実際には孔安国の素喩禮説を深めただけのものである。淩氏は、鄭玄の観点を認めないだけでなく、朱子らに対しても直接的に批判して、彼の『論語禮後説』では、「後に鄭（玄）注に、「素は、白采なり。後に之を布くは、其の漬汙し易きが為めなり」と。鄭司農（衆）説くに『論語』を以てして曰く、「絵の事は素を後にす」と。『朱子集注』は其の說を用いず、「後素」を以て素より後にすと為す。「考工記」の舊注に於ても亦た之に反し、「後素功」を以て先づ粉地を以て質と為し、而る後に五采を施すと為す。近儒の蕭山毛氏、元和惠氏、休寧戴氏の如きは皆な古訓を知りて易ふ可からざると為し、「禮後」の旨に於て、終に會通して之を發明する能はず、故に學者終に疑義を成す（後鄭（玄）注、「素、白采也。後布之、為其易漬汙也」鄭司農（衆）說以『論語』曰、「絵事後素」『朱子集注』不用其說、以後素為後於素也。於「考工記」舊注亦反之、以「後素功」為先以粉地為質、而後施五采。近儒如蕭山毛氏、元和惠氏、休寧戴氏皆知古訓為不可易、而於「禮後」之旨、終不能會通而發明之、故學者終成疑義）」と述べる。彼は、『詩』での意味は『周礼』考工記のそれであり、「五性」によって解釈すべきと主張し、「以素喩禮」の意味について以下のように述べた。「蓋し人の仁義禮智信の五性有るは、猶ほ絵製の青黄赤白黑の五色有るがごときなり。禮の五性の一に居るは、猶ほ素もて白采と為し五色の一に居らしむるがごときなり。……是れ智と信とは、皆 禮に由る所以の具なり也。故に「曲禮」「道德仁義、禮に有らざれば成らず」と曰ふなり。然らば則ち五性は必ず禮を待ちて而る後に節有り、猶ほ之れ五色の必ず素を待ちて而る後に文を成すがごとく、故に「禮は後か」と曰ふは、深文奥義に非ざるなり。何氏『集解』に云く「素を以て禮に喩ふ」は、但だ文に依りて之を解し、而れども其の義を申言する能はず。毛氏、惠氏、戴氏は舊注を知り遵ふと雖も、素に因りて禮を悟ると解するの處、格格不吐を免れず、皆 坐して禮の五性の節を為すを知らざるが故なり」とある。[一九]

実際我々が孔子と子夏の会話に立ち返れば、この問題の原点が理解される。二人が議論しているのは単なる美学の問題ではないし、その重点は絵画そのものにはなく、材料のいずれが先でいずれが後かという箇所にある。無論子夏が『詩経』衛風にある衛の荘姜を讃える言葉を用いて喩えとし、それに孔子が絵によって答えたが、二人が用いている手法は当時の詩歌の「博依」の方法である。[二〇] そして帰着点は礼を論じることである。これが、孔子と子夏のこの議論が八佾篇に加えられた理由なのである。素は、質である。絵事は、文である。礼楽は徳を源とし、忠信は徳へと向う。忠信もまた礼楽によって成るのであり、換言すれば内外を兼修することこそが、名声と教化という効果のために必須なのである。孔子は、子夏が「禮後」の問題に到達し、礼楽と教化の重要性を理解していることを認めていた。孔子の言う「禮なる者は、理なり。樂なる者は、節なり。君子 理無ければ動かず、節無ければ作さず。詩を能くせざれば、禮に於て謬る。樂を能くせざれば、禮に於て素なり。徳に薄ければ、禮に於て虚し（禮也者、理也。樂也者、節也。君子無理不動、無節不作。不能詩、於禮謬。不能樂、於禮素。薄於徳、於禮虚）」（『禮記』仲尼燕居）のいわゆる「謬」「素」「虚」もまた、名声や教化を目的とした言葉で有り、「絵事後素」もその中のひとつの道理である。孔子は子夏の反応に満足したために、「博依」の道を悟り、「感於物而後動」（『禮記』樂記）[三一]ができていると褒めた。それで彼に詩を言うことができる――孔門四学のなかで、文学に挙げられるのは子游と子夏である――と言ったのである。これらのことを鑑みるに、全祖望が「素地」より一歩深めて「忠信」と言い切ったことは、詩の教えについての孔子の本意に迫っていると言えよう。「絵事後素」についての別説として、近人の程樹徳は、集解の諸家の言葉を載せた後に全祖望を引いて、同等の論であるとみなして、「朱子の失は、「考工」を引き「禮器」を引かざるに在り。曹寅谷『四書摭餘説』之を論じて曰く、「楊文靖公『論語』を解するに始、めて「禮器」を引く。朱子既に龜山の説を是とし、又 兼ねて「考工」を引き、以て即ち「禮器」の解と為し、朱を攻むる者の未だ釋然とする能はざるを怪しむ無きなり。然れば朱子の誤も亦た本づく所有り、蓋し鄭宗顔の「考工」を解するに出づ。宗顔又 之を荊公に本づき、蓋し『論語』と「禮器」と之れ一説と為すを知らず、「考工」を之れ又 別に一説と為すなり。全謝山 謂へらく朱子「考工」を誤解するも、却って『論語』を誤解せず、古注の若ければ則ち『論語』を誤解すと」と。持平の論と謂ふ可し」と述べる[三二]。

以上のような歴代の解釈が有りながら、しかし現在の美術史においては絵の描き方そのものについてを説明するにとどまり、専門分野の限界や、清代の諸研究への理解不足によって、研究の論点は問題から乖離し、孔子の主旨からも離れていると言えよう。

四、小節

春秋の末には礼楽は崩壊し、諸侯大夫たちは「八佾舞於庭」という有り様で、『国語』にも少皞の衰象として、「九黎 徳を亂し、民神雑糅して、物を方《わか》つ可からず。夫れ人ゝ享を作し、家ゝ巫史を為して、要質有る無し」のように記される[三三]。孔子をはじめとした諸子たちは、古きに帰ることを己が任と定めた。孔子は知命の歳に至っても悩んだ結果、巫史と「途を同じく」し、『易』に古聖の遺言を求めた。その背景には、絵画作図を含む六芸の学を、「絶地天通」すなわち礼秩序を建てる手段としたことがある。こうした中で、子貢が孔子に卜筮への考えを尋ねたことは、その扱い方や態度、目的を見定めるのに有意義であり、今回検討した子夏と孔子の「絵事後素」の出発点もこれと同じである。孔子の「吾 祭に與らざれば、祭らざるが如し（吾不與祭、如不祭）」（『論語』八佾）という態度は、巫史の行為によって『易』の忠信の精神を体現し、易の辞の中で「進徳」の義理を求めるものであり（すなわち「樂其辭」）、占いによって効果を求めること（すなわち「非安其用」）とは異なる。このように徳を内核とする思想のもと、巫史の「安其用」のような画像によるシステムは礼秩序に組み込まれていった。「載言」と呼ばれていた史の仕事は「載筆」と強調され、「君子不器」が主張された。こうして相対的に独立していた巫史画像システムは、「載言」による文字のシステムによって崩壊させられ、画像の機能も、神明の助けを受けることから、「教化を成し、人倫を助く（成教化、助人倫）[二四]」へと変化していったのである。

《注》

（一）Régis Debrayは、三万年前の旧石器時代、技術の発生と混乱の中で、画像が出現したと考えている。（仏）Régis Debray著、黄迅餘・黄建華訳『圖像的生與死――西方觀圖史』（華東師範大學出版社二〇一四年版、二〇頁）を参照。

（二）『易』繋辞上、阮刻『十三經注疏』本。

（三）（漢）許慎・（宋）徐鉉等校定『説文解字』巻十二上（從書籍成初編本、中華書局、一九八五年版）

（四）古者民神不雜。民之精爽不攜貳者、而又能齊肅衷正、其智能上下比義、其聖能光遠宣朗、其明能光照之、其聰能聽徹之。如是則明神降之、在男曰覡、在女曰巫（『國語』巻十八、楚語下 射父論絶地天通、上海古籍出版社、一九七八年版、五五九頁）

（五）たとえば『周易』巽卦に、「九二、巽在床下、用史巫紛若、吉、無咎」とある。詳しくは陳夢家「商代的神話與巫術」（『燕京學報』第二〇期、四八六-五七六頁）、同氏「史官」（『殷墟卜辭綜述』中華書局一九八八年版、五一七-五二二頁）、李澤厚「説巫史傳統」（『己卯五説』中國電影出版社、一九九九年版、三三-七〇頁）、王振紅「帛書篇「巫史説」及其思想價值」（『史學理論與史學史學刊』二〇一四年、四一-五四頁）を参照。

（六）Régis Debray『圖像的生與死――西方觀圖史』五一-一七頁を参照。

（七）賈湖契刻文字については「準古彝文説」と「漢字濫觴説」の両説がある。蔡運章「遠古刻畫符號與中國文字的起源」（『中原文物』二〇〇一年第四期）、蔡運章・張居中「中華文明的曙光――論舞陽賈湖發現的卦象文字」（『中原文物』二〇〇三年第三期）、劉誌一「賈湖龜甲刻符考釋及其他」（『中原文物』二〇〇三年第四期）等を参照。

（八）伏羲氏について「仰則觀象於天、俯則觀法於地、觀鳥獸之文與地之宜、近取諸身、遠取諸物、於是始作八卦、以通神明之德、以類萬物之情（『周易』繋辞下）」とある。

（九）是使制神之處位次主、而為之牲器時服、而後使先聖之後之有光烈、而能知山川之號、高祖之主、宗廟之事、昭穆之世、齊敬之勤、禮節之宜、威儀之則、容貌之崇、忠信之質、禋潔之服、而敬恭明神者、以為之祝。使名姓之後、能知四時之生、犧牲之物、玉帛之類、采服之儀、彝器之量、次主之度、屏攝之位、壇場之所、上下之神、氏姓之出、而心率舊典者為之宗。于是乎有天地神民類物之官、是謂五官、各司其序、不相亂也。民是以能有忠信、神是以能有明德、民神異業、敬而不瀆、故神降之嘉生、民以物享、禍災不至、求用不匱（『国語』巻十八 楚語下 観射父論絶地天通、上海古籍出版社、一九七八年版、五五九-五六〇頁）

（一〇）我々は先史文化が商周文化にまで到達した変化を考察せねばならない。新石器時代である河姆渡文化、良渚文化、馬家窯文化、齊家文化の陶玉から、商周時代の青銅器に見える饕餮像の間の、どこに変化の起源はあるのであろうか。

（一一）郭沫若氏は、「史と巫はおそらく当時の教育を掌っていたのである」と述べるが、教育はその中の一職務に過ぎない。詳しくは氏の『古代社会研究』第一篇第二説（『郭沫若全集』歴史編第一巻、人民出版社、一九八二年版、五六頁）を参照。

（一二）『呂氏春秋』先識篇に、「夏太史令終古、出其圖法、執而泣之」とある。ここで終古が掌っている「図法」とは、少なくとも図による歴史の記録、卜占の卦図の記録、統治のための法典という三つの部分から成るはずである。

(一三) 馬王堆帛書「要篇」第一七行下・八行上に、「讃而不達於數、則其為之巫。數而不達於德、則其為之史。史巫之筮、□者而義行之耳。讃而不達於數、則其為之巫。數而不達於德、則其為之史。史巫之筮、鄉之而未也、好之而非也。後世之士、疑丘者或以易乎。吾求其德而已。吾與史巫同塗而殊歸者也。君之而未也、好之而非也。後世之士、疑丘者或以易乎。吾求其德而已。吾與史巫同塗而殊歸者也」とある。(日)池田知久著、牛建科譯「馬王堆漢墓帛書之 篇釋文(下)」(『周易研究』一九九七年第三期、六一一九頁)参照。

(一四) 李学勤氏の『從帛書「易伝」看孔子與「易」』の一文に、孔子が『易』を好んだ原因や目的などの問題についての精緻な論がある。詳しくは『中原文物』(一九八九年第二期、四一-四四頁)を参照。

(一五) 李學勤、廖名春らは肯定するが、朱伯崑、梁韋弦、王振紅らは孔子の言葉をもとに、次第に作られていったものであるとする。どれも確実な根拠はなく、また本稿の主旨とはあまり関わらないため、いちいち挙げることはしない。

(一六)『国語』巻一八 楚語下に、「觀射父論絶地天通」とある。(上海古籍出版社、一九七八年版、五六二頁)

(一七)『論語』先進篇第一章に「子曰、「先進於禮樂、野人也。後進於禮樂、君子也。如用之、則吾從先進」とあるのがこれである。先進の学問に四門、すなわち德行、言語、政事、文学があり、この四門の中で、德行が首要とされた。これが後世の学者の言う「孔門四学」である。『論語』先進篇第二章を見よ。

(一八)『禮記』文王世子に、「凡三王教世子必以禮樂。樂、所以修內也。禮、所以修外也。禮樂交錯於中、發形於外、是故其成也懌、恭敬而溫文」とある。

(一九)『禮記』大學の結論部に、「大學之道、在明明德、在親民、在止於至善」とあるのも、これである。(ここでの大學とは、大人の學であり、前述の後進君子の學とも言える)

(二〇) 曹植のいわゆる「畫者、鳥書之流」である。張彥遠『敘畫之源流』では、「按字學之部、其體有六、一古文、二奇字、三篆書、四佐書、五繆篆、六鳥書。在幡信上書端、象鳥頭者、則畫之流也」と述べる。

(二一) 明宋濂『畫源』に、「書與畫非異道也、其初一致也。且書以代結繩、功信偉矣。至於辨章服之有製、畫衣冠以示警、飭車輅之等威、表旗旐之後先、所以弭綸其治具、匡讚其政原者、又烏可以廢之哉。畫繢之事、統於冬官、而春官外史專掌書令。其意可見矣。況六書首之以象形、象形乃絵事之權輿。形不能盡象而後諧之以聲、聲不能盡諧而後會之以意、意不能盡會而後指之以事、事不能以盡指、而後轉注假借之法與焉。書者所以濟畫之不足者也。使畫可盡、則無事乎書矣。吾故曰、書與畫非異道也、其初一致也」とある。

(二二)『周禮』考工記に、「畫繢之事。雜五色。東方謂之青、南方謂之赤、西方謂之白、北方謂之黑、天謂之玄、地謂之黃。青與白相次也、赤與黑相次也、玄與黃相次也。青與赤謂之文、赤與白謂之章、白與黑謂之黼、黑與青謂之黻、五采備謂之繡。土以黃、其象方、天時變、火以圜、山以章、水以龍、鳥、獸、蛇。雜四時五色之位以章之、謂之巧。凡畫繢之事、後素功」とある。

(二三)(三國魏)何晏注、(南朝梁)皇侃疏『論語集解義疏』巻二(叢書集成初編本、商務印書館、一九三七年版)

(二四)(三國魏)何晏注、(南朝梁)皇侃疏『論語集解義疏』巻二(叢書集成初編本、商務印書館、一九三七年版)

(二五)(清)全祖望注、朱鑄禹匯校集注『全祖望集匯校集注』(『經史問答』巻六「論語問目答範鵬」上海古籍出版社、二〇〇三年版、一九四一-一九四二頁。)

(二六)『禮記』禮器に、「君子曰、甘受和、白受采、忠信之人可以學禮、苟無忠信之人、則禮不虛道」とある。

(二七)(宋)朱熹著『四書章句集注』、『論語集注』巻二 八佾第三(中華書局、一九八三年版、六三頁)に、「絵事、絵畫之事也。後素、後於素也。「考工記」曰、「凡絵畫之事後素功」謂先以粉地為質、而後施五采、猶人有美質、然後可加文飾」とある。

(二八)（清）全祖望注、朱鑄禹匯校集注『全祖望集匯校集注』、經史問答巻六「論語問目答範鵬」（上海古籍出版社、二〇〇〇年版、一九四一―一九四二頁）に、「夫巧笑美目、是素地也。有此而後可加粉黛簪珥衣裳之飾、是猶之絵事也、所謂絢也。故曰絵事後於素也。而因之以悟禮、則忠信其素地也、節文度數之飾、是猶之絵事也、所謂絢也、豈不了了。若「考工」所云、則素功非素地也。謂絵事五采、而素功乃其中之一、蓋施粉之采也、粉易於汙、故必俟諸采既施而加之、是之謂後。然則與『論語』絶不相蒙。夫巧笑美目、豈亦粉黛諸飾中之一乎。抑亦巧笑美目出於人工乎。且巧笑美目反出於粉黛諸飾之後乎、此其説必不可通者也。而欲參其説於禮、則忠信亦節文中之一乎。忠信亦出於人為乎。且忠信反出節文之後乎、五尺童子、唖然笑矣。亀山知其非也。故別引「禮器」以釋之、此乃真注疏也。朱子既是亀山之説、而仍兼引「考工」之文、則誤矣。然朱子誤解「考工」、卻不誤解『論語』、芟此一句、便可釋然。若如古注、則誤解『論語』矣。朱子之誤、亦有所本、蓋出於鄭宗顔之解「考工」。宗顔又本之荊公（王安石）、蓋不知『論語』與「禮器」之為一説、「考工」之又別為一説也。若至毛西河（奇齢）喜攻朱子、嘵嘵強詞、是則不足深詰也」とある。

(二九)（清）淩廷堪著、王文錦點校『校禮堂文集』巻十六「論語禮後説」（中華書局、一九九八年版、二〇一六年三刷、一四六―一四七頁）に、「蓋人之有仁義禮智信五性、猶絵製有青黄赤白黒五色也。禮居五性之一、猶素為白采居五色之一也。……是智與信、皆所以由禮之具也。故「曲禮」曰「道德仁義、非禮不成」也。然則五性必待禮而後有節、猶之五色必待素而後成文、故曰「禮後乎」、非深文奥義也。何氏『集解』云「以素喩禮」、但依文解之、而不能申言其義。毛氏、惠氏、戴氏雖知遵舊注、而解因素悟禮之處、不免格格不吐、皆坐不知禮為五性之節故也」とある。

(三〇)『禮記』學記に、「不學博依、不能安詩」とある。

(三一) 子夏もかつて孔子に「五至」についてを問い、孔子は答えて「志之所至、詩亦至焉。詩之所至、禮亦至焉。禮之所至、樂亦至焉。樂之所至、哀亦至焉」と答えたことが『禮記』孔子閑居に見えるが、これもまた理に適う。

(三二) 程樹德撰、程俊英・蔣見元點校『論語集釋』巻五『八佾上』（中華書局、一九九〇年版、一五八―一五九頁）に、「朱子之失、在引「考工」不引「禮器」。曹寅谷『四書摭餘説』論之曰、「楊文靖公解『論語』始引「禮器」。朱子既是亀山之説、又兼引「考工」、以為即「禮器」之解、無怪乎攻朱者之未能釋然也。然朱子之誤亦有所本、蓋出於鄭宗顔之解「考工」。宗顔又本之荊公、蓋不知『論語』與「禮器」之為一説、「考工」之又別為一説也。全謝山謂朱子誤解「考工」、却不誤解『論語』、若古注則誤解『論語』矣。」可謂持平之論」とある。

(三三) 九黎亂德、民神雜糅、不可方物。夫人作享、家為巫史、無有要質（『國語』巻十八 楚語下 觀射父論絶地天通、上海古籍出版社、一九七八年版、五六二頁）

(三四) 絵を描くことは六芸の範疇であるとは言え、人によっては「小道」に過ぎないとして、「致遠恐泥、是以君子不為也（『論語』子張）」という小道についての子夏の言葉を用いることもある。とはいえ孔子と弟子たちのこうしたあり方は、「徳をもって絵を描く」ことを原儒から宋明理学の学者たちに至るまでの普遍的な標準とさせた。いわゆる「志於道、據於德、依於仁、游於藝」とか、「德成而上、藝成而下（『礼記・楽記』）」のような思想はここに由来するのである。

第一部会　九

『孟子』「誅一夫」の解釈と儒家政治理倫理観念の展開

肖永明・李　江
山下　紀伊子(訳)

はじめに

「湯武之事」は『尚書』・『易傳』などの儒家経典のうちに多くの記載がある。(一)『孟子』梁惠王下における斉の宣王と孟子のあいだの、湯による桀の追放・武王による紂の討伐についての議論は以下のようなものである。

齊宣王問曰、湯放桀、武王伐紂、有諸。孟子對曰、於傳有之。曰、臣弑其君、可乎。孟子曰、賊仁者謂之賊、賊義者謂之殘、殘賊之人謂之一夫。聞誅一夫紂矣、未聞弑君也。(二)

この斉の宣王と孟子の間の問答からは、二人の湯・武の行いに対する見解には明らかな対立が存在していることが見いだされる。斉の宣王はこのことをまさに「臣が其の君を弑する」こととみなし、あくまで君臣関係という枠組みの中で討論される問題として扱っている。だが孟子はすでに君臣関係という枠組みを超え、まさに君主を君主とする前提条件、すなわち君主が仁義を行わないのであればその君主の政権に統治合法性はそなわるのかという討論へと話題を転換している。斉の宣王と孟子の立場は異なるものの、彼らは「湯武革命」というこの一つの歴史上の事件への理解において、重大な差異を生み出すこととなった。この差異は、この湯武の故事が内包するある対立軸をはっきりと出現させることとなるのである。

『孟子』のこの章における「湯武之事」の解釈は、かねてから学者によって「君子所難言」(三)・「古今之大難」(四)と見られてきた。その「難言」たる所以は、もし正面から「湯武革命」を肯定してしまえば、すなわち儒家の提唱する君臣の名分を損なってしまうが、とはいえもし湯が桀を追放したこと、武王が紂を討伐したことを否定してしまっても、それでは残虐な君主にあっても何もしないということになり、徳治・民本・仁政によるという儒家の中核をなす政治理念と符合しなくなってしまうということにある。これらの議論が、人をジレンマに陥れることはたやすい。

漢の景帝の時の黄生と轅固生の間に起こった激烈な議論は、この「難言」とされる課題に対して我々に一つの理解を与え、具体的例証を提供してくれた。『史記』儒林傳はこう記載する。

黄生曰、湯武非受命、乃弑也。轅固生曰、不然。夫桀紂虐亂、天下之心皆歸湯武、湯武與天下之心而誅桀紂、桀紂之民不為之使而歸湯武、湯武不得已而立、非受命為何。黄生曰、冠雖敝、必加於首、履雖新、必關於足。何者、上下之分也。今桀紂雖失道、然君上也。湯武雖聖、臣下也。夫主有失行、臣下不能正言匡過以尊天子、反因過而誅之、代立踐南面、非弑而何也。轅固生曰、必若

所云、是高帝代秦即天子之位、非邪。[五]

黄生は、桀・紂は道を失っているとはいっても、やはり現実の政治秩序においては依然として君主として尊ぶべき位にあり、よって湯武は最終的には神聖な立場になったとはいえこの時点ではまだ臣下であるため、臣下が「正言匡過以尊天子」することが能わずして反旗を翻して君主を誅殺し、自らそれに代わったと考える。よって「湯武革命」は君主を弑する行為であったと断定している。一方轅固生は、民心が向かうという才それ自体が君主の王権による統治の来源であり、民の心はすなわち天命そのもので、「天下之心皆歸湯武」ということによって、湯武の革命は「順天応人」的な正義にかなった行いであるとしている。漢の景帝はこの板ばさみの問題を解決する手立てを見出せずに最後は棚上げにしてしまった。まさに、「肉を食して馬肝を食さざるも、味を知らざると為さず。言ふこころは学者は湯武の受命に言無きも、愚と為さざるなり」[六]ということである。

事実として、『孟子』は湯武の事に関する議論において、儒家政治倫理観の中での「尊君」と「重民」の二つの傾向の対立軸を多分に展開している。この種の対立軸は儒家の政治思想とその政治における実践のあらゆる過程に存在している。徐復観先生はこう指摘する。「（中国の）政治の中には一つの根本的な矛盾が存在している。それは、政治的理念においては民が主体であるのに、現実の政治においては君主が主体であることである。この種の二重の主体性は、その対立を調停しうる手段を持たない」[七]と。また呂思勉先生はこう指摘する。「かねてからの儒家の書物を読むと、一貫してある矛盾を覚える。それは、彼らは君権を主張したかと思えば、こんどは急に民権を主張するということだ」[八]と。

この矛盾は『孟子』の中で斉の宣王と孟子の討論を通してさらなる展開を見せる。とはいえ孟子自身の態度は非常に明確で、「聞誅一夫紂矣、未聞弑君也」という傾向は非常に顕著である。ただ、『孟子』によって展開されるこのジレンマは、後世の儒家の学者に結局のところどのように扱われてきたのだろうか。

中国思想史上において、多くの儒者が様々な経典の解釈、歴史的再解釈をすることを通じて、自己の思想を主張してきたことを我々は知っている。歴代の学者が『孟子』の「聞誅一夫紂」の章における、湯・武の故事にまつわる権利の来源、統治合法性、君臣関係などの重大な理論についての問題に多様な解釈を行い、討論を展開し、実に多様で様々な考えが提出されてきたのだ。後世の儒家の『孟子』の「聞誅一夫紂」の章の解釈史を整理することを通じて、我々は彼らの基づく異なる歴史環境、社会的立場、学術的文脈からのこの問題への考えを伺うことができ、それによってこの一つの側面から、儒家政治倫理思想の異なる歴史状況における発展の細部が見いだされるのである。

一、孟子の「誅一夫」への肯定的解釈

孟子は君主が「仁政」と「保民」を行うべきであることを強調し、民心を得ないのであれば民衆の利益を損害しているとして、このことが桀紂が天下を失った一番根本的な原因であると考えている。後世の多くの学者は桀紂が天下を失ったことに対して多くの議論をしているが、湯武が天下を得たときについては孟子の論理に従って、多くはこの角度から論述を展開している。

概括して言うと、漢~唐の時期においては、『孟子』の学術的地位はおしなべて高くはなかったものの[九]、漢唐の時期の学者たちは『孟子』の湯武の故事の議論には意外に多くの関心を抱いていた。董仲舒

は「湯武革命」を取り上げて議論を行っている。彼の言説は以下である。

> 天之生民、非為王也、而天立王以為民也。故其德足以安樂民者、天予之。其惡足以賊害民者、天奪之。……有道伐無道、此天理也、所從來久矣、甯能至湯武而然耶。……君也者、掌令者也、令行而禁止也。今桀紂令天下而不行、禁天下而不止、安在其能臣天下也。果不能臣天下、何謂湯武弑。（一〇）

この議論を詳細に分析することによって以下のことが見いだされる。すなわち、董仲舒は湯武革命の合理性を十分に肯定しており、「湯武之伐桀紂為不義」とする説に反対し、桀・紂は「令天下而不行、禁天下而不止」もので、既に「臣天下」することが出来ないと捉え、それによって「君」としての資格をすでに失ってしまっている以上、「弑君」という考えは存在しないとしている。この一点において、董仲舒と孟子の間の考えは一致しているが、ただ完全に同じというわけではない。董仲舒は湯武革命を論じるにあたって伝統的な「天命」観を継承しており、まさに政権の得失を「天予」「天奪」のものとみなしている。董仲舒は、桀紂は道を失ったことによって天命を失ったとみなし、湯武が桀紂を討伐したことについて、これによって「以有道伐無道」という天命に応じたものとしている。

ここで注目すべきは、董仲舒は依然として現実の政治における勢力の観点から出発しており、対「君主」という含意を通じて、桀紂に「君」としての資格を与えること否定していることだ。董仲舒の見解では、もし君主が現実の政治のうちにあって天下に号令することが出来なければ、もはや事実上君主としての資格を備えてはないということになる。このことと孟子の「得乎丘民而為天下」的な考えは違いをきたしており、むしろ韓非子の「所謂明君者、能畜其臣者也」という考えと近似すると言えよう。

もっとも早期に『孟子』の一書に対して系統だった注解を行ったのは後漢の学者の趙岐である。『孟子』のこの章の注解において、趙岐は孟子の観点を継承している。彼は以下のように述べる。

> 殘賊仁義之道者、雖位在王公、將必降為匹夫、故謂之一夫也。但聞武王誅一夫紂耳、不聞弑其君也『書』云、獨夫紂、此之謂也。章旨言、孟子云紂以崇惡失其名、不得以君臣論之。（一一）

趙岐の重点は「一夫」の内包する語義にある。彼は基本的には孟子の考え方に従うのであるが、桀紂が民に悪行を働いたことによって民心を得ず、天下の人々に背かれることになったとしている。それによって君主としての尊い名分を失い、匹夫・百姓と同列視されたとみなす。それゆえ、湯武と桀紂の間にはすでに君臣の関係は存在せず、湯武が桀紂を誅殺したことは臣下が君主を弑したとは言えないとしているのだ。

とはいえ、漢～唐の学者は『孟子』のこの章に対して解釈を行った文章は多くはないのであるが、孟子のこの章が伝えるところの儒家の「以民為本」的政治倫理観は当時の学者たちの観念のうちに浸透していたと言える。例えば唐代の学者の皮日休などは非常に孟子を尊び、科挙の試験で「去莊列之書、以孟子為主」とまで主張していた。彼の説は以下である。

> 堯・舜、大聖也、民且謗之。後之王天下、有不為堯舜之行者、則民搤其吭、捽其首、辱而逐之、折而族之、不為甚矣。（一二）

ここにあっては、彼は民の地位と行動を肯定しており、もし君主が堯舜の道を行わないのであれば、民は君主を弑殺する権利があるとみなしている。かなり明瞭な、孟子の「誅一夫」論の発揮が見受けられる。

宋代に至ると、『孟子』の地位は「子」から「経」へと上げられたことにより大きな高まりを見せた（一三）。同時に、『孟子』に対して踏み込んだ解釈を行う著作も大量に出現した。宋の儒者は『孟子』のこの章の解釈をする際、まさに「一夫」の解釈に重きを置くようになり、「一夫」の内包する意味を明らかにすることによって、桀紂が君主としてみなされなかった理由を明らかにせんとした。

例えば南宋の大儒である張栻は桀紂のような君主を「上焉断棄天命、下焉不有民物」とみなし、これにより「一夫」を称する所以としている（一四）。朱熹はこの章を以下のように解釈している。

賊、害也。殘、傷也。害仁者、凶暴淫虐、滅絶天理。故謂之賊。害義者、顛倒錯亂、傷敗彝倫。故謂之殘。一夫、言衆叛親離、不復以爲君也。書曰、獨夫紂。蓋四海歸之、則爲天子、天下叛之、則爲獨夫。所以深警齊王、垂戒後世也。王勉曰、斯言也、惟在下者有湯武之仁、而在上者有桀紂之暴則可。不然、是未免於簒弑之罪也（一五）。

朱熹のこの段の解釈は、天下四海の民の「歸叛」によって君主の位の基準を得ているかの判断を行い、「一夫」が人々に背かれ孤立することを強調することを通して、桀紂の統治合法性を解釈している。ここにおいて朱熹は孟子の論述に対して独自の論理的展開をみせている。また当然ながら、朱熹は後世の学者の疑問を解決することも試みており、まさに孟子の論を詳しく分析してさらに体系的にまとめ上げようとし、そうして「革命」を起こす際には条件があることを強調した。それはつまり、「在下者有湯武之仁、則在上者有桀紂之暴」ということであり、そうでなければ一種の簒奪行為にあたるとしたのである。

彼はまた「権変」の説によって『孟子』のこの章に現れていた一種の緊張関係を消去した。彼は以下のように説く。

蓋天下有萬世不易之常理、又有權一時之變者。如、君君、臣臣、父父、子子、此常理也。有不得已處、即是變也（一六）。

この説によって、湯武が桀紂を追放、殺害したことは一種の「已むを得ざる」権変であったとされたのである。

また、朱子の後学である真徳秀は「常変関係」から「湯武革命」を理解した。彼はこう説いている。

文王所處乃君臣之常、武王所處乃君臣之変、常固正也。変而不失其正、是亦常而已矣。然常道人皆可為、変則非義人不可為、故義人于湯武之事毎微有不足之意〈中略〉蓋惜其不幸而為此、不得已之舉也（一七）。

真徳秀の考えでは、湯武の故事はすなわちやむをえない動作であって、これは「不幸而為此」ものであり、同情に値するものである。実際、孔子と孟子の湯武の故事への態度は少し違いがあり、孔子には「微かに不満の意有り」とする。その所以は以下の点による。すなわち、一方では「恐後世乱臣賊子借湯武之名以闚伺神器也、易発革命之義」とするものの、また一方では「恐後世乱君肆行于上、而無所憚（一八）」という点である。

朱熹の弟子の蔡沈は、「湯武革命」の見方に対して基本的には朱熹の観点を踏襲しているが、主に名実の関係という視点から孟子の「誅一夫」の説を論述しており、桀紂は「反行昏乱、陷民于塗炭」、「無以主之為之主、而自残賊焉」であるとみなし、桀紂が「君之實喪矣」所以は、その名があってその実がないことであり、そうであれば君主とみなすことはできず、ただ「一夫」とみなすのみとしている（一九）。

注意を払うべきは、宋代以降の多くの学者は、孟子の説に賛同するとはいえ、この章の踏み込んだ解釈を行う際には、まずは「君臣大義」を挙げ、臣下が君主の不正当性を弑することを否定することである。例えば欧陽修は「湯武革命」の時にこのように言及している。

　逆莫大乎以臣伐君、若君不君則非君矣、是以至仁而伐桀紂之悪、天之所欲誅而人之所欲去、湯武誅而去之、故曰順乎天而應乎人也。[二〇]

欧陽修はまずは尊君の重要性を強調し、臣下が君主を討伐することは大逆であるとみなし、このような前提のもとで、孔子の「正名」観念に依拠し、「君不君則非君」なのであるから、桀紂が君主の身分をなすことを否定するに至る。

　またたとえば張居正はこの章を解釈する際、まずは、「君臣大分、豈可逾越」を強調し、そのあとで湯武の故事と普遍的な「称兵犯順之事」の間を区別しようとする。彼は、湯武を「奉天伐暴」とみなして、普通の兵士が事を犯すことと一緒くたにすることは出来ないとする。しかし、具体的な論述の中で、張居正もまた君主の内包する意味を限定することによって、桀紂が君主の資格を持つことを否定している。彼は以下のように説く。

　天生民而立之君者、為其能尽仁義之道、以為斯民共主也……残賊之人、天命已去、人心已离、只是一个独夫、不得為天下之共主矣。所以書經上説独夫紂、盖自絶于天、故天命武王誅之、為天下除残賊。[二一]

　明末～清初の学者の王夫之はこの章に解釈を施したとき、同様にまず君臣の分を重視し、「君野不可弑、大義昭著、誰敢犯者」とした。このような土台の上で君主が君主としての道を尽くさなければならないことを強調し、そうでなければ君の資格を備えないとした。王夫之は、何によって君主と為すのかという視点を通して、桀紂の君位を否定したのである。

　君者、以大仁育天下、以大義正天下者也、育天下而天下親之、正天下而天下尊之、天下所尊親、雖聖人其敢不尊親之乎。……賊之人孰与親之、孰与尊之、衆叛親離、謂之一夫而已、纣唯如是、故武王起而诛之、天下莫不悦服焉。[二二]

このような考えには、孟子の観点をさらに進めた解釈が表れている。王夫之はまた「誅一夫」の説が君臣の倫を希薄にさせることを恐れており、それゆえ君主が自由に殺害行為を行うことは出来ないことを強調し、徳を失うような行為をしない限りは以下のようになると述べた。

　若夫君無失德、則四海戴之、而孰敢弑焉。帝王之興、雖不一致、未聞敢有以弑君自居而天下不致討者也。[二三]

　さて、それぞれに解釈の特色はあるとはいえ、これらの学者の解釈を通じて見いだされる、彼らの問題意識、論証の仕方については、概して大きな差はないと思われる。孟子の説に賛同、肯定的な学者は、大部分が孟子の論理によって、政権の統治における「民」の重要性をはっきりと示し、民心を得ること、天命を得ることを強調し、これによって桀紂の君主統治の合法性を解釈、構成し、元始儒家国家の「立君為民」的な政治的伝統を堅持している。同時に、これらの学者が「以民為本」を強調していたとしても、君主の権威を守るために特別な注意を払っていたことが見いだされる。

二、「誅一夫」説に反対、疑問を抱く解釈

『孟子』「誅一夫」の章の解釈史上では、この説に反対、疑問を呈した儒者も少なからずおり、『孟子』のこの章を解釈する上ではそれを軽視することは出来ない。

　漢初の学者の賈誼はその著書『新書』の内で湯武の故事に対して以下のように述べる。

殷湯放桀、武王伐紂、此天下之所同聞也。為人臣而放其君、為人下而弑其上、天下之至逆也。而所以有天下者、以為天下開利除害以義繼之也。[二四]

ここにおいて、賈誼は湯武の放殺に対しては一つの歴史上の事件としては否定的な態度を持っており、臣である物が其の君を追放し、下におるものが上を弑するということは「天下の至逆」であるとみなしている。賈誼の見解においては、湯武のことは「為天下開利除外」であるとはいえ、湯武と桀紂の間の君臣の名分は依然として存在しており、湯武の「弑君」的性格は変えることは出来ないと見ていることが分かる。明らかに、孟子の「誅一夫」の説とは相対しているのである。

宋代は『孟子』の地位が高揚し、『孟子』学が大きな発展を見せた時期であるが、当時においても「非孟」「疑孟」的現象は出現していた。たとえば、蘇軾、司馬光らの学者が『孟子』に対して種々の疑い、非難を提出したが、その内に、孟子の政治思想における「湯武革命」の見方を考えるうえで重要な観点がある。

蘇軾は武王が紂を討伐したことに対して不満を示しており、「武王非聖人」であるとみなしている。彼の思想は以下である。

天下無王、有聖人者出而天下歸之、聖人所以不得辞也。而以兵取之、而放之、而殺之、可乎。[二五]

蘇軾は、聖人が出現すると、天下の人は皆それに帰順し、それによって聖人は王と称せられるとする。ただし、武王は「以暴易暴」的な革命の手段に基づいて天下を取っていて、それは蘇軾の賛同できないことであり、よって彼の見解においては、武王もまた聖人ではないことになるのだ。孟子の「誅一夫紂」的見解に対して、蘇軾は明確に否定の意を表し、武王に対して対して孔子が「武尽美矣、未尽善也」という評価をしたのは「孔子家法」であると考えている。後の人が湯武革命を肯定したことは、孟子の誤りを受け入れることであり、それに対して肯定的態度を持つものは「孔氏之罪人」であるのだ。彼の説は以下である。

孟軻始乱之曰、吾聞武王誅独夫紂、未聞弑君也。自是学者以湯武為聖人之正、若当然者、皆孔氏之罪人也。使当時有良史如董狐者、南巣之事必以叛書、牧野之事必以弑書。而湯・武、仁人也、必将為法受悪。[二六]

これにより、蘇軾が湯武の故事は当然「弑」とされるべきであると考えて、孟子の「誅一夫」の意と対立していたことが分かる。その根源を極めると、つまり、孟子が「民」を以てその論の起点をなし、百姓万民の利益という視点によって君主が統治合法性を備えているのかどうかを判定しているが、蘇軾は君臣の名分に固執しており、君臣の名分を変更してはならないとしている。かなり明白に、これらは君臣の名分に対する絶対的な擁護であり、君為臣綱の恒常的な原則を強調線とする考えで、孟子の「民貴君軽」の説とは明らかな違いを見せている。

司馬光は君臣関係について非常に多くの論述をしているが、それらを貫いているのは強烈な「忠君」「不事二君」的思想である。例えば彼はこう述べている。

臣之事君、有死無貳。此人道之大倫也。苟或廢之、亂莫大焉!……正女不從二佚、忠臣不事二君。……忠臣憂公如家、見危致命、君有過則強諫力爭、國敗亡則竭節致死。[二七]

ここでは「湯武之事」のジレンマに直接言及してはいないが、彼の主張によれば君主に対して臣下は絶対忠誠を誓い、君主に仕えてその死に遭えば二人の君主に使えることはしない、という観念が見受けられる。これにより、司馬光における「君」が本位を為す思考傾向、つまりは「尊君」的傾向が非常に明確に現れている。「湯武之事」に関するこのような態度において、『易傳』に言われるような「順乎天而応乎人」としての「湯武革命」を司馬光が明確に否定しているとは言えないものの、やはりそれは条件付きで肯定されるものであり、強調する重点は明確に「君臣之分」にある。司馬光は「非有桀、紂之暴、湯、武之仁、人歸之、天命之、君臣之分、當守節伏死而已矣」[一八]と述べている。

司馬光は、「君臣之位、猶天地之不可易也」[一九]と考え、その身が臣下をなしているのであれば、「諫于君而不听、去之可也、死之可也、若之何其以尊戚之故、敢易位而処也」[二〇]であるとして、あくまで「君臣之分」を強調し、君臣の位は絶対的に変更すべからざるものとして捉えている。この考えと孟子の思考はまた明瞭に異なるものであろう。司馬光の「非孟」は、また一つの重大な側面である。

錢穆先生はかつて北宋の時期の新学、洛学、蜀学、朔学は君主に対峙する上での態度で差異があると結論付けていた。

新学、洛学はみな伝の尊厳に帰し、漢、唐の君臣の形跡の上を進まんとする。この考えは孟子に基づいたものである。一方で蜀学・朔学の両派はむしろその態度は尊君に偏っている。……洛党、新党は尊師、すなわち宰相を尊ぶことを主とするのであり、要するに学術によって君主権力の上を凌駕することを求めるのである。……朔党、蜀党は尊王を主とし、漢・唐以来の歴史的事実に立脚することは少ない[二一]。

ここで錢穆先生が論じる、朔党、蜀党は「尊君」「尊王」の説を主とするという説は非常に的を得ている。司馬光、蘇軾らの人物の『孟子』の「湯武革命」の論述に対する疑い、否定、非難は、実は彼らの思想が強い「尊君」思想から生まれていることによるのだ。

『孟子』のこの章の論述に対して否定的見解を表し、また疑いの目を向けるのは、非孟的傾向の学者である。歴代の少なくない数の理学家が『孟子』を高く評価し、儒学の内での核心的経典としてみなしてきたが、それでもやはり孟子の「誅一夫」的な見解に対しては、それを受け入れて理解することには難色を示してきた。

例えば張九成は孟子をとても崇敬していて、かつて孟子と孟学に対して非常に高い評価を与えていた。

孟子可謂特立獨行者也。當戰國之際、戰爭、縱橫、詭詐之説蕩如稽天、焚如野火、而孟子獨守帝王之道、超然于頽波壞塹中、不枉不撓、不動不盈……孟子之言、層出于諸説之間、是猶糞壤之産芝菌、而喧啾之有鳳凰也。久之諸説消亡……而吾孟子仁義之説炳然獨齣、與日星河漢横屬古今[二二]。

張九成の孟子に対する崇敬の表現は非常に明快である。ただ、張九成が自ら述べるように、彼は『孟子』のこの章を読むとき、「毛髪森聳」「揜捲不忍、至于流涕」のごとき感覚に襲われるのであり、孟子の論を「何至頸力如此」とみなした。

彼はまた孟子の説が「不以君臣論其意」であり「可怪」論だともしている。

孟子直以一夫名之、不復以君臣論、其可怪也予……武王雖聖人、臣也。紂雖無道、君也。武王嘗北面事之、何忍為此事也。或曰、此武王行天意、慰人心也。嗚呼、天道乃使臣下行此事、豈天理哉？人心乃欲臣下行此事、人心哉……孟子更不以君臣論其意、直曰行仁義者乃吾君、殘賊仁義者乃一夫耳。雖尊臨宸極、位居九五、不論也[二三]。

ここにおいては、張九成は「君臣名分」を堅守する立場に基づいて『孟子』のこの章を解釈している。張九成の見解では、「武王雖聖人、臣也。紂雖無道、君也。」であり、君臣の分は変えてはならぬものなのである。

いずれにしても、臣下がその君を弑殺することはすべて「天理」にあらざるものとして表現される。孟子は全く湯武と桀紂の間の君臣関係を顧みないままに桀紂を「一夫」とみなしており、それは張九成の見解においては「難合于心」「不敢決其是非」とされることであった。あきらかに、張九成はここにおいて、君臣の名分は、物事の判断する際その合理性を担保する基準のうちで最高の地位を占めており、その基準は「行仁義」あるいは「残賊仁義」をはるかに超越している。これと孟子の論述は鋭い対立関係を呈している。

また、清初の理学の名臣である李光地もまた、『孟子』のこの章に激しい非難を投げかけている。彼はこう述べる。

若句彈字議、除是孔子、方一字不可移易。孟子便有可疑、如臣視君如寇仇、聞誅一夫紂之類、皆似太險……皆微欠圓成。[三四]

ここで李光地は、孔子を「一時不可移易」とみなす一方、孟子の説くところの「誅一夫紂」の類は「太險」「欠圓融」とし、賛同することが出来ないとしている。すでにあきらかなように、李光地は清始の廟堂理学の代表的地位をなしているが、やはり彼も君主本位的立場によって孟子の論述に疑いの目を向けており、孟子の「誅一夫」の章がもたらす価値観に反対している。

とはいえ、歴代の多くの学者の思想は強い「君臣名分」観念にとらわれており、『孟子』のこの章に対して様々な疑問や批評、不満を呈していたとはいっても、彼らは『孟子』本文を直接改めるようなことはしなかった。だが、明の太祖である朱元璋のとき、『孟子』学史上注目すべき一つの騒動が起こっている。

朱元璋は『孟子』の中のいくつかの句を「非垂示萬古君臣臣之義」[三五]とみなし、かつ孟子の「対君不遜」に非常に反感を覚え、学者の劉三吾に『孟子』本文の削除・改定を命じたのだ。[三六]だが、劉三吾は、『孟子』の中には君臣観念を顕彰する面もあり、当時の「列国諸侯」的環境下においては問題ではないとした。とはいえこれは「天下一家、四海一國、人人同一尊君親之上心」という明代に至ってからの話であり、もし学者がまたこのような君臣観念を持っていたとするならば、これは「不得其扶持名教之本意」であると言えるだろう。

最終的には、君主の意向にそって、劉三吾らは『孟子』の本文に対して削除、改定を行った。「『孟子』の一書の間、抑揚の大過なる者八十五条、その一百七十余条余りは、悉く之を中外の校官に頒け、この書を読ましむ者は、本旨とする所を知る。」また、明の太祖はさらに、「今より八十五条の内、課試は命題を以てせず、科挙は士を取るに以てせず」[三七]と要求した。そして、「聞誅一夫紂」の章はこの抜粋範囲に入っていた。

容肇祖先生は、朱元璋のかような孟子の改定は、十一の「不許説」という原則に従っていると総括している。

(不許説とは)人民が尊ばれる地位と権利を得ることを許さない説、人民が暴君や汚吏に対して反抗を企てるのを許さない説、人民が革命を起こすことと暴君に反抗する権利を持つことを許さない説[三八]

明の太祖と劉三吾のこのような史実は、君臣が『孟子』の言葉を削除し、実際的な行動によって『孟子』に対して解釈を行うことを可能とした実例であり、「誅一夫」「視君如寇仇」の類の語句とこれらの論述が示した価値観は、もはや現実の政治においてみることは出来ない。

『孟子』のこの章の解釈史上、孟子の「誅一夫」の論に対して反対、疑念、非難を呈した学者は、その基本的立脚点を「君本論」に持ち、「君臣名分」を強調している。彼らの湯武の故事、孟子の論に対する不満、疑い、非難は、中国古代の政治制度の発展段階の内のそれぞれ異なる「尊君」的思想の深い影響を反映しているのだ。

三、儒家政治倫理思想観念の「一体両面」及びその歴史状況の内での展開

『孟子』の「誅一夫紂」の章の解釈史をここまで整理してきたことで、歴代学者の解釈が大体二つの異なる立場に基づくことが見えてきた。君主権力を主張する「君本論」と、民の権力を主張する「民本論」である。歴代の学者の解釈は往々にして君を重視しつつ、民の一部が自身に対して論述を行うことはあっても、事実上「尊君」と「重民」の思想は儒家政治倫理の一体両面的関係をなしていた。「尊君」と「重民」の両種の思想傾向は、早くは『尚書』などの典籍が王権について論じるうちにすでに見え、発生していたことが分かる。中国の政治思想の発展の早期においては、「天命」観念がその重要な地位を占めていた。「天命」は至高・無上で背くべからざるのものとされ、かくして君主の権力の来源は「天」に帰結することとなった。

『尚書』のうちにおいて、商湯の桀の追放、武王の紂の討伐は、全てが天の命令を執行したことであると公言する箇所を見出すことが出来る。例えば『湯誓』篇の「爾尚輔予一人、致天之罰」、『泰誓上』「商罪貫盈、天命誅之。予弗順天、厥罪惟鈞。」、『泰誓下』篇「恭行天罰」などである。湯武は、自分が行った討伐はすべて天の意思をとらえてそれを人間世界において実行したものであるとみなし、自身の政権の統治合法性の来源は天に帰結するとしており、自分が王として称せられうる資格は上天の賦与であることを強調している。

まさに君主が「天命」を得ることによって王権を享受し、その統治は合理性と神聖性を備える。当時の人々の見解では、君権が神授されれば、君主は則ち「天」であり、人間や各種の事物を管理する代理者となった。例えば『尚書・皐陶謨』では、「天工人其代之」とされ、蔡沈の解釈によれば、「天工人其代之」とは則ち「人君代天理物」であった(三九)。

中国の政治思想史上において、この種の観念の影響は非常に深い。後世の学者は君主が立つことを承認することの必要性を普遍的なものとし、人君は天に代わって民を助け、養うものとみなした。例えば『漢書・王莽傳』は「蓋聞天生衆民、不能相治、為之立君以統理之」と述べている(四〇)。宋代の学者の李覯は、「天が民を生じるや、能く民の為に君を立てて天のために民を養うこと能わず。君を立てる者は天なり、民を養う者は君なり(四一)」と述べている。

天下の百姓万民が自治することが出来ないために、上天が君を立ててそれを主とすることが求められるのであり、よって君主は天然によって天下万民を統治する権利を有する。この論理に基づけば、既に君権は上天に出自を持っており、実質的にはそれは「天命」の体現で、君権はおのずから神聖性、合理性を備えて、民衆は君主の統治に必ず従い、君主を尊崇しなくてはならない。これは儒家の尊君観念の基本的論理である。

ただこれは、儒家政治思想が「尊君」を強調するのと同時に、「民心」「民意」を強調していたことも示している。『尚書』などの経典の内でも上天が直接人間の仕事を預かるわけではなく、「天意」が「民意」に通じるという方式がはっきりと表れることが強調されている。例えば『尚書・皐陶謨』は「天聰明、自我民聰明。天明畏 自我

民明威」と述べ、また『尚書・泰誓』は「天視自我民視、天聽自我民聽」「民之所欲天必從之」と述べる。

この説によれば、君主が天に命を受けると、天に対する責任を求められる。そして天命や天意はすなわち民心、民意であり、よって君主は実際上は民に対して責任を負うことになる。君主は人の世界における天の代理者として一連の権力を享受するが、その目的は君主に権勢を享受させることではなく、人民に利益を与えることであり、この説によって、上天は君主を立てる目的は民を養うことにあるとされる。例えば『尚書・洪範』は「天子」の意を「天子作民父母、以為天下王。」と解釈し、『左傳・襄公十四年』は「天生民而立之君、使司牧之……豈其使一人肆於民上。」(四二)と載せる。

いずれも、「民」の重要性を際立たせ、「立君養民」的思想を強調しており、儒家政治思想における「以民為本」的政治伝統を定立させている。これが、儒家政治思想における「以民為本」「重民」観念の基本的な論理である

殷周以来、中国古代の思想家が君主の統治の正当性を論じるとき、「天命」の観念を引用しなかったことは無く、まさに世俗の政権の来源は「天」にさかのぼって求められ、そうして君権の神授を主張し、統治者の権利の神聖性、必然性を強調していたのである。

このような論理のもとで、必然的に「尊君」の思想が導き出された。同時に、儒家の政治における理想の内で、また「以民為本」の重要性も強調され、民が君主の統治の根源を構成すると考えられ、「保民」「重民」の重要性が主張された。儒家政治倫理観念に内在していた論理において、「尊君」と「重民」の強調に対して合理性を必要性を有していると唱えられ、両者はすべて儒家政治倫理観念が軽視してはならないものであり、互いに用いあうべき概念である。

孟子の思想自体について述べれば、孟子は西周以来の「重民」の伝統を継承しており、その政治思想には、「民本」思想という明確な特色を持っている。孟子は「民為貴、社稷次之、君為輕。是故得乎丘民而為天子」(四三)と述べ、まさに「民」が統治の根本を結びつけるものとみなしている。このような基礎の上で、孟子は統治者が「仁政」を行う必要性を主張する。「行仁政而王、莫之御也」。つまり、仁政を施行することは最も直接的に要求され、「保民」を必要とすることであり、「保民」によって「仁政」の施行を行うことが現実の政治の中で具体的に展開されるのである。

中国古代の君主専制の社会下では、孟子の「民本」思想の価値は言わずとも明らかである。孟子は政治の主体を国から人民に転向し、人民の利益を政治の目的としてみなし、君主に対して強固な規範意識と警戒意識を持たせることになった。君臣関係の面では、孟子はまた絶対的な「尊君」を唱えず、臣下と君主の間を対等、相互的関係で考える傾向があった。「君之視臣如手足、則臣視君如腹心。君之視臣如犬馬、則臣視君如國人。君之視臣如土芥、則臣視君如寇讎」(四四)とある。

君臣関係の中では、君主の態度が主導権を握る。後世の人間は明らかに、「もし人臣の分が手足のようであれば、厚い忠と愛を尽くすのである。すなわち犬馬や土埃のように見るのであれば、蹇蹇匪躬の節でもって（君主に）仕える。どうして（臣下が君主を）重んじることの厚薄で奉公の軽重を為そうか」(四五)という説と孟子の考えははっきりと異なっていた。

また、仁義を行わないような残虐な君主に対しては、その立場に変化をもたらし、甚だしくは誅殺を以てすることも可能ではあった。孟子は、「君有大過則諫、反覆之而不聽、則易位」(四六)と言っている。

まさにこれは「仁政」「民本」思想に基づいて、武王が紂を討伐し

たことに対して「誅一夫」という判断を孟子が下しているのであり、強烈な「重民」的傾向を表明している。

ただ、斉の宣王と孟子の間の「湯武之事」への問答を詳細に分析すると。我々は孟子もまた「臣弑君」という問題に直接言及してはいないということに気づく。これは視点を転換すれば、桀紂が君主の資格を為すことを否定することを通して、湯武が直面している「臣以弑君」という問題を消しているともいえる。

この点において、孟子と斉の宣王のこの段での会話は、後世の儒者に少なからぬ難題を残すこととなった。君臣の名分が対応する実際の権力・義務とはどのようなものなのか？君主がすでに君主の資格を有していないということの判断は、具体的にどのような基準でなしうるのか？実際に君位を動かす局面では、誰がこの種の判断を下すのか？このような難題の存在が、後世の学者のそれぞれ異なる歴史境遇の中で孟子の「誅一夫」の論述への解釈に、大きな隔たりを生んだのである。

『孟子』のこの段の対話の開始する所の原文を改めてみていると、我々は観念の傾向の間の対立軸の違いに気づく。歴代の学者が『孟子』「誅一夫」の章に対して解釈を行う中で、「尊君」と「重民」は「両面」をなしており、結合して「一体」を為していてはいないということである。歴代の学者の孟子の「誅一夫」の論述の解釈を通して、我々は思想理論が個々の具体的な歴史状況において展開する上での複雑性を見出すことが出来る。

後世の学者の孟子の「誅一夫」の論述に対して異なる解釈に対して、我々はもちろん現代人の立場に立脚して価値判断をすることが出来る。しかし、より重要なのは、それらの観念が生み出された具体的な歴史状況に帰着していく中で、儒家の政治倫理観念のそれぞれの歴史状況の中での展開が理解されることである。まさに、歴代の異なる解釈はそれぞれ異なる学者のものだとみなして、それぞれの学者が、具体的歴史状況、制度背景、個人の待遇、社会的役割、学術的文脈から君臣関係の問題、統治合法性の問題に対して、政治倫理思想を主張するための方法を提出したのだと考えることである。

おわりに——経典解釈と歴史状況の相互関係——

経典に書かれた思想内容は、常に歴代の解釈者の思考、推察を通すことが求められ、そうしてはじめて歴史の過程の中で実行、展開することが出来る。

解釈者が選択した立場、主義は、そのものが置かれた時代環境、社会での役割、生活経験、学術の傾向と密接にかかわる。歴代の儒者は『孟子』「誅一夫」の章に対して種々の解釈を行ったが、実質的にこれは儒家政治倫理感が頃なる時代状況、段階の中で現れたことによる違い、形態である。

早期の儒家の典籍によれば、儒家の政治思想は既に「天命」「民心」を重んじていたことが分かる。一方で、まさに王権と「天命」の相互の結びついていることが、王権の統治の神聖性、必然性、合理性をはっきりと示すが、また一方では、「民心」がすなわち「天命」であることを強調して、それによって儒家の政治思想の中で「立君為民」という政治伝統も築き上げた。

「尊君」と「重民」の思想は儒家の政治倫理思想の内で並存しており、儒家の政治倫理思想の一体両面を構成したと言える。張分田教授は、「中国の古代においては、「君本」と「民本」は始めから終わりまで一体両用関係であり、二者はいつも一体に共存して、独自の道を歩むことなく相互に対抗し続けていた」(四七)という。

これまでの「誅一夫」の章の解釈史の整理を通してみると、孟子の「誅一夫」の説を肯定する学者は孟子の論理の道筋に従うもので、「一夫」が内包する意味を分析することに重点を置き、民からの支持と反対が君主の資格を決定する最重要要素であることを強調して、桀紂が君主の資格を持つことを否定した。これは儒家の「以民為本」的政治伝統の表れである。

一方、「誅一夫」説を否定、疑問を呈する学者は儒家政治が提唱する「君臣名分」を固持するものであり、湯武の故事を君臣関係という構造のもとに限定して論述し、「尊君」を強調する。概して言うと、歴代の学者はこの章の解釈に対して多くが「尊君」あるいは「重民」のどちらか一方に偏っており、二者の関係をより深く考察し、調停するような議論をしたものは少ないのである。

その基本的な原因は、儒家の政治思想において「尊君」「重民」の二つの概念は一体両面をなしており、互いに用いあわれ、それがただ理想的な状態、政治、理念の局面にとどまるものであったのだ。具体的な歴史状況や現実の政治の運用の局面においては、実際的には理想的状態よりもずっと複雑で不公平な現状があった。思想観念自体が完全に理想的な状態の論理として展開することなどありえず。具体的、社会的境遇の中で歴史の上に登場することしか出来ない。

このような意味からいえば、歴代の儒家の学者が『孟子』「誅一夫」の章に対して行った解釈は、我々の儒家支持倫理観念が歴史的状況の中で展開、出現していることへの理解を与えるための突破口として非常に価値のある切り口であると言える。

《注》

(一) 例えば『尚書』の「湯誓」「牧誓」「多士」等篇は湯が桀を放追したことや武王が紂を討伐したことの事情を多く記載している。また例えば『易傳・革』は「天地革而四時成、汤武革命、顺乎天而王乎人。」と述べている。

(二) 楊伯峻『孟子譯注』(中華書局、二〇一六年、三一頁)。

(三) 王夫之『四書訓義』巻二六(『船山全書』冊八、嶽麓書社、一九九六年、一三一頁)。

(四) 孫奇逢『孫奇逢集(上)』(『四書近指』巻一四、中州古籍出版社、五二九頁)。

(五) 司馬遷『史記』巻一二一(中華書局、一九五九年、三一二一-三一二三頁)。

(六) 司馬遷『史記』巻一二一(中華書局、一九五九年、三一二三頁)。

(七) 徐復観『學術與政治之間』(台灣學生書局、一九八五年、一〇四頁)。

(八) 呂思勉『中国政治思想史』(中華書局、二〇一四年、三三頁)。

(九) 肖永明『漢唐、流變及特點』(『湖南大學學報』(社會科學版)、二〇〇七年第二期、五-一〇頁)を参照。

(一〇) 蘇輿『春秋繁露義證』(中華書局、二〇〇七年、二二〇-二二一頁)。

(一一) 焦循『孟子正義』(中華書局、二〇一五年、一五八頁)。

(一二) 皮日休『皮子文藪』巻三(『四部叢刊初編』冊一二八、上海書店、一九八九年、四〇頁)。

(一三) 唐宋期において、『孟子』が「子部儒家上跻經部」となる過程は、周予同先生が「孟子的昇格運動」と述べている。見朱維铮『周予同經學史論著選集』上海 上海人民出版社、一九八三年、第二八九-二九〇頁を参照。また併せて束景南、王曉華『四書升格運動與宋代四書學得興起——漢學嚮宋學轉型的經典詮釋曆程』、『曆史研究』、二〇〇七年第五期、第七六-九四+一九〇-一九一頁も参照するとよい。

(一四) 張栻『張栻集』二(中華書局、二〇一五年、三四三頁)。

(一五) 朱熹『四書章句集注』(中華書局、二〇一〇年、二二一頁)。

（一六）黎靖德編『朱子語類』（中華書局、二〇一一年、一三六五頁）。
（一七）真德秀『西山文集』巻三一（『文淵閣四庫全書』冊一一七四、上海古籍出版社、一九八七年、四九四-四九五頁）。
（一八）真德秀『西山文集』巻三一（『文淵閣四庫全書』冊一一七四、上海古籍出版社、一九八七年、四九五頁）。
（一九）蔡沈『書集傳』（鳳凰出版社、二〇一〇年、七七頁）。
（二〇）歐陽修『歐陽修全集』巻七七（中華書局、二〇〇一年、一一一四頁）。
（二一）張居正『四書集注闡微直解』巻一五（哈佛燕京圖書館藏一六七七年刊本、二六頁）。
（二二）王夫之『四書訓義』巻二六（『船山全書』冊八、嶽麓書社、一九九六年、一三一一-一三一二頁）。
（二三）王夫之『四書訓義』巻二六（『船山全書』冊八、嶽麓書社、一九九六年、一三一二頁）。
（二四）賈誼撰・閻振益・鍾夏校注（『新書校注』中華書局、二〇〇〇年、四〇九頁）。
（二五）蘇軾『蘇軾全集』（上海古籍出版社、二〇〇〇年、七三八頁）。
（二六）蘇軾『蘇軾全集』（上海古籍出版社、二〇〇〇年、七三八頁）。
（二七）司馬光・胡三省音注『資治通鑒』巻二九一（中華書局、一九七六年、九五一一-九五一二頁）。
（二八）司馬光・胡三省音注『資治通鑒』巻一（中華書局、一九七六年、三頁）。
（二九）司馬光・胡三省音注『資治通鑒』巻一（中華書局、一九七六年、三頁）。
（三〇）司馬光『傳家集』巻七三（『文淵閣四庫全書』冊一〇九四、上海古籍出版社、一九八七年、第六六五-六六六頁）。
（三一）錢穆『國史大綱』（商務印書館、二〇一五年、五九四頁）。
（三二）張九成『張狀元孟子傳』巻四（『四部叢刊三編』冊四、上海書店、一九八五年、八頁）。
（三三）張九成『張狀元孟子傳』巻四（『四部叢刊三編』冊四、上海書店、一九八五年、五頁）。
（三四）李光地『榕村語錄榕村續語錄』（中華書局、一九九五年、三頁）。
（三五）錢曾『讀書敏求記』（書目文獻出版社、一九八四年、一二頁）。
（三六）『孟子節文』に関する研究は以下の研究を起点として参照せよ。『明太祖的』、『讀書與出版』、一九四七年第四期；楊海文『『孟子節分』的文化省思』、『中國哲學史』二〇〇二年第二期；張佳佳『事件本末考辨』、『中國文化研究』二〇〇六年第三期；王其俊編『中國孟學史』、濟南　山東教育出版社、二〇一二年版。
（三七）劉三吾『劉三吾集』（嶽麓書社、二〇一三年、八頁）。
（三八）以下参照『明太祖的』、『讀書與出版』、一九四七年第四期、第一八-二一頁。
（三九）蔡沈『書集傳』（鳳凰出版社、二〇一〇年、七七頁）。
（四〇）班固『漢書』（中華書局、一九六二年、四〇七九頁）。
（四一）李覯『李覯集』（中華書局、一九八一年、一六八頁）。
（四二）『左傳注疏』巻三二（中華書局、一九九八年、二五五-二五六頁）。
（四三）楊伯峻『孟子譯注』（中華書局、二〇一六年、二五八頁）。
（四四）楊伯峻『孟子譯注』（中華書局、二〇一六年、一四二頁）。
（四五）喇沙裏・陳廷敬等撰・薛治點校『日講四書解義』（華齡出版社、二〇一二年、三〇七頁）。
（四六）楊伯峻『孟子譯注』（中華書局、二〇一六年、第一九四頁）。
（四七）張分田「思想體系分析法的構成要件及具體運用――以揭示「民貴君輕」專制本質的學術路徑為例證」（『天津社會科學』二〇一七年第一期、第一四一-一五三頁）。

第一部会 十

『霊枢』經脈第十に見える是動病・所生病

清野 充典

はじめに

『素問』と『霊枢』は、中国醫術を學ぶ上で重要な書物であると考えられている。とくに『霊枢』は、元以前の中国および九世紀までの韓国・日本では、『九巻（經）』や『（黄帝）針經』の書名で知られ、鍼灸醫術についての詳細な記載が見られる。[一]その『霊枢』經脈篇第十には、十二の經脈の起止、流注する部位、発病の症候と治療に関する基本理念が論述されており、古来重要視されてきた篇である。その中にある、是動病と所生病は、臨床上きわめて活用できる内容と考えられるが、その内容については、詳細な検討がなされていない。『難經』二十二難における見解は、臨床上とても有意義な見解を提唱していると思われるが、現代において正しく認識されているとは言い難い状況である。論者は、古代中国医術に関する文献研究と三十五年以上に及ぶ鍼灸医術臨床を通じて、是動病と所生病の臨床に活用できる見解を報告する。

一、是動病と所生病

鍼灸医術は、陰陽観、三才観、五行観に基づいて人体を分析し、主に経絡上に在る経穴に鍼術・灸術を用いて病気を改善する医療である。『霊枢』経脈篇第十では、十二の經脈、絡脈等が変じた際の病について論じており、臨床を行う際の貴重な人体分析方法として古来活用されてきた。鍼術灸術を行うために、人体を分析して治療部位を特定することは、病気治療を推し進める上で重要である。その際、経穴を特定することが最重要課題とされてきた。経穴は経絡上に在るため、経絡を特定する必要がある。そのため、この篇に記載されている内容は、人体の病気分析を行い、経絡経穴を特定するために、重要視されてきた。

本文には、経絡が流注する部位を述べた後に、是動病と所生病に分類して十二經脈の病が記載されている。この病は、『霊枢』經脈篇第十が初出である。「是動」と「所生」の病に関して、『霊枢』では、明確な説明がない。『難経』二十二難に、

經に言う、脉に是動有り、所生の病有り。一脉輙ち變じて二病を爲すは、何ぞや。然り。經に言う、是動は、氣なり。所生の病は、血なり。邪氣に在れば、氣是動を爲す。邪血に在れば、血所生の病を爲す。氣は之を呴（あたた）むることを主り、血は之を濡すことを主る。氣留まりて行かざるは、氣先に病を爲せばなり。血壅がりて濡さざるは、血後に病を爲せばなり。故に是動と爲るを先にし、所生の病を後にするなり。（經言、脉有是動、有所生病。一脉輙變爲二病者、何也。然。經言、是動者、氣也。所生病者、

血也。邪在氣、氣為是動。邪在血、血爲所生病。氣主呴之、血主濡之。氣留而不行者、爲氣先病也。血壅而不濡者、爲血後病也。故先爲是動、後所生病也。）

とある。「是動は、氣なり。所生の病は、血なり」とあるように、『難經』は、是動病を氣の病、所生病を血の病であるとしている。

後に、王翰林集註『黃帝八十一難經』所引の唐の楊玄操註『難經』の佚文は、「氣血が常に流れていると無病である」と言い、「氣は外に在る」、「血は内に在る」とする。時代が下り、宋、金、元、明代においては、目立った解釈の相違が見られないものの、清に入ると徐霊胎が、『霊枢集註』で是動病を「外因による病」、所生病を「内因による病」とし、『難經經釋』において是動病を「本經の病」、所生病を「他經の病」とした。

日本では、江戸時代の医学者である岡本一抱（一六五四年生）は、『十四經発揮和語鈔』（『十四經諺解』）で、是動病を「経絡の変動に生ずるの病を云う」、所生病を「蔵府より生ずる所の病を云う」としている。江戸幕府第十一代将軍・徳川家斉の侍医を務め、石坂流鍼術を創始した石坂宗哲（一七七〇年生）の『鍼經原始』は、經脉に対する刺法が記載されているのみで、是動病・所生病について論じていない。江戸末期の医師、考証家、書誌学者である渋江抽斎（一八〇五年生）の『霊枢講義』は、是動病・所生病について特に言及していない。代田文誌（一九〇〇年生）は明治・大正・昭和期を代表する鍼灸師の一人であり、最も書物を書き表した臨床家である。代田は、是動病について「動は変を云うのである。変は常と変わって病を為すこと。是動病の変動は、原因が“外”に在る。すなわち外なる経絡の変動より内の臟腑に影響して病を発するものである。故に、病は外にあって浅い」と言い、所生病は「所生は臟腑の生ずる所の謂である。臟腑の病が経脈の上に反応をあらわす。すなわち臟腑の病が、外なる経脉に見わす病症（反応）をいうのである」としている。

中國では、一八二二年に「鍼灸の一法、由來巳に久し、然れども鍼を以って刺し火もて灸するは、究むところ奉君の宜しき所にあらず、太医院鍼灸の一科は、永遠に停止と著す」という勅令が發せられた[二]。つまり、皇帝の體に鍼や灸をする行爲は許されないというおふれにより、宮廷の太醫院で鍼灸科が廢止されたのである。以來、中國伝統醫術は國家醫療としての立場から遠ざかる。國家の醫療として復活したのは一九五四年である。その間、世界へ広まった鍼灸治療は日本で伝承されて来た醫術である。一九五五年に、南京で「中醫研究院」が設立され、一九五六年に北京・上海・広州・成都に「中醫學院」が設立されているが、中國で行われている中醫学や韓國の韓醫学と呼称される醫術の基本となる書物を著したのは柳谷素霊（一九〇六年生）である。籍名は清助であるが、『素問』と『霊枢』をこよなく愛したことから「素霊」を号としている。現在の鍼灸醫学教育における治療技術の教科書は、彼が書き表した書物が基と成り編纂されているが、彼は是動病・所生病について、特別な見解を呈していない。十二正経の変動によって生ずる病として臨床診断に用いていることから、『霊枢』の記載なるが故そのまま真義を問う姿勢が無かったものと推測する。二〇〇一年六月に『漢方診療医典』を発行した医師矢数道明・大塚恭男は、是動病について「経絡の病変が、その経絡自体の原発性のものをいう」、所生病について「絡の病変が、その臟腑の病気により、その所属の経絡に波及した続発性のものをいう。臟病ともいう」と言っている。

以上のことから、是動病・所生病に関しては、『九巻』『針經』『霊枢』と書名を変えて来た時代やそれに解釈を加えた『難経』の見解から殆ど変わりはないことが解る。

『霊枢』經脈篇第十に初出する「是動」と「所生」の病は、十二の經脈に見える。最初の肺手太陰之脉に、

是動は則ち肺を病む。脹満し、膨膨として喘咳す。缺盆の中痛み、甚しいとき則ち両手を交えて瞀（くら）し。此臂厥と爲す。是れ肺の所生の病を主ること、欬して上氣、喘渇、煩心、胸満し、臑臂内前廉痛み厥し、掌中熱し、氣盛にして餘有らば、則ち肩背痛み、風寒により汗出でて風に中り、小便數々なるも而も欠す。氣虚しければ、則ち肩背痛寒し、氣少なくして以って息をするに足らず、溺色變ず。此の諸病と爲る。」（是動則病肺。脹満、膨膨而喘咳。缺盆中痛、甚則交兩手而瞀。此爲臂厥。是主肺所生病者、欬上氣喘渇、煩心胸満、臑臂内前廉痛厥、掌中熱、氣盛有餘、則肩背痛、風寒汗出中風、小便數而欠。氣虚、則肩背痛寒、少氣不足以息、溺色變。爲此諸病。）

とある。これを解釈すると、「是動病は肺の病を引き起こす。腹が脹（ふく）れてきて、だんだん膨張してくるとにわかに痰を伴わない咳をするようになる。鎖骨上方のくぼみ・肺臓の上端周辺が痛み、悪化するとその後に両手を交差しながら悶えて目がはっきりしなくなる。これは臂厥と診断する。このことは肺の所生病を引き起こし、喘息が出てのぼせ、喉の渇き、動悸、胸がいっぱいで呼吸困難に陥り、上腕内側から前面にある筋肉の割れ目部分が痛み疼き、掌が熱くなる。呼吸が十分出来て体力が有れば、その人は肩や背中が痛み、風が当たり寒くなると汗が出て半身が不随を起こす恐れがあり、小便に度々行きたくなるが尿量は少ない。呼吸が十分出来なくなると、その人は肩や背中が痛みて冷え、呼吸が浅ければ呼吸の往来だけでは十分酸素を供給できないため、尿の色が変わってくる。そのため、色々な病気を併発してくる」と考えられる。

この解釈を、現代医学に当て嵌めると、「(肺の手の太陰の脉の)是動病が肺の病を引き起こす。腹が脹（ふく）れてきて（胃腸の機能低下）、だんだん膨張してくるとにわかに痰を伴わない咳をするようになる（肺の機能低下）。鎖骨上方のくぼみ・肺臓の上端周辺が痛み、悪化するとその後に両手を交差しながら悶えて目がはっきりしなくなる。これは臂厥（精神異常の恐れ）と診断する。この是動病からの臂厥が肺の所生病を引き起こし、喘息が出てのぼせてにわかに喉が渇き（ウイルス性上気道炎、急性気管支炎等の疑い）、動悸が出て胸がいっぱいで呼吸困難となり（肺炎、胸膜炎の疑い）、上腕内側から全面にある筋肉の割れ目部分が痛み疼き、掌が熱くなる（肺膿瘍、膿胸へ移行の恐れあり）。呼吸が十分出来て体力が有れば、その人は肩や背中が痛み（慢性の心疾患へ以降の恐れあり）、風が当たり寒くなると汗が出て半身が不随を起こすことが考えられ（脳疾患へ移行の恐れあり）、小便に度々行きたくなるが尿量は少ない（腎疾患へ移行の恐れあり）。呼吸が十分出来なくなると、その人は肩や背中が冷えて痛み（慢性肺疾患へ移行の恐れ）、呼吸が浅ければ呼吸の往来だけでは十分酸素を供給できないため、尿の色が変わってくる（腎疾患へ移行の恐れあり）。そのため、色々な病気を併発してくる」と推察できる。

以上のことから、『難経』二十二難で「氣」の病とされる是動病は精神疾患に起因する肺の機能低下が考えられ、「血」の病とされる所生病は肺やその他の臓器疾患が考えられる。また、想定される疾病は、それぞれ、経時的に病の進行状況に沿って記載されていることから、病気を急性期と慢性期に分類して考えて記載していると考えることが出来る。是動病と所生病は広範囲な病体に活用できる人体分析方法と言える。

二、氣と血

『霊枢』經脉篇第十に初出する是動病と所生病について、『難經』は、是動病は氣の病、所生病は血の病であるとした。『霊枢』や『難經』が書かれた時代は、春秋戦国から秦漢にかけてと考えられる。「氣」字の初出は、『國語』周語上篇、周の宣王即位の條（紀元前八二八年）である。

　後漢の許愼が著した中國で最も古い漢字の解説書『說文解字』（一〇〇年頃）米部には、「氣、客に芻米を饋る也。米に从ひ气は聲。春秋傳に曰く、濟人來りて諸侯に気（おく）る。許既の切。」（氣、饋客芻米也。从米气聲。春秋傳曰、濟人來氣諸侯。許既切）とあり、「氣とは、客に芻米を饋ることであり、米という意符と气という聲符からなる。春秋傳に、濟人が來て諸侯におくると言っている」と解釈できる。ここで、「氣」の音は「气」とあるが、『說文解字』气部の「气」には、「凡そ气之屬皆气に从ふ。气は雲気であり、象形である。概ね气字の同類はすべて气に從う。」（气、雲气也。象形。凡气之屬皆从气）とある。「氣」や「气」について、許愼の説明だけでは理解出来ないことから、古代の主要な文獻『國語』・『論語』・『老子』・『墨子』・『列子』・『孟子』・『莊子』・『荀子』・『韓非子』・『易經』・『春秋左氏傳』・『周禮』・『儀禮』・『禮記』・『管子』・『呂氏春秋』・『淮南子』十七種類七六箇所に見える「氣」字と主な出土資料である『包山戰國楚簡』・『望山楚簡』・『九店楚簡』・『郭店楚簡』・『上海博物館藏戰國楚竹書』・『睡虎地秦簡』・『龍崗秦簡』・『湖南大學嶽麓書院藏秦簡』・『馬王堆漢墓帛書』に見える九種類二十五部七四箇所、計四十二種類八四一箇所を對象とし[三]、『十三經注疏校勘記』・『皇清經解』等の校勘記に從い検討した結果、古代の主要な文獻の對象とすべき「氣」字は七六四箇所、主要な出土文獻の「氣」字と解釋すべき字を七二箇所、計八三六箇所であった。この四十二種類八三六箇所に見える氣の意義を見ると、「氣」が卜辭に由來し、天地自然を表す辭であったことから、「自然界の働き」を表す用語が半數以上に用いられていると考えられる。「氣」は、古代中國人の思想を表現する辭として頻用されていたと思われる。また、天地の間に存在する人間を「氣」字で表現しようとしていたことも見て取れる。天地自然と人體に關わる力・働きを、「氣」に込めたのではないかと思われる。「氣」字自體が呼吸を表す辭であることから、「呼吸」を表す辭にそれほど擴がりを見せなかったのではないかと推測するが、「心」に關する用例が多いことから、古代においては、人間の「心の働き」を「氣」字で表現しようとしたと考えられる。「氣」は、宇宙自然界やそこに生きる人間の根幹であり、そのものが持つ力や作用を表す辭として用いられてきたのであろう。

　「氣」字のみを含む「氣」字が用いられた一九二の用語が用いられた文章を抜き出し、「氣」字が用いられている意味を検討した結果、「氣」字は自然界の事物やヒトの「働き」を表している辭であると考えられた。そのことに基づき、一九二の用語は以下の四つに分類されることが分かった[四]。

（一）「氣」字を「自然界の働き」として捉えている辭（一〇三用例）
（二）「氣」字を「呼吸の働き」として捉えている辭（一九用例）
（三）「氣」字を「身體の働き」として捉えている辭（三七用例）
（四）「氣」字を「心の働き」として捉えている辭（七一用例）

一九二の用語は複数の意味で用いられており、用例は二三〇であった。

「氣」の字形は、周末には卜辭「三」である「气」の字に、神靈的、祭祀的な古い觀念を示す「火」や飲食的肉體的なものに變化したことを示す「米」が加わって作られた。「气」の字義は「迄」・「終止」・「雲气」であり「氣」の字義は「饋る」、「蒸氣」、「氣息」である。「氣」が卜辭に由來し、天地自然を表す辭であったことから、「自然界の働き」を表す用語が半数以上に用いられていることが解る。「氣」が古代中國人の思想を表現する辭として頻用されていたことが解ると同時に、天地の間に存在する人間を「氣」字で表現しようとしていたことも見て取れる。天地自然と人體に關わる力・働きを、「氣」に込めたのではないかと思われる。そのことは、「中國の醫學」に關連していると言える。池田知久は、「道家思想が誕生したのは紀元前三〇〇年を中心とする戰國中期のことであるが、この時すでに、人間という存在者が原理的に身體と精神から成るとする二元論が成立していた」と指摘する。（五）その中でも、「精神」に關する用語が多いことから、古代人は、人間の「こころの働き」を重要視していたことが解る。

『黃帝内経』の『素問』には、「氣」が一八八一字見える他、「血」が三二〇字、「氣血」が八字、「血氣」が四七字見える。『霊枢』には、「氣」が一一四七字見える他に、「血」が三八二字、「氣血」が一三字、「血氣」が八四字見える。氣字は、呼吸・身體・心が持つ力や作用を表す辭であると考えられるが、『素問』や『霊枢』では、血、氣血や血氣という用語によって、それを人躰分析に用い、解釈しようとしたことが窺える。『霊枢』經脉篇第十に、

五つの陰氣倶に絶すれば、則ち目系轉じ、轉ずれば則ち目運る。目運るとは、志先に死すと爲す。志先に死すれば、則ち一日半に遠（およ）ばずして死す。（五陰氣倶絶、則目系轉、轉則目運。目運者、爲志先死。志先死、則遠一日半死矣。）

とある。「（手太陰氣、手少陰氣、足太陰氣、足少陰氣、足厥陰氣の）五つの陰氣倶に絶すれば……志先に死す」とは、呼吸の往来が弱まればこころが死ぬことを意味している。氣を呼吸と精神の意味で表していることが解る。氣字自體が呼吸を表す辭であることから、『霊枢』において、氣は「呼吸」と「精神」を包括する用語として使われるようになったと考えられる。

古代の主要な文獻の對象とすべき氣字は、一九二の用語中、人體（醫学）に関連する用語は九四であり、用例は一二七である。そのうち、呼吸の働きを表す用語は一九、身體の働きを表す用例は三七、心の働きを表す用例は七一である。呼吸と心を合わせると九〇用例となり、人體の用例は三七用例である。従って、「氣」字一二三用例は、こころ対からだが約七対三の比率である。鍼灸醫術を行うために重要な書物である『霊枢』には、「氣」一一四七字用いられているが、身體を表す字が氣字以外に「血」三八二字、「氣血」一三字、「血氣」八四字計四七九用例見える。これを、こころ対からだの比率に当て嵌めると約七対三となり、同じ比率である。春秋戦国時代に氣字のみで表現されていた辭が、漢代までに亘り編纂された医書『霊枢』では、より詳細な分類が必要となった背景があることから、「氣」で表していた辭を「氣と血」で表現するようになったのではないかと推測される。

王翰林集註『黄帝八十一難経』二十二難に見える「氣は之を呴（あたた）むることを主り、血は之を濡すことを主る。（氣主呴之、血主濡之。）」の經文について、丁徳用は「氣はこれを呴むることを主る。呴呴とは、吹嘘往来の象を謂う。血はこれを濡すことを主る。

濡とは、濡ひ軟（やわ）らかなるを謂うなり」（氣主呴之。呴呴、謂吹嘘往来之象。血主濡之。濡、謂濡軟也）」と解釈している。「氣は呼吸を繰り返す様子」に対応しており、「血はからだを潤し柔和に保つこと」に対応していると解釈できる。『難経』においては、氣と血を呼吸と身體に対比して用いていることが解る。

以上のことから、「氣」は「働き」を表す辭であり、人體における働き＝氣を人體分析に用いる際に、身體と精神から成るとする二元論を背景として「氣血」を用いるようになったと考えられる。「氣」は、人體に用いると呼吸や精神の働きを表し、「血」は身體の働きを表す辭として用いられていることが解る。『難経』二十二難で「氣」の病とされる是動病は、精神疾患に起因する肺などの臓器の機能低下、「血」の病とされる所生病は、肺などの臓器疾患と考えられる。つまり、是動病は呼吸や精神の働きが低下した際の病気・疾患、所生病は身體の働きが低下した際の臓器疾患を含む病気と言える。

三、臨床の場における「こころ」と「からだ」

『素問』に、「鍼」一一三字、「針」二字、「灸」四二字が見える。『霊枢』には、「鍼」二六四字、「灸」三七字が見える。『素問』と『霊枢』に見える「氣」・「血」と鍼灸技術に関連した記載を検討した所、『素問』血氣形志篇第二十四に、

形樂しみて志苦しきは、病脈に生ず。之を治むるに灸刺を以てす。形樂しみて志樂しむは、病肉に生ず。之を治むるに鍼石を以ってす。形苦しく志樂しむは、病筋に生ず。治之熨引（うついん）を以てす。形苦しく志苦しければ、病咽溢（いんえき）に生ず。之を治むるに百藥を以ってす。

（形樂志苦、病生於脈。治之以灸刺。形樂志樂、病生於肉。治之以鍼石。形苦志樂、病生於筋。治之以熨引。形苦志苦、病生於咽溢。治之以百藥。）

とある。ここでは、「からだは楽だがこころが苦しいというのは、病が脈に現れたのである。これを治すには灸や鍼を用いる。からだが楽でこころも楽であるというのは、病が肌肉に現れたのである。これを治すには鍼や砭石を用いる。からだが苦しくこころが楽であるというのは、病が体力に影響をおよぼしているのである。これを治すには温罨法（灸）や導引を用いる。からだが苦しくこころも苦しいというのは、病が咽喉に現れたのである。これを治すには湯液治療（薬草治療）を用いる。」と解釈でき、鍼灸治療と薬物治療を適用する際の違いが窺える。これらを整理すると、以下の表となる。

こころ	楽	苦	楽	苦	精神の病
からだ	楽	楽	苦	苦	身体の病
病気の現れ方	肌肉	脈	体力	咽喉	
治療法	鍼 砭石	鍼 灸	導引 灸	薬	

続いて、『素問』血氣形志篇第二十四には、

形數驚恐にして、經絡通ぜざるは、病不仁に生ず。之を治すに按摩醪藥（ろうやく）を以ってす。（形數驚恐、經絡不通、病生於不仁。治之以按摩醪藥。）

とある。「からだが著しく恐惶状態を示し、からだが正常な状態を示していないというのは、病がこころを制御する事が出来無い状態となっているのである。これを治すには按摩や酒・薬を用いるべきである」と解釈出来る。

また、『素問』血氣形志篇第二十四では、

是れ五形志と謂ふなり。（是謂五形志也。）

として、これらの病を「五形志」とまとめた。つまりこころとからだの病を五種類で示している。五番目の「形志」は、急性期の症状を示していると思われるが、按摩は骨折や脱臼等に対する外科的処置の他に邪気を払う巫医の役割を果たす治療である事から、当時の思想背景から勘案すると霊魂に依る病体を示していると考えられる。しかしながら、霊魂について言及している解釈本は殆ど見られない。『素問』は唯物論の立場で書かれている事が要因であると考える。後漢時代に『論衡』を書いた王充は、死後に於ける霊魂の存在を否定し、人の精神活動は肉体の生命とともに生滅すると言う唯物思想を提唱しており、後世に亘って其の思想が受け入れられた為、霊魂の部分を後世の人が解釈に入れなかったものと思われる。現存する『素問』や『霊枢』は大きく再編集された宋代以降である事から、其の影響が更に拡大されたのではないかと考えられる。春秋戦国時代頃は、呪術的医療と経験的医療（鍼・灸・湯液・按摩・導引）が混在しており、「医」には「醫」や「毉」の字が有り、酒や巫が医療に関係している。「祝」「巫」「覡」は『周禮』等に数多く見られるにも関わらず、現存する『素問』『霊枢』には、「祝」や「巫」の字が、『素問』は祝三字巫〇字、『霊枢』は祝三字巫一字しか見られない事から、意図的に編集された可能性が有ると考える。黄帝らの質問は春秋戦国時代の文章と見て良い事から、時代背景を考えると、殆どの書物が霊魂について論じ無い事に違和感を覚えるが、血氣形志篇第二十四の内容は、呪術的医療を垣間見ることが出来る貴重な一文と考える。

ここまでの一文は、病気・態様を経時的に捉え、病状に応じた治療の選択方法を示している。これらの内容は、人體における病体の分析方法を経時的視点で捉える事が出来る考えである。「是動病」と「所生病」も「五形志」と同様に経時的視点で捉えていることから、病の捉え方は中国の基本思想である「時」の思想が背景に有ると考えられる。身體の分析方法や「氣」・「血」と鍼灸技術に関連した記載内容が、中国の基本思想である「氣」や「時」の思想と一致していることから、「こころ」と「からだ」の病に「鍼術」と「灸術」を対応して選択することは、当時の古代人にとって、妥当な医術の選択ではなかったかと考える。このことは、鍼灸治療をする際における鍼術・灸術選択の基本思想に大きな意味を齎す。

前述の中でもとくに鍼治療については「からだは楽だがこころが苦しいというのは、……これを治すには灸や鍼を用いる」とあるが[六]、これらの文章は、日本に伝承され口伝として伝わって来た「鍼灸治療を行う際、最初に鍼治療を行い、症状が変化しないか若しくは症状の緩解が困難だと判断した時には灸治療を行う」という鍼灸医術を裏付ける記載内容である。『難経』二十二難にも、「氣留まりて行かざるは、氣先に病を爲せばなり。血壅がりて濡さざるは、血後に病を爲せばなり。故に是動と爲るを先にし、所生の病を後にするなり」とあるように、先に氣の病が発症して後に血の病が発症することを言っている。

三十五年以上に及ぶ鍼灸医術の臨床経験や日本の鍼灸治療法を「氣・血」の思想に当て嵌めて整理して見ると、「こころの働き」には鍼治療、「からだの働き」には灸治療が適していると考えられた。「こころの働き」を言い換えると「精神活動」であり、「からだの働き」は「身體活動」と言える。「鍼治療は精神活動の異常に対して用い、灸治療は身體活動の異常に対して用いる」と定義すると、鍼術か灸術かを選択する際の基準が成立する。「東洋医学は、先ずこころの病が生じ、其の後にからだの病が生じる」と云う思想に重ね合わせると、「先ず鍼治療を行い後に灸治療を行っている日本の鍼灸治療スタイル」を説明する事が可能となる（七）。

以上のことから、まず、是動病である「呼吸や精神の働きが低下した際の病気・疾患」としての「精神活動の異常」に対して鍼治療を行い、後に所生病である「身體の働きが低下した際の臓器疾患を含む病気」としての「身體活動の異常」に対して灸治療を行うことが、病気を治す方法であると言える。

これまで、「こころの働きには鍼治療」、「からだの働きには灸治療」が適していると書かれた論文は確認出来ない。鍼灸治療の選択基準や順序が整理されることもなかった。ここまで見てきたように、『霊枢』や『難経』の是動病と所生病という整理手法は、病体を把握する方法に応用可能であり、治療法の整理にも繋がることから、歴史上存在しない鍼灸治療の体系化を構築する際に、基本理念としての役割を果たしうると考えられる。

おわりに

『霊枢』經脉篇第十に見える「是動」と「所生」の病は、『難経』二十二難に、「是動は、氣なり。所生の病は、血なり」（是動者、氣也。所生病者、血也）とあり、是動病は氣の病、所生病は血の病であるとされた。「氣」は働きを意味するが、『素問』では、身體の働きを二つに分類して「氣」と「血」という言葉で表した。「氣」は精神の働きを意味し、「血」は身體の働きを意味している。精神の働きとは精神活動を意味するが、即ち「こころ」の働きを表す。身體の働きとは肉體活動を意味しているが、「からだ」の働きを表す。是動病に見える十二の経脈の変動は、精神活動の病であり、所生病に見える十二の経脈の変動は、肉體活動の病を意味している。これに加えて急性期と慢性期の双方を経時的に言及することで、是動病と所生病は広範囲な病体に活用できる人體分析方法となる。精神活動の病には鍼治療、肉體活動の病には灸治療が適していることから、是動病と所生病に基づく人體分析は、治療方法の選択に繋がるであろう。この新見解は、鍼灸醫術体系化が可能となる理論の根幹であることを結びとしたい。

≪注≫

（一）真柳誠『黄帝医籍研究』（汲古書院、二〇一四年、一九五頁）。
（二）傅維康主編（川井正久編訳、川井正久、川合重孝、山本恒久訳）『中国医学の歴史』（東洋学術出版社、一九九七年、五六五～五六六頁）。
（三）『中国出土文献研究会』ホームページ http://www.shutudo.org/literatureを参照。一九九八年秋に「郭店楚簡研究会」として発足。その後、二〇〇一年の上博楚簡の公開を受けて「戦国楚簡研究会」と改稱し、さらに、清華大学竹簡、北京大学竹簡、岳麓書院秦簡などの相次ぐ公開によって、二〇一〇年に「中国出土文献研究会」と改称した（二〇一〇年一一月一七日）。詳細は、池田知久『老子』（馬王堆出土文献訳注叢書、東方書店、二〇〇六年、一～二頁）を参照。

（四）詳細は清野充典「出土文献に見える「氣」字について」（『大東文化大學中國學論集』三一、二〇一三年）を参照。

（五）池田知久『道家思想の新研究――『荘子』を中心として』（汲古書院、二〇〇九年、五〇二頁）。

（六）『素問』調経論篇第六十二には、鍼治療を用いる際の病体についてより詳細な記載がある。

（七）第八回世界鍼灸学会連合会学術総会オーストラリア・シドニー大会　清野充典「東洋医学とは何か」（二〇一三年十一月三日）。

第一部会 十一

民国前史——世界史の中国歴史叙述への進入——

張 生
上條 駿(訳)

一、茲事体大——ヨーロッパにおける政治的合法性の起源

歴史は人類にとってなくてはならないものであるが、これは歴史叙述が政治の合法性を論ずる必須条件であったからである。

「国民主権」を核心的な政治規範とするヨーロッパの近代国家の創生過程はヨーロッパ近代史の主要部分であり、ヨーロッパの強い権力が資本主義の力を借りて進行した世界的拡張は、近代的な意義における「世界史」の誕生を促進した。

本来、中世ヨーロッパでは、その政治的合法性の理論は「王権神授説」であり、国王の統治権力は神によって与えられた権限であった。しかし神は実在しないため、一つの制度が作り出された。それが教会である。具体的には世俗的な政治権力と神との間に「仲介」が設けられ、教会の領袖—教皇が神を代表し、世俗の政治権力に権限を与え、合法性を獲得せしめた。当然この「仲介」には神聖ローマ皇帝（ハインリヒ四世）のように疑義を呈する者もいたが、最終的に彼はバチカンで大雪の中数日立ち尽して許しを請うこととなった。こうした経過にはいくつかの制度が噛み合っている必要があった。たとえば知識を独占したように、難解なラテン語を用いて知識を伝播する主要な道具とした。ラテン語の教育は、宣教師身分にのみ限られると同時に、愚民政策としても実行され、聖書の解釈権が教会に集中した。こうした解釈権に挑戦したジョルダーノ・ブルーノ、ガリレオ・ガリレイなどの人々は、厳しい制裁を受けた。

こうした理論は中世末期にあって重大な挑戦に遭遇した。まずマルティン・ルターの宗教改革であるが、この改革の最も重要な部分は、全ての人が『聖書』の閲読を通して神の救済を得ることができるものとすることである。この理論は、その他の条件による支持を得る。グーテンベルグの印刷術が誕生して以降、安価な聖書がヨーロッパのすみずみにまで広がっていき、一般庶民は自ら聖書を購入し、読むことができるようになった。同時に、ヨーロッパ各地でもともと方言であった英語、フランス語、ドイツ語が次第に影響力を拡大し、それぞれ異なった規模で政権の公用語となった。

国民経済体系の形成、非ラテン言語の使用、各種言語による古典文学の伝播、世俗政権権力の強大化は、次第にいくつかのグループ、すなわちゆるやかな地域的境界としてのethnic groupを形成するようになる。こうしたグループは、いまだ現代的な意味としての民族ではなかった。民族はいかにして生まれたか、ということの契機とする必要があるのは、ひとかたまりの人々が共通して外的な圧迫を受ける時、民族主義的な運動が発生するということである。

ヨーロッパにおいては、フランス革命が発生して以降、こうした契機が現れた。フランス人は自分たちの王をギロチンにかけたが、これは当時全ヨーロッパの君主制国家を大きく震撼させ、周辺諸国は連合してフランス革命に干渉することとなった。フランス人は一様にして圧迫を受けることとなるが、四方八方からフランス国民がパリに結集し、外国の干渉に反発した。こうした過程の中にあって、近代国家のいくつかの基本的シンボルが出現してくる。たとえば国旗―すなわち、フランス人民は三色旗を打ち出したが、これは近代的な意味における代表的な民族国家の国旗である。あるいは国歌―すなわち、「ラ・マルセイエーズ」である。

しかしここにある重要な問題がある。すなわち、フランス人民は多大な犠牲を払って外国の侵略に反抗したが、彼らがそのようにした理由がどこにあったのか。ということである。フランス革命が中世の政治的合法性の理論を転覆させる改変であったことによるならば、これは王権神授説から国民主権へ、すなわち、国家の主権が人民に属し、人民が権限を自己の代表に与えて国家権力を行始することである。国家は「自己」であり、それによって公民が国家に対して限りない義務を負担することは、特別な時代にあって、国家への献身を可能にした。

フランス革命は事実上近代民族国家の端緒として示されるが、これには二つの要素がある。一つ目は、国家の主権が人民に属すということは、人民が自己の代表を通して権利を行使することであるということ。二つ目は、国家は人民の自由と民主主義の基本的権利を保護しなければならず、法的な手続きを経ていない法律は、人民の自由と権利を剥奪することはできないということである。こうした二つの内容が一体となっているため、フランス革命の中で生まれた民族、国家、人民に関する系統的な概念、すなわち、公民あるいは国民が、皮膚の色、信仰、貧富の差、教育の程度を問わず、自己の国家を形成していた。一つの合法的な政権の統治下にある公民が集合したものを民族と呼んだ。nation、stateとpeopleとは同義とされ、フランス人民、フランス民族と国家としてのフランスは、事実上同一のものであった。nation、stateとpeopleとが同義化していく過程は、学問的に見れば一つの民族国家が形成されていく課程である。

フランス革命よりやや遅れて、アメリカ独立革命とイスパノアメリカ独立戦争がフランス革命の基本要素を継続、発展させた。国民主権の観念は人々の心に深く浸透し、世界の政治的構図を徹底的に改変した。こうした時代変革は非常に強大であり、かつこうした過程の中で、人々の涙を誘う「英雄譚」が数多く誕生した。例えばアメリカ独立戦争期のネイサン・ヘイルがそれであるが、彼は「私はただ祖国に捧げるための命をたった一つしか持っていないことを悔やむだけだ。」という言葉を遺した。また多くの人々が哲学的にこれを敷衍した。その中には、我々がよく知るヘーゲルもいる。ヘーゲルの哲学体系は非常に厖大であるが、まるでマルクスの説のように、民族が歩む悠久の歴史が、自己の終点―国家に至るものと帰結させた。

ヨーロッパから始まった民族国家の理念は、資本主義のグローバル化という潮流に随って、世界各地に伝播し、次第に様々な各自の体系と、特徴として鮮明な「非ヨーロッパ」史の近代世界史への組み入れが生まれた。

二、命を天に受く――中国における歴史叙述の政治的含意と挑戦への直面

中国の封建時代における政治的合法性の源はヨーロッパと類似する箇所がある。「命を天に受く」というものである。いかにして命を天より受けたことを証明するのか。中国の制度のあり方はヨーロッパのものと異なる。すなわち、仲介を必要としない。君主は各種の祭祀儀礼、たとえば、天壇、地壇、四郊で祭祀を行うことを通して直接天と疎通することで、神秘性を保持し、自己解釈権を独占した。『左伝』の言う、「国の大事は、祀と戎に在り」は、早くも祭祀のそうした含意を指摘したのである。

「命を天に受く」という理論には歴史叙述の庇護を必要とした。中国の二十四史の先駆けとなった『史記』は、二つのモデルを提出した。

一、帝王の出生が、先天的かつ特別なものとする。すなわち、『夏本紀』の、「夏の禹、名は文命と曰ふ。禹の父は鯀と曰ひ、鯀の父は帝顓頊と曰ひ、顓頊の父は昌意と曰ひ、昌意の父は黄帝と曰ふ。」

二、神霊の庇護を受け、常人と異なるものとする。すなわち、『殷本紀』の、「殷の契、母は簡狄と曰ふ、有娀氏の女にして、帝嚳の次妃と為る。三人行きて浴し、玄鳥の其の卵を堕とすを見、簡狄取りて之を呑むや、因りて孕みて契を生む。契長じて禹の治水を佑くるに功有り。……成湯、契自り湯に至るまで八たび遷る。湯始めて亳に居し、先王の居に従ひ、帝誥を作る。」

『周本紀』の、「周の后稷、名は弃。其の母は有邰氏の女にして、姜原と曰ふ。姜原帝嚳の元妃と為る。姜原野に出ずるや、巨人の跡を見、心忻然として説び、之を践まんと欲す、之を践むや身動くこと孕む者の如し。居ること期にして子を生むも、以て不祥と為し、之を隘巷に弃つ、牛馬の過ぐる者皆な辟して践まず、之を林中に徙し置き、適ま山林に人多きに会へば、之を遷して渠中の冰上に弃つ、飛鳥其の翼を以て之を覆薦す。姜原以て神と為し、遂に収め養いて之を長ず。初め之を弃てんと欲したれば、因りて名けて弃と曰ふ。」

『史記』が始めた歴史叙述のモデルは、人跡の明らかな時代にあっても、依然として継承された。

『漢書・高帝紀』は、「高祖、沛の豐邑中陽里の人なり。姓は劉氏たり。母の媼嘗て大澤の陂に息ふや、夢に神と遇ふ。是の時雷電して晦冥たり、父の太公往きて視れば、則ち交龍をその上に見る。已にして娠（はら）める有り、遂に高祖を産む。……高祖酒を被り、夜に澤中を徑し、一人をして行前せしむ。行前せし者還りて報じて曰く、前に大蛇有りて徑に當る、願はくは還れ、と。高祖醉ひて、曰く、壯士行く、何ぞ畏れん、と。乃ち前み、劍を拔きて蛇を斬る。蛇分れて兩つと為り、道開く。行くこと數里にして、醉ひて困りて臥す。後るる人來りて蛇の所に至るや、一老嫗有りて夜哭す。人嫗は何ぞ哭せりと問ふや、嫗曰く、人吾が子を殺せり、と。人曰く、嫗の子何為れぞ殺されたる、と。嫗曰く、吾が子、白帝の子なり、化して蛇と為り、道に當れり、今ま赤帝の子之を斬る、故に哭す、と。人乃ち嫗を以て誠ならずと為し、之を苦せんと欲するも、嫗因りて忽ち見へず。後るる人至り、高祖覺む。高祖に告するや、高祖乃ち心に獨り喜び、自ら負む。諸の從者日に益ず之を畏る。」とする。

「命を天に受」く時、「天子」の治めるところを「天下」と呼ぶ。

どこを「天下」と呼ぶのか。具体的には、「天子」の居所を京師と呼ぶ。京師の周辺の地区は京畿、京兆あるいは順天府と言う。順天府の周囲は直隷と呼び、南京が首都とされた時期には南直隷とされ、北京が首都とされた時には北直隷とされた。直隷の外は行省と言い、行省の外は藩属である。藩属は朝貢体制を通して、定期的あるいは不定期に中原王朝への忠誠を示し、王の教化と呼び掛けに応じる姿勢を示した。藩属の外は、不毛の地あるいは蛮夷の地とされた。こうした同心円状に構成された天下観は、民族国家の概念とは大いにその趣を異にする。

「天下」の時代の中国には、ヨーロッパ近代のものとしての民族国家の概念が存在しなかった。これは、資本主義のグローバル化が到来する時代にあって、大いなる挑戦を受けることになる。中国のヨーロッパ近代民族国家という概念への受動的受け入れは、それによって形作られており、中国近代史の重要な要素を構成している。

この長い過程の象徴的な事件がアヘン戦争である。イギリスが勝利したのちに清政府との間に締結した「南京条約」は、領土の割譲や租借を迫るものであった。しかしこの不平等条約にはとある前提がふくまれている。それは、ヨーロッパ人が自らの民族国家の観念に基づいて、それを中国の政治と文化的秩序の上に投げかけたということである。ヨーロッパ人は清朝政府が中国の合法的な政府であり、清朝政府と交わした条約が権力の譲渡を実現し得るものであることを「前提」としたが、これは大いに矛盾するものであった。周知の通り、大清朝廷と近代的な意味での政府は異なるものであるが、この時、イギリス人は民族国家の基本構造を清朝に当てはめ、清朝政府が中国人民を代表する権限を持つものとみなした。こうした前提の内容が含む意義は多岐に渡り、また中国が帝国から民族国家へと転換する外的要因の一つとなった。

しかし、こうした観念に対しては多くの人々が様々な意見を提出しており、革命派人士はこれに最も反対した。一八九四年に孫文が最初に提出した革命綱領、すなわち「駆逐韃虜、恢復中華」である。革命派人士の陳天華、鄒容等の人々の著作にあって、いわゆる「韃虜」とは満州人であった。彼らの見方からすれば、満州人は欧米のような入植者と変わりはなく、明朝以降の中国は「亡国」であり、それ故に中華を「恢復」しなければならなかったのである。

なぜこのような観念が生まれたか。初期の革命派人士の多くが欧米の教育を受けており、日本への留学を通して欧米の教育に触れた者もいたためである。彼らの学習した知識が中国の土地へ置換あるいは投影された後は、漢民族が単一の民族とみなされ、満州人は中国を統治する「異民族」であり、漢民族とは異なった民族とみなされた。これまで歴史研究において注目されてきた現象ではあるが、新進の民族国家が創立される過程にあって、とりわけ比較的早くから覚醒した知識分子と知識型の革命家は、自覚的にも無自覚的にも前近代の民族区分（漢族と夷狄）を素材としてそれを構築したのである。

辛亥革命の際、中国のこうした思想家たちは迅速に自己の思想的な革命を完成させていった。十月十日の武昌蜂起から中華民国創立までおよそ一カ月あまりであったが、この間、彼らはもし「韃虜」を駆逐しても、それが「韃虜」および「韃虜」と同調するいくつかの民族が中国の枠組みから分裂してしまうということに気付く。そのため彼らは「五族共和」の概念を提出し、帝国が崩壊するという重大な結末を迅速に解決しようとした。「五族共和」という言葉は、当時革命派人士だけでなく、立憲派人士、袁世凱らも掲げたものであり、満州皇帝が退位する時にさえもこの考えが受け入れられた。隆裕太后の詔書には、「……外に大勢を観、内に輿情を審り、特に皇帝に率（したが）ひ、將に統治の権は諸全国に帰せしめ、定めて共和立憲の国体を為し、近きは海内の壓乱望治の心を慰め、遠きは古聖の天下もて公と為すの義に協（かな）ふべし。……総べて人民の安堵、海宇の乂安を期すに、仍りて満、蒙、回、藏の五族を合はせて領土を完全とし、一大中華民国と為さば、予は皇帝と退く処を以て安間とするを得、歳月を優游とし、長く国民の優礼を受け、親から郅治の告成するを見んこと、豈に懿とせざらんや。」とある。

一九一九年前後、孫文らの人々は「五族共和」という言葉をさらに深化、科学化させる必要があるものと考え、一つの全く新しい概念―「中華民族」を提出した。こうした提起は憲法としての性質を持つ「中華民国臨時約法」の精神と完全に一致する。「中華民国臨時約法」の第一条には、「中華民国は中華人民に由りて之を組織す」、第二条には、「中華民国の主権は国民全体に属す」とある。「中華民国臨時約法」によって明らかになるのは、こうして、この新たな国家が根本から政治的合法性の起源を解決する方法が、「命を天に受く」、「王権神授説」から「国民主権」へと到達することになったということである。「民」と「国」とが、基本的な歴史叙述のキーワードとなったのである。

三、伝統的な歴史叙述の「反動」と民国前史叙述の新たな道筋

一九一四年、中華民国北京政府は清史館を設立した。一九二七年、「清史稿」が一応の完成を見、全部で五三六巻、そのうち本紀は二五巻、志は一四二巻、表は五三巻、列伝は三一六巻となった。

『清史稿』は中国の伝統的な「正史」の執筆構成を継承していた。主な編纂者である趙爾巽らはみな清朝の旧臣であり、その文章は桐城派の流れを汲んでいた。これはすでに始まっていた「新文化運動」に逆行しており、政治的立場も清朝の側に立っているものであった。また、その歴史叙述は、革命派人士の合法性を直接的に否定していた。武昌蜂起に関して、「八月甲寅、革命党乱を武昌に謀るも、事覚はるや、三十二人を捕らえ、劉汝夔等三人を誅す。……、丙辰、張彪兵匪を以て変を講じ、営を棄てて潜み逃る……是を嗣ぎし行省は各の兵を擁して地に拠り、独立を号し、魁と為りし者を挙げ、皆な都督と称す。」と称している。南京の臨時政府に関しては、「甲戌、各省の代表十七人臨時大総統を選挙せし選挙会を上海に開き、臨時大総統を挙げ、政府を南京に立て、号を定めて中華民国と曰ふ。」と称している。孫文の名は、『清史稿』の中にはたった一度しか現れていない。

一九二九年、故宮博物院院長の易培基は国民政府行政院に上申書を提出し、『清史稿』を編纂した人々の責任を、「前王朝への忠義を自慢し、民国を誹謗することを使命とすることには、周の粟を食まんとするようなきらいがあり、そうしてでたらめが頻出していることは、千百年来見られなかったほど奇怪なことである。……そのため体例文字の錯誤が頻出していることは数えきれない。この書がもし発行するに任されることとなれば、実に民国の大いなる恥となるであろう。」と指摘した。

易培其が『清史稿』に反対したのは、その言い回しに前王朝の理念が少なくなかったからである。彼は言う、「もし前代であったならば、その著者は必ず死刑となり、其の書は当然焚書に遭うだろう。いま我が政府がその人を罪しないことは、すでに寛仁の至りである。（しかし）その書については世間に再び頒布することは決して適切で

はなく、（そのままにしておけば）後世の笑いものとなり、わが民国の汚点となるであろう。背叛の『清史稿』の一書は永遠に封印し、その発行を禁ずるべきである。」

易培基の「永遠に封印」することは現実のものとならず、現在『清史稿』は清史研究の必読書の一つである。むしろ『清史稿』が紀伝体によって民国前史の叙述方式を構成したことは、かえって絶唱となった。

中国大陸にあって、郭沫若、范文瀾、翦伯賛などの人物がマルクス主義の直線的な進歩史観を創立して以来、資本主義は社会発展の必然的一要素とされ、歴史家の注目を得ることになった。そのうち、以下のような二つの代表的な『中華民国史』がある。

一、張憲文らの『中華民国史』（四巻本）の第一章は、

一九世紀前半期、清王朝はしだいに衰退へと向かっていた。政治は腐敗し、財政は逼迫し、国防は虚弱化しており、崩壊の危険性が至る所に潜んでいた。一八四〇年のアヘン戦争以降、西方の資本主義が中国の閉ざしていた自守の扉を押し開き、列強が遅れを取るまいと先を争って中国の領土を侵略した。辺境の危機が次々に起こり、多くの国土が失われた。

と述べ、その後の篇章はそれぞれ「列強の中国における争奪」、「中国における外国資本」、「民族資本主義の初歩的発展」、「資産階級団体の興起」と「新たな知識階層の出現」について論じている。すなわち、この書は資本主義の世界的拡張、中国の社会資本主義的要素の絶えざる蓄積という観点に立って民国前史を展開しているのである。

二、李新主編の『中華民国史』で、李新先生は序言において、

資本主義、帝国主義が中国を侵略したこと、これが反清革命を生み出した根本原因の一つであり、また中華民国史の重要な内容の一つである。それゆえにこのことによって（民国前史を）書き始め、（資本主義や帝国主義が）中国人民を追い払い、それによって中国の勢力が転覆されるまでを記述しなければならない。

民族資本主義の発生と初歩的発展は、民族資本階級が領導する反清革命が発生する前提である。……これは民族資本階級が初歩的な発展を見せたことによって、ついに資産階級の政党による同盟会が領導する反清革命が起こり、同時に一九一一（辛亥）年に清朝の封建専制政府を覆すという勝利を得たのである。

封建社会にあって、資本主義の出現は一種の巨大な進歩であった。清朝政府の反動的な統治下にあって、資産階級の政治活動は進歩的な意義を持つものであった。

と述べ、その前の六章分はそれぞれ「清朝による統治の衰退と資本主義列強の侵人」、「中国の資本主義の発生と初歩的発展」、「資産階級による革命運動の興起」、「清朝政府が推し進めた「新政」と人民群衆の自発的闘争」、「中国同盟会の成立」と「中国同盟会成立後の革命闘争」に分けられ、その核心的な文脈と上書とは完全に一致している。

民国の時期の人による民国前史の叙述の端緒として、一九一四年、かつて南京臨時政府参議院議員に任じられていた谷鍾秀の著した『中華民国開国史』がある。その緒論には異なる意見が入り乱れているが、「海通」を開国の起点とすることは、十分にはっきりとしている。

我が国の地勢は平坦であり、統一が容易である。また古より周囲を囲むのはみな小さな蛮夷であって、競争相手とするに足らず、競争が無いので進化することができない。君主専制は、数千年間

少しの変化も無かった。海通以来、しばしば外国の辱めを被るようになる。咸豊の庚申の難では、英仏の連合軍が我が京師を蹂躙した。光緒の甲申の恥辱では、フランス人が我が国のベトナムを掠奪し、すでに勢力の衰退が現れていた。光緒の甲午中日の役（日清戦争）、庚子の拳匪の乱（義和団事件）に至って、大きく深く傷を被ることとなる。ついに茫然として恃む所を失う。しかも日本が欧米化の潮流をかさに着て、東アジアを揺さぶることはいよいよ激しくなった。ここにおいて外に学を求め、東の海を渡る人士は、一万三千人もの多きに達した。欧米化はこうして黄海を飛び越えて我が国に輸入され、政治改革の声は、かまびすしく国中に響き渡ることとなったのである。

この中華民国の初期に関する論説においては、列強が中華を侵略した歴史が、民国前史であった。しかも日本がその中で欧米の観念を提供する重要な作用を担ったことは、現代の人々の論述に最も大きく影響している。

台湾において、我々は張玉法が前世紀の八十年代に著した『中華民国史稿』を例とするが、その序言は非常に明確である。

いわゆる「中国近代史」の「近代」の問題では、数十年来我々はほとんどが一九二〇年代末に蒋廷黻氏が南開大学で最初に講義した「中国近代史」の断代史的な観点を受け入れ、「近代」の始まりは一八四〇年のアヘン戦争を意味することとなった。蒋氏以来（一九八〇年に至るまで）、中国近代史は台湾においてすでに十余種の異なった版本があるが、ほとんどがアヘン戦争から始まって民国の創立で止まり、また記述が抗日戦争前夜に至るものもある。私がここに指摘するのは、アヘン戦争よりもさらに前、乾隆五十八年（一七九三年）に、マカートニーが提出した要求を拒絶するまでその始まりを繰り上げるということである。

アヘン戦争にせよ、マカートニーが来朝したことにせよ、実際にはいずれも中国の世界史への進入をもって民国前史を議論する論理的起点とすることに変わりはない。

余論

こうした民国前史の叙述体系は、その潮流がおよぶ所、すなわち中国革命史、近現代史、および党史などの各種の著述までもが、いずれもアヘン戦争の前後を起点としている。ここで極めて決定的なのは、近代以降の中国史が、すでに世界史の進入を受け入れ、実質的に世界近代史の一部分となったことである。これは、中国の学会および各界が晩清以来の世界史的時間体系において認識する中国史のポイントを体現し、不可逆的に『史記』以来の紀伝体という歴史叙述の基本形を塗り替えたのである。

そうではあるが、形式上は反例もあるようで、たとえば羅爾綱の『太平天国史』（四冊本）は、全書が一五四万字余り、八十八巻に分かれ、五つの部分からなる。第一の部分は「序論」、第二の部分は「紀年」、第三の部分は百官職爵表、第四の部分は「志」これは上帝教、政権、政体、食貨、刑律、外交、文芸などの二〇節を含む。第五の部分は「伝」であり、太平天国の将帥八三人、女官一三人、省や郡の行政官五人、「洋兄弟」三人、会党の領袖二四人、「叛徒」二三人の伝である。形式上は伝統的な史学の風格があるが、内容をみると、新しい変化がある。すなわち、

第一部分　序言　太平天国史巻一

一　開宗明義の説明　二　金田蜂起の前夜　三　前期に急速に発展した革命の形成　四　反封建反侵略という綱領と政策　五　太

平天国の興亡と分水嶺―天京事変　六　内外の反動勢力の太平天国に反対する中での結合　七　後期における苦難の戦闘　八　不滅なる太平天国

これは世界史的な範疇で改めて太平天国を構成することを追求しており、完全に『清史稿』とは異なる。しかもアヘン戦争が分水嶺となる特徴的意義は、太平天国「前史」における含意を明確にしている。この「反例」は、「民国前史」をアヘン戦争前後までさかのぼるという方法の、中国近現代史学会全体への深い影響をまぎれもなく説明している。

第二部会　一

『紀效新書』と朝鮮王朝の軍制改革

孫　衛　国
三津間　弘彦(訳)

序

『紀效新書』は明代の将領である戚継光が中国東南部の倭と対抗する士卒を訓練するために編纂した兵書であり、中国軍事史上重要な地位を占めている。この書は相前後して朝鮮と日本に導入され、重大な影響を生みだした。朝鮮の軍は、壬辰倭乱の初期において、日本軍を前に潰走して爲す術なく、土崩瓦解した。万暦二十一年（一五九三）正月、平壌大勝の後、朝鮮王朝の君臣は明の南兵将士の勇敢な戦いに注目し、この部隊が戚継光の訓練を受けた士卒であり、『紀效新書』が軍を訓練する兵書であることを知ると、この本を取り入れ、訓練都監を編成し、朝鮮の軍を再建した。この書は朝鮮王朝が士卒を訓練し、軍隊を組織する際の指導的兵書となり、その後の朝鮮軍制に深い影響をもたらした。この一書の導入は、朝鮮王朝（李氏朝鮮）の軍の再建をもたらしたが、ここまで大きな影響力を備えたものは、東アジアの書籍交流史上、極めて希有な存在である。この導入過程を精査し、その朝鮮軍制への影響を検証すれば、学術的意義にとどまらず[1]、かなりの現実的影響も見えることとなろう。

一、平壌大勝における明の南兵の表現と『紀效新書』の東伝

万暦二十年（一五九二）四月、日本軍は釜山に上陸し、一路長駆して直進、すぐさま朝鮮の軍隊を撃滅した。国王の李昖は北に遷り、王都漢城、平壌等は相次いで陥落、大半の国土が日本軍に占領され、李昖はやむなく明朝に援助を求めた。兵部尚書の石星力の指揮のもと、明朝は最終的に宋応昌を経略、李如松を提督として派遣し、四万の大軍を率いて朝鮮に向かわせた。万暦二十一年（一五九三）正月、一挙に平壌を恢復し、平壌大勝をあげた。この平壌を攻める戦役において、浙江から来援した南兵は最も勇敢であると評された。朝鮮の君臣は、「この戦、南兵は勇敢であり、勝利を得たのは彼らのおかげである（是戰也、南兵輕勇敢戰、故得捷賴此輩）」という認識に至った[2]。南兵の勇敢な戦いぶりに対する評価は、傑出している。彼らは、いずれも戚継光によって嘗て訓練された士卒であることを知ると、戚継光が士卒を訓練した『紀效新書』の獲得を希望するようになった。

戚継光（一五二八―一五八八）、字は符敬、定遠の人である。代々登州衛《えい》指《し》揮《き》僉事《せんじ》に任じられ、嘉靖年間には浙江参将を歴任し、浙東の倭を破り、秩三等に進められた。嘉靖三十八（一五五九）年、戚継光

は義烏で坑夫、農民数千人を募集し、一年以上に渡って訓練をほどこし、優れた作戦能力を持つ精鋭部隊に育て上げた。戚継光は東南沿海の抗倭を展開すること十二年間、浙江から福建、広東に至るまで、大小百戦近く戦い、戦えば必ず勝利をおさめ、東南沿海の倭寇を掃討した。彼は、訓練した士卒への約定を編纂し、『紀效新書』と題した。『紀效新書』は東南抗倭の一つの指針として士卒の訓練に適用され、極めて実用性を具えた兵書であった。隆慶二年（一五六七）五月、戚継光は総理薊昌保練兵事物に転任した。北方の蒙古兵に対する彼の指針の特徴は、北方の練兵において部隊を分けて歩兵営、騎兵営、輜重営と偵察部隊営を編成したことにある。彼は新たに練兵条款を修訂、編纂して『練兵実紀』と名付けた。戚継光の厳格な訓練を経て、薊鎮の士卒はよく訓練され、戦闘力が極めて高い部隊となった。万暦十一年（一五八二）、戚継光は広東に派遣された。翌年、十八巻本『紀效新書』と『練兵実紀』を基礎として、新たに修訂された十四巻本『紀效新書』を出した。彼の東南沿海の抗倭と薊鎮の練兵および抗虜の経験を総括したもので、軍事理論の面で優れた功績が立てられた兵書であった。

事実、すでに壬辰戦争の前には、朝鮮の君臣も戚継光の情報を知っていた。万暦二（一五七四）年、朝天使の趙憲が明朝に使者としておもむいた際、薊州で明朝の軍が紀律厳格で、百姓を侵害しなかったため、非常に敬服するということがあった。そして、それが戚継光の部隊であることを知った趙憲は、ちょうど戚継光が記した三つのノートを読み、「（戚経光の）忠誠はとても篤く、文章は美しく、真に世の名将である」と記し、（三）戚継光への心からの敬服を表している。十一月、帰国した趙憲は、国王に上書して見聞を報告した際、朝鮮の軍隊には戚継光方式の厳格な紀律と厳しい節制の必要性を訴えた。このように、朝鮮の君臣は、早い段階で戚継光方式の軍の状況を知っていた。そして、図らずも十数年後、この部隊が実際に朝鮮に派遣され、明軍の主力の一角として、共同で日本軍の侵略に対抗することとなったのである。

壬辰倭乱の初期段階で朝鮮の軍は殲滅された。朝鮮の建国初期の五衛制は、兵農未分離であった。戦時は兵となり、閑時は農民となる。この兵制では、軍隊の衣食は自給であり、朝廷の経済的負担はなかった。だが一方で、士卒の戦闘力は弱く、強敵の侵入には爲す術がなかった。「壬辰の兵乱の後、五衛は凋落した。いずれも戦に堪えられるものではなかった（壬辰兵燹之後、五衛凋弊、皆不堪戰）」のである。（四）壬辰倭乱の際、朝鮮の軍は一撃にすら堪えられず、五衛制は瓦解し、朝鮮の軍の再建が急務となった。朝鮮の君臣は、明の南兵を学習の模範としたが、戚継光『紀效新書』は、彼らが南兵から学ぶために提供された可能性がある。

『紀效新書』は、どのように朝鮮に入ったのか。朝鮮の兵曹判書の李徳馨《りとくけい》は早くからこの書に注目していた。平壌大戦において、李如松の陪伴使であった彼は、明の南兵の勇敢な善戦を目の当たりにすると、その教習の法を尋ね、戚継光『紀效新書』にあることを知らされ、この書を試しに得ようと考えた。国王の李昖もこの書に強い関心を抱いた。戦争が終結した後、李徳馨は国王に明軍の攻城の様子を報告し、国王は火炮を利用した南兵が、戚継光の『紀效新書』による訓練を施されたことを知り、戚継光を「心智衆を抜きん出た人物（心智出衆之人）」と賞賛し、（五）すぐさまこの書を学び、朝鮮の軍を訓練し、戦闘力を底上げする必要性に気づいた。そこで、李如松に拝謁したが、「陛下は戚継光の書の照覧を願われ、都督（の李如松）はこれを秘匿して出さなかった。陛下は密かに訳官に命じ、都督麾下の人物から購入した（上請見戚書、都督祕之不出。上密令譯官、購得于都督麾下人）」とある。[六] 李昖は、朝鮮国王の威信を賭けて提督の李如松にこの書を要求したが、ついに得ることができなかったと言う。この話は必ずしも真実ではないが、しかしこの書が朝鮮に伝わる際にこうした神秘的色彩が加えられたことは、朝鮮側のこの書を獲得しようという切実な心情を際立たせるものである。

平壌大勝の後、朝鮮の君臣は、明軍から『紀效新書』を購入し、ここから軍隊の再建を開始したことが見て取れよう。事実上、『紀效新書』の刊行状況から鑑みるに、万暦の朝鮮の役の時期は、まさしくこの書の刊行の最初の盛んな時期で、南兵将領はこの書を携行して朝鮮に赴いたことは想像に難くない。後に、朝天使が明朝に使者として派遣した際、国王の李昖は、特に『紀效新書』を必ず購入すべきことを指示したが、この書の版本が一つでないことから、国王は具体的に、「戚継光が撰した『紀效新書』などの数書……必ず王世貞が序を記した書を得て購入するように（戚繼光所撰紀効新書數件……須得王世貞作序之書貿來）」と指示を加えている。[七] 朝鮮国王は自ら明朝の書を買う指示を下し、さらに明の様々な版本の中から特定のものを指定した。明清における中国、朝鮮の書籍交流史上においても珍しいことであり、この書が朝鮮国王にとって重要な地位を占めていたことは明らかである。

二、朝鮮における訓練都監の設置と『紀效新書』による練兵

平壌大勝の後、明朝の将領と朝鮮の君臣の共同努力のもと、朝鮮の練兵計画が始動した。国王は訓練都監の設置を批准し、『紀效新書』を教材として、軍はその再建に向かって動き始めた。『紀效新書』はその後、最後まで模範として奉じられることとなり、三〇〇年以上にわたる軍制が定められたことを意味する。

朝鮮の最初の練兵計画は、明の南兵の将領である駱尚志の督促を受け、領議政の柳成龍によって準備が行われた。時に碧蹄館《へきていかん》の役の後、明は日本と和平交渉を開始し、戦闘は比較的平静な時期にさしかかっていた。駱尚志は、柳成龍に練兵を促すとともに、自らも教練を行った。柳成龍は練兵の後、朝鮮国王がその様子に慣れると、訓練都監を設立し、専門的に練兵を管掌し、朝鮮の軍を再建した。事実上、朝鮮の練兵、軍隊の再建は、明軍の将領たちにとっても希望する所であった。[八] 明の経略の宋應昌はかつて朝鮮国王に、練兵計画の加速を促していた。練兵は、朝鮮の自衛能力を強化するものであり、明の将領と朝鮮の君臣の方針は一致していたことが見て取れよう。では、練兵の事務は訓練都監の管掌となったわけであるが、訓練都監は誰によって創立されたのであろうか。

宣祖四十（一六〇七）年五月、柳成龍が没した。『朝鮮宣祖改修実録』はこのことを「柳成龍は壬辰の乱後に建議を行い、初めて訓練都監を置き、戚継光の『紀效新書』を習い、炮、射、殺の三手を選抜し、軍容を整えた。国境の山城を修繕し、制度を修め、防御の策を備えたが、柳成龍が位を去ると、いずれも廃れて行われなくなった。ただ訓練都監のみは存続し、今に至るまで拠るところは大きい（成龍于壬辰亂後建議、始置訓煉都監、倣戚繼光紀效新書、抄選炮、射、殺三手、以爲軍容。脩繕外方山城、脩鎮管法、以爲備禦之策、成龍去位、皆廢不行。獨訓煉都監仍存、至今賴之）」と記す。[九] このように、訓練都監の設立は、柳成龍が請願し、国王の李昖が批准し、『紀效新書』によって訓練を加えることで、朝鮮の軍を再建するものであった。

訓練都監は、いつ成立したのか。『朝鮮宣祖実録』を見ると、最も早く「訓練都監」の一句が出現するのは宣祖二十六（一五九三）年八月、当時朝鮮の君臣は訓練都監成立の是非について討論していた。[一〇] 二日の後、国王は朝臣と訓練都監の訓練事項を討論し、火炮の演習にとどまらず、士卒はさらに行進と各種武術の訓練を行なうこととなった。[一一] 十月初めの六日、訓練都監の担当官が上書されている。このことから、訓練都監が成立した時期は、宣祖二十六（一五九三）年農暦八月以降十月以前であるということになる。[一二]「訓練都監は国家による練兵の場（訓煉都監則乃是爲國家練兵之所）」とあるように、[一三] 朝鮮後期の最も主要な練兵機構として、『紀效新書』に依拠しながら、士卒の訓練について厳格な制度が定められたのである。

訓練都監の成立以降、士卒の募集が行われ、明朝の将領を招請して教官としながら『紀效新書』が学ばれた。「この書を師とし、内外においてまた異なる書を師とすることはなかった（専以此書爲師、而中外無復異者。）」とある。[一四] 訓練の前段階において、主要な任務は『紀效新書』の内容を理解することにあった。国王李昖はこの書を閲読する際、深く理解できず、柳成龍に解説させた。[一五] 国王は、かつて大臣にこれを完全に理解出来るか否かを質問したが、兵曹判書の李徳馨も「いまだ理解しきれていなかった（未盡解）」とある。[一六]『紀效新書』の文章は、朝鮮人に理解し難いものであったが、他ならぬ当然のことであった。その表現のほとんどが浙江の地方語と口語によるものであったからである。「その文は口語を採用し、兵が聞いて理解しやすいようにと文章を美しく工夫して再編することもなかった。いずれも浙江に駐屯していた際に自ら指揮を行い、その結果を記したもの」であり、[一七]「その詞はおおむね口語のようであり、美しく文章を工夫したものではなかった（雖其詞率如口語，不以潤色爲工）」とある。[一八] 浙江の口語は、朝鮮人に天書と言わしめ、たとえ漢字で書かれていても、彼らには理解し難かった。そのため朝鮮人は、適宜再編することで、士卒に理解させることができるようにした。この書を理解したうえで、明朝の将領を招請して講義することが、最も有効な方法とされた。「天兵（明の兵）が帰還しないうちに、優れた人物によって、多くの点について理解を深め、明らかにして疑問点をなくし、その後に訓練を行うべきである（趁此天兵未還之前、令聰敏之人、多般辨質、洞然無疑、然後可以訓習）」とある。[一九] 朝鮮の練兵について、「部隊の演習は全て戚継光の制度にもとづき、数ヶ月で完成された。この年、朝廷の教練は遊撃の胡大が引き受けた。思うに三手を教えるために招来したのであろう。韓嶠は『殺手諸譜』を翻訳し、さらに遊撃の許國威に槍法を質問し、『後譜』を作成した（部分縯習悉如感製、數月而成。是年、皇朝教煉遊撃胡大受之出來。蓋爲教三手請來也。韓嶠翻譯殺手諸譜、又質問槍法于遊撃許國威、爲後譜）」とある。[二〇] しかし、『紀效新書』は、朝鮮人が読むには相当に難しく、明朝の将士が撤収する前に、明朝の将領を教官として招聘し、国王李昖は緊迫感漂う中で、訓練都監に『紀效新書』の重要な箇所について、さらに選び抜き、武士に教え、試みに善し悪しを講義せよ（紀効新書緊要之條、亦宜精抄、武士教誨、試講論賞）」と指令を下した。[二一] 真に『紀效新書』を学び、朝鮮の将士がこの書の意を理解することを助けると同時に、柳成龍は儒学者の韓嶠に指令を下して明朝の将領に積極的に教えを請い、早い段階でこの書の内容を掌握した。

この『紀效新書』の精神により、朝鮮国王の李昖は多方面から軍の再建を開始した。「練将」、「練兵」、「修械」を主とする、全面的な朝鮮軍の再建であった。

まず一つ目、「練将」とは優れた指揮官を組織編成することであった。将領の選択には国王も注意を払い、これが練兵の成敗の鍵となった。国王は「錬将は錬兵において最も重要である（然錬將尤重於錬兵）」とし（二二）、厳格に『紀效新書』の精神を遵守し、将領の選抜を重視し、練兵の効果を保証した。そこで、「柳成龍を都提調、武宰臣の趙儆を大将、兵曹判書の李德馨を有司堂上、文臣の辛慶晉、李弘を郎属（成龍爲都提調、武宰臣趙儆爲大將、兵曹判書李德馨爲有司堂上、文臣辛慶晉、李弘胄爲郎屬）」とし（二三）、そこからさらに改善を進め、大臣がこれを管掌し、戸曹は軍人、兵士への給与を提供し、兵曹は武器を提供し、大将が練習を管理し、武臣は自ら教導し、「おおむね五衛は廃れて都監が初めて重んじられた（蓋五衛廢而後都監始重）」とあるように（二四）、朝鮮の軍を再建するうえで最も重要な制度となった。具体的に訓練都監の属僚には、大将一人、従二品は中軍一人、正三品は従事官二人、正五品は把總、従六品が哨官、従九品まで置かれた（二五）。さらに書吏、皂隷、小史が若干名を有した。上から下まで、一つの厳密な官僚組織が置かれ、努めて効果的な軍の訓練を保証する体制が求められた。

次いで二つ目、厳格に士卒が選抜され、注意深く編成が行われた。戚継光は、特に兵の選抜を重視し、士卒の募集について「其の法惟れ精に在り」と考え、郷村の実直な人物を選抜し、都市部の賢しい人物を避けた（二六）。朝鮮の兵の選抜は、「精択」の原則を遵守しながら、壬辰倭乱の際には、朝鮮の飢民が辺り一面に発生する中で、柳成龍は飢民を召募し、訓練を加えた。選抜された者には、厳格な紀律が定められた。「飢民を兵として募り、応じる者が多く集まると、趙儆は法によって人数を制限し、巨石を持ちあげ、一丈の壁を飛び越えることが出来た者のみを採用した。飢民は疲労困憊しており、壮健な者でも奮い立って重いものを持ち上げることができず、あるいは雑役に応じるか、門外で死ぬ者もおり、合格者は十人中一人か二人であった。十日ほどで数千人を採用すると……数ヶ月で部隊を整えた（募飢民爲兵、應者頗集、趙儆設法以限之、能擧一巨石、能超越一丈墻者入格。飢民疲睏、雖壯士不能擧重奮身、或應募伺候、而死于門外、入格者十僅一二。旬日得數韆人……數月而成軍容）」とある（二七）。このように厳格に士卒が選び出され、主要な任務に充てられることとなった。

士卒が召募、編入されると、慎重な編成、厳格な訓練がほどこされたが、これが最初の任務となった。朝鮮の練兵では、特に『紀效新書』束伍篇が重視された。これは十八巻本『紀效新書』の一篇であり、所謂「束伍」は、いかに合理的な組織編成を行い、最も効率的に戦闘力を発揮させるかというものであった。「「束伍篇」の付巻について、今二つ印刷した。先に送ったのが、「束伍解」であり、臣《わたくし》等が急いで翻訳を行い、条例を要約し、書写して送り、これに倣って行わせた（紀効新書束伍篇付巻、今已印出二件、爲先下送、而束伍解一款、則臣等頗爲翻譯、務令易曉、并爲謄書下送、使之依倣行之）」とある（二八）。朝鮮の軍官に「束伍篇」の意を理解させるため、『紀效新書』と特に「束伍篇」を抜き出して印刷し、さらに注釈をほどこすことで、朝鮮の将領に正確に「束伍篇」の核心を理解させ、士卒を慎重に編成させ、厳格な制度を定め、練兵が有効に行われ、組織管理が着実に行われることを保証したのである。このように一時期の模索が過ぎると、訓練都監という一つの良好な組織体系、官員の配置、責任の明確化が行われるようになると、その要点もよく把握され、管理運営に効果的に作用することとなった。『紀效新書』束伍篇は、訓練都監の厳格な組織体系を定め、将領と兵を段階的に管轄し、その号令を厳密なものとし、一切の行動を指揮に従わせ、軍の行動、方針の一致を保証し、練兵成功の前提条件を提供することとなった。

そして三つ目、明朝の将領を招聘して教官とし、『紀效新書』の説明により、各種火器と刀剣の利用法が伝授された。訓練都監は、『紀效新書』によって創立され、その練兵の精神は全て『紀效新書』に基づき、明朝の将領を招聘して教官とし、手ずから各種の武芸が伝授された。国王の李昖は曾て自ら兵曹判書の李徳馨に「教師は全て教練に尽力すればよいか」と問い、李徳馨は「教師は日ごと教練を追い、隊列を叱咤激励し、そのために殺手は前に並んで大勝をあげるのです（教師逐日教煉、作隊勸奬、故殺手則比前大勝）」と答えた。[二九]『紀效新書』を完全に理解しきれないことから、朝鮮の官員は明朝の将士に教えを求めた。一人、李自海という官員が駱尚志の営中におもむき、駱尚志から学んだ。同時に、総兵の劉綎の部隊の人員に訓練都監の教官となることを求め、朝鮮の士卒を訓練した。[三〇]朝鮮の大臣は、明朝の将士が帰国した後、朝鮮の士卒が学芸に熱心ではなく、途中で形骸化していくことを恐れ、そこで朝鮮を育成するため自国の将領十二名を養成して教官とすることを提起した。[三一]国王はこの提議を賞賛し、自らこの十二名と接見する意思を示し、このような朝鮮の教官を増員しなければならないことを認識した。明朝の将領の中でも、特に学才がある教官について、朝鮮の君臣は彼らを引き留め、起用しようとした。[三二]朝鮮の君臣が思案を巡らせて明朝の教官から学び、努めて何もかも精密に学ぼうとしたことが見て取れる。明朝の教官は、一方で自発的に朝鮮の将士にし、『紀效新書』の原著を通読し、深くこの書の意味を理解できるように教授した。また一方で、手ずから各種武器、火炮の利用法を教授、各種武芸を伝授し、朝鮮の将士は迅速にその戦闘力を高めていった。このように訓練都監が短期間の内に、強兵の目標を効果的に実現した背景には、明朝の教官の功績があったのである。

四つ目が、各種武器の学習、「三手」などの「特殊兵種」の養成である。戚継光は武器の重要性を強調し、多種の火器を発明、さらに多種の戦闘用船舶、戦闘用車両を建造した。武器について、戚継光はこれを非常に重視し、練兵と同等の重要な問題として位置づけ、たんに練兵のみをほどこすに留まらなかった。朝鮮の練兵でほどこされた「三手」は、専門的武器を掌握し、専門的兵種を構成させることで、戦闘力を向上させるものであった。

戚継光は士卒を訓練し、耳、目、手、足、心の強化と陣営の訓練を区別し、朝鮮の訓練都監も厳格にこれを遵守した。さらに重要な点は、士卒を「三手」、すなわち殺手、射手、炮手に区分し、「丸」は炮手を指し、「鎗刀」は殺手を指し、「弓」は射手を指し、これらを統括して「操煉軍」と言う（丸者稱炮手、鎗刀者稱殺手、弓者稱射手、統名之曰操煉軍）」としたことである。[三三]各自異なる武器の使用法を訓練し、特殊な技能による専業的兵種を掌握させた。これは優れた技能により、全面的な発展を見せた。宣祖二十七年（一五九四）六月、訓練都監について、「炮手は訓練都監の設置当初から置かれ、その後さらに勇隊が置かれ、刀槍を習い、「殺手」と名づけられ、数ヶ月の間に大きな効果を発揮した（炮手、則當初設都監訓煉、其後又設義勇隊、以習刀槍、名曰殺手、數月之間、頗有其效）」とある。[三四]訓練都監が成立して一年足らずして、「三手」の隊伍は形を爲していた。「三手」について、作戦上いかに配分し、最大限に敵を殺し勝利をあげることができるかは、平時の訓練の際、演習を重ねることにあった。[三五]しかしながら、朝鮮の訓練都監が「三手」に求めたものは、一種の技術をある程度掌握し、さらにその他の技術を掌握することで、はじめて適任を探るというものであった。[三六]「三手」に対し、時期を経ると、要求はさらに高まり、彼らが兵器をより多く扱えるように求めていった。[三七]彼らが主に要求した技術である「三手」とは、つまりはよく火器を扱い、さらに槍刀などの短兵器を利用できるようになることで、多面的に展開できる兵種を指したのである。

一時期の訓練を経て、朝鮮の軍は初めてその体裁を整えた。宣祖二十八（一五九五）年九月十日、国王は西郊において自ら講武に臨み、「大将以下の将官への論功行賞には差があった。射官、炮手に命令を下し、互いに才能を試させ、さらに殺手の少年の馬上の才能を試し、選ばれた者への評価には差があった（賞賚大將以下將官等有差。仍令射官、砲手、作耦試才、且試殺手兒童馬上才、賞其入格者有差）」とある。(三八) これは訓練都監による練兵の成果の最初の公開であり、朝鮮国王は比較的満足気であった。『朝鮮宣祖実録』の修史官員が論じて言う、

> 平和が続いた二百年、軍政はほころび、騎、歩、正、甲の兵種がありながらも、命令系統は整備されておらず、軍の規則は乱れ、漠然として坐作（起居）、撃刺（武器の扱い）、旂麾（旗振り）、金鼓（陣中太鼓）をどうすればよいかもわからなくなった。少しでも辺境の問題が起これば、田畑を耕す人々を駆りたててこれと戦うというのでは、国をあげての敵に当たって混乱しないことがあろうはずもない。変乱の後、上はその民を教え導かずに棄てることに心を痛め、壮健な人物を募集し、訓練する場を設け、柳成龍、李徳馨を主体とし、さらに唐の教師に請願して兵に教練をほどこした。おおむねその法は、中朝の名将である戚継光が著した『紀效新書』にあった。一心不乱に鍛錬を重ね、今までの三年、（国王は）その兵糧の不足に悩み、そこで御膳を減らされ、これに供出された。その退役者を哀れむ方法も無く、そこで備蓄を切り分けてこれに供給された。十日ごとに才を試し、六ヶ月ごとに閲兵を行い、五技は熟練のものとなり、ひ弱な者たちも勇者となり、整然として、堂堂として、隊列の秩序は明らかであり、衛兵には規則が見える。危急の事態よ来るならば来ればよい、必ずや前日のように風を望んで崩壊するようなことにはなるまい。(三九)
>
> （升平二百年、軍政不脩、雖有騎、歩、正、甲之兵、而鈐轄未整、條理紊亂、茫不知坐作、擊刺、旂麾、金鼓之爲何事。小有邊警、則驅田畝荷鋤之人而戰之、無惑乎以國予敵也。變亂之後、上悶其不教而棄之、募聚精壯、設局教訓、以柳成龍、李徳馨主之、又請唐教師以教之、蓋其法、中朝名將慼繼光所著紀效新書也。鋭意操煉、三載于今、憂其饋餉之不足也、則減禦膳以供給之。愍其卒歳之無術也、則齣内藏而俵給之。旬一試才、朔六開閲、五技既熟、羸弱成勇、井井焉、堂堂焉、束伍分明、哨隊有倫。庶可有施于緩急、而必不至如前日之望風奔潰也）。

この評論では、訓練都監が朝鮮の君臣の中でいかに重要な存在であったかが十分に説明されている。朝鮮における二〇〇年の平和により、日本軍が侵入した際、朝鮮軍は崩壊してその体裁を保てなかった。この国がまさに失われようとしたとき、明朝の軍の支援の下、朝鮮は明朝の南兵将士を教官として、訓練都監を成立させ、新たな軍を再建し、戚継光『紀效新書』をモデルとして訓練を加えたことで、三年足らずで思わぬ効果が現れたのである。宣祖三十（一五九七）年六月、訓練都監による練兵は京城、地方で訓練した部隊を合わせると二万人近くにのぼり、そのうち陸軍が使用した軍器寺の各種大炮は三〇〇門に達した。(四〇) 一五九七年、朝貢の交渉が失敗し、丁酉再乱の際、朝鮮軍は初めて軍の体裁を保ち、明朝の軍による抗倭の重要な補助戦力となり、戦場において一定の役割を発揮したのである。

三、朝鮮王朝における訓練都監の変遷と影響

宣祖三十一（一五九八）年十二月、明と朝鮮の連合軍は日本軍を朝鮮から退け、抗倭戦争に勝利をおさめた。戦争中に設立された訓練都監は、廃止されることなく、朝鮮後期で最も重要な軍事機構、権力機関へと変貌し、朝鮮後期の軍事発展に直接的な影響を及ぼし、三〇〇年以上にわたる変遷の中、朝鮮王朝の政治、軍事、社会にもたらした影響は相当に深かった。

宣祖の重臣である李廷龜は、訓練都監の機能を極めて重視し、「今日、国家の所謂兵の重きは、訓練都監にあり（今日國傢之所謂重兵、在于訓煉都監）」と明確に指摘した。[四一] 特に「先に王朝が訓練都監を設立した後、三手の諸軍は、徐々に目を見張るような存在となった。地方の部隊は、煩雑ではあるが、それでも効果があらわれている（先王朝訓煉都監設立之後、三手諸軍、稍有可觀。外方束伍、雖不無冗雜、而亦有成效之處）」として[四二]、訓練都監の貢献を肯定的に捉えた。李睟光はさらに「訓練都監は、宣祖の代の甲午の年に創設され、炮槍などの技を教習した。今は朝廷に仕えていよいよ重んじられ、一大衙門（部門）となった。兵を管理する官職は、ただ軍の帳簿を管理し、文書を作成するばかりであった。（訓煉都監、自宣祖朝甲午年創設、教習砲槍等技。今則事權漸重、爲一大衙門。主兵之官、只管軍簿、奉行文書而已）」と称している。[四三] 訓練都監が「一大衙門」となる一方、兵曹はたんなる事務手続きの機関と化していた。大臣が「当初、訓練都監が設置されると、弊害を論ずべき点が無きにしもあらずとはいえ、八年の教導訓練を経て、才能を開花させる者も多く、内は宿衛兵として、外は防衛兵として、多くこれに頼り、益もまた無きにしもあらず（當初訓煉都監之設、雖不無弊耑之可論、而八年教訓、成才者多、内而宿衛、外而防戍、多賴于此、則亦不無所益）」と指摘している。[四四] 訓練都監が訓練した士卒は、さらに人材を養成していき、朝鮮後期には重要な軍事および政治機構となっていたのである。

長期の軍事訓練は、制度上全て『紀效新書』によって行われた。「我が朝廷の兵制であるが、戚継光の『紀效新書』を根本としている。内は四営が要旨をまとめて、互いに融通しあい、外は諸道が結束して、それぞれが踏襲している（我朝兵製、實本慼繼光之紀效新書。而內則四營簡閲、互有出入、外則諸道團束、自相沿襲）」とある。[四五] 近代まで、訓練都監は非常に重要であり、依然として新たに選抜した兵士の重要な機構であった。

高宗の領議政である李裕元は、「我が国に教練局は無く、壬辰の後に戚継光『紀效新書』を得て、『兵学指南』を完成させ、さらに訓練都監を設立し、十八の技を習い、これが武芸別監の創設の始まりであった。その際、柳成龍が都提調となり、趙璥が大将となり、なお今にいたるまでその法を学んでいる。その制度により、新たに武士が選ばれ、これにあたえられる訓練所の教練もよく継承されている（我國無教煉局、壬辰後得慼繼光紀効新書、演成兵學指南、別立訓煉都監、習十八技、此是武藝別監創設之始也。其時柳成龍爲都提調、趙璥爲大將、尚今學其法矣。因其製、新選武士、付之訓局教煉似好）」と説く。[四六] 朝鮮の訓練機構として、三百年来変わらず、非常に重要であったことが見て取れる。

後に、訓練都監の組織は徐々に巨大化して行った。戦争の後、朝鮮は各道に、「一年ごとに壮健な組のリーダー二百人を選別し、これを束伍炮手と名付け、装備を整えて都に送り、各宮廷の警戒に当たらせた。地方には、各道の科田の税の加えて他に三手粮を徴発して、兵糧とする（毎式年抄擇精壯戶首二百人、名之以束伍砲手、治裝上送、以備各哨之闕額。使地部加出三手糧于各道田結元稅之外、以爲廩資）」

ことで、兵員、補給体制を保証した。仁祖以降、人員は増加し、総数は四千に達した。また、騎兵三百人を置き、「騎兵、歩兵は総数五千人以上（馬、歩軍都數五千餘人）」にのぼり、糧餉庁を特設し、「広く屯田を置き、買い入れ分を蓄積し、軍に必要な諸経費や機材、旗鼓といった備品に当て、いずれもそこに用立てられ（廣置屯田、蓄積販賣、以資軍中用度、器械、旗鼓之備、皆齣其中）」た。さらに別に部隊を設置し、「初めは七千であったが、後に一万三千七百まで増員され（爲七千、後加至一萬三千七百）」た、総員は遂に四万一千一百人以上に達し、後にはさらに組織が分けられ、御営庁、総戎庁、守御庁、精抄庁等、その管轄する兵卒の人員も分けられ、遂には二万八十人、一万四千八百九十一人、二万人強、八千九百六十人に達した。[四七]膨張した訓練都監の組織は、朝鮮後期の最も主要な軍事組織となり、京城だけでなく、各道にも駐屯した。漢城の防衛は訓練都監の責任であった。[四八]朝鮮の京城の重要な守備隊となり、さらに国防でも最も重要な防衛力として、各道に駐屯した。訓練都監は、朝鮮軍が職業化していく重要な発展段階であった。その特徴は兵農分離であり、士卒は専業化と職業化が主となり、平時に専門的に訓練を行い、軍の戦闘力を強化した。その中でも炮手、射手と殺手、すなわち所謂「三手」については、各道は毎年兵種ごとに二百人の精鋭を選び、京師に集め、訓練を加え、部隊の戦闘力を大幅に向上させた。この方法の実施は三百年以上続き、朝鮮後期の最も主要な軍事制度となり、朝鮮王朝の安定を確保したのである。

訓練都監は、最も重要な軍事機構であったが、後に発展していく中で、付随的に問題も発生するようになった。

まず、日本の侵略から守って間もなく、練兵はすでに形骸化し、制度は徐々に本来の姿を失い、「地図を考察して情勢を検討するも、おおむね『紀效新書』と齟齬があり、その制度を各々守ることはなく、これを習った者はその基本を失うなうばかりであった（按圖審形、率多齟齬于新書、非其製之各守也、習之者失其本耳）」という状況が出現するようになった。[四九]ひどいものでは将官の不在で、それに対して補充されることもなかった。宣祖の晩年には、すでにこのような兆候がすでに出現しており、当時の大臣は、「近来、訓練のあり方、奨励の規範は、徐々に堕落している。都提調は長らく不在で、副提調は病であり、都庁および将官は多く空位で、担当者はいなくなり、軍の中心は解体され、積年の演習の功を、一朝にして棄てようというもので、まことに配慮に欠けている。備辺司に令を下し、別に検証を重ね、都提調と郎庁に急ぎ行動を起こし、調査を行わせよ（近來操煉之方、勸奬之規、漸至廢墜。都提調久闕、副提調長在病、告都廳及各將官多缺、句管無人、軍心解體、積年操績之功、一朝將棄、誠非細慮。請令備邊司、另加申明、都提調及郎廳等官、急速差出、使之察任）」と評した。[五〇]将官が不在にもかかわらず、あらかじめ補充されることがない。このような状況で練兵の事務は堅持されたのかと言えば、練兵もやはり『紀效新書』の精神を貫徹されたとは言い難く、表層的なものへと変質していった。同時に、朝鮮の将領はその他の軍事行動の際にも、これを考慮に入れず、無爲無策のまま、一敗地に塗れるのである。

訓練都監は、戚継光の『紀效新書』の中でも、倭寇について集中的に学んだ。しかし、この方法では問題となっている外来の敵には活用できず、清の討伐（丙子の乱）には爲す術がなかった。戚継光は一つの方法で全ての敵に臨んだわけではなく、北辺の敵には、別に『練兵実紀』を著している。朝鮮も完全に『紀效新書』に拘ることはできないはずで、他の方法も学ぶ必要があり、他の敵とも対処しなければならなかったはずであるが、その理由を見出せないまま、こうした情勢を考慮に入れることが出来なかった。戚継光は南は倭を拒み、北は虜から守り、歩兵によって倭に対抗し、騎兵によって虜を拒んだ。(五一) そのため車戦への準備の不足によって、清兵の征伐に対応する術がなかったことが指弾され、「丙丁の北変、崩壊することとなり、戒めるべきである（丙丁北變、在在奔潰、亦可懲矣）」とされた。当然、これは一つの見方にすぎず、朝鮮側の車戦の準備の有無にかかわらず、いずれにせよ清兵の攻勢を防ぐ術はなかった。論者はこの失敗を、朝鮮が戚継光『紀效新書』を十分理解していなかったと考え、「まして戚継光は、初めは倭を防ぎ、晩年には胡を防いでおり、防御のありかたはそれぞれ変えていた。だが、我が国は癸巳で誤り、以降の二百年、偏った学びを続けて久しく、その根本的な法を省みて極めようとしなかった。（況繼光初而禦倭、晩而禦胡、用固各有變。而我國乃膠于癸巳、以後近二百年、偏習之久、不或省其本法之全也）」としている。(五二) 事実上、一つの兵書は、ただ外敵に対抗できる可能性を提供したに過ぎず、最終的な成功の是非は、十分な兵力、優れた指揮、上下の団結、共通の敵対目標という意志を満たせたかという点にあり、一書の影響力を誇張することは出来なかったのである。

次いで、訓練都監の人員の増加に従い、朝廷の財政負担は徐々に増していった。補給を保証するため、朝鮮は訓練都監のために新営庫、軍餉庫、下都監庫、外策応所庫、糧餉庁といった、武器、兵糧、器械を貯蔵する機関を設置した。なぜなら五衛制と異なり、訓練都監の制度では、京軍と外軍が分けられたからである。京軍は、兵農分離で、職業化された部隊であり、朝廷は士卒の後方支援を保証したが、しかし同時に朝廷には巨大な困難をもたらした。外軍は、雑役とともに、兵役を受け持ち、地方官府は補給を保証しなかった。(五三) 戚継光の法を利用することで、朝鮮の軍制は改革された。朝鮮の軍制は本来、兵農未分離であり、農によって兵を養い、兵によって農を護るというものであった。だが訓練都監によって改制された後、これらの旧制度が打破される一方、かえって士卒は増大し、にも関わらず支援体制の保証は無く、糧秣は整備されず、持続的な方法が確立されていなかった。京城の体制が整備される一方、地方では百世の負担が重なり、困窮を招くこととなった。(五四) 士卒の衣食、すなわち各種の需要は、中央の財政負担を重くし、大臣の反対を引き起こした。

訓練都監の士卒の後方支援体制の問題が解決すると、宣祖の治世において、朝鮮王朝は「三手米」を特設し、訓練都監による提供をサポートした。(五五)「三手米」という税収の名目が設立されて以降、すぐに徴集が行われ、百姓が免除されることはなかった。当時の税収についての批評として、李睟光は、「三種米は田の結《けっ》ごとに徴集され、一時の政策に応じて、法と言えるものではなかった。孔子は言う、「名正しからざれば、則ち言順はず」と。正しく増税を名としないようなものである。我が国の田税は野蛮な異民族の手法であるのに、これを増税して恥じることがない（三手米之征于田結、即一時權宜之政、不可以爲法者也。孔子曰、名不正、則言不順。名之曰三手米、則征于田結、其言不順、不若直以增稅爲名。我邦田稅、本近貉道、增之無所愧也）」と述べる。(五六)「名正しからざれば、則ち言順はず」とはいえ、すぐに徴集が行われ、百姓の負担は増加し、そのため「今、中央は訓練都監が、地方では諸道諸都市が、炮殺束伍の制度を置いている。過去を鑑みるに、軍容はいよいよ壮観であるが、民力は尽きており、困窮は日ごとに悪化している。すでに休養生息のあり方を失い、恐らくは危急に対応できる実力は無くなっている。事を任された者たちは、なぜその根本を考えようとしないのか（今内而訓煉都監、外而諸道列邑、設炮殺束伍之制。視往時、軍容稍若可觀、而民力已竭、倒懸日甚。既失休養生息之方、恐無緩急效用之實。任事者盍亦思其本乎」と言う。[五七]訓練都監に付随した問題について、ずばり評論は、養兵にはまず養民を先とすべしと指摘した。しかし、訓練都監に付帯する問題は、民を損ない、百姓に重い税負担をもたらしたが、根本的な原因は兵農分離にこそあった。[五八]兵農分離は、ただ百姓の負担が増加しただけであり、この制度の弊害を徐々に重くしていった。「民が切迫している理由は、軍役に比較できるものがなく、訓練都監の炮保の負担は、その最大にして最も危機的なものである……これが民の生活に苦しみ、四散して、十家のうち九家が空き家になる理由である（生民切骨之寃、莫如軍役、訓煉都監炮保之役、其尤大而最急者也……此所以民不聊生、散而之四、至于十室而九空者也」とある。[五九]訓練都監は、百姓の負担を重くし、民は困苦で暮らしていけなかった。朝鮮王朝は、安定化のために多くの方法をとり、訓練都監の士卒の後方支援の問題を解決したが、最終的には対応しきれず、解決は難しかった。特に朝鮮後期に入ると、状況は日ごとに悪化し、ことのほか体を爲さなくなっていた。「訓練都監は、名ばかりで実が無い。五軍門の中でも最も凋落し、体を爲していない。人ごとに布帛税一千四百同以上にのぼったが、これはことごとく軍兵の資金に充てられた（訓煉都監、名大實無。五軍門中最爲凋弊、不成貌樣。雖有保人佈一韆四百餘同、而此則盡是軍兵等奉足之資）」とある。[六〇]訓練都監の物資供給は、特に大きな問題であり、朝鮮の君子も多方面から解決を試みたが、それは難しかった。丁酉再乱の後、訓練都監は絶えず膨張し、朝鮮宮廷も絶えず新たに副次的機構を設置していき、練兵の人員も拡大、訓練都監は一大衙門となり、訓練した士卒は後に四、五万を超え、朝鮮後期の重要な政治、軍事機構と化したことが見て取れよう。しかし、訓練都監の士卒は専業性が高い軍隊であり、農事には与らず、その後方支援体制を確立するために、朝鮮宮廷は多くの方策を採用し、田地を分与して、屯田により自給させたり、細かいものでは書籍を刊行することで、経費を集めさせた。さらに重要なのは、全国で徴集した「三手米」は、目的税として訓練都監の正常な運営を確保したが、その練兵の人員は徐々に増大し、やはり焼け石に水で、ほとんど寄与しなかった。経費が保証されないことから、練兵機構も徐々に衰退し、宰相や大臣は我関せずという態度をとるようになり、選兵も厳格ではなくなっていった。しかし、最初から最後まで、『紀效新書』は練兵のガイドラインとして厳格に遵守された。そして、むしろそれを無機的に遵守し、後金との戦争の中で、ほとんど効用を発揮できなかったことが非難され、後に訓練都監は衰退していった。それでも高宗期においては、依然として朝鮮の練兵の最重要機構だったのである。

四、結語

まとめると、壬辰倭乱初期、朝鮮の五衛制の軍隊は完全に消滅した。李如松が明軍を率いて平壌に攻勢をかけた際、朝鮮の君臣は明の南兵が勇敢に戦い、戦闘力も高く、そのいずれも戚継光が訓練した部隊であることを知ると、『紀效新書』を購入することを考えた。宣祖は督促して、柳成龍を責任者とし、訓練都監を設立、明の南兵将領の支援のもと練兵を開始し、朝鮮の軍を再建した。朝鮮の訓練都監が訓練した軍は、全て『紀效新書』を参照したものであった。朝鮮の将領は明の南兵教官から『紀效新書』を学習し、努めて全ての内容の理解を求めた。「練将」、「練兵」と「練器」は、優れた将領を選抜し、殺手、射手、炮手を選抜して「三手」と名付けられ職業化された軍隊を訓練し、各種の武器の使用を掌握させた。丁酉再乱の際、訓練都監が訓練した朝鮮軍は、初めてその軍容を整え、明軍の重要な補助戦力となった。

三百年以上の歳月を経て、『紀效新書』は、始終朝鮮が兵法を学ぶ最重要の兵書となった。訓練都監は、朝鮮後期において最重要の軍組織となり、朝鮮王朝の軍の職業化の組織編成を切り拓いた。兵農分離により、朝鮮の宮廷は付帯して大きな財政難に向き合うこととなり、やむなく百姓から「三手税」を徴集し、軍の屯田機構を開設し、訓練都監の後方支援体制の問題を解決し、朝鮮の社会に深刻な影響を与えた。「兵法」は一時の急には効果を発揮するが、しかし、いついかなる時でも、あらゆる兵法が全て国家の強大化につながるわけではない。『紀效新書』がまさしく明朝を存続させることができなかったように、多くの兵書のいずれも、朝鮮王朝が腐敗と破滅から逃れる術を伝えることはできなかった。

ここまで見てきたように、宣祖国王期、『紀效新書』が朝鮮に伝えられ、高宗年間には終始標準とされた。『紀效新書』による朝鮮の訓練都監の編成の指導は、朝鮮による士卒の訓練のための典章として、東アジア書籍交流史上、独特な地位を保持し続けたのである。

《注》

(一)この書の朝鮮王朝への流入、その影響と情況については、いくつかの論著が見られる。祁山『紀效新書』伝入朝鮮半島的背景及影響』(『山東青年政治学院学報』二〇一三年第五期)、楊海英、任幸芳『朝鮮王朝軍隊的中国訓練師』(《中国史研究》二〇一三年第三期)。盧永九(韓国)「宣祖代『紀效新書』中的陣法研究」(『軍史』、一九九七年第三四輯)、盧永九「朝鮮増刊本『紀效新書』的体制与内容」(『軍史』一九九八年第三六輯)。

(二)韓国国史編撰委員会編刊『朝鮮宣祖実録』(漢城、一九六一―一九六五年)巻三四、宣祖二十六年正月丙寅、第六〇一頁。

(三)『朝鮮宣祖実録』巻四九、宣祖二十七年三月二〇日、第二二冊、第二三九頁。

(四)『朝鮮顕宗改修実録』巻一〇、顕宗四年十一月十四日、第三七冊第三五三頁。

(五)『朝鮮宣祖実録』巻四九、宣祖二十七年三月二〇日、第二二冊、第二三九頁。

(六)『朝鮮顕宗改修実録』巻二八、宣祖二十七年二月一日、第二五冊第六四六頁。

(七)『朝鮮宣祖実録』巻四二、宣祖二十六年九月二五日、第二二冊第一〇三頁。

(八)『朝鮮宣祖実録』巻四二、宣祖二十六年九月二五日、第二二冊第一〇三頁。

(九)『朝鮮顕宗改修実録』巻四一、宣祖四十年五月一日、第二五冊第七〇一頁。

(一〇)筆者の検証にしたがえば、『朝鮮実録』の中で「訓練都監」は全て「訓煉都監」と記されている。朝鮮の史料にも多く「訓煉都監」とあるが、しかしその意味はまさしく「訓練」であって「訓煉」ではない。そこで原史料のみ「訓煉都監」として全て保留し、筆者の文においては、「訓練都監」と表記するものとする。『紀效新書』の書名は、朝鮮の史料の多くは『紀効新書』としており、原史料は保留して改めないが、文中においては慣行に従い『紀效新書』とする。

(一一)『朝鮮宣祖実録』巻四一、宣祖二十六年八月二十二日、第二二冊第七九頁。

(一二)楊海英、任幸芳「朝鮮王朝軍隊的中国訓煉師」(『中国史研究』二〇一三年第三期)は、柳成龍の記述によりながら、訓練都監の成立時期を宣祖二十六(一五九三)年十月として、『朝鮮宣祖改修実録』に見える宣祖二十七（一五九四）年正月という錯誤を修正した。事実上、訓練都監の初代就官者は尹斗寿であり、柳成龍ではない。柳成龍は十月に任命され、尹斗寿、柳成龍以前の記述は精確ではない。

（一三）崔有海（李氏朝鮮）『嘿守堂先生文集』巻一一 治国如治病論（月課）（漢城、韓国民族文化推進会編刊『影印標点韓国文集叢刊続編』二〇〇六年、第二三冊、第二五八頁）。

（一四）黄胤錫（李氏朝鮮）『頤齋遺稿』巻一三 書兵学指南後（漢城、韓国民族文化推進会編刊『影印標点韓国文集叢刊』第二四六冊、第二八六頁）。

（一五）『朝鮮宣祖改修実録』巻二八、宣祖二十七年二月一日、第二五冊第六四六頁。

（一六）『朝鮮宣祖実録』巻四九、宣祖二十七年三月二〇日（戊戌）、第二二冊、第二三九頁。

（一七）『朝鮮宣祖実録』巻四九、宣祖二十七年三月二〇日（戊戌）、第二二冊、第二三九頁。

（一八）呉之勣（明）『紀効新書後序』（曹文明、呂穎慧校釈『紀効新書十八巻本』附録、第三六四頁）。

（一九）『朝鮮宣祖実録』巻四三、宣祖二十六年十月六日、第二二冊第一〇八頁。

（二〇）丁若鏞（李氏朝鮮）「訓練都監、設置沿革」（『与猶堂集』軍政編二、第四九九頁）。

（二一）『朝鮮宣祖実録』巻一二九、宣祖三十三年九月一三日、第二四冊第一二五頁。

（二二）『朝鮮宣祖実録』巻五〇、宣祖二十七年四月一一日、第二二冊第二五〇頁。

（二三）『朝鮮宣祖改修実録』巻二八、宣祖二十七年二月一日、第二五冊第六四六頁。

（二四）李敏叙（李氏朝鮮）「訓煉都監糧餉庁重脩記」（『西河先生集』巻一三、漢城、韓国民族文化推進会編刊『影印標点韓国文集叢刊』一九九五年、第一四四冊、第二二九頁。

（二五）李敏叙（李氏朝鮮）「訓煉都監糧餉庁重脩記」（『西河先生集』巻一三、漢城、韓国民族文化推進会編刊『影印標点韓国文集叢刊』一九九五年、第一四四冊、第二二九頁。

（二六）李敏叙（李氏朝鮮）「訓煉都監糧餉庁重脩記」（『西河先生集』巻一三、漢城、韓国民族文化推進会編刊『影印標点韓国文集叢刊』一九九五年、第一四四冊、第二二九頁。

（二七）『朝鮮宣祖改修実録』巻二八、宣祖二十七年二月一日、第二五冊第六四六頁。また、柳成龍（李氏朝鮮）『西厓先生文集』巻一六、訓練都監（漢城、韓国民族文化推進会編刊『影印標点韓国文集叢刊』一九九〇年、第五二冊、第三二五頁）を参照。

（二八）『朝鮮宣祖実録』巻五〇、宣祖二十七年四月一〇日、第二二冊第二五〇頁。

（二九）『朝鮮宣祖実録』巻六五、宣祖二十八年七月八日、第二二冊第五二七頁。

（三〇）『朝鮮宣祖実録』巻四三、宣祖二十六年十月六日、第二二冊第一〇七－一〇八頁。

（三一）『朝鮮宣祖実録』巻八三、宣祖二十九年十二月八日、第二三冊第一二七頁。

（三二）『朝鮮宣祖実録』巻四七、宣祖二十七年正月一二日、第二二冊第二〇五頁。

（三三）趙慶男（李氏朝鮮）『亂中雜錄』（三）癸巳下、万暦二十一年宣祖二十六年。

（三四）『朝鮮宣祖実録』巻五二、宣祖二十七年六月二七日、第二二冊第三〇四頁。

（三五）『朝鮮宣祖実録』巻六一、宣祖二十八年三月二三日、第二二冊第四六七頁。

（三六）『朝鮮宣祖実録』巻八三、宣祖二十九年十二月八日、第二三冊第一二七頁。

（三七）徐榮輔、沈象奎（李氏朝鮮）『萬機要覽』訓練都監、設置沿革（漢城、民族文化社、一九九〇年）第二三六頁。

(三八)『朝鮮宣祖実録』巻六七、宣祖二十八年九月一〇日、第二二冊第五五三頁。

(三九)『朝鮮宣祖実録』巻六七、宣祖二十八年九月一〇日、第二二冊第五五三頁。

(四〇)『朝鮮宣祖実録』巻八九、宣祖三十年六月甲戌、第二三冊、第二四八頁。

(四一)李廷亀（李氏朝鮮）『月沙先生集』巻三十 陳弊札（甲辰春）（漢城、韓国民族文化推進会編刊『影印標点韓国文集叢刊』第七〇頁、第三六頁）。

(四二)李廷亀（李氏朝鮮）『月沙先生集』巻三〇 兵曹判書時啓辞（戊申）（第七〇冊、第四頁）。

(四三)李睟光（李氏朝鮮）『芝峰類説』巻四 官職部 官制。

(四四)『朝鮮宣祖実録』巻一二六、宣祖三十三年六月三日、第二四冊第七五頁。

(四五)徐瀅脩『明皐全集』巻七 兵学通後序（漢城、韓国民族文化推進会編刊『影印標点韓国文集叢刊』二〇〇〇年、第二六一冊、第一三九頁）。

(四六)李裕元『嘉梧稿略』冊九 新選武士教煉議（漢城、韓国民族文化推進会編刊『影印標点韓国文集叢刊』二〇〇一年、第三一五冊、第三四七頁。

(四七)『朝鮮宣祖改修実録』巻一〇、顕宗四年十一月一四日、第三七冊第三五三頁。

(四八)李森（李氏朝鮮）『白日軒遺集』巻三 請訓煉都監各項稟處啓（漢城、韓国民族文化推進会編刊『影印標点韓国文集叢刊』一九九七年、第一九二冊、第四九頁）。

(四九)徐瀅脩『明皐全集』巻七　兵学通後序（漢城、韓国民族文化推進会編刊『影印標点韓国文集叢刊』二〇〇〇年、第二六一冊、第一三九頁）。

(五〇)『朝鮮宣祖実録』巻一二六、宣祖三十三年六月三日、第二四冊第七五頁。

(五一)柳元之（李氏朝鮮）『拙齋先生文集』巻一二 記慼倭車戰法（漢城、韓国民族文化推進会編刊『影印標点韓国文集叢刊続編』二〇〇四年、第b二八冊、第一八〇頁。

(五二)黄胤錫（李氏朝鮮）『頤齋遺稿』巻一三　書兵学指南後、（漢城、韓国民族文化推進会編刊『影印標点韓国文集叢刊』一九九八年、第二四六冊、第二八六頁。

(五三)『宣祖改修実録』巻二八、宣祖二十七年十二月一日、第二五冊第六五三頁。

(五四)『朝鮮顕宗改修実録』巻二六、顕宗十三年九月十九日、第三八冊第一二四頁。

(五五)徐榮輔、沈象奎（李氏朝鮮）『萬機要覽』財用編二・三手米（漢城、民族文化社、一九九〇年、第二四五頁）。

(五六)李睟光（李氏朝鮮）『芝峰類説』巻三 兵政部・兵制。

(五七)李睟光（李氏朝鮮）『芝峰類説』巻三 兵政部・兵制。

(五八)柳馨遠（李氏朝鮮）『磻溪隨錄』巻二一 兵制・訓練都監（漢城、東国文化社、一九五八年、第三九五頁）。

(五九)俞景衡（李氏朝鮮）『鳳棲集』巻五 題全義縣鐲徭節目（漢城、韓国民族文化推進会編刊『影印標点韓国文集叢刊』二〇〇一年、第三一二冊、第九二頁）。

(六〇)李森（李氏朝鮮）『白日軒遺集』巻三 請訓煉都監軍需補用啓（漢城、韓国民族文化推進会編刊『影印標点韓国文集叢刊』一九九七年、第一九二冊、第四九頁）。

第二部会 二

日本の古典籍および学術文化史から考える中国学の方法論

河野 貴美子

はじめに

日本の学術文化は、中国の学術文化を受容、消化し、それを大きな柱として形成され、展開したものであることは、言を俟たない。前近代の日本において積極的に学ばれたのは、主として、中国から将来された各種典籍によって伝えられた知識であったわけであるが、その中にはもちろん「史」に関わる書物も重要な位置を占めていた。本稿ではまず、日本における中国史書の受容状況を概観したうえで、その影響のもと日本で編述された書物の特徴や意義について考察し、古代日本において中国の学術文化のいかなる派生形が生み出されたのかをみる。そしてそれが、近代以降現在に至る学問世界においていかに扱われており、そこにいかなる問題点や将来に向けての可能性を見出すことができるのかについても検討を行いたい。日本の古典籍および学術文化史研究は、中国古典学そして中国古代史研究と切り離しては考えられないものである。本稿では、日本における中国史書のありようや日本古典籍と中国史書との関係を通して、中国学の方法論のさらなる可能性を探ってみたい。

一、古代日本における中国史書の受容状況

日本では、八世紀以降、唐の学制に倣い、三史を筆頭とする史書が重視され、大学の学生をはじめ知識層の人びとは盛んにそれを学んだ。そして中国史書の知識は、日本における史書編纂の基盤となったのみならず、史書収載の故事は古代日本のさまざまな言説や著作に反映されるものとなった。またやがて中国史書は、日本において、漢文による史書のみならず、和文によって綴られた物語などにも大きな影響を与えていく。本節ではまず、古代日本における中国史書の受容状況と、その影響の跡をたどってみる。

古代日本の国家社会建設の過程において中国史書への言及がみえるのは、次の記事が早い例として知られる。

▽『続日本紀』巻二十・天平宝字元年（七五七）十一月癸未条
勅曰、如聞、頃年、諸国博士、医師、多非其才、托請得選。……其須講、経生者、三経。伝生者、三史。医生者、『大素』、『甲乙』、『脈経』、『本草』……[一]。

この勅は、「伝生」が学ぶべきテキストを「三史」と規定するもの

である。しかしながら次の記事は、「三史正本」が大宰府の庫にも備えられておらず、学業を興すために中央に対してテキストの給付を願い出るものであり、中国伝来のテキストの普及が重視されつつも十分ではなかった状況を伝える。

▽『続日本紀』巻三十・神護景雲三年（七六九）十月甲辰条

大宰府言、此府人物殷繁、天下之一都会也。子弟之徒、学者稍衆。而府庫但蓄五経、未有三史正本。渉猟之人、其道不広。伏乞、列代諸史、各給一本。伝習管内、以興学業。詔賜『史記』、『漢書』、『後漢書』、『三国志』、『晋書』各一部[二]。

とはいえ、日本は中国からの典籍の将来をきわめて積極的に進め、蓄積していく。その状況を具体的に伝えるのが、日本現存最古の漢籍目録である藤原佐世撰『日本国見在書目録』（八九〇年頃成立）である[三]。当時日本にどれほどの中国史書が伝来していたのか、その概況を把握するために、煩を厭わず以下に「史」に関わる部類の著録状況を掲げる。書目のうち、網がけにしたものは『隋書』経籍志に著録があるもの、（ ）や傍点は『隋書』経籍志等との文字の異同を示す[四]。

▽『日本国見在書目録』

十一　正史家　千三百七十二巻　如本

史記八十巻漢中書令司馬遷宋南中郎外兵参軍裴駰集解　史記音三巻梁軽車録事参軍鄭（鄒）誕生撰　史記音義廿巻唐大中大夫劉伯荘撰　史記索隠卅巻唐朝散大夫司馬貞撰　史記新論五巻強蒙撰　太史公史記問一巻　古史考廿五巻晋義陽亭侯譙周撰　漢書百十五巻漢護軍班固撰太山守応劭集解　漢書百廿巻唐秘書監顔師古注　漢書音義十二巻隋国子博士蕭該撰　漢書音十二巻隋廃太子男（勇）令包愷等撰　漢書訓纂卅巻陳吏部尚書姚察撰　漢書音義三巻　漢書音義十三巻顔師古　漢書古今集義廿巻顧胤撰　漢書問答十巻沈遵行撰　漢書序例一巻顔師古撰　漢書賛（纉）九巻　漢書私記七巻　東観漢記百卌三巻起光武訖霊帝長水校尉劉珍等撰　右隋書経籍志所載数也。而件漢記吉備大臣所将来也。其目録注云、此書凡二本。一本百廿七巻、与集賢院見在書合。一本百卌一巻、与見書不合。又得零落四巻、又与両本目録不合。真備在唐国多処営求、竟不得其具本、故且随写得如件、今本朝見在百卌二巻。　後漢書九十二巻宋太子詹事范曄撰亀本　後漢書百卅巻范曄本　唐臣賢太子　但志卅巻　梁剡令劉昭注補　范漢（漢）音訓三巻陳宗道先生臧兢也　范漢（漢）音三巻蕭詠（該）撰　三国志六十五巻晋太子中庶子陳寿撰宋中大夫裴松之注　晋書百卅巻唐太宗文皇製　晋書七十六巻王隠撰　晋書評一巻　宋書百巻梁尚書僕射沈約撰　斉書五十巻唐中書令李百薬撰　斉書（紀）廿巻沈約撰　後魏書百巻隋著作郎魏彦撰　右経籍志所載数也。而本朝見在書収魏彦相雜纔六十巻也。其餘未知所在、今為後来全載本数。　隋書八十五巻顔師古撰　陳書卅六巻唐姚思魏徴撰歟　周書五十巻唐秘書丞令孤楚徳棻等撰

十二　古史家　二百四十巻　如本

漢紀卅巻魏（漢）秘書監荀悦撰　後漢紀卅巻袁彦伯撰　晋陽秋卅巻訖哀帝孫咸（孫盛）撰　続晋陽秋卅巻宋永嘉太守檀道鸞撰　宋略廿巻梁通直郎裴子野撰　斉春秋卅巻梁奉朝請呉均撰　卅国春秋卅巻梁湘東世子蕭方等撰　梁典卅巻陳始興王諮議何之元撰　梁後略十巻姚最撰

十三　雑史家　目録六百十六巻　私略之

周書八巻汲冢書　戦国策卅三巻劉向撰高誘注　春秋後語十巻孔衍記亀本　春秋後語十巻范陽盧蔵用注　春秋後伝卅巻楽資見撰　春秋後十巻冷然院　呉越春秋七巻　呉越春秋次録一巻冷泉院　呉越記七巻　側子春秋一巻　魏晋世語十巻晋襄陽令郭頒撰　帝王世記（紀）卅巻皇甫

諡起三皇尽漢魏　続帝王紀十巻何茂林（材）撰　帝紀十巻楊松玠撰　陳
帝紀六巻皇甫謐撰　王子年拾遺記十巻蕭綺撰　帝王略論五巻唐世南撰
大業略紀三巻趙毅撰　暦帝紀一巻余慶撰　建康実録廿巻馬総撰　晋
書抄卌巻司馬綽（張緬）撰　小史五十巻渤海高峻撰起五帝訖唐初　世代
年号要暦一巻傅楢撰　帝王年代暦十巻釈霊実撰　帝王年代譜一巻張武
撰　帝王年代暦八巻　帝王世暦（録）一巻　年号一巻　年号私記一
巻　通暦十巻馬総撰　唐実録九十巻司空梁国公房玄齢等撰　唐実録九
十巻中書令許敬宗撰　高宗実録六十巻武玄之撰　唐暦四十巻柳芳撰
十四　覇史家　百二十二巻　如本
趙書十巻偽燕太傅田融撰　華陽国史（志）十二巻常璩撰　十六国春秋
百巻魏崔鴻撰
十五　起居注家　三十九巻　如本
穆天子伝六巻汲冢書郭璞注　晋起居注卌巻　大唐起居注三巻温大雅撰
十六　旧事家　二十巻　如本
漢武帝故事二巻　西京雑二巻葛洪撰　魏文貞故事六巻　具員故事十
巻冷泉院鳳閣舍人戴言撰
十七　職官家　七十巻　如本
漢官職（儀）十巻漢応劭撰　職官要録卌巻陶勉（藻）撰　百司挙要一
巻隋李吉甫撰　大唐六典李林甫注
十八　儀注家　目録百五十四巻　私略之
大唐書儀十巻　大唐書儀十五巻　宋儀注十巻　文儀注十巻　新儀卅
巻冷然院　月儀四巻許敬宗撰　十二月儀七巻　新修書儀五巻趙燈撰
九族書儀一巻隋李徳林撰　鮑昭書儀一巻　書竿（筆）儀廿巻謝
［朏］（朏）撰
十九　刑法家　目録五百八十巻　私略之
大律六巻　新律十巻　隋大業令卅巻　唐貞観勅格十巻　唐永徽律十
二巻　唐永徽律疏卅巻伏無忌等撰　大唐律十二巻　刑法抄一巻　唐
具注律十二巻　律附釈十巻　本令卅　古令冊巻　新令十巻　大業令
三十巻　唐永徽令冊巻　唐開元令卅巻　唐令私記卅巻　金科類聚五
巻　唐永徽格五巻　垂拱格二巻　垂拱後常行格十五巻　垂拱留司格
二巻　開元格十巻　開元格私記一巻　開元新格五巻　格後勅三十巻
長行勅七巻　開元皇口勅一巻　開元後格九巻　散頒格七巻　僧格
一巻　唐永徽式廿巻　唐開元式廿巻　大中刑律統領十二巻　判様十
巻　判軌一巻　救急判罪一巻　百節判一巻　貞観勅九巻　中台判集
五巻牛鳳及撰　大唐判書一巻
廿　雑伝家　目録四百卅七巻　私略之
三輔決録七巻漢太尉（僕）趙岐撰摯虞注　漢武内伝二巻葛洪撰　神仙
伝廿巻葛洪撰　懐旧志九巻梁元帝撰冷然院　捜神記卅巻干宝撰　捜神
後記十巻陶潜撰　旋（旋）異記十巻侯君素撰　冥報計（記）十巻
琱玉集十五巻　列女伝十五巻劉向撰曹大家注　列女伝頌一巻劉歆撰
列女伝略七巻魏徴撰　列女伝讃一巻　列女伝抄二巻　列女伝図十二
巻　貞形伝一巻　哲婦伝一巻　女誡一巻曹大家撰　妬記二巻　高僧
伝十四巻釈僧祐（慧皎）撰　続高僧伝卅巻　西域求法高僧伝一巻
西域求法高僧伝要抄二巻　名僧伝卅巻釈宝唱撰　続斉諧記三巻呉均
撰　荊楚歳時記一巻　七十弟子賛文一巻　朝野僉載廿巻在雑家　清
涼山伝慧祥撰　孝子伝図一巻　孝子伝讃十巻　忠孝図十巻庾公撰
漢武洞冥記四巻郭子横（郭氏）撰　研神記一巻梁相東王（蕭繹）撰
霊異記十巻　七賢伝一巻　竹林七賢伝五巻孟氏撰　伍子胥伝一巻
陳侯大子伝一巻　列仙伝三巻劉向撰
廿一　土地家　目録三百十八巻　如本
山海経廿一巻郭璞注見十八巻[五]　山海経賛二巻郭璞注　山海経抄一巻
山海経略一巻　山海経図賛一巻　海外記冊巻　黄図一巻　洛陽宮殿

簿一　三国地方経一　神異経一東方朔撰晋張華注　十洲記十同撰　三輔故事二晋世撰　暦（歴）国四釈法咸（法盛）撰　輿地志卅陳顧野王撰　括地志一魏王泰撰元数六百巻図書録只載第一巻　坤元録百巻　古国都記八　高麗国記四　十道志十二　両京新記四韋述撰　揚洲図経一
　濮陽県図経一　唐洲図経十巻　越洲都督府図経二　海洲図経一
南岳山記一巻　洲県図経関内道河南道河東道河北道山南道隴右道剣南淮南道嶺南道各一巻　方尺図一　遊名山志一謝霊運撰　西域記十三玄奘撰　関東風俗伝十宋孝王撰　閻浮提記二　釈迦方志二見道撰　波羅門摩伽陀等国図記一　西明寺図讃四　建国論二十六　国図一

廿二　譜系家　十六巻　如本
黄帝大聖李氏譜一　皇室内外諸房系図一　太宗文武聖皇帝行記一
李氏譜一　諸家譜一　劉昉等定四海姓望譜一　釈迦譜一

廿三　簿録家　二十二巻　如本
諸史目三楊松玢撰　七録十二梁阮孝緒撰　四部書目録一何茂庶　麟台書目録一　帝王目録一上巻　僧数録三　内典僧数一巻

『日本国見在書目録』の分類は『隋書』経籍志に則るものである。『日本国見在書目録』に著録された中国史書の状況を『隋書』経籍志との比較からみると、「正史家」や「古史家」をはじめおおよそ主要な典籍が存在していたことが確認できる。一方、「雑史家」の後半に著録されている実録類や、「刑法家」に著録されている数々の律、令、格に関わる書物等、『日本国見在書目録』には唐代に入って成立した新たな書目も並んでおり、日本側がいかなる領域の典籍の収集に努めていたかをも窺い知ることができる。また、史書に限ったことではないが、ここに著録された典籍の中には現在では伝わらない佚書も多く、しかしまた中国では散佚してしまったものの日本には現存するいわゆる佚存書も含まれていることは、中国学研究の世界では夙に注目されてきたことがらである。それは例えば、「雑伝家」に著録されている『冥報記』や『琱玉集』、『孝子伝』等である。また、「雑史家」の『帝王年代暦』や「土地家」の『坤元録』（以上波線部）は、日本撰述の古典籍に佚文を確認することができる。これらについて詳しくは後述するが、それでは如上の中国史書のうち、古代日本の知識人にとって主要な読書対象とされたのは実際いかなるものであったのか。

ここで、平安貴族の中国史書に関わる教養のありようを伝える資料として、『口遊』および『二中歴』の記載をみておきたい。

『口遊』（天禄元年（九七〇）成立）は、平安期を代表する文人の一である源為憲（?〜一〇一一）が、当時まだ七歳であった藤原誠信のために撰述した初歩的教科書である。その中の「書籍門」には、教養として知っておくべき中国史書が以下の通り掲げられている。

▽『口遊』書籍門　廿五曲
史記、漢書、後漢書。謂之三史。
魏、呉、蜀。謂之三国志。
魏、晋、宋、斉、梁、陳、隋、唐。謂之八代史。……（六）

またさらに下って鎌倉時代に入り建保（一二一三〜一二一九）末年頃に成立したとされる百科全書『二中歴』（撰者未詳）の「経史歴」には、中国史書に関して以下のような情報が列記されている。

▽『二中歴』第十一・経史歴
〇三史

史記　漢書　後漢書
一云、史記、漢書、東観漢記　見史記発題吉備大臣三史横入此三史
○三国志
魏　呉　蜀
○三輔
扶風　馮翊　京兆　見漢書
○八代史
魏　晋　宋　斉　梁　陳　隋　唐
○書史巻数
孝経一巻十八章　論語十巻廿篇……
史記八十巻　前漢書百廿巻　後漢書百廿巻
又除漢書加東観漢記為三史類歟。
呉志二十巻　蜀志十五巻　魏志三十巻　後魏志百卅巻　晋書百卅巻
宋書百巻　周書四十二巻　斉書六十巻　北斉書五十巻　梁書五十
五巻　陳書卅六巻　隋書八十五巻　北史九十一巻　南史八十巻　高
祖実録廿巻　太宗実録四十巻　趙書十巻　燕書廿巻　老子二巻　荘
子廿巻　列子八巻　墨子十五巻　孟子十四巻　劉子三巻　尸子十二
巻　文子十二巻　荀卿子十二巻　抱朴子十巻　鬼谷子三巻　鶡冠子
三巻　淮南子廿巻　魯連子五巻　尹文子二巻　孔子家語十巻　顔氏
家訓七巻　楊子法言十巻　太玄経十巻　太白隠経十六巻　山海経廿
巻　神仙伝十巻　義士伝十五巻　文士伝五十巻　先賢伝五巻　高僧
伝十四巻　列女伝十五巻　韓詩外伝十巻　晋陽春秋五十四巻　呂氏
春秋廿六巻　呉越春秋十巻　楚後春秋九巻　斉人要術十巻　内典
博要卅巻　法華連璧卅巻　会稽典録廿四巻　三輔決録七巻　戦国策
卅巻　三略三巻　七略七巻　世本三巻　物理論十六巻　博物志十巻
古今注一巻　説文十五巻　字林七巻　捜神記卅巻　洞冥録四巻
唐韻五巻　玉篇卅巻　文選三十巻　翰苑卅巻　初学記卅巻　六帖三
十巻　白虎通六巻　塩鉄論十巻　四暦十五巻　帝代暦五巻　類林十
巻　説苑十巻　経典釈文三十巻　筆語類対十巻　文場秀句一巻　文
心雕龍十巻　蒙求　糸蒙求各十巻　千字文一巻　文館詞林千巻　已
上唐摺本注之……
○史記目録
本百三十篇複為八帖八十巻　大史公撰　裴駰集解……
○漢書
十二帝紀　八表　十志　七十列伝　分成百十五巻　顔師古注……
○漢書訓纂卅巻　姚察撰
○旧義廿巻　顧胤撰　音義　蕭該
○後漢書一百巻　范曄撰　皇太子臣賢注……（七）

ここではまず、「三史」から「八代史」の基本情報があげられた後、「書史巻数」として各種典籍の巻数が記される。網がけを施したのは『隋書』経籍志をはじめとする正史目録において本来「史部」に著録されている書目であり、これらを通して我々は、数ある史部の書の中でも当時いかなる書物が主要な基本書として認識されていたのかを知ることができる。なおここで注意しておきたいのは、『山海経』以下各種「伝」「記」の類が、「史部」から切り離されて「子部」の後半へ位置づけられているように見えることである。これは、『隋書』経籍志・史部雑伝に著録されていた書目の一部が、『新唐書』芸文志以降の目録分類において子部小説家類に移されていくことと連動するものかと考えられる。こうした、史書と小説との関係、あるいは説話といった概念やそれらの領域の交錯についても後ほど改めて述べたい。

また『二中歴』においては、『史記』のテキストとして八十巻本の

「裴駰集解」が掲げられていることにも注意したい（波線部）。現在日本には奈良、平安期書写の『史記』古抄本が複数伝存しているが、それらはいずれも「裴駰集解」本である。[八] 古代日本において『史記』は専ら「裴駰集解」本によって読まれていたことが現存古写本にも、『二中歴』の記述にも、共通して反映しているものといえる。また『二中歴』には、『漢書』に関わる書物として姚察の『漢書訓纂』、顧胤の『旧義』[九]、蕭該の『音義』といった今は伝わらない散佚書が特に掲げられていることにも注目される（破線部）。

『二中歴』は、十三世紀初頭の日本において、中国から伝来した典籍のうち、特にどのような書目が重視され、備え知っておくべきものとして考えられていたかを示すものである。と同時に、『日本国見在書目録』や『二中歴』からは、現在散佚して見ることのできない典籍を含めて、さまざまな史書が日本に伝来し、利用されていたことが確認できるわけである。

ただしやはり、古代日本において最も重視された中国史書は正史の中でも「三史」、さらにはその中でも圧倒的な影響力を発揮したのは『史記』であった[一〇]。そのことは例えば、平安中期の清少納言の『枕草子』（一〇〇〇年頃成立）の次の一節が端的に示していることである。

▽『枕草子』

文は文集。文選。新賦。史記、五帝本紀。願文。表。博士の申文[一一]。

ここには、平安の女性貴族にとっての「文（漢文）」を代表するものとして『文集（白氏文集）』、『文選』と並んで『史記』が掲げられている。そして実際、『枕草子』と時を接して執筆された和文長編物語『源氏物語』にも『史記』の影響がさまざまにみえることは夙に知られたことである。

しかしながら、ここで一旦立ち止まり、改めて『枕草子』の記述の意味を振り返って考えてみると、中国典籍および史書の日本への伝播を考察するうえで注意すべき点が含まれているように思われる。

「文」の代表として『文選』、「史」の代表として『史記』を掲げることは中国古典学の常識として特に問題とはならないかもしれない。しかし、ここで清少納言は、白居易の『白氏文集』を特に取り出して筆頭に掲げ、それに続いて『文選』や『史記』を並記している。これはおそらく、当時の中国における「文」の価値観とはおよそ異なるものであろう。また、『史記』の中でも特に「五帝本紀」が取り出されているのはなぜか。あるいはまた「新賦」が具体的に何を指すのかも未だ詳らかではなく、このわずかな記述の中にも、中国の典籍が日本に伝播した後、それがいかなる意味を持つものとして捉えられ、いかなる影響力を発揮したのかということを考えさせられるポイントが複数含まれているといえる。そしてこうしたことがらを、中国典籍を受容した際に日本で生じた「誤解」や「曲解」として片付けてしまうのではなく、そのことの意味や意義を積極的にすくい取ってみるならば、中国の史書や典籍が有する意味や新たな側面の「発見」にもつながるのではないか。中国の史書や典籍が日本に伝播したことは、結果として現在の中国学研究の可能性をさらに広げる、さまざまな情報やヒントを残すこととなった。本稿においてはこうした問題意識のもと、以下考察を続けていきたい。

二、古代日本の仏典注釈書にみる中国史書の学習と利用——善珠撰述書を例として

日本に伝来した中国史書は、実際いかに学ばれ、利用されたのか。そのことを探るうえで、豊富な情報を有しながらも従来中国学研究の立場からのアプローチがほとんどなされてこなかったものに、古代日本で撰述された仏典注釈書類がある。

古代日本において、漢文を読み書きできるリテラシーを備えていたのは、官人貴族をはじめとする知識人と、仏者であった。仏教は中国で漢訳された仏典とともに日本に伝えられた。そしてそれら仏典に記された漢文を読み解くために、古代日本の学僧にとっては漢語や漢籍の知識とそれらを扱うスキルを獲得することが必須であった。実は、奈良から平安期にかけて日本の学僧が撰述した仏典注釈書は、その多くがいまも伝存している。そしてそこには、当時日本に伝来していた漢籍を駆使して施された注釈文が残る。その中には、中国史書の引用もあり、さらには現在見ることができない散佚書の佚文も少なからず確認できるのである。

以下、その一例として奈良末平安初期の興福寺僧善珠（七二三〜七九七）の著作をとりあげてみる。[一二]

（1）『史記』を利用した注釈

善珠が残した著作の中に『因明論疏明灯抄』十二巻（天応元年（七八一）成立）という大部の注釈書がある。これは、唐・慈恩大師基撰『因明入正理論疏』に対する注釈書である。仏典に対する注釈書ではあるものの、その注釈においては、内典（仏典）のみならず、いわゆる外典（漢籍）の引用が豊富に含まれている。それらはいずれも八世紀当時の、写本時代のテキストを反映する貴重な文献学的資料といえるものであるが、その中には、史部の書からの引用も複数確認でき、その引文を通して、当時それらの書物がいかに摂取、利用されていたのかを知ることができる。まず、『史記』の引用箇所からみていくことにする。

▽『因明論疏明灯抄』巻第一本

「豈若蘇張之師鬼谷独擅縦横」者。……『風俗通義』曰、鬼谷先生、六国時縦横家也。a『史記』曰、「蘇秦者、東周雒陽人也。東事師于斉、而習之於鬼谷先生」。十一年皆通六芸、経営百家。先生弟子五百余人。為之掘窖深二丈。曰、有能独下説窖中使我泣出者、則能分人主之地矣。蘇秦下説窖中、先生泣下沾衿。張儀下説、亦泣。先生曰、秦之与儀説一体也。b又曰、「張儀者、魏人也。始嘗与蘇秦倶事鬼谷先生学術」。[一三]……

ここで善珠は、『因明入正理論疏』の文中に現れた「蘇張（蘇秦と張儀）」および「鬼谷」を説明するために『史記』を引用する。aは『史記』蘇秦列伝、bは『史記』張儀列伝からの引用である。そして善珠が『史記』の引用に先立って引く『風俗通義』の文（「鬼谷先生、六国時縦横家也」）は、現在通行の『風俗通義』には確認できないものの、『史記』蘇秦列伝の『集解』には、「『風俗通義』曰、鬼谷先生、六国時縦横家」[一四]とみえるものであることから、善珠は『史記集解』を利用してこの注釈文を綴ったことが推察されるのである。

しかしながら上記注釈文には、もう少し複雑な事情が含まれている。aとbの二条の『史記』からの引用文に挟まれた、「十一年皆通六芸」から「先生曰、秦之与儀説一体也」までの部分は現在通行の『史記』には確認することができない。実はこの部分は、『太平御覧』巻四六三・人事部一百四・辯上が引用する『史記』に一致する文が見いだせるのである。となると善珠は、『太平御覧』の藍本である『修文殿御覧』あるいは『華林遍略』（いずれも佚）を利用してこの部分を記述した可能性が推定されることになる。（一五）

ところが、『太平御覧』巻四六三には、善珠が引くaおよびbの『史記』本文はみえない。それでは善珠は、いったいいかにして当該の注釈文を構成したのか。それについては複数の可能性が考えられようが、例えば、『史記集解』に基づいて『史記』本文と注文（『風俗通義』）を引用したうえに、類書所載の『史記』引文を加えて構成したものか、あるいはこれらの情報を全て含む今はなき資料が善珠の手元にあったのかとも考えられる。（一六）

また、善珠の『因明論疏明灯抄』には、『史記集解』のみならず、『史記索隠』を引用する箇所がある。これは日本において『史記索隠』を書名とともに引用する最も早い例と考えられるものである。

▽『因明論疏明灯抄』巻第一本

言「命世」者。『西域記』中多有此言。司馬貞『史記索隠』曰、命者、名也。言賢人有名于世也。（一七）

これは、『因明入正理論疏』にみえる「命世」という語の「命」字の訓詁を『史記索隠』の例から確認するものである。

また『因明論疏明灯抄』には、『史記』に関わる次のような注釈もみえる。

▽『因明論疏明灯抄』巻第一本

言「苦頼興仙、暢二篇而顕理」者。此出道教也。『史記』曰、「老子者、楚苦県厲郷典仁里人。名耳、字聃、姓李氏。周守蔵室之史也」。「見周之衰、廼遂去。至関。関令尹喜曰、子将隠矣、強為我著書。於是老子廼著書上下篇、言道徳之意五千餘言而去、莫知其所終」。撿「裴松之北征記」、「酈善長水経」等、「厲」字、皆作「頼」。抛『列仙伝』、老子登仙、故云「興仙」。（一八）

善珠は、『因明入正理論疏』が老子の出自を「苦頼興仙」とし、苦県の頼郷から老子が出たと述べることについて、まず『史記』老子列伝を引き、『史記』では「頼」ではなく「厲」字に作ることを示したうえで、「裴松之北征記」や「酈善長水経」といった資料においては当該部分はいずれも「頼」字に作ることを確認している。「裴松之北征記」と「酈善長水経」はいずれも『日本国見在書目録』には著録されず、また『史記集解』『史記索隠』いずれにも「厲」字の異同等に関する記述はなく、善珠がいかなるテキストに基づいて上記の注釈を施したのかは未詳である。あるいは善珠の手元には、「北征記」「水経」「列仙伝」の内容を含む、今は知られぬ資料があったのかもしれないが、ともかくこのように善珠の注釈は、いわゆる漢唐訓詁学の方法さながらに、複数の伝本を校合し、漢字一字一字の訓詁までをも詳密に検討していくものなのである。

善珠には渡唐の経験はない。しかしながら善珠の師は、遣唐使にしたがって唐に留学し、「経論五千余巻」（一九）を携えて帰国したという玄昉であった。善珠が所属した興福寺には、玄昉をはじめとする学僧の往来によって唐から齎された当時最新の書籍と最多の情報があったとおぼしい。したがって善珠の注釈書には、当時の日本における漢籍受容の状況と漢籍利用の水準が反映しているものと考えられる。そしてまたそこには、次にあげるように中国史書の佚文も複数見出すことができるのである。

（2）史部の書の佚文

善珠の『因明論疏明灯抄』にみえる史部の書の佚文として夙に知られてきたものに、以下にあげる『捜神記』からの引用がある。（二〇）

▽『因明論疏明灯抄』巻第一本

言「空桑啓聖、資六位以明玄」者。『捜神記』曰、「孔子之母、曰顔徴在。鄹人也。与鄹大夫叔梁紇、野合有身。既而徴在遊於大沢之陂、睡臥。夢黒帝遣使請己。已往而夢交。帝語之曰、必乳於空桑之中。覚而体有感焉。遂生孔子。而有聖徳。空桑之地、今名為孔竇。在魯南山之穴」（二一）。

善珠は、『因明入正理論疏』中の「空桑啓聖」という語句に対して、孔子の不思議な誕生を説く『捜神記』の記事を引用する。これは、現在通行している二十巻本『捜神記』（二二）には見られない佚文である。孔子の出自については『史記』孔子世家等に記述があり、また母が夢で黒帝に召されて交わることや、黒帝から空桑で生むように言われることなど、伝説的なエピソードは『春秋孔演図』（『芸文類聚』巻八十八・木部上・桑引）（二三）といった緯書類に類同の記述がみえるが、善珠が『捜神記』から引く文と完全には一致しない。善珠が引くのは、本来の三十巻本『捜神記』に存したと思われる、『捜神記』独自のオリジナル記事とみることができる。

実は善珠に先駆けて、慈恩大師基の『因明入正理論疏』の注釈書を著した中国法相宗第三祖の智周の注解においても、当該の部分には『捜神記』が引用されている。

▽智周『因明入正理論疏後記』巻上

疏「空桑啓聖」者。按、干宝『捜神記』云、孔子母、性顔、名徴在。夢黒帝謂曰、当礼於空桑。因便有娠。乃誕孔子。（二四）

孔子の誕生と空桑にまつわるエピソードが『捜神記』に存することを善珠が知ったきっかけは、こうした唐僧智周の注釈書などから得られた情報であったかもしれない。しかしながら、智周が引く『捜神記』は善珠の引用よりも簡略なものであり、智周の引文を引き写しただけでは『因明論疏明灯抄』の記事は成立しない。善珠は、当時日本に伝来していた三十巻本『捜神記』を参照し、ここに引用したものと推察されるのである。

そしていまここに繰り返し強調したいのは、このように中国史研究、中国学研究に資する佚文資料が、善珠のものにしても智周のものにしても、仏者の著作の中に潜んでいることである。日本、中国、あるいは韓国の古代の仏者の著作や注釈書には、中国史研究、中国学研究からのアプローチが俟たれる資料が未だ数多く残されているのではないか。

また、善珠の『因明論疏明灯抄』には、次のような佚文資料も見いだせる。

▽『因明論疏明灯抄』巻第三末

「乾封歳」者。大唐高宗天皇年号也。准『年代歴』云、「唐始高祖神尭皇帝諱淵受隋恭帝禅馭宇。改前義寧、称武徳元年。次経九年、文帝世民、改前武徳、為貞観元年。従此已去、経二十三年、改前貞観、為永徽元年。従此已後、経於七年、改前永徽、為顕慶元年。従此已去、経於六年、改前顕慶、為龍朔元年。従此已後、経於三年、改前龍朔、為麟徳元年。至麟徳四年正月朔日、祭昊天。肯祭泰山。四日朝行宮。假五日改前麟徳、為乾封元年。大赦天下、賜鋪七日。三月駕至東都。其月還京。丁卯乾封二年、改万年宮、為九成宮。戊辰三年四月十六日、改前乾封、為総章元年[二五]」。

「乾封」という年号（六六六〜六六七年）について、善珠が「年代歴」という書から記述を引用する箇所である。この「年代歴」とは、『日本国見在書目録』雑史家に著録されている「帝王年代暦十巻釈霊実撰」のことではないかと思われる。釈霊実は八世紀前半の唐僧で、日本においては聖武天皇の書写になる『雑集』の中に「鏡中釈霊実集」の一部が載ることでも知られる人物である[二六]。なお、興福寺に伝存する写本『高僧伝』巻第十三紙背「大唐大慈恩寺法師基公碑」に残されている延暦七年（七八八）の善珠の識語には「案、唐年代暦并和暦、録壬午当永淳元年……」とあり、善珠が「唐年代暦」を利用していた事実が知られる[二七]。

『帝王年代暦』は、中国には伝わらない佚書である。一方日本では、具平親王『弘決外典鈔』等に引用される佚文の存在が指摘されてきたが[二八]、『因明論疏明灯抄』のこの引文は、それを補う佚文資料である。そしてまた、『弘決外典鈔』や『因明論疏明灯抄』以外にも、奈良・平安期の仏典注釈書類を網羅的に調査していくならば、中国古代史に関わる佚文資料は少なからず見出されるものと思われる。

また『因明論疏明灯抄』には、次のような佚文も見出せる。

▽『因明論疏明灯抄』巻第五末

言「唐興」者。……故『坤元録』第七十四巻云、江南道道州営道県。唐興県。江華県。道州治営道県。零陵郡之永陽県也。隋氏喪乱。陥於寇賊。武徳四年。討平蕭銑置営州。領営道・唐興・江華・永興四県。五年改為南営州。貞観八年改為道州。在京師南四千三百四十一里[二九]。

『坤元録』は、『日本国見在書目録』土地家に「坤元録百巻」と著録されているが、現在は残らない佚書である。善珠の『因明論疏明灯抄』は日本の文献の中で『坤元録』の書名と引用が確認できる最も早い資料である。なお、日本においては十世紀半ばに「坤元録屏風詩」と称する漢詩が作成されたことが知られ、後藤昭雄氏の研究によると、従来『坤元録』の佚文の存在が指摘されていた『弘決外典鈔』のほか、『和名類聚抄』、『三教指帰覚明注』、『江談抄』、『和漢朗詠集私注』等といった日本の古典籍にも『坤元録』の佚文の引用が確認できることが報告されている[三〇]。仏典注釈書のみならず、日本の古典籍を用いた中国古代史料の「発見」の可能性がまだ多く残されていることは間違いない。

以上本節では、『因明論疏明灯抄』という仏典注釈書を例として、日本で撰述された著作の中に中国典籍の佚文など、中国史研究、中国研究に資する資料が残されていること、また、中国史研究、中国研究の立場から、（ジャンルを超えて）仏教典籍にも積極的網羅的アプローチがなされるならば、今後の研究をさらに推進する新たな道を開拓することができるのではないかという可能性を提示した。

三、史書と小説、説話の交錯
——『日本霊異記』を通してみる

前節では、古代日本の仏典注釈書の中に、中国史書の佚文資料が存することを中心にみた。しかしまた日本には、すでに触れたように、中国には伝わらない史部の書そのものが現在もなおいわゆる佚存書として伝存している場合もある。それは例えば、『孝子伝』(二一)や『琱玉集』(二二)、『冥報記』(二三)等、『日本国見在書目録』では雑伝家に著録されていた書物である。

　中でも唐・唐臨『冥報記』（永徽四年（六五三）頃成立）は、九世紀初に成立した『日本霊異記』の序文に名がみえ、『日本霊異記』という日本初の「仏教説話集」編纂の契機となったことで知られ、注目される。本節では、中国「史書」の存在を契機として日本で生み出された『日本霊異記』という著作を通して、史書と小説、あるいは説話の交錯する様相をたどり、史書や史学の範囲や方法ということについて、日本の古典籍や学術文化史からの視点を含めて改めて問い直し、考察してみたい(二四)。

　『日本霊異記』の撰者は薬師寺沙門景戒。正式な書名は『日本国現報善悪霊異記』といい、その名の通り、「日本国」の「現報」や「善悪」の「霊異」を伝える「記」事を、合計百十六話収集したものである。基調となるのは仏教思想で、その上巻序文で景戒は、『日本霊異記』編纂の意図や経緯について、次のように述べている。

▽『日本霊異記』上巻序文

　……匪呈善悪之状、何以直於曲執而定是非。叵示因果之報、何由改於悪心而修善道乎。昔、漢地造『冥報記』、大唐国作『般若験記』。何唯慎乎他国伝録、弗信恐乎自土奇事。粤起自矚之、不得忍寝。居心思之、不能黙然。故聊注側聞、号曰『日本国現報善悪霊異記』。作上中下参巻、以流季葉。(二五)……

善悪の状や因果の報を示すことによって、是非を定め善道を修めることを目指した景戒は、中国には『冥報記』や『般若験記』という著作があることを知り、日本においてもそれらと同じように「自土の奇事」を集めた著作を作り、後世に伝えようと思い立ち、『日本霊異記』三巻を編んだ、とある。『般若験記』とは唐・孟献忠撰『金剛般若経集験記』（開元六年（七一八）成立）のことであり、やはり『冥報記』同様、中国には伝わらないが日本には古写本が伝存する佚存書である。

　『日本霊異記』の構成は、ほぼ時代順に記事が配列されており、また『日本書紀』や『続日本紀』といった日本の史書と内容が重なる記事もあり、歴史の「逸聞」を収集するかのごときその体裁は、六朝隋唐の「伝」「記」のスタイルに重なる。

　ところが『日本霊異記』は、日本の書物史において史書と見なされることはなかった。日本においては、『日本霊異記』を劈頭として、『今昔物語集』や『宇治拾遺物語』など、仏教への信仰心を基調とする故事や記事を記録する書物が断続的に生み出され、後にも述べるように、近代に至ってそれらは「説話集」あるいは「説話文学」と名づけられ、文学史を構成する一群として位置づけられるようになる。

　しかしながらこのことは、中国の書物史における『冥報記』の位置づけの変化と暗合する。『冥報記』は『旧唐書』経籍志においては乙部史録雑伝類に著録されているが、『新唐書』芸文志に至ると乙部史録雑伝記類と丙部子録小説家類の双方に著録されるという現象をみせる。先にも触れたように、これは『冥報記』のみならず、『捜神記』など本来史部雑伝に著録されていたいくらかの「伝」「記」類に共通する「移行」である。中国の書物史において、史書の範疇にあるものと認識されていた「伝」「記」類が、やがて「小説」（古小説、志怪小説）として捉えられていくことは、日本の書物史において、現在「説話」と捉えられているものが、その淵源をたどると本来「史」や「伝」「記」に関わるものであったことと表裏をなすものといえる。

しかしそのことと同時に、中国においては現在に至るまで「小説（説話）」や仏教が文学史の中心を占めることはなかったのに対して、日本においては文化史においても文学史においても、仏教の存在が一貫して非常に大きな位置を占めてきたことなど、日中の間では異なる様相がある。そしてそのように考えると、『冥報記』や『金剛般若経集験記』の日中における「存在感」の違いは、史書、小説、説話をめぐる日中の差異を象徴的に示すものであるようにも思われてくる。

つまり、日本においては、一二〇〇年の間読み継がれ、「日本説話文学史」の起点に位置づけられている『日本霊異記』序文に取りあげられた『冥報記』と『金剛般若経集験記』は、その名のみならず、複数の古写本もが消えることなく保管され続けた。[三六] しかしながらすでに述べたように、中国においては『冥報記』も『金剛般若経集験記』もテキストは散佚し、ましてや『金剛般若経集験記』は目録類にその存在が著録されることすらなく、歴史から忘れ去られた書物であった。奈良末・平安初期を生きた景戒という僧侶が、いかにして『冥報記』や『金剛般若経集験記』の存在を知り得たか、その詳細は知るすべもないが、いずれにせよ、景戒がこの二書を特に取りあげ、しかもその写本が現在にまで伝えられていることは、中国の書物史、文化史からみればおよそ考えられないきわめて特殊な事態であろう。

しかしそれでは我々は、このことから何を学び、考えることができるだろうか。先にも触れたように、日本には『冥報記』や『金剛般若経集験記』以外にも、『孝子伝』や『琱玉集』といった「伝」「記」、「小説」の類が佚存書として伝わる。これは、日本においては中国からさまざまな典籍が摂取され学習されたが、その際、経学や仏教等の「理論」そのもののみならず、その思想を具体例をもって容易に説く「例証話」が、「中国学」への理解を補助するものとして好んで読まれたことにも起因するように思われる。その結果として、中国においては文化史、学問史の表舞台に現れることのなかった書物が、日本においては意義あるもの、価値あるものと位置づけられ、存在し続けることになったのではないか。例えばこのことは、中原から遠く離れた敦煌など西域から、（中原には伝わらない）「変文」等の語り物のテキストや「蒙書（幼学書）」の類が発見されることとも通じる現象かもしれない。

ともかく、『日本霊異記』や、『日本霊異記』を生み出した『冥報記』や『金剛般若経集験記』の存在は、中国の文化史、学問史の目が届かなかった、あるいは文化史、学問史の俎上に決して積極的に載せられることはなかった、いわばもう一つの中国の文化遺産、文化史の系譜があったことを浮かび上がらせるものといえよう。そして、例えばこうした「小説」「説話」類、あるいは仏者撰述の書といった書物や資料をも総体として含めて中国の、そして日本を含む東アジアの文化や学問を捉える、新たな視点や視野を導き出す契機となり得るのではないだろうか。

四、図書分類と学問のカテゴリー——「説話集」を例に

現在、日本の学問世界において『日本霊異記』は、「日本最初の仏教説話集」とされ、通常「説話集」あるいは「説話文学」というカテゴリーに属するものとして取り扱われる。「説話」とは、特定の作者

によらず口頭で伝承された話、あるいはそこに教訓的要素を含む話等を指す呼称で、中国においてはおおよそ「小説（古小説、志怪小説）」「伝奇」そして「随筆」「札記」の類と重なり合うものである。しかしながら、『日本霊異記』を「説話」と称するのは近代になってからのことであり、『日本霊異記』成立当時にそのようなカテゴリーやジャンルの意識があったわけでは決してない。

『日本霊異記』のごとき説話集の類をめぐっては、現在の日本の学問世界においては、哲学・史学・文学それぞれの立場から研究が行われている。これは、前近代の東アジア漢字漢文文化圏における「文」の世界が、そもそも哲学・史学・文学というカテゴリーに分けられるものではなかったことを端的に示していよう。最後に本節では、日本の説話集をめぐる近代以降現在に至る研究の達成や問題が、中国の歴史や文化研究の今後の方法論を探求するうえで、有用な手がかりを与える可能性があることを述べてみたい。

『国史大辞典』（吉川弘文館）の「説話文学」の項目（篠原昭二執筆）[三七]には、「説話文学」に関わる日本の書目として次のような作品が列挙されている（書名が並列されているもの毎に／で区切った）。

『日本霊異記』『今昔物語集』『宇治拾遺物語』／『古事記』『日本書紀』風土記／『竹取物語』『落窪物語』／『栄花物語』『大鏡』／『平家物語』／『徒然草』／『日本感霊録』『三宝絵』『日本往生極楽記』／『大日本法華経験記』『地蔵菩薩霊験記』／『善家秘記』『紀家怪異実録』／『法華修法一百座聞書抄』『打聞集』／『江談抄』『中外抄』『富家語』／『古本説話集』『世継物語』／『宝物集』『閑居友』『撰集抄』『私聚百因縁集』『沙石集』『雑談集』／『古事談』『続古事談』『今物語』『十訓抄』『古今著聞集』／『唐物語』『蒙求和歌』『百詠和歌』／『神道集』／『三国伝記』／『きのふはけふの物語』『醒睡笑』

ここには、「記」「物語」「録」「抄」「談」「語」などの語を書名に持つさまざまな書籍が列挙されている。当該項目の解説は「説話文学」について「人々の間に口頭で伝承されたハナシを文字に写し、文学的表現を与えたもの。国文学史では、説話を蒐集配列した「説話集」を特に「説話文学」と呼び、国文学中の一様式として認める」とし、『日本霊異記』については「わが国の説話集としては弘仁年間（八一〇～八二四）の『日本霊異記』が最初である」と説明する。これが現在の「説話文学」あるいは『日本霊異記』に対する標準的な捉え方である。しかしながら、『日本霊異記』をいかなる書物として位置づけるかということは、前近代においては明確な概念や枠組みが与えられておらず、実に曖昧であった。

古代日本においては、『日本国見在書目録』や仏教の経録以外には、書物の目録自体がほとんど残らない。また、中世から近世にかけての日本書の分類目録をみても、左にあげる通り、『日本霊異記』は「雑抄」「雑書」あるいは「釈書」の部類に著録されており、文学あるいは史書という捉え方はなされてこなかった。

▽『本朝書籍目録』（一二七七～九四年頃成立？）[三八]

神事　帝紀　公事　政要　氏族　地理　類聚　字類　詩家　雑抄

和歌　和漢　管絃　医書　陰陽　人々伝　官位　雑々　雑抄　仮名

※「雑抄」に「日本霊異記三巻」と著録。

▽藤原貞幹『国朝書目』（寛政三年（一七九一）刊）[三九]

正史　編年　雑史　御撰書　日次記　政事　礼儀　官位　氏族　人伝　天文　地理　殿舎　鋪設　衣服　飲食　勧誡　故実　類聚　字書　臨池　画図　管絃　医薬　鷹鶻　蹴鞠　薫香　神祇上　神祇下
　仏事　仏刹旧文　雑書　文集　詩集　詩文別集　詩文雑書　和歌
　連歌　物語

※「雑書」に「日本霊異記一巻」と著録。

▽尾崎雅嘉『群書一覧』（享和二年（一八〇二）刊）[四〇]

国史類　神書類　雑史類　記録類　有識類　氏族類　字書類　往来類　法帖類　物語類　草子類　日記類　和文類　記行類　撰集類　私撰類　家集類　歌合類　百首類　千首類　類題類　和歌雑類　撰歌類　歌学類　詩文類　医書類　教訓類　釈書類　管絃類　地理類
　名所類　随筆類　雑書類　群書類従

※「釈書類」に「日本霊異記　写本　三巻　沙門景戒」と著録。

こうした中、江戸後期を代表する考証学者である狩谷棭斎（一七七五～一八三五）が『日本霊異記』を歴史考証の研究対象とし、『校本日本霊異記』および『日本霊異記攷証』を刊行したことは、日本の学術文化史における『日本霊異記』の位置づけに画期的な変化をもたらしたものといえる。その『校本日本霊異記』の跋において狩谷棭斎は次のように述べている。

▽狩谷棭斎『校本日本霊異記』跋（文化十三年（一八一六））

此書立言雖出浮屠氏而文辞古樸可喜。又間有糾史之謬及証明他書、則古書之最善者也。……又参以『扶桑略記』、『法華験記』、『今昔物語』諸書補正譌脱。[四一]

ここで狩谷棭斎は『日本霊異記』を、「史」の誤りを正し、他書を証明できる記事を含む「古書之最善者」として評価している。そして『日本霊異記』と記事を共有する『扶桑略記』（皇円撰、一〇九四年以後成立）や『法華験記』（鎮源編、一〇四三年頃成立）そして『今昔物語集』（撰者未詳、十二世紀前半成立）等の諸書とともに考証のための資料としている。

なお、『今昔物語集』三十一巻（存二十八巻）は、現在日本説話文学を代表する最も著名な作品と認められているもので、『日本霊異記』との共通話も多数含むが、『日本霊異記』との大きな相違点は、『日本霊異記』が仮名を含まず漢字のみで綴られているのに対して、『今昔物語集』は漢字カタカナ混じり文で記述されていることである。この『今昔物語集』を、明治二十三年（一八九〇）に刊行された三上参次、高津鍬三郎による日本初の「日本文学史」テキスト[四二]では、「歴史体の文」という項目に入れ、「平安朝の歴史文学」の一として取りあげている[四三]。これは、明治に入り、日本が従来の学問パラダイムを組み替え、新たな近代的学問の体系を構想、構築していく過程で、哲・史・文という人文学の枠組みが立てられ、また「国文学」や「国史」への意識と気運が高まりつつあった状況の中で、さまざまな著作が、その枠組みのもとに新たな意義づけがなされていく中で生じた動きであった。

またこれに継いで、明治三十年（一八九七）から同三十四年（一九〇一）にかけて、第一次『国史大系』十七冊（経済雑誌社）が刊行された。これには、『今昔物語集』『宇治拾遺物語』『古事談』『古今著聞集』『十訓抄』といった、現在一般に「説話文学」と称される複数の書目が収載されている。これは、これらの書物が「(国) 文学」にも、また「(国)史学」に対しても貢献するものであることが期待された結果といえる。

そうした中、やがて『今昔物語集』を「説話集」と称し、世界に誇る日本の「文学」として積極的に位置づけようとする学者が現れた。東京帝国大学等で「国文学」を講じた芳賀矢一(一八六七〜一九二七)である。芳賀矢一が大正二年(一九一三)に刊行した『攷証今昔物語集 天竺震旦部』(冨山房)の序論には「今昔物語集三十一巻。国文で記した最旧最大の説話集として、優に世界文学の珍宝と見做すべきものである」とある。芳賀矢一が『今昔物語集』研究に取り組んだのは、ドイツ留学を経てドイツの文献学やグリム童話研究に触れたこと、また『今昔物語集』所載の伝承、伝説的記事に対して欧州の民話との比較から関心を抱いた欧米の研究者の動向を知ったことなどが理由として考えられている。[四四]そして以来、日本においては、『今昔物語集』をはじめ、それに類するさまざまな「かたり」を記し留める著作が、「説話」「説話集」「説話文学」の名のもとに、文学史を構成する一群としてのまとまりを与えられ、『日本霊異記』はその劈頭をなすものとしての位置づけを得てきたのである。

また、芳賀矢一は『攷証今昔物語集 天竺震旦部』の序論において中国の『捜神記』にも言及し、やはりそれを「説話」と称している。[四五]近代日本で起こった書物のカテゴリーの変化、学問体系のパラダイムチェンジは、史部の書を含む中国古典籍に対する認識の変更をも伴うものであった。そしてそれは、近代日本の図書館における図書分類にも現れている。[四六]

明治三十三年(一九〇〇)から明治四十年(一九〇七)にかけて刊行された『増訂帝国図書館和漢図書分類目録』のうち、「文学、語学之部」[四七]においては、「第三門 文学及語学―文学―戊 小説―一六 支那小説」の項目に、『捜神記』や『遊仙窟』(「遊仙窟和解附」元禄三年(一六九〇)刊)が著録されている。ここにおいて中国「古小説」の類は、はじめて(子部ではなく)「文学」の中の「小説」に属するものとして位置づけられることとなったのである。そしてこうした認識は現代にもおよび、現在日本の図書館で標準的に用いられている『日本十進分類法』(NDC)新訂十版では、「900 文学 Literature」の中の「920 中国文学 Chinese Literature」の区分の中に、「923 小説、物語 Fiction. Romance. Novel」の分類がおかれ、そしてさらにそれは、「923.4 秦、漢、魏晋南北朝、隋唐:捜神記、冥祥記、博物志、世説新語、遊仙窟」、「923.5 五代、宋、元、明:剪灯新話、三国志演義、水滸伝、西遊記、金瓶梅、今古奇観」、「923.6 清:西湖佳話、肉蒲団、聊斎志異、儒林外史、紅楼夢」、「923.7 近代:民国以後」と分けられており、元は部類を異にしていたさまざまな形式、内容、性格の著作が「文学」として括られ、「小説、物語 Fiction, Romance, Novel」の名のもとに集約、整理されている。[四八]

中国古典学研究の立場からみれば、これはあまりに「伝統」をないがしろにする、乱暴な改編にみえるかもしれない。しかしながら例えば、上に掲げた部分にみえる『遊仙窟』は、これもまた中国には伝わらない佚存書で、『源氏物語』をはじめとする日本の古典籍や言語文化に多大な影響を与えたものである。こうした、中国の文化史、文学史上から失われた著作を含めて学術文化を形成、継承してきた日本が構築してみせる「見取り図」が、中国学の方法論再考に向けて、今後新たな視点や問題を投げかけるものとなることは期待できないだろうか。

とはいえ、近代以降の日本の学術世界の再編や、図書分類のあり方に絶対的な価値があるなどというわけでは決してない。

例えば、右にあげた『増訂帝国図書館和漢図書分類目録』において、『日本霊異記』や『冥報記』は「文学」ではなく、「第一門 神書及宗教—仏教」の部類に著録されている。(四九) しかしながら『日本霊異記』は、現在通行している新旧の日本古典文学大系や日本古典文学全集等に収められ、「文学」研究の対象とされながらも、しかし同時に通常の図書分類においては「仏教」に配置されている。近代の図書分類や学問の枠組みは、前近代の典籍がもつ「本質」を覆い、かえってそれを捉えにくいものにしてしまっている場合もある。

思考の枠組みや方法は常に動き、変化し続けるものである。重要なのは、書物をめぐる概念、あるいは学術文化の体系をめぐる思考や議論の過程を意識し、自覚して、そこにいかなる問題が存するかを繰り返し問い続けることであろう。そしてそうした場合、中国の学術文化を古来共有してきた日本の書物世界や学術文化が抱え持つ経験や課題は、中国学の方法やあり方を考えるうえでなお有効な情報となるのではないだろうか。

以上、本稿では、日本の古典籍や学術文化史のいくつかのトピックをとりあげ、それらとともに中国学の方法論のさらなる可能性について考察を試みた次第である。中国と日本、あるいは漢文と和文の別を超え、現代の人文科学における哲・史・文の枠組みの功と罪を相対化して捉えていくことによって、中国学が有する未知の可能性を今後もさらに探り得るのではないかということをここに提起したい。

《注》

(一) 青木和夫他校注『新日本古典文学大系一四 続日本紀 三』岩波書店、一九九二年。

(二) 青木和夫他校注『新日本古典文学大系一五 続日本紀 四』岩波書店、一九九五年。

(三) 宮内庁書陵部所蔵室生寺本『日本国見在書目録』名著刊行会、一九九六年。小長谷恵吉『日本国見在書目録解説稿』、小宮山出版、一九七六年再版。孫猛『日本国見在書目録詳考』上海古籍出版社、二〇一五年等参照。

(四) 興膳宏・川合康三『隋書経籍志詳攷』汲古書院、一九九五年参照。

(五) 『隋書』経籍志・史部地理類には「山海経図讃二巻郭璞注」との著録がある。

(六) 幼学の会編『口遊注解』勉誠社、一九九七年参照。

(七) 財団法人前田育徳会尊経閣文庫編『尊経閣善本影印集成一六 二中歴三』八木書店、一九九八年。『改訂史籍集覧』第二三冊、すみや書房、一九六九年複製参照。

(八) 現在日本で国宝に指定されている『史記』古抄本五点(夏本紀第二・秦本紀第五(高山寺本、東洋文庫蔵)、呂后本紀第九(毛利博物館蔵)、孝文本紀第十(東北大学蔵)、孝景本紀第十一(五島美術館蔵、以上三点は僚巻)、第九十六・九十七残巻(石山寺蔵))はいずれも「裴駰集解」本である。

(九) 『日本国見在書目録』には顧胤の『漢書古今集義』が著録されている。

(一〇) 日本における『史記』の受容状況については藤田勝久『『史記』の日本伝来と受容』『愛媛大学法文学部論集 人文学科編』九、二〇〇〇年九月。池田昌広「古代日本における『史記』の受容をめぐって」『古代文化』六一-三、二〇〇九年一二月等参照。

(一一) 松尾聰・永井和子校注・訳『新編日本古典文学全集一八 枕草子』小学館、一九九七年。当該章段については後藤昭雄「文は、願文・表・博士の申文」『本朝漢詩文資料論』勉誠出版、二〇一二年も参照。

(一二) 河野貴美子「奈良・平安期における漢籍受容の一考察——善珠撰『因明論疏明灯抄』を手がかりとして——」『国文学研究』一五一、二〇〇七

年三月。同「古代日本仏家注釈書所引的《史記》初探――以成安撰《三教指帰注集》為中心」安平秋・張玉春主編『古文献与嶺南文化研究――古文献与嶺南文化国際学術研討会論文集』華文出版社、二〇一〇年七月等参照。

(一三)『大正新脩大蔵経』第六十八巻二〇九頁c。

(一四)『史記』中華書局、一九八二年版、二二四一頁。

(一五)『日本国見在書目録』雑家には「華林遍略六百卅巻」および「修文殿御覧三百六十巻」が著録されている。なお池田昌広氏は七二〇年成立の『日本書紀』が『華林遍略』を利用していることを指摘している。池田昌広『日本書紀』と六朝の類書」『日本中国学会報』五九、二〇〇七年一〇月。同「『日本書紀』の潤色に利用された類書」『日本歴史』七二三、二〇〇八年八月。同『日本書紀』の出典――類書問題再考――」瀬間正之編『古代文学と隣接諸学一〇 「記紀」の可能性』竹林舎、二〇一八年等参照。

(一六)ちなみに日本においては平安期以後、『史記』の文を節略したり、あるいは改編、再構成したものを『史記』と称して引用する例がしばしばみられる。いわゆる「中世史記」と称される、『史記』ならぬ『史記』のバリエーションが生み出されるのであるが、当該の善珠の注釈文はそうした現象の萌芽と考えられるかもしれない。

(一七)『大正新脩大蔵経』第六十八巻、二〇七頁c。

(一八)『大正新脩大蔵経』第六十八巻、二〇一頁c。

(一九)『続日本紀』巻十六・天平十八年(七四六)六月己亥条。

(二〇)粕谷興紀「捜神記の受容――佚文をめぐって――」『万葉』七七、一九七一年九月参照。また河野貴美子『捜神記』と中国古代の伝説をめぐる一考察」『説話文学研究』四一、二〇〇六年七月等も参照。

(二一)『大正新脩大蔵経』第六十八巻、二〇一頁a〜b。

(二二)『史記』孔子世家には「孔子生魯昌平郷陬邑。其先宋人也、曰孔防叔。防叔生伯夏。伯夏生叔梁紇。紇与顔氏女野合而生孔子、祷於尼丘得孔子。魯襄公二十二年而孔子生。生而首上圩頂、故因名曰丘云。字仲尼、姓孔氏」とある。

(二三)『芸文類聚』巻八十八・木部上・桑に「春秋孔演図曰、孔子母徴在、遊大冢之陂、睡。夢黒帝使請与己交。語曰、女乳必於空桑之中。覚則若感。生丘於空桑之中。乳、生也」とある。

(二四)『新纂大日本続蔵経』第五十三巻、八四二頁a。

(二五)『大正新脩大蔵経』第六十八巻、三二一頁b。

(二六)内藤湖南「聖武天皇宸翰雑集」『内藤湖南全集』第七巻、筑摩書房、一九七〇年参照。

(二七)注(二二)前掲河野貴美子論文二〇〇七参照。

(二八)新美寛編、鈴木隆一補『本邦残存典籍による輯佚資料集成 続』京都大学人文科学研究所、一九六八年参照。

(二九)『大正新脩大蔵経』第六十八巻、三八八頁c。

(三〇)後藤昭雄「坤元録屏風詩をめぐって」『平安朝漢文学史論考』、勉誠出版、二〇一二年参照。

(三一)幼学の会編『孝子伝注解』汲古書院、二〇〇三年等参照。

(三二)柳瀬喜代志・矢作武『琱玉集注釈』汲古書院、一九八五年参照。

(三三)説話研究会編『冥報記の研究』一・二、勉誠出版、一九九九〜二〇〇〇年等参照。

(三四)河野貴美子「東アジアの資料学の観点からみた説話研究」『説話文学研究』四八、二〇一三年七月。同「日本文学史における『日本霊異記』の意義――その表現と存在――」『上代文学』一一六、二〇一六年四月。同「日本霊異記の典拠」瀬間正之編『古代文学と隣接諸学一〇 「記紀」の可能性』竹林舎、二〇一八年等参照。

(三五)中田祝夫校注・訳『新編日本古典文学全集一〇 日本霊異記』小学館、一九九五年参照。

(三六)『冥報記』は高山寺蔵本、前田育徳会尊経閣文庫蔵本、知恩院蔵本、『金剛般若経集験記』は石山寺蔵本、黒板勝美氏旧蔵天理大学蔵本、高山寺旧蔵奈良国立博物館蔵本といった古写本が残る。

（三七）国史大辞典編集委員会編『国史大辞典』第八巻、吉川弘文館、一九八七年。

（三八）和田英松『本朝書籍目録考証』明治書院、一九三六年参照。

（三九）長澤規矩也・阿部隆一編『日本書目大成』第三巻、汲古書院、一九七九年参照。

（四〇）『定本群書一覧』ゆまに書房、一九八四年参照。

（四一）『覆刻日本古典全集　校本日本霊異記　日本霊異記攷証　京游筆記』現代思潮社、一九七八年。

（四二）三上参次・高津鍬三郎『日本文学史』金港堂、一八九〇年。

（四三）三上参次・高津鍬三郎『日本文学史』（金港堂、一八九〇年）は「一国の文学といふものは、一国民が、其国語によりて、その特有の思想、感情、想像を書きあらはしたる者なりと云ふべきなり」（総論、第四章「国文学」）と述べ、漢文による著作を「国文学」としては認めず、採用していない。

（四四）杉山和也「国文学研究史の再検討――『今昔物語集』〈再発見〉の問題を中心に」『説話文学研究』五一、二〇一六年八月。また竹村信治「今昔物語集と近代（上）（下）――学術・小説・教科書――」『国語教育研究』四九、五〇、二〇〇八年三月、二〇〇九年三月。同「今昔物語集の明治」『説話文学研究』四四、二〇〇九年七月等参照。

（四五）芳賀矢一『攷証今昔物語集　天竺震旦部』序論（冨山房、一九一三年）に「捜神記作者は蓋し忠実に当時の説話を筆述したのに過ぎまい」等の言及がある。

（四六）河野貴美子「日中近代の図書分類からみる「文学」「小説」」小峯和明監修、金英順編『シリーズ日本文学の展望を拓く　第一巻　東アジアの文学圏』笠間書院、二〇一七年参照。

（四七）『増訂帝国図書館和漢図書分類目録（文学、語学之部）』帝国図書館、一九〇七年。

（四八）もり・きよし原編、日本図書館協会分類委員会改訂編集、『日本十進分類法　新訂一〇版　一本表・補助表編』公益社団法人日本図書館協会、二〇一四年。

（四九）『増訂帝国図書館和漢図書分類目録（宗教、哲学、教育之部）』帝国図書館、一九〇四年。

第二部会 三

遼代の仏教における「末法説」の源流

劉　屹
林　佳恵(訳)

一、はじめに

一九八八年、遼寧省の朝陽北塔の上部にある天宮で作業をしていた考古学者が、天宮内の経塔中にあった金製の筒の第三層に次のような題記を発見した。

　重熙十二年四月八日午後葬。像法只八年。堤點上京僧録宣演大師賜紫沙門蘊珪記。(一)
　（重熙十二年四月八日午後葬す。像法只八年。堤點上京僧録宣演大師賜紫沙門蘊珪記す。）

天宮の石函の門板の外側に立つ「石匣物帳與題名志石」は、次のように云う。

　今聊記石匣内……世尊滅度已一千九百九十二年、第三度重修。大契丹重熙十二年四月八日午時再葬。像法更有八年入末法。故置斯記。(二)（今石匣内に聊か記す……世尊滅度して已に一千九百九十二年、第三度重修す。大契丹重熙十二年四月八日午時に再葬す。像法更に八年有りて末法に入る。故に斯の記を置く。）

塔の下の地宮中の石経幢第四節の幢身にある経文題記には、次のように記されている。

　大契丹國重熙十三年歳次甲申、四月壬辰、朔八日己亥、午時再葬記。像法更有七年入末法。(三)（大契丹國重熙十三年歳次甲申、四月壬辰、朔八日己亥、午時に再葬し記す。像法更に七年有りて末法に入る。）

朝陽北塔の遼代の名称は、延昌寺塔である。天宮中に見える二か所の「重熙十二年」は、西暦一〇四三年のことである。更に八年経って、西暦一〇五一年に至ると、「像法」の段階の最後の一年となる。一〇五二年からは、「末法」の時代に入る。地宮の「重熙十三年」の題記からわかるのは、仏滅の年代、「像法」の終息と「末法」の開始時期に関することであり、天宮と地宮の修建者の持つ見解は同じである。延昌寺塔の興建の歴史的背景から、高僧蘊珪の役職と肩書きへの言及を考えると、ここには仏滅の年代と、「像法」、「末法」の観念が反映されており、それらはいずれも政権側の支持を受けた遼朝仏教の考え方を代表すると見ることができる。

朝陽北塔に関する研究は、目下のところ塔身の曼荼羅の浮彫や塔内の仏教経幢、舎利の埋蔵等の方面に比較的集中している。[四]天宮と地宮の題記銘文中の契丹仏教の「像法」と「末法」に関する問題は、今のところまだ十分な関心は持たれていない。およそ沈雪漫（Hsuen - Man Shen）教授の、「末法」に臨もうとする時代に仏陀の遺骨[五]である舎利を保存する象徴的意義を検証する研究が有るくらいである。沙武田教授はこれらの題記を根拠に、遼朝と敦煌の間の仏教交流に言及して、敦煌蔵経洞が密封された理由と、宋遼時代の仏教が一〇五二年前後を「末法」に入る時代と考える思想とはかかわりがあると考えている。[六]

先学の啓発のもと、筆者は本稿において重点的に二つの方面の問題を検討したいと思う。その一つ目として、延昌寺塔のこれらの題記が反映する契丹仏教が認めた「像法」の終結と「末法」の開始時期は、何に基づくのか。中国仏教史上、これらはけして遼代仏教が新たに提示した問題ではなく、早くも南北朝後期から隋唐に至る時代に在って、中国仏教は既にこれらの問題に直面し、それに回答してきた。それでは、これらのことについて中国仏教の基本的問題にかかわる鍵となる考え方や、遼朝仏教と北朝隋唐仏教の関係は、継続的であるのか、それとも断絶しているのか。これは契丹仏教と中原仏教の伝統の間にある関係を判断する一つの重要な視点である。[七]

その二つ目として、遼朝仏教は何の為に延昌寺塔に新たに舎利を安葬した時、「像法」が終わろうとしており、「末法」が訪れようとしていることを強調したのか。延昌寺塔の舎利が、隋の文帝の時代の全国に舎利を安置する活動に由来することは言うまでもない。即ち、朝陽北塔は唐代、遼代の初めにいずれも政権側により修築されており、それ故、重煕年間の修築は「第三次修築」となる。舎利の埋蔵と「末法思想」には直接関係があるのだろうか。おそらく隋代に舎利を分置した時には、「末法思想」はけして奉仏行為を導くものではなかった。遼の聖宗耶律隆緒、興宗耶律宗真、道宗耶律洪基の三人の皇帝が相次ぎ位に在った百年間は、まさしく契丹仏教が最も興隆した時であった。舎利を埋蔵し、仏塔を修築する政権側の活動は、何の為に「末法」に臨もうとしている観念を体現しようとしたのか。これと関連する事実は、遼代の石経山の石経を刻む活動が再度復興したことであるが、このことと「末法」時代がまもなく訪れるという思想とはそもそもどのような因果関係なのか。

以上の二つの面の問題は、契丹仏教と中原、或は南北朝隋唐仏教の伝統の間の関連をどのように評価するのか、並びにいかに適切に中国仏教の「末法思想」を理解するか、特に唐以降の「末法思想」の中国仏教における意義等にかかわる問題である。

二、仏滅の年と「末法」の開始時期

塔の中の天宮にあった器物上の題記の表記方法から換算すると、「像法」の終結は西暦一〇五一年、「末法」の開始は一〇五二年である。このような推計の前提は、仏滅の年代と、仏滅から何年後に「像法」に入り、何年後に「末法」に入るかを確定するものであり、これは仏教の「正像法三時説」とかかわる。所謂「三時説」とは、仏陀滅度の後、仏教は世間で「正法」五百年、或は千年、「像法」一千年、「末法」一万年の、三つの前後して続く時期を経ると考えられている。「末法」が終わる時、仏法も消滅し、五六億七千万年の長い時を経て始めて、未来仏の弥勒が降り、仏法が再び興るのである。[八]

延昌寺塔の題記には仏滅の年代について確かに直接的な説明があり、前に示した引文の「世尊滅度已一千九百九十二年」がそれである。[九]もし重煕十二年（一〇四三）の時、仏滅から既に一九九二年経っているなら、つまり仏滅の年は紀元前九四九年前後になるはずである。この仏滅の年代は、丁度所謂「周昭王二十四年仏誕、周穆王五十二年（或五十三年）仏滅（周昭王二十四年に仏陀が誕生し、周穆王五十二年（或いは五十三年）に仏陀が入滅した）」という説と符合する。これは中国仏教の各種の仏滅年代論の中で、最も広く流伝し最も長く影響した考え方である。二〇世紀初めに到るまで、中国仏教はまだこの仏の誕生と入滅の年代を堅持していたのである。

　これまでの研究のほとんどは、釈道宣の『広弘明集』巻一、或は『続高僧伝・曇無最伝』、『集古今仏道論衡』巻甲の記載を根拠に、「昭王二十四年仏誕、穆王五十二年仏滅」説を考えているが、これは北魏明帝の正光元年（五二〇）には既に出現している（一〇）。現在考えるに、道宣がこの三部の書物の中で記す来源は同一のものと考えられ、これを信頼することはできない。「穆王五十二年仏滅」説の出現時期は、五二〇年よりも遅いはずである。

　先ず、道宣の三部の書物の中での正光元年の仏道論争事件についての記述の中で、いずれにも「太尉粛綜」、「中書侍郎魏収」、「散騎常侍温子昇」、「尚書郎祖瑩」、「大傅李寔」、「衛尉許伯桃」、「吏部尚書邢楽（巒）」等の歴史上の人物が見える。もし逐一これらの人物の履歴を検証すれば、以下のようなことを発見できるであろう。即ち、ある人物は五二〇年より前に世を去り、ある人物は五二〇年にはもとより洛陽におらず、ある人物は五二〇年にはまだこのような官職になっていなかった。しかも上掲の人物たちの中で、少なくとも魏収、祖瑩、李寔、許伯桃、邢楽の五人の官職は、いずれも楊衒の『洛陽伽藍記』の中に見える。邢楽がかつて「吏部尚書」に任じられたという見解について言えば、これは五四七年以降に成書した『洛陽伽藍記』にのみ見える。故に、筆者は正光元年の仏道論争中に登場するこれら北魏の朝廷の重臣に関して、これは仏教側が『洛陽伽藍記』の中の間接的な記述を根拠に捏造したものに違いないと考える。正光元年の時の仏道論争の歴史記述の背景は虚構なのである。

　次に、劉宋から蕭梁、魏収から北周の釈道安に至ると、彼らは仏滅の年代に言及する時、基本的には『春秋』系仏陀誕生説」を持ち出さない（一一）。つまりこの説では、『春秋』の魯の荘公七年四月のはじめの天文現象の記録に基づき、それを強いて仏陀誕生時の天文現象と比較して、魯の荘公の紀年から周の荘王十年（紀元前六八七）の仏陀誕生を換算しており、当然周の匡王の時に仏陀は入滅したことになる。北周の道安の時代に至ると、周の荘王の十年である仏陀生誕の年を太子成道の年に改めたので、これにより仏陀誕生の年を二九年前に遡らせて推定している。但し、これは依然として『春秋』系仏陀誕生説」に属している。このような状況下で、五二〇年に「昭王二十四年仏誕、穆王五十二年仏滅説」が出現したのであるが、これは明らかに非常に唐突である。

　それでは、「昭王二十四年仏誕、穆王五十二年仏滅」という考え方はどのようにして出てきたのか。この問題に対して、筆者には別に論じている論文がある（一二）。ここで確認できるのは、次のようなことである。無論、釈慧思が作った『立誓願文』は、北斉武平七年（五六七）の頃に教えの解釈上、高麗国の使者が仏滅の年代を尋ねたのに対して回答したものであり、とりわけ五九七年に至ってほぼ成立した『歴代三宝記』には、『広弘明集』が記述するような、明確な「昭王二十四年仏誕、穆王五十二年仏滅説」は見えないのである。このような考え方として最も早く見えるのは、唐の武徳末年から貞観初年に至る釈法琳であり、彼は『破邪論』の中で先ず正式に正光元年の北魏の仏道論争のことを提示し、北魏の高僧曇謨最の口を借りて、昭王二十四年に仏陀が誕生し、穆王五十二年に仏陀が入滅したことを示し、あわせて『周書異記』と『漢法本内伝』を依拠した文献として出している。（一三）法琳より遅い道宣は、更に法琳の説を根拠として、『広弘明集』（一四）、『続高僧伝』及び『集古今仏道論衡』の中で、この件を転載している。これ以降、「昭王二十四年仏誕、穆王五十二年仏滅説」は、ほぼ中国の地の仏教が共通して認める見解となった。これにより、仏滅の年代に対する選択から見ると、遼代仏教は疑いなく唐の初めに到って形成された中原地域の仏教の普遍的な見解を継承している。

もし仏滅が穆王五十二年（紀元前九四九）であれば、何年が経過すると「末法」の時代に入ることになるのか。この問題は南北朝から唐初に至るまでの仏教界で一貫して異なる見解を有した。例えば『立誓願文』の中で、慧思が採択したのは、「正法」五百年、「像法」一千年の説である。当然ながら慧思は仏滅が紀元前九四九年であることをけして承認しないわけではないが、彼は自分の生まれた年には、仏滅から既に一五〇〇年が過ぎているので、「末法」の時代はとうに始まったと考えている。（一五）仏法の上では、「正法」と「像法」に関してそれぞれ何年間であるという考え方は残されておらず、彼は仏滅は紀元前八九八年前後であると考えているが、武平七年は仏滅の年から一四〇〇余年隔たっているものの、（一六）まだ一五〇〇年の期限には足りないので、仏法上は「末法」の時代はまだ始まっていないと考えるべきである。費長房は隋代の仏教の実際の情況を根拠としており、「像法」と「末法」の開始時期は、いずれも改めて推計すべきであると考えていた。

『歴代三宝記』巻一「帝年上」の冒頭で、費長房は次のように言う。

准三蔵教及《善見律》云、佛何以不度女人。爲敬法故。正法千年、以度女人、減五百年。制修八敬、還滿千年。然後像法、亦一千年。末法萬年。五千年來、學三達智、并得四果。六千年去、學不得道。萬年已後、經典文字、自然滅盡。但現剃頭、有袈裟耳。正法之世、大乘味淳。至乎像代、味少淡泊。若入末法、則無大乘。奴婢出家、汚染淨行。惡王治世、課税僧尼。今則未然。縁此正像交渉未深、三寶載興、大乘盛布。寧得已接於末法者哉。（一七）

（三蔵教及び《善見律》に准へて云く、佛何を以て女人を度さず。法を敬するが爲の故に。正法千年、女人を度すを以て、五百年を減ず。八敬を制修し、還りて千年を滿たす。然る後像法、亦一千年。末法萬年。五千年來、三達の智を學べば、并びに四果を得。六千年去れば、學ぶも道を得ず。萬年已後、經典文字、自然に滅盡す。但だ剃頭を現わし、袈裟有るのみ。正法の世、大乘の味は淳なり。像代に至り、味少しく淡泊なり。若し末法に入れば、則ち大乘無し。奴婢出家し、淨行を汚染す。惡王世を治め、僧尼に課税す。今則ち未だ然らず。此れに縁り正像交渉して未だ深ならず、三寶載興し、大乘盛んに布く。寧ぞ已に末法に接する者を得んや、と。）

ここからわかるのは費長房も「正像末三時説」を認めており、且つ「末法」の時期が万年の長きに達するとしていることである。但し、いつから「末法」に入り始めるのか、費長房から見ると、直接南北朝時代に通行した見解をそのまま用いることができるほど却って事情は簡単ではなかった。なぜなら、彼が認知していることに照らせば、「末法」時代は「則無大乘。奴婢出家、汚染淨行。惡王治世、課税僧尼。」の乱世であるはずだからである。しかし、隋初の仏教の情況に照らして、彼はただ「今則未然」と言うだけだが、隋初は明らかに

「三寶載興、大乗盛布」の様子であり、どうしてこれを既に、或は間もなく「末法」の時代に入ると言えようか。

『歴代三宝記』巻十二はまた次のように云う。

此稱「末」者、正法既滅、去仏滅遥、通言「末法」。計仏滅來、至今己巳、始一千一百九十五年。依『佛本行』、正法五百、像法千年。今當「像末」。依『善見律』、正像住世、各一千年。今則當「像初」。既倶經律、延促逐縁、乃可承「初」、豈應據「末」。昔魏太武毀廢之辰、止及數州弗湮經像。近遭建德周武滅時、融佛焚經、驅僧破塔。聖敎靈跡、削地靡遺。寶刹伽藍、皆爲俗宅。沙門釋種、悉作白衣。凡經十年、不識三寶。當此毀時、卽是「末法」。所以人鬼哀傷、天神悲慘。（一八）（此れ「末」と稱する者、正法既に滅し、仏滅を去ること遥かなれば、通じて「末法」と言う。仏滅を計りて來《このかた》、今己巳に至り、始めて一千一百九十五年。『佛本行』に依れば、正法五百、像法千年。今「像末」に當る。『善見律』に依れば、正像住世、各〻一千年。今則ち「像初」に當る。既に經律倶り、延べて逐縁を促せば、乃ち「初」を承くる可し、豈應に「末」に據るべけんや。昔魏の太武の毀廢の辰、數州が經像を弗湮するに及びて止む。近くは建德の周武の滅時に遭ひ、佛を融し經を焚し、僧を驅り塔を破る。聖敎靈跡、地を削り遺すところ靡し。寶刹伽藍、皆俗宅と爲す。沙門釋種、悉く白衣を作す。凡そ十年を經て、三寶を識らず。當に此れ毀時なるべし、卽ち是れ「末法」。人鬼哀傷し、天神悲慘する所以なり。）

「己巳」は西暦六〇九年であり、この年は『歴代三宝記』が成立した五九七年より後であり、これはおそらく成書後に加筆された内容であろう。則ち費長房は仏滅は紀元前五八六年に違いないと考えている。もし、「正像二時」が一五〇〇年であることに照らせば、西暦六〇九年の時点では、まだ「像法」の段階であり、それから三〇五年経ってようやく「像法」終結の年に至るので、この年は「像法」に属す。もし、「正像二時」が計二〇〇〇年であれば、西暦六〇九年になって、「正法」が終わって一九五年、「像法」が始まって一九五年なので、故にこの年は「像初」となる。費長房は隋初は「像初」に属し、「末法」の到来までの時間はまだ遠く、少なくとも七、八百年はあると考えていた。

費長房だけでなく、魏晋南北朝隋唐期の仏教は長期に渉り解決し難い一つの問題に直面していた。即ち、もし予め確定されてきた仏滅の時代から推計すると、南北朝末、隋初は既に「像末」に至っており、甚だしきは「末法」が早くも始まっている時期のはずである。但し、北周・隋の時期の現実は、「周武滅仏」という短い一時的な「法難」を除けば、多くは崇仏の君王の時代であり、仏教は多くの場合、復興と繁栄の状態にある。実に「悪王治世」という仏法が衰亡する時代と見ることはできない。仮にこれが君王の崇仏についての報告から出ているとしても、完全には事前の推計に照らすことはできず、明らかに興仏、揚仏の時代であるのに、これに「像末」或いは「末法」の時代をかぶせているのである。幸いにも仏教教説の中で、ただ北伝仏教の『仏本行經』だけが「正像二時」合わせて一五〇〇年の説を具体的に示しているのではなく、南伝の『善見律』も仏滅の後二〇〇〇年に、ようやく「末法」の段階に進むという説を示している。費長房も喜んでこのような考え方を受け入れている。即ち、仏陀が女人に出家を許した時、本来の「正法」千年は半減して五百年となったが、しかしまさに出家した女性たちに対する八敬法が制定された後、「正法」はまた千年の長さを回復した、としている。このように、費長房はインド仏教の経説と中国仏教の現実を調和させる必要から、「正像二時」計一五〇〇年説が盛んに行われていた南北朝末から隋初に至り、改めて「正像二時」計二〇〇〇年の見解を提出することを試みたのであり、その目的は隋初を「像末」、或は「末法」とせず、最大限「像初」と見ることであった。

「正像二時」計二〇〇〇年の説は、早くも費長房より前に既にあった。但し南北朝仏教でずっと流行していたのは北伝の一五〇〇年説であった。費長房によって、二〇〇〇年説はようやく隋代から多くの人に重視されるようになった。例えば、費長房とほぼ同時代かやや遅い時代の吉蔵（五四九〜六二三）は、彼の多くの経疏の中で、[一九]すべて「正法千年、像法千年、末法（一）萬年」の説を採っている。唐代に入って以後、「正像二時」が二〇〇〇年であるべきとする説を認める人は更に多くなってくる。唐初より以後は、既に釈法琳が打ち立てた仏滅が周の穆王五十二年、即ち紀元前九四九年であるということが広く受け入れられているが、本来「正像」一五〇〇年の説に照らせば、西暦五五二年前後が「像法」の終結と「末法」の開始の時となるはずである。もし改めて正像二〇〇〇年説に照らせば、これより更に五〇〇年を加えて、一〇五二に至ってようやく「末法」の時代が始まると計算される。こうなると、六世紀末、七世紀初の隋と唐初の人は、「末法」が自分のいる時代に降臨することを心配する必要はなくなる。畢竟それは、三、四百年の後のことである。延昌寺塔の題記は次のようなことを明らかに示している。即ち、契丹仏教側は厳格に隋初の人が定めた「正像二時」二〇〇〇年説、及び唐初の人が定めた仏滅の年代を遵守しているのである。これは疑いなく契丹仏教が隋唐の仏教を継承し、そのまま保ち続けていた仏教の一面を体現している。

三、遼代「末法思想」の普遍性の問題

しかしながら、延昌寺塔に見える「像法卽將結束、末法卽將來臨（像法卽ち將に結束せんとし、末法卽ち將に來臨せんとす）」という観念の背後には、却って人を困惑させるところがある。先ず、費長房が隋初の仏教を正しく復興の中にあるとしたからには、「像末」或いは「末法」の段階を以てこの[二〇]時代を見るべきではない。重熙年間も正しく仏教興隆の時代であるのに、何の為にここで「像末」と「末法」が来臨しようとしていることに言及する必要があるのか。まさか延昌寺塔の題記を撰写した者は、費長房と同じように考えてはいなかったとでもいうのであろうか。 また、沈雪漫は延昌寺塔に舍利と仏教経典を埋蔵するという行為は、「末法」時代の来臨に対応し、物質面と精神面から継続して仏法と仏身の重要な意義を保存する為であると考えている。[二一]実のところ、彼女が挙げる西暦二〇〇〇年までに発見された遼代の舍利塔だけでも、二二座の多さである。もしこれらの舍利塔がすべて「末法」の来臨に対応して仏法を銘記し保存する為に建造されたものであるなら、遼代仏教に対する「末法思想」の影響は普遍性を持っていたはずである。しかしながら、沈雪漫は自分でも次のように認めている。即ち、歴史文献中に、遼代仏教の「末法」の開始年代に関する記録と、当時の仏教徒が「末法」が来ることに対していかに色々な準備をしたかという記録は見出せないようであるとしている。[二二]では、「末法思想」はつまるところ遼代においてはどのように流伝している状態だったのか。それを受け入れた度合はどの程度であったのか。

所謂「末法」は、中国仏教がインド仏教の「仏滅思想」の基礎の上に新たに発展させた、仏教に関する仏滅後の未来に向けての一種の歴史的預言であったはずである。インド仏教には本来ただ「正像二時説」があっただけで、通常「正像二時」は計一五〇〇年と考えられていた。まさに中国仏教が仏陀の生誕を周の荘王十年と考えた時、それは一五〇〇年の終結の期限を意味したのであり、一五〇〇年の終わりは紀元九世紀頃になってようやく到来するはずであった。しかして紀元五，六世紀の中国仏教徒は次第に仏滅の年代を早めて商周の際、或は西周の初年時としたので、「像法」が南北朝末から隋初に至るまでには終結するか既に終結しており、「像法」終結後の仏教は何を捨て何を取るべきかという問題に直面することになった。前述の釈慧思の場合、彼は自分の生まれた年を既に「末法」に入って八二年経っていると考えた。「末法」は即ち南北朝の中国仏教が「像法」終結後の仏教の歴史的時期を補い継続させるために用いた一つの新理論なのである。

但し、中国仏教の仏滅年代の問題に対する認知は、南北朝後期から唐初に至って発生した激烈な変化である。仏滅の年代と仏滅の後どのくらい経って「末法」に入るのかという、この二つの、「末法」がいつ始まるかを決定する前提条件は、とても長い時間の中で不断に変化している。費長房と吉蔵がつとに仏滅の後二〇〇〇年を以て「末法」の開始の時として計算すべきであると主張しているのもかかわらず、少なくとも貞観二年（六二八）には、釈静琬が石経山で石経の刊刻を始めており、彼の仏滅年代とそれによる仏滅後の段階的時間の表現は次のようであった。

釋迦如來正法、像法凡千五百年、至今貞観二年、已浸末法七十五載。佛日既没、冥夜方深、瞽目群生、従茲失導。静琬爲護正法、率己門徒、知識、及好施檀越、就此山巓、刊『華嚴經』等一十二部。冀於曠劫、濟度蒼生、一切道俗、同等正覺。[二三]（釋迦如來の正法、像法凡そ千五百年、今貞観二年に至り、已に末法七十五載を浸す。佛日既に没し、冥夜方に深まらんとし、瞽目群生、茲従り導きを失ふ。静琬正法を護らんが爲に、己の門徒、知識、及び好施の檀越を率て、此の山の巓に就き、『華嚴經』等一十二部を刊《き》む。冀くは曠劫に於いて、蒼生を濟度し、一切の道俗、等正覺を同にせんことを。）

静琬が採るところもまた「正像二時」計一五〇〇年の後、「末法万年」に入るという説であることがわかる。もし六二八年に既に「末法」の時代の七五年目に入っているなら、「像法」と「末法」が交代するのは、西暦五五二年頃になるはずである。これにより先に推計した仏滅の年は、正しく釈法琳が持するところの「穆王五十二年仏滅説」となる。『破邪論』[二四]の最終的な成書時期は、武徳五年（六二二）よりも早くないはずである。理論上から言えば、静琬はおそらく釈法琳の『破邪論』を根拠として仏滅が穆王の五十二年と確定したのであり、これにより改めて推計して算出した貞観二年が「末法」の第七五年となる。重熙年間に再度、延昌寺塔を修築した契丹仏教側は、採るところの仏滅の年代が実は静琬と同じであり、ただ静琬は仏滅後一五〇〇年して「末法」に入ると考え、契丹仏教は仏滅後二〇〇〇年して「末法」に入ると修正して用いているに過ぎない。従って可能性が有るのは、延昌寺塔が反映する仏滅年代の観念も、石経山の石経刊刻活動を通して幾世代もの間受け継がれてきたということである。石経山があるのは幽州地区の為、契丹と北宋が境を接する地に属し、遼の南京、それと石経山に近い燕京城(析津府)も、遼朝五都の中の経済文化がもっとも発達した地である。一般に契丹仏教は主に燕京地区を通って中国の地に入ったと考えられており、故に石経山が体現する仏教の伝統は、朝陽地区を包括してそこに内在した契丹仏教に対して明らかな影響と輻射作用があったはずである。

靜琬は貞観八年(六三四)にまた『鐫華厳経題記』に以下のようなことを留めている。

靜琬敬白未來之世一切道俗。法幢將没、六趣昏冥、人無惠眼、出離難期。每尋斯事、悲恨傷心。今於此山、鐫鑿『華嚴經』一部、永留石室、劫火不焚。使千載之下、惠燈常照。萬代之後、法炬恒明。咸聞正道、□□□□。此經爲未來仏法難時、擬充經本。世若有經、願勿輒開。貞観八年歳次甲午□月乙卯十五日己。[二五]（靜琬未來の世の一切道俗に敬白す。法幢將に没せんとし、六趣昏冥し、人に惠眼無く、出離期し難し。每に斯の事を尋ね、悲恨傷心す。今此の山に於いて、『華嚴經』一部を鐫鑿し、永く石室に留むれば、劫火焚せず。千載の下、惠燈をして常に照せ使む。萬代の後、法炬恆に明す。咸く正道を聞き、□□□□。此の經未來の仏法難時が爲に、經本を擬充す。世に若し經有れば、願わくは輒ち開く勿れ。貞観八年歳次甲午□月乙卯十五日己。）

ここでは靜琬が石経山で石経を刊刻した理由と目的に言及している。これに対して、塚本善隆等の先学はつとに全体的かつ透徹した研究をしており、「末法思想」が石経山で靜琬が刻経事業を始めた重要な背景であることを指摘している。[二六] しかし、当年の先学たちは「周武法難」を体験した一群の高僧が、未来の仏法が再度直面するかもしれない「法難」の厄運への警告を発して、色々な予防の対策をしたことを過度に強調しているようである。しかしながら前に引いた題記中の「未來仏法難時」の「法」の字は現代の研究者が推測して補った一字である。このように補われて上下の文とは差し障りが無いとはいえ、しかし原文がこの字では無い可能性もある。「法難」の一語は多くは後世の人の滅仏運動に対する概念的呼称であり、北周・隋・唐初の仏教中の人はこの語彙を用いなかったようである。

「法難」は「末法」来臨の時の表現の一つであると考えられるが、但し「法難」はけして仏法の徹底的な消失を導くものではない。まさに「法難」が終結し、仏教が復興して正しい道に回帰している時に、何の為に仏教側は更に「末法」の時代が遅かれ早かれ必ず来臨するとはっきり認めたのか。筆者が考えるに仏教教理の中には本来、このような理論の事前設定が含まれているようである。即ち、無論「惡王」或いは「法難」の出現があろうとなかろうと、仏滅の後に仏教は最終的には一歩一歩消失に向かう。靜琬らが発願して石経を刊刻したのはただ次の「法難」の発生の為に準備しただけではない。例えば費長房が言うところでは、即ち「萬年已後、經典文字、自然に滅盡す（萬年已後、經典文字、自然滅盡）」るのであり、つまり「惡王」と「法難」があろうとなかろうと、仏教の未来にはすべて「末法万年」の終結の後、経書の文字が「自然滅盡」する局面が出現するのである。とりわけ「周武法難」というひどく痛ましいレベルのことでさえ、「經典文字滅盡」させるには足りなかった。これに反して、もし再び「法難」が発生したら、その「惡王」たちがどうして石経山の刻経事業を知らないでいるだろうか。どうして仏教が継続して石経を保留して未来の仏法の復興の用に備えることを許すのか。故に靜琬らが石経を刊刻した目的は、「千載之下、萬代之後」に、その時の世間で自然或いは人為の力の導きにより仏教経典の文字がすべて消失する時に、そこで石室を開き、「劫火不焚」の経本を流伝させて、世人が慣用するのに提供する為である。これにより、靜琬が石経を刊刻する原動力が「末法思想」の刺激からくると説くのは、無論誤りではないが、しかし靜琬の刻経はおそらくけして将来の「法難」の再度の発生に備えるものではなく、「末法」の段階が終結した後に、世間が再び仏経の文字が流通することのない状況下、正信の士がなお永存不滅の石経本を仏法の拠り所とすることができるようにする為であった。

靜琬の刊刻石経の目的に対して認識を新たにした後、再度延昌寺塔の題記と同時代の石経山の遼代の刻経事業を見てみたい。塚本善隆氏は既に遼代の刻経と靜琬の時代の刻経の異なる所を提示しているが、それを特に強調はしていない。但し隋唐と遼代の間で「末法」を待つ態度にはこの種の違いがあることは、本稿から言えば却ってこれは重要である。朝陽地区の直接的な仏教文物と文献は非常に限られているので、本論文では朝陽地区と様々な要素が絡みあった石経山の刻経事業が反映する遼代仏教の情況を通じて、延昌寺塔の仏教内容の背景の一つを理解したいと思う。

前述のように、靜琬に代表される隋と唐初の何代かの人は、確かに「末法思想」の影響を受けて刻経事業を展開している。彼らが隋・唐初に在って、仏教がまだ十分正常な発展をしていると言える状況下で、依然として刻経は止まず、それはひそかな世俗の君主に対する不信任と言うよりは、仏教全体の未来の趨勢の為に準備をすることであったと言った方がよい。何故なら仏教経典中の元々の預言が言うには、「末法万年」の終結後、世間には再び依るべき経本はなく、仏法は徹底的に消失する段階に至るからである。但し靜琬及びその後継者は、却ってその段階の人々の為に拠り所となる経本を提供することを求めて発願している。しかしながら遼代に至ると、これも正しく聖宗の勅命のもと、石経は再び刻経を開始している。これは靜琬の時代には完全に僧侶の発願により刻経事業が興建されたことと、既に大きく異なっている。興宗と道宗の時には、遼代の石経山刻経事業はピークに達している。この時の人々の石経山で石経を刊刻する目的は、既に明らかな転変を生じている。遼の人はもはや「末法」時代の終結後に世間に経本を残す必要があるかないかの問題には関心がなかったようである。遼代の石経山に残された石刻文字の中には、ほとんど未来の仏法消失に対する憂慮は見えない。塚本氏の考え方に照らせば、遼代に続いた石経刊刻の目的は、「見今大藏仍未及半……嘅石経未圓、有續造之念[二七]（今の大蔵を見るに、仍ほ未だ半ばに及ばず……石経未だ圓たからざるを嘅き、續造の念有り）。」ということである。換言すれば、主要な目的はひとそろいの石刻大蔵経を補足することに過ぎない。但し『契丹蔵』の編修と印刷発行につれ、巨費を使い、しかもあまり実用的[二八]でない石刻大蔵経は、ますます遼の人の興味を引かなくなっていった。

或いはこのように考えることができる。即ち、石経刊刻事業は最初に隋唐の境目で起こったが、これは正しく「末法思想」が大いに興った時代でもあった。靜琬ら何世代かの人々の願望は、いかに石経の刊刻を通して「末法」が既に来臨している現実に対応しようかということであった。しかし遼代に至ると、石経の刊刻が「末法思想」とは直接関連することは無くなり、遼朝皇帝が直接出資し賛助する刻経事業もまた、未来の「法難」を予防する意図があったとは言い難く、多くはひとそろいの大蔵経を集め揃え、功徳を累積する為であった。明らかに、「末法思想」は遼代の石経山刻経事業の中では、重視されてはいなかった。これも印刷本の大蔵経が一旦流行すると、石刻大蔵経事業が次第に中止されるようになった主要な理由である。何故なら当時の仏教徒は既に静琬のように心の中が「末法」時代来臨時の神聖観と使命感に満ち、世間に「劫火不焚」の石経経本を残すことを己の任務と考えているようではなかったからである。この角度から言うと、石経山が反映する遼代の仏教は、その実既に「末法思想」を重視しなくなっていたのである。

延昌寺塔の題記を除くと、遼朝の領域内の仏教が憚りなく「末法思想」を宣揚した証拠は見出し難い[二九]。たとえ延昌寺塔の題記の中に、この「堤點上京僧録宣演大師賜紫沙門蘊珪」という人物が見えても、延昌寺塔の天宮中に有るのはその一〇四三年の題記である。地宮中の石函の蓋の上には一つの方塔が刻まれており、塔身には『般若波羅密多心經』の尾題に「都堤點前上京管内僧録宣演大師賜紫沙門蘊珪記」と刻まれている[三〇]。これは一〇四四年に地宮に文物を奉葬する時には、蘊珪が既に上京管内僧録の職を担当していなかったことを説明している。この後、重熙十八年（一〇四九）になると、この蘊珪はまた慶州白塔（又の名を釈迦舎利塔、現在の内蒙古巴林右旗索布日嘎蘇木）の『螭首造像建塔碑』と『五層塔室磚碑銘文』中の題に見えるが、そこではみな「慶州僧録宣演大師紫沙門蘊珪」となっている[三一]。しかしながら、慶州白塔の修建題記の中には、延昌寺塔のような「像法」が終わり、「末法」がまもなく来臨しようとしていることを強調するものは見えない。ここからわかるのは、たとえこれが蘊珪本人だとしても、一貫して「像、末」交代の境目が来ようとしているという観念を掌握していたようには見えないことである。彼が前後して参与した二つの舎利塔の修建活動は、いずれも「末法思想」のもとで「末法」が訪れようとしていることに対応する措置であったとは言い難い。

金代になると、浄土宗の居士王子成は『西方浄土懺文』を集成する。これに前後して李純甫が一二一三年に、日本人僧至道が一三三二年にこれの為に序を作り、金元時代に幽燕（現在の河北・山東省の一部及び遼寧省）一帯で流行した『礼念弥陀道場懺法』が形成された。その中で、作者は既に仏滅後、正法五〇〇年、像法一〇〇〇年と述べており、また所謂『法王本記』、『釈迦碑文』を根拠として、当時既に仏滅後「有二千餘年、入末法來、數百餘載（二千餘年有り、末法に入りて來（このかた）、數百餘載）」であると述べている[三二]。もしこれらの文字が元代の定本時になってから有るようになったのだとすれば、即ち、「末法」は一〇五二年から始まり、一四世紀に至って「入末法來、數百餘載」となったと言うことができる。しかし所謂『法王本記』、これは唐初の仏教文獻でようやく出てきた言い方であるが、そこで採られているのは却って正法五〇〇年、像法一〇〇〇年、末法一〇〇〇〇年の説なのである。『礼念弥陀道場懺法』の例が説明するのは、契丹遼代仏教を継承した金元仏教は、「末法」の開始時期の問題に於けるように、ある種固定的伝統を形成したようには見えない。少なくとも言えるのは次のようなことである。即ち、遼代の仏教は既に北周・隋・唐初の仏教徒のようには「末法」の問題を意に介してはいなかったようである。

四、結語

それでは、またどのように延昌寺塔に見える三条の「末法思想」を体現する題記を理解すべきなのか。筆者が考えるにこれは遼代仏教の中では、どうやら数から見てそう多くはない特例のようである。目下、蘊珪がどういう理由で一〇四三年に延昌寺塔を修築し舎利を埋める時には「末法」に言及したのに、一〇四九年になって慶州白塔を修築した時には、もう「末法」を強調しなくなったのかを説明するのに十分な証拠は無い。但し延昌寺塔の三条の題記はまだ以下の幾つかの問題について説明することができる。

第一に、房山石経の題記の中に見えるのは、静琬及びその四世の弟子より後には、石経山の刻経事業の主要な推進力は、すでに「末法思想」の刺激を受けたことから転じて、主に功徳を累積することに変わっていることである。或いは最初の仏教の前途の命運を思うことから転じて、より多くの信仰者個人の功徳と福田を考えるようになったと言える。故に遼代になると、「末法思想」は有るようにも無いようにも見えるが、それもけしてその事情を理解することは難しくない。「末法思想」は徐々に一種時代遅れの伝統に変わって行き、遼代仏教と同時代の北宋仏教では、基本的にもう「末法」の問題を重視しなくなっていた。但し「末法思想」と直接関わる仏滅年代の問題は、却って歴代の仏教が仏法を伝播する時に回避できない基本前提となり、それは既に仏教徒が常識的に認知するものとなっていた。

第二に、たとえ契丹と遼代の仏教が、隋や唐初の仏教のように普遍的に「末法」の時代がいつ始まるかと言う問題を憂慮していたのではなくても、契丹仏教が従う仏滅の年代と「末法」の開始時期とは、どちらも隋と唐初の仏教から受け継いでいるものである。故に根本的なところから言うと、契丹仏教の「末法説」は、中国魏晋南北朝隋唐期の仏教の「末法説」の延長上にある。仏滅の年代と「末法」がいつ始まるかという問題を考慮すると、それはいかにして仏教の歴史とすぐさま対処すべき段階の重大問題を認知するかにかかわり、そこに遼代仏教と隋唐仏教が明らかに継承関係にあるという一つの重要な面が存在したと見ることができる。

第三に、「末法思想」が根ざすのは、比較的短い歴史的な時期に仏法が遭遇する人の力による破壊の時に対応して仏教の為に経書、法像を保留することなどではなく、万年の久しき時を経て仏法が次第に衰亡する「末法」後の段階の為に備えることである。このように、けして仏教の遺文、遺物をただ封印保存して所有するのではなく、舎利と経書を包括した行為を含めて、すべて当然のことながら「末法思想」を以て行動の手引きとする必要があったのである。それらの破損した紙、或いは絹の仏教経典や仏像は、けして「劫火不焚」の特質を備えるものではなく、それらを千万年後の仏教復興の拠り所とすることはできない。蘊珪が延昌寺塔の題記の中に、「像法」が間もなく終り、「末法」がほどなく開始することに言及しているとはいえ、彼が塔を建てて舎利を埋葬するという初志は、けして「末法」の到来に対応する為に参与したことを意味しているのではない。実際、蘊珪の頃は、「像法」が終息するまでには多少の年月を隔てており、「末法」もまだ開始まで少し時間が有り、更に一種の仏教の歴史紀年の補助的記憶のように、舎利を埋葬する時期と「末法」が始まる時期の間には、必然的なつながりは無いのである。

第四に、遼代仏教の「末法思想」に対する有りや無しやのような態度は、中国仏教がインド仏教固有の「法滅思想」の伝統の上に発展してきた「末法思想」が、中国仏教の歴史的発展の中で帯びた明らかな段階性を有したことを説明している。大体、南北朝から唐前期に至るまでが、「末法思想」が盛行した時期である。唐の後期に入ると、「末法思想」は次第に衰えて行った。「末法思想」が中国仏教史上、ゼロから出発し、興盛から衰落に至る歴程も、いかにしてインド仏教への追従から、次第に自我意識を形成する一つの重要な側面に至るかを体現している。しかしながら、「末法思想」が最終的に中国仏教に揚棄された原因、及び唐以後の中国仏教に対するその影響の問題は、更に一歩進んで研究をする必要がある。

《 注 》

（一）最初の考古学的発掘の短い報告が、朝陽北塔考古勘察隊に見える：「遼寧朝陽北塔天宮地宮清理簡報」、『文物』一九九二年第七期、一〜二八頁、カラー頁の壱・弐、図版壱〜伍。ここでは遼寧省文物考古研究所・朝陽市北塔博物館編、『朝陽北塔――考古発掘与維修工程報告』（北京、文物出版社、二〇〇七年）六七頁に拠る。（訳者補足：前掲の『文物』（一九九二年第七期）の発掘報告によれば、朝陽北塔は塔の上部と土台部分にそれぞれ天宮、地宮と呼ばれる空間（小部屋）が設けられており、中に経塔等の文物が収蔵されていたことが報告されている。）

（二）前掲書『朝陽北塔』、八三頁。

（三）前掲書『朝陽北塔』、八五頁。

（四）比較的最近の研究で参照したのは、（韓国）成叙永「金剛界曼荼羅与新的八大霊塔信仰的融合：朝陽北塔塔身浮彫研究」、『故宮博物院刊』（二〇〇七年第二期、九六〜一一一頁）。文中に列挙された浮き彫りと舎利の埋蔵に関する方面の研究成果、特に韓国の研究者の成果は注目に値する。

（五）Hsuen - Man Shen(沈雪漫), “Realizing the Buddha‘s‘ Dharma , Body during the Mofa Period : A Study of Liao Buddhist Relic Deposits”, *Artibus Asiae*, vol. 61, No. 2, 2001, pp. 263-303

（六）沙武田「敦煌蔵経洞封閉原因再探」（二〇〇六年初出）、のち、同氏の『帰義軍時期敦煌石窟考古研究』（蘭州、甘粛教育出版社、二〇一七年）の二〇七〜二三〇頁に収録。

（七）竺沙雅章氏は、遼代の『契丹蔵』と諸宗の章疏作品は、唐代長安地域の仏教と伝承関係があると考えている。同氏「新出資料よりみた遼代仏教」（一九九四年初出）、ここでは同氏著『宋元仏教文化史研究』（東京、汲古書院、二〇〇〇年）八三〜一〇九頁を参照。だが沈雪漫氏の前掲論文の二九五頁では、遼代仏教の埋蔵の伝統はさらに多くの東北アジア地域の仏教との共通性を体現していること、しかし黄河流域及び北宋の仏教の伝統には区別があることを強調しようと試みている。ここからわかることは、いかにして遼代の仏教と中国仏教の伝統との関係を評価するかという問題は、依然として更なる検討が待たれるということである。

（八）劉屹「仏滅之後：中国仏教末法思想的興起」、『唐研究』第二三巻（北京大学出版社、二〇一七年）四九三〜五一五頁。

（九）同様の題記が更に天宮内の石匣の西面の石板に線刻された題記に見え、「世尊滅□□□□□百九十二年」とある。『朝陽北塔』六七頁参照。

（一〇）詳しくは、以下を参照。『広弘明集』巻一、ここでは **CBETA** 電子仏典、第五二冊、三六九頁に拠る。『続高僧伝』巻二十三「曇無最伝」、ここでは郭紹林校訂本（北京、中華書局、二〇一四年）の九〇〇〜九〇一頁に拠る。『集古今仏道論衡』巻甲、ここでは **CBETA** 電子仏典、第五二冊、三六九頁に拠る。（一一）「『春秋』系仏陀誕生説」の概念については、劉林魁「〈春秋〉紀事与中古仏誕諸説」（『世界宗教研究』二〇一七年第二期、六四〜七五頁）を参照。

（一二）劉屹「穆王五十二年――仏滅説的形成」（『敦煌学輯刊』二〇一八年第二期、まもなく発刊の予定）。

（一三）釈法琳『破邪論』、**CBETA** 電子仏典、第五二冊、四八一頁。但し同様に『破邪論』の中で、法琳もまた次のように云う：「自滅度已來、至今大唐武徳五年（六二二）壬午之歳、計得一千二百二十一歳（滅度自り已來、今大唐武徳五年（六二二）壬午之歳に至るまで、計りて一千二百二十一歳を得たり）。」（四八四頁）この推計に依れば、つまり仏滅は紀元前五九九年前後になるはずであり、それは周の定王九年に相当し、穆王五十二年説とは符合しない。この見解は恐らく『破邪論』で易々と定められるようなものではないので、法琳の前後の見解は一様ではなかったようである。一般的には、もし先に穆王五十二年説が定まっていれば、法琳が再度仏滅の年を繰り下げて定王九年にすることはなかったであろう。故にもし伝写の際の誤りでなければ、最初法琳は定王九年仏滅説を承認していたが、後になって穆王五十二年仏滅説を確定したと考えられる。

(一四) 釈道世『法苑珠林』巻五十五「感応縁」、ここでは周叔迦、蘇晋仁校訂本(北京、中華書局、二〇〇三年)の一六七七～一六七九頁に拠る。

(一五)『南岳思大禅師立誓願文』、CBETA 電子仏典、第四六冊、七八六頁。

(一六) 釈道宣『続高僧伝』巻八「釈法上伝」、二六二頁。

(一七) 費長房『歴代三宝記』巻十二、CBETA 電子仏典、第四九冊、二二一～二三頁。

(一八) 費長房『歴代三宝記』巻十二、CBETA 電子仏典、第四九冊、一〇七頁。

(一九) 例えば吉蔵『法華玄論』巻十、CBETA 電子仏典、第三四冊、四〇五頁。『勝鬘宝経』巻中、CBETA 電子仏典、第三七冊、四三頁・『中観論疏』巻第一末、CBETA 電子仏典、第四二冊、一八頁・『三論略章』、CBETA 電子仏典『卍新修続蔵経』第五四冊、八四〇頁等々。

(二〇) 丹と遼代仏教の概況、特に遼の聖宗、興宗、道宗の三代と関わりのある仏教興盛の情況については、以下を参照。野上俊静「遼朝与仏教」(一九三二年初出)、同氏著書『遼金の仏教』(京都、平楽寺書店、一九五三年に)収録。ここでは楊曾文の中国語訳(戴怡学主編『遼金仏教研究』、北京、金城出版社、二〇一二年、五～二三頁)による。黄心川「遼代興宗耶律宗真子重熙仏教」(楊曾文、肖景林主編『中国仏教的舎利崇奉和朝陽遼代北塔』、北京、宗教文化出版社、二〇〇九年、四二～五四頁。)楊曾文「遼代的仏教和朝陽北塔」(同上書、五五～六〇頁。)

(二一) Hsuen - Man Shen(沈雪漫)前掲書(二〇〇一年)、二六七頁。類似の観念としては舎利の埋蔵を研究する研究者の中では、決して一般的な意見ではないが、しかし少なくとも冉萬星の『中国古代舎利瘞埋制度研究』(北京、文物出版社、二〇一三年、四一三頁)があり、そこでも舎利の埋蔵は将来やってくる末法時代が生む恐懼に対する為であり、故に仏教の経本と舎利を保護しようとする切迫した心情によると考えている。

(二二) Hsuen - Man Shen(沈雪漫)前掲書(二〇〇一年)、二九四、二九七～二九八頁。

(二三) 北京図書館金石班・中国仏教図書文物館石経班編『房山石経題記彙編』、北京、書目文献出版社、一九八七年、一頁。

(二四) 前にも述べたように、武徳五年の時、法琳は仏滅は周の定王九年と考えており、穆王五十二年仏滅説の記載のある『破邪論』の最終決定稿は、少なくとも武徳五年より後になるはずである。

(二五) 前掲『房山石経題記彙編』、一～二頁。

(二六) 塚本善隆「房山雲居寺と石刻大蔵経」(一九三五年初出)、『塚本善隆著作集』第五巻『中国近世仏教史の問題』(東京、大東出版社、一九七五年)二九一～六一〇頁に収録。汪帥東訳『房山雲居寺研究』(北京聯合出版公司、二〇一六年)は塚本氏の一九三五年『東方学報』(京都)の特集版に拠るもので、これは『塚本善隆著作集』の定本には収録されていない。小谷勝男「ガンダーラ弥勒信仰と隋唐の末法思想」、気賀澤保則主編『中国仏教石経の研究――房山雲居寺石経を中心に――』(京都大学学術出版会、一九九六年)、一〇七～一三一頁参照。

(二七) この引用文は遼の天慶八年(一一一八)の雲居寺南塔の下の修建された『雲居寺続秘蔵石経塔記』からのものであり、ここでは『塚本善隆著作集』第五巻、五〇四頁に依る。

(二八)『塚本善隆著作集』第五巻、五二一頁参照。

(二九) 沈雪漫は、文献中にこのような痕跡が見えず、目下のところ遼代の仏教石刻文字にも「像法」、「末法」への言及が殆どないことを指摘している。向南主編『遼代石刻文編』(石家庄、河北教育出版社、一九九五年)、向南等主編『遼代石刻文続編』(沈陽、遼寧人民出版社、二〇一〇年)を参照。

(三〇)『朝陽北塔』、八五頁。

(三一) 徳新、張漢君、韓仁信「内蒙古巴林右旗白塔発現遼代仏教文物」、『文物』一九九四年第一二期、二八、三〇頁。

(三二) 王子成集『礼念弥陀道場懺法』巻一、『卍新修続蔵経』第七四冊、七九頁。

第二部会 四

中国古代の「差序疆域」およびその前近代の特徴

趙 現 海
邉見 統（訳）

はじめに

中国古代には開放的な領域観念――「天下」――が形成された。「天下一統」の実現によってのみ、政治建設の最終的な目標を完成させ、政権自体に政治的な合法性を与えることができた。しかし中国古代中原王朝の軍事的・政治的能力の限界は、すべての既知の地域に対する直接統治を不可能にし、またそれを必要ともしなかった。ゆえに、いかにして政治的観念と実践の間の矛盾と隔たりを克服し、有限な能力によって「天下秩序」を構築するかは、中国古代中原王朝が領域モデルを構築するときに考慮せねばならない重要な問題であった。本稿では中国古代中原王朝の独特の領域モデルを考察し、またそれと現代民族国家の視野のもとの領域観念との比較を試みる。それによって中国古代中原王朝の領域モデルの歴史的特徴と、それが現代の辺境統治と学術研究に対して潜在的に示唆する意義を提示したい。

一、「王者無外」の理想的観念下の「天下秩序」と「王朝体系」

東アジア大陸の開けた地理空間は中国の過去の人々に広い視野を与え、その思考を無制限に延長し、大地には境界が存在しないと認識させた。戦国時代の道家の著作の一つ『列子』は、湯と革の対話によって、この観念を表現した(一)。「大一統」思想の影響下に、中国古代にはそれに応じて「王者無外」(二)の政治観念が形成され、その標榜する国際秩序は中国を中心とし、境界のない「天下秩序」となった(三)。中国古代中原王朝は一貫して統治の視野を「中国」――現在我々が理解する中国本土――に限定せず、中国本土を核心として、世界全体を顧慮した。たとえば『礼記』中庸は「至聖」を「是以聲名洋溢乎中國、施及蠻貊、舟車所至、人力所通、天之所覆、地之所載、日月所照、霜露所隊、凡有血氣者、莫不尊親、故曰『配天』(四)。」と述べ、聖明な君主は恩沢を中国と辺境の民族集団を含むすべての地域にもたらすことができるの意に解した。ゆえに、歴代中原王朝の定めた政権の名称は、「国号」ではなく、「有天下之号」であった(五)。現在、「天下」の語の初見は『尚書』周書であり、「用于天下、越王顯(六)。」と見える。「天下」観念のもとでは、真の国際秩序は存在せず、外国政権は各種の形式を通じて、巧妙に中国の主宰する「天下秩序」の序列に配置された。もしその序列に配置できない場合には「荒」とされ、選択的に忘却もしくは放棄された。

『史記』は舜が四海を統べ、禹が天下を治めた光景を描き、「方五千里、至于荒服。南撫交阯・北發、西戎・析枝・渠廋・氐・羌、北山戎・發・息愼、東長・鳥夷、四海之内咸戴帝舜之功(七)。」や「東漸于海、西被于流沙、朔・南曁、聲教訖于四海。於是帝錫禹玄圭、以告成功于天下。天下於是太平治。（八）」と述べている。『古文尚書』周官は周の天子が普天の下を統治する理想的な状況を「惟周王撫萬邦、巡侯甸、四征弗庭、綏厥兆民。六服羣辟、罔不承德。歸于宗周、董正治官。」や「六年、五服一朝。又六年、王乃時巡、考制度于四岳。諸侯各朝于方岳、大明黜陟。（九）」と述べる。秦の始皇帝は琅邪において石に功績を刻み、当時の知りえた地域を秦朝の統一秩序に組み込み、「六合之内、皇帝之土。西渉流沙、南盡北戸。東有東海、北過大夏。人迹所至、無不臣者。功蓋五帝、澤及牛馬。莫不受德、各安其宇。（一〇）」と述べた。後漢時代には華夷の楽を殿廷に合奏し、盛世の気風と見なした。（一一）明の永楽年間には、様々な方法で「四夷」を経営し、大きな成果を得た後、楽舞の形式によって「万邦来朝」の「太平盛世」を表現した。（一二）天下秩序が民族のレベルにあらわれると、華夏であるか夷狄であるかを問わず、すべて統治秩序に組み込まれた。『尚書』武成には「華夏蠻貊、罔不率俾、恭天成命。（一三）」と見える。天下秩序が戦争のレベルにあらわれると、上位が下位を伐つ「征」のみが存在し、対等の国家間の平等な「戦」は存在しなかった。

　天下秩序の直接の反映として、古代中国は広大な領域、多民族、多宗教を特徴とした「王朝体系」を築いた。近代の単一の民族を主体とし、単一の宗教を中心的な信仰とした民族国家の体制とは異なり、古代帝国は往々にして多民族・多宗教の混合体であり、これは古代帝国が領土の開拓を尊んだことの歴史的産物である。中国古代も同様であったが、より典型的で安定していた。それは古代中国が相対的に完備して閉鎖的な地理にあっただけでなく、中華帝国の領土開拓に有利な地形が提供されていたためである。よって中国古代では、長期にわたって漢人もしくは北方民族の建てた中原王朝のもと、辺境の異なる政権、異なる民族が絶えず中原王朝と戦争を起こし、長期に自らの政治体制・社会文化・宗教的信仰の独立性を保持したが、一方で基本的に中原王朝と羈縻もしくは藩属関係を維持し、競争のなかで互いに共存・共生し、ともに発展した。そのため、ともに領土が広く、民族が複雑で、宗教の多様な「王朝体系」を構成した。ゆえに、中国の歴史上の領域と民族・宗教については、王朝の天下の視点に基づくべきであって、現代民族国家の視点に基づくべきではなく、また複合的な視点に基づくべきであって、単一的な視点から考察すべきでない。そうでなければ、理解の錯誤を生じるであろう。現在の中国の領域や民族・宗教についての理解も、十分にこの歴史的特徴を考慮すべきである。

二、中国古代の「差序疆域」観念とその前近代の特徴

　上述のように、「王朝体系」のもと、中華帝国治下のそれぞれの領域・政権・民族・宗教の間には大きな差異が存在した。古代中国の支配方法には、待遇に差を設ける傾向があったと言われる。まさにこの包容性を持つために、古代中国は絶えず辺境の政権と民族を王朝体系のもとに取り込むことができ、また近代に外界の巨大な圧力に遭遇した後にも大部分の領域遺産を保持し、現代民族国家観念との相互作用を通じて、中華民族の多元一体の国家体制を建立し、現在唯一のある程度、古代帝国の遺産を留めた現代民族国家となることができた。この待遇を区別して差異を設ける傾向は領域支配上にあらわれ、「差序疆域」の政治地理構造となった。

　世界の主要な文明のなかで、中国は最も血縁を強調し、血縁は人間関係の基本原則を構成しただけでなく、社会体系と国家政治の核心的

原則に昇華した。中国古代政権は「社稷」と称したが、そのなかの「社」は祖先祭祀の場であり、中国の過去の人々から見ると、政権は実際には血縁集団の延長と拡大・昇華であった。『尚書』は上古の政治運用のモデルを述べるとき、血縁倫理を政治原則とするだけでなく、政治を宗族管理の延長と見なし、「克明俊徳、以親九族、九族既睦、平章百姓、百姓昭明、協和萬邦、黎民於變時雍。」[一四]と述べる。同様に、中国古代の最も早い領域観念は「五服」・「九服」・「九畿」の体系であり、親族関係の継承から生まれたものである。血縁関係が親疎の関係に基づくのと、近くから遠くへ至る差序があらわれるのは同様の論理に基づいており、「五服」・「九服」・「九畿」の領域区分も同様に差序構造として表現された。[一五]

五服・九服・九畿は血縁の序列を模倣したが、その領域構造のもとの部族もしくは政権は、血縁の秩序には依拠せず、地縁の序列が政治的関係を繋ぎとめた。これは上古の華夏文明の絶えざる発展にともなって、政治体がすでに特定の血縁関係を有する部族に限定されない、複数の部族が共同で構成する政権、ひいては国家となり、そして地縁が次第に血縁に取って代わり、政治体の間を結ぶ紐帯となったが、血縁の政治観念がなお保存されたため、地縁構造が血縁の概念を加えて表現され、血縁を擬制する特徴をあらわしたことに由来する。

一方で、華夏文明の絶えざる発展にともなって、拡大していく領域を統治するために、血縁関係を模倣するのと同時に、広大な地域を統合するに足る地縁観念を打ち立てる必要が生じた。この歴史的背景のもと、「天」は中国古代の原始崇拝の重要な対象となり、その包容無限のイメージにより、次第に政治レベルへ入り込み、祖先と同様に重要な政治的合法性の淵源と標準となった。五帝のとき、統治者の即位儀礼はすでに祭天と祖先祭祀の結合であった。国家領域のさらなる拡大にともなって、その地位は次第に祖先の地位すら超越し、最も重要な政治原則となった。特に政権の交替時には、普遍的な「天命」の観念は、反乱を起こした者が現行の統治者の「祖先」を敬う観念を疑い、批判する世論操作の道具となった。夏の啓と殷の湯がそれぞれ有扈氏と夏の桀を討ち、西周が殷を討った際には、それぞれ「天命」によって号令した。そして「祖先」観念は既存の秩序を保護する傾向にあることから、選択的に軽視された。しかし政権がひとたび成立すると、一姓統治に有利な祖先観念は反対に強調された。たとえば殷は天命によって夏に取って代わったと宣揚したが、革命が成功した後には、大いに祖先崇拝を行った。周も天命によって「小邑周」が「大邑商」に取って代わることができたと宣伝したが、ひとたび政権を打ち立てると、宗法制を十分に発展させ、大いに分封を行った。

血縁と地縁、祖先崇拝と天の崇拝が結合した結果、中国古代の差序疆域が形成された。もし中国古代政権が血縁観念のみに限定していたなら、領域への視野を狭めさせ、増加していく地域を政治的視野のもとに置くことはできなかっただろう。もし地縁観念のみであれば、各地域は統合されず平等な地域連合となり、内から外へと広がる整然とした秩序は存在しなかっただろう。まさに血縁の有限な差序と地縁の無限の拡大との結合は、内から外へと広がる、王者無外の天下秩序を形成した。この秩序の配列方式と論理は明らかに差序構造である。

『尚書』酒誥は殷朝の天下を内服・外服に分ける。[一六]「服」は「服事天子也」[一七]の意である。学界では、「服」は天子に対して職責を果たすことと貢納の二つを含むと解されている。[一八]顧頡剛は、内服は王朝を指し、外服は諸侯を指すと考えた。[一九]内服の内部はさらに多くの種類に分かれ、外服の内部はさらに多くの階層に分かれていた。『尚書』酒誥には「越在外服、侯・甸・男・衞・邦伯、越在内服、百僚・庶尹・惟亞・

惟服・宗工・越百姓・里君。[二〇]」と見える。『逸周書』王会解には「方千里之外爲比服、方千里之内爲要服、三千里自後内爲荒服。是皆朝於内者。[二一]」と見え、周初の成王期に三段階の政治地域があり、比服・要服・荒服のそれぞれの政治地域には一〇〇〇里の距離があったとされる。比服は後世の儒者から見れば、王畿附近の地域あるいは五服の侯服・甸服・賓服の地域にあたった。孔晁は、この三分法は周代に定められたものではなく、殷の旧制を継承したものであるとし、「比服名因于殷、非周制也。」と述べている。[二二]

そして『史記』に「輔成五服、至于五千里、州十二師、外薄四海、咸建五長、各道有功。[二三]」とあるように、舜は禹に天下を治めさせ、すでに「五服」の統治上の序列を定めていた。東周に成立した『尚書』周語も「五服」について「先王之制、邦内甸服、邦外侯服、侯衞賓服、蠻夷要服、戎狄荒服。」と述べる。顧頡剛は、侯服を諸侯とし、賓服については前代の王族の国を持つ者であり、賓礼をもって遇し、新しい王朝に従順であり、王の藩屏となることを望んだから「賓服」と名づけられたと考えた。要服については、「要」は「約」であり、常に中原に居住する蛮夷を指し、文化の程度は比較的高く、華夏に属さないが、約束を受けるから「要服」と名づけられたとした。荒服は戎狄を指し、「荒」は「遠」と同義であり、いまだ華夏文化の陶冶を受けない外族であり、常に入寇し、華夏に属することを望みながら得られないから、「荒服」と名づけられたと解した。[二四]

『周礼』は五服の基礎のうえに、「九服」の概念を述べた。すなわち侯服・甸服・男服・采服・衛服・蛮服・夷服・鎮服・藩服である。[二五]九服の政治的序列のもとでは、各政治地域は規模が同様に五〇〇里であったが、政治的単位はさらに増加した。『周礼』には「凡邦國千里、封公以方五百里則四公、方四百里則六侯、方三百里則七伯、方二百里則二十五子、方百里則百男、以周知天下。[二六]」と見える。また『周礼』は「凡邦國、小大相維、王設其牧、制其職。[二七]」と述べ、周朝がこれによって内にあって外を支配し、重きにあって軽きを支配する政治目的を実現したとする。外部に向かうほど、政治的単位はさらに増加し、周王室による管理がますます不便になったため、周の天子は諸侯国を直接には管理せず、象徴的な統治を維持した。『周礼』大行人には「王之所以撫邦國諸侯者、歳徧存、三歳徧覜、五歳徧省、七歳屬象胥、諭言語、協辭命、九歳屬瞽史、諭書名、聽聲音、十有一歳、達瑞節、同度量、成牢禮、同數器、脩灋則。[二八]」と見える。比較的長い期間ごとに、『周礼』では「十有二歳王巡守殷國。[二九]」とあるように一二年であるが、諸侯国を巡視した。周王室と九服の間の政治的関係を繫ぎとめるための制度の形式は、ゆるやかな朝貢関係であり、「各以其所能、制其貢、各以其所有。[三〇]」と述べられる。大事の起きた際には『周礼』大行人に「凡諸侯之王事、辨其位、正其等、協其禮、賓而見之。若有大喪、則相諸侯之禮。若有四方之大事、則受其幣、聽其辭。凡諸侯之邦交、歳相問也、殷相聘也、世相朝也。[三一]」とあるように、周王室は天子の権威によって、仲裁と解決を行った。

『周礼』では九畿の序列の設定に関しては九服の序列と基本的に一致しており、表現に相違があるだけである。[三二]実際に五服・九服の最も内部はともに分けられており、内から外に向かって都城・京師・甸服とされている。『帝王世紀』に「天子畿方千里曰甸服、甸服之内曰京師、天子所宮曰都。[三三]」とあるごとくである。

五服・九服・九畿の差序疆域では、それぞれの政治地域と周王室の政治との緊密さは次第に減少した。『尚書』は、五服の政治地域は周の天子に対して異なる政治的義務を有したと述べる。[三四]『周礼』も各政治地域は周王室からの距離が遠くなると、朝貢の回数も減り、周王室との関係も疎遠になったとする。[三五]『呂氏春秋』も「貢職之數以遠近土地所宜爲度。[三六]」と述べ、諸侯の天子に対する貢賦や課税にも多少・軽重があり、道程の遠近と土地の産物の状況によって定められたとする。これに基づいて、後漢末期の曹操の参謀何夔は「先王辨九服之賦以殊遠近。[三七]」と述べている。要服・荒服のレベルに至っては、周王は実際には制御することができなかった。

五服・九服・九畿の整った配置は、後世の儒者による理想化された記述であり、周代の領域の構造はこのようには整っていなかったが、この領域観念は周朝が当時の歴史条件下で、それぞれの政治地域・民族集団に対して、異なる統治方法を用いて、親疎の異なる政治関係を築き、それによって差序の特徴を持つ国家領域の構造を構築したことを反映している。

古人の論述のなかでは、五服も九服・九畿も基本的には「九州」の範囲に限られた。古人は、この外の地域は三代には意識的に区別されたと考え、五服・九服は統治の及ぶ範囲に限られたと述べた。[三八]西晋に著された『三国志』も「其九服之制、可得而言也。然荒域之外、重譯而至、非足跡車軌所及、未有知其國俗殊方者也。[三九]」とあるように、この観点を有する。

春秋戦国時代、華夏国家が絶えず辺境を開拓し、直接に統治するのにともなって、当時の人々は周の天下秩序が次第に瓦解する現実に鑑み、緩やかな差序疆域が適切で有効な領域管理のモデルであるか否かを疑うようになった。たとえば戦国時代、ある人は、周朝が楚国・越国に対して有効な統治を行っていなかったことを指摘した。諸子百家の学説の特徴から見ると、これは積極進取を主張する法家が全面的に周代遺制を疑い改革する際に提出した観点である。この考え方は春秋戦国時代の領域観念の主流にはいまだなっておらず、他の学派の反論にあった。たとえば儒家の代表的人物の一人である荀子は、三代を尊崇する立場から、この新しい主張を批判し、差序疆域の合理性と有効性の保護に努力した。

> 世俗之爲説者曰、「湯武不善禁令。」是何也。曰、「楚・越不受制。」是不然。湯・武者、至天下之善禁令者也。湯居亳、武王居鄗、皆百里之地也、天下爲一、諸侯爲臣、通達之屬、莫不振動從服以化順之、曷爲楚・越獨不受制也。[四〇]

すなわち、商の湯と周の武王が王道を行い、弱小勢力に頼り、天下を帰順させたとする。ただし、王道政治の理念はすべての地域で同じ制度を行うことを強調するのではなく、地域間の差異に対して、土地柄に基づいて統治を行うとするものである。[四一]これにより五服の差序疆域の構造が形成されたのである。

> 封内甸服、封外侯服、侯衞賓服、蠻夷要服、戎狄荒服。甸服者祭、侯服者祀、賓服者享、要服者貢、荒服者終王。日祭・月祀・時享・歳貢・終王、夫是之謂視形勢而制械用、稱遠近而等貢獻、是王者之制也。[四二]

この差序疆域の構造のなかで、楚国・越国はなお天子の権威に服しており、そのあらわれ方が異なるだけであった。『荀子』には「彼楚越者、且時享・歳貢・終王之屬也、必齊之日祭・月祀之屬、然後曰受制邪。[四三]」と見える。したがって、春秋戦国時代の背景からすれば、「均質疆域」の管理モデルによって、差序疆域の管理モデルの学説に取って代わることを主張するのは、いまだ古の聖王の王道政治の意味と実質を理解しておらず、浅薄な考えであった。『荀子』には「是規磨之説也。溝中之瘠也、則未足與及王者之制也。語曰、『淺不足與測深、愚不足與謀智、坎井之蛙、不可與語東海之樂。』此之謂也。[四四]」と述べられている。

帝政期に入った後、法家によってイデオロギーを形成した秦朝は、三代の差序疆域の短所と不足に対して、統治の視点から明確な批判と否定を行い、直轄統治の郡県制度が差序疆域に勝ると考えた。そして分封制の差序疆域の統治方法に代えて郡県制を全面的に実施して、郡県制を地方統治の基本制度とし、この点を秦の始皇帝の五帝に勝る重要な功績とした。

丞相（王）綰・御史大夫（馮）劫・廷尉（李）斯等皆曰、「昔者五帝地方千里、其外侯服夷服諸侯或朝或否、天子不能制。今陛下興義兵、誅殘賊、平定天下、海内爲郡縣、法令由一統、自上古以來未嘗有、五帝所不及。（四五）……」

秦の始皇帝は東巡し、琅邪に刻石を建て、この空前の功績の宣伝と表彰を続けた。（四六）しかし秦朝が二代で滅んだのは、客観的に言えば、郡県制と一定の関係がある。秦が六国を滅ぼした後、東方の各地の経済・社会の発展のレベルにはなお大きな差があったから、土地柄によって差序統治を行ったとすれば、それは弾力性と合理性に富むものであった。しかし地域間の差異を無視して、平板な郡県制による統治を徹底し、「均質疆域」を構築したことは、地域間の差異を取り除くのに不利益であっただけでなく、さらに多くの社会問題を引き起こした。これは秦朝が東方地域を制御できなかった重要な原因であった。これに鑑み、漢人は秦朝滅亡の教訓を総括した際、郡県制の普遍的な拡大を原因の一つと見なした。

客観的に言えば、差序疆域は秦朝の前後には、おおよそ当時の中原と周辺地域の歴史の発展のレベルを如実に反映しており、自然条件の最も優れた黄河流域を核心とし、文明のレベルの低下していく地縁構造が存在した。秦朝に続いて成立した漢朝の政権は、儒家の思想を中心的なイデオロギーとして確立し、それによって領域管理モデルのうえでは再び伝統的な差序疆域に回帰し、各種の地方制度が行われ、後世の中国の領域観念と管理モデルに強い影響を与えた。厳格な五服・九服の政治地理は時代によって変遷し、それがすでに失われた後も、差序統治の観念と方式は中国古代において継続していった。これは儒家思想が中国古代政治の指導思想となったことと関係するだけでなく、中国古代において「天下観念」が行われてきたが、実力に限界があったために、すべての既知の地域を統治範囲に組み込むことができず、有限な開拓は辺境やその外部の地域に対して十分な興味を欠いており、中国の古代政権は常には文化的幻想のなかを漂うことができず、実際には現実の政権の境界を持たざるをえなかったことに由来する。

事実上、中国古代の華夏政権と後代の漢人政権は、一貫して境界に関する観念と実践を有した。唐の賈公彦は『周礼疏』を編纂し、黄帝以降、中国は天下の一部分にすぎなかったとした。『周礼疏』には「自神農巳上、有大九州・桂州・迎州・神州之等。至黄帝以來、徳不及遠、惟於神州之内分爲九州。（四七）」とある。『尚書』は舜の治世、天下を一二州に分け、州の境界に土を盛って「封」を築き標識としたと述べる。（四八）周朝の統治が瓦解した後、天下は主を失い、戦国の七雄は互いに争ったが、それぞれの間には明確な境界があり、盛り土や樹木によって作られた「封」を境界とし、後にさらに長城を築いた。前漢は初め国力が不足し、匈奴と長城を境界とすることを認めざるをえず、長城を境界として南北に分かれた。前漢初年、劉邦は匈奴と「長城以北、引弓之國、受令單于、長城以内、冠帶之室、朕亦制之。（四九）」と取り決めた。『古文尚書』畢命は「申畫郊圻、愼固封守、以康四海。（五〇）」と明確に述べる。五代・両宋は契丹・西夏・女真の強い圧力を受け、それらの政権と明確な国境線を定めた。

北族政権に至っては、草原・人口と家畜に対する管理をより重視したことから、領域意識は農業政権より弱く、ゆえに境界は長く不明瞭だった。このような北族政権には匈奴・突厥・ウイグルなどがある。しかし北族政権のなかで北朝・契丹・金朝・元朝・清朝などの東北の政権は、広大な領域を開拓し、農業経済を整え、強大な政権を樹立した後、漢人政権と同様に明確な境界を有した。漢人政権に対して、これらの政権は辺境開拓の原動力がより大きく、領域もより広大であった。これらの政権のなかで、モンゴル帝国の領域を拡大する力が最も強かった。モンゴル帝国の進出が東ヨーロッパで終わった原因は、ハン位をめぐる争いから内紛が発生し、西進する余裕がなくなったことや、ハンガリー平原がユーラシア草原の最西端に位置し、その西の地域は大きな草原を欠いたために、モンゴル帝国の大量の馬を使用する騎兵を維持することが困難であったことと関係する。[五一]

明らかに、現実の政治のなかで境界は、「天下秩序」の理想に影を落とし、特に中原王朝の勢力が衰え、境界が絶えず後退した際には、この影の生み出す心理的喪失は、さらに明確になった。それでは、中国古代中原王朝はどのようにこの理想と現実の間の落差と不都合に対処し解決したのか。この問題に対して、中国古代中原王朝は限られた開拓において弾力性のある方法を選択し、大規模に農業経済を拡大するのに適した地域に対しては、軍事的・政治的手段を利用して、直接的な支配を行った。辺境とその外の地域に対しては、十分な実力を有するときには、直接的な支配に注力した。実力の不足するときには、非軍事的な手段の選択に傾き、主に政治交流・経済援助・文化拡散を通じて、軍事力によって直接支配できない地域は、「譲りて臣とせず」、「待するに客禮を以て」[五二]し、一定の政治同盟を形成し、政治的に宗主の地位を獲得し、それによって形式上は天下秩序を維持した。陳大猷は「聖人政事所治、詳内略外、不求盡于四海、而道德所化、則無内外之限、而必極于四海。」[五三]と述べる。

具体的に言えば、直轄統治の地域では郡県制度を行い、直轄統治のできない辺境地域では羈縻制度を行い、さらに遠方の地域では藩属制度を行い、それによって直轄統治地域－羈縻支配地域－藩属関係地域の階層構造が形成された。その結果、現代民族国家の「単一的」で「均質化」された領域とは異なる「差序疆域」観念が形成された。そしてたとえ多くの方式を用いても、一定の関係を築けない周縁とその外の地域の政権は、天下秩序によって選択的になおざりにされた。対外交流が次第に発展するのにともなって、中国はすでに遥遠な地域に多くの国家が存在し、ひいては文明の程度が中華文明に劣らないことを認識していた。たとえば秦漢時代の大秦国に対する認識、後漢以降のインド文明に対する認識、そして明清時代における西洋の地理についての知識の中国への流入などである。中国古代は次第に多くの異質な文明の存在を理解し、ひいてはこれによって自らの地理観念を改めはじめたが、主流な政治地理観念として、天下秩序は一貫して中国古代領域モデルの核心的内容であった。

中国古代の差序疆域のなかで、直轄統治地域では郡県統治が行われ、その外層は羈縻支配地域だった。いわゆる「羈縻」とは、辺境の政権を形式上、国家体制に組み込むが、一般的には辺境の政権の制度や内部の人事、社会風俗には干渉せず、間接支配を行うものである。いわゆる「脩其教不易其俗、齊其政不易其宜。」[五四]である。中央政権と羈縻政権の間では、主に中央政権は羈縻政権を保護する責任を負い、羈縻政権は賦役を負担し徴兵に応じる責任があった。羈縻支配地域の外は藩属支配地域であり、中央との関係はさらに緩やかであり、中央政権と藩属政権の間には名目上の君臣関係があるだけで、その関係は数年に一度の朝貢によって維持された。よって、差序疆域は地縁政治上で中心から辺境へ向かって、政治・経済・社会・文化などの各面で、政治関係は次第に疎遠になり、統制力は次第に弱くなる差序構造としてあらわれた。「聖王之制、施德行禮、先京師而後諸夏、先諸夏而後夷狄。」（五五）や「内中國而外四夷、使之各安其所也。」（五六）と述べられる。

たとえば明朝では以下のようであった。明朝はおおよそ元朝の直轄統治地域を継承し、広大な領域を統治するために、地域によって異なる支配モデルを採用した。黄河流域・長江流域の漢人地域では、郡県を設置して、直接支配を行った。北方の辺境では、軍鎮を設置して軍事的な支配を行った。西南の辺境では、広く土司を設置して羈縻支配を行った。朝鮮半島・モンゴル高原・西域・東南アジアでは藩属制度を行った。ここに、鮮明な地縁の差序と地域によって統治方法を区別する特徴があらわれた。そして法令を貫徹し、地方を支配するために設けられた駅站が直轄統治地域と羈縻支配地域を覆った。『明史』がまず明国のことを述べ、続いて「土司伝」・「外国伝」を置いたことは、中国が伝統社会の晩期にあってもなお中華アジア秩序の差序構造を維持していたことを反映している。そして明朝は朝貢貿易においても、待遇に差を設けることで、羈縻政策の対象となった民族と藩属国の地位を定めて、絶えず彼らと明朝の関係を構築した。たとえば万暦年間、明朝はウリャンハイ三衛・女真・西番（「回夷」）・「北虜」との朝貢貿易において、回数・人数・地点・賞賜の規模に差を設けることで、明朝を支持する者を表彰し、叛服常無き者を批判した。それによって、周辺民族と明朝の政治的関係を調整・維持し、辺境地域に対する政治的統治を強化した。（五七）

それでは、文化的なイメージを除いて、直轄統治地域の外の羈縻支配地域・藩属関係地域、すなわち「五服」のなかの「要服」と「荒服」は、王朝の領域に属したのだろうか。南宋の范成大は『志蛮』において「今郡県之外、羈縻州峒雖故皆蠻、地猶近省、民供税役、故不以蠻命之。過羈縻、則謂之化外、真蠻也。」（五八）と述べる。つまり、羈縻支配地域は領域の内にあり、その外は「化外」、すなわち領域の外だった。このために、明初に四川播州の夷民が明朝に従った後、明朝は羈縻支配を行ったが、これを版図の内にあると見なした。洪武七年（一三七四）三月、中書省は「播州宣慰司土地既入版圖、卽同王民、當收其貢賦。請令自洪武四年爲始、毎歳納粮二千五百石、以爲軍需。」と奏上した。（五九）

一方で、朱元璋も播州を版図の内にあると考えたが、なお内地とは区別し、内地と同様に命令を下し、賦役を負担させることはしなかった。『明太祖実録』洪武七年三月甲戌条に「播州西南夷之地也、自昔皆入版圖、供貢賦、但當以靜治之、苟或擾之、非其性矣。朕君臨天下、彼率先來歸、所有田税隨其所入、不必復爲定額、以徵其賦。」（六〇）と見える。よって、羈縻支配地域と直轄統治地域は国家の内にあったが、なお相当に異なったのである。両者は政治制度が異なったが、さらに重要なのは国家の経済と民の生活に関係する賦役制度上にも大きな差異が存在したことである。古代世界では、領域の意義は土地自体ではなく、その地に暮らす民衆および彼らが負担する賦税と兵役にあり、民衆は賦役を負担できれば、十分な待遇を得られた。これと民族主義の影響を受けた現代の領域観念のすべての土地を生態環境の如何を問わず、すべて神聖にして不可侵と見なす考え方とは大きく異なる。だから中国古代では、厳密には羈縻支配地域と直轄統治地域とを区別し、羈縻支配地域を国家の版図とは見ない考えもあった。万暦二七年（一五九九）、播州の役の初期には、播州周辺の土司を籠絡するために、明朝は「改土帰流」の流れを緩め、土司と州県が国家の領域において同じ性質を有するとした。万暦帝は詔を下して「土司自我朝開設以來、因俗而治、世效職貢、上下相安、何必改土爲流、方是朝廷疆宇。[六一]」と述べた。しかしこの反語の語気から見るに、当時の人々は、土司を国家領域に含めず、流官を設置して直轄統治する州県だけが国家領域に含まれるとする観念を有した。実際に明人は、軍事機構のみを設置し、民政機構を設置しない辺境地域を、それが内地の州県と同様の賦役を負担しないことから、化外に含まれるとも考えた。『国史唯疑』には景泰年間のこととして、「貴州苗反、久未平。何文淵請罷藩・臬二司、専設都司、以一大將鎮之。于少保謙不可、曰、『若不設二司是夷之也、何以通滇僰道。且無故弃祖宗疆内地、不祥。』遂寝。[六二]」と見える。はたして、播州の役の後、朝廷は播州の改土帰流では、播州が明朝に属すると考えたが、近隣の土司はなおもとの状態を維持し、領域の外に置かれ、双方には正式な境界が設置された。万暦二九年（一六〇一）、兵部は「正疆域」を奏上した。

播左連水西、右通永寧、地址雖若犬牙、彼此原有疆界。但夷性犬羊、互相雄長、侵尅無常。既改土爲流、當清疆界、永杜爭端。原係播州者、歸我版圖、原係永寧、水西者、歸之奢、安二氏。勒碑立界、永爲遵守。[六三]

万暦三二年（一六〇四）、明朝は播州平定の功績を議論した際にも「平播一功、開疆展土、奇勛懋績。[六四]」と述べた。

ゆえに、中国古代の差序疆域観念のもとでは、直轄統治の郡県地域は正式な国家の領域に属し、間接支配の羈縻支配地域は帰属の曖昧な地域にあり、係争があった。藩属国に至っては、国家の正式な領域には属さず、正式な領域との間には境界が存在した。しかし中国古代の絶えず進行する辺境開拓は、次第に羈縻支配地域、ひいては一部の藩属関係地域を明確に国家の領域に組み込んだ。技術的条件の制約により、この過程は前近代にはとても緩やかで、したがって中国古代の領域構造は絶えず拡大する動態的な「差序疆域」としてあらわれた。一部の中国史は、「王者無外」の天下観念下では、差序領域の構造の内部が絶えず整理されて「均質疆域」に変化し、外縁が絶えず外に向かって拡大する歴史である。辺境が内地化する潮流のなかで、中華文明の多元一体の歴史構造が次第に形成された。『論衡』宣漢に「古之戎狄、今爲中国。[六五]」とあるごとくである。

三、「差序疆域」観念下における中国古代の長城の「複合辺疆」

中国古代の歴代王朝が絶えず築いた長城は差序疆域観念が具現化したものである。長城は北方の辺境に置かれただけでなく、春秋時代から清代に至るまで、南方の辺境にも一貫して南方の民族を防ぐために置かれた。例えば楚国の長城と明清の南方の苗牆である。沿岸地域にも長く長城に類似した防衛施設が築かれ、明朝はさらに東部の沿岸に長城による防衛体系を築いた。よって、中国古代は長城の建設を通して、中国を閉じ込め、典型的な「内向的」な文明の特徴をあらわした。

中国古代の天下秩序は「王者無外」を標榜したが、長城は明らかに壁の形で、この文化的理想に挑戦した。それでは、長城は天下秩序の破綻を告げたのか。中国古代の中心的な領域観念を覆したのか。決してそのようなことはなく、天下秩序は中国古代の各時期に一貫して存在した。それでは、中国古代政権は長城建設に際して、いかにして天下秩序の圧力に対処し、自身の政治的合法性を確保したのか。当時の人々は天下秩序を説明するときに、差序疆域観念を堅持し、長城を直接支配地域の政治的境界と見なしただけでなく、長城外の一定の範囲を「緩衝辺疆」と見なした。直接支配のできない北方民族の部族に対しては羈縻支配を行い、さらに交流も比較的少なく、戦争と和平が繰り返される政権と部落は、朝貢貿易を通じて藩属体系のなかに組み込んだ。

明朝を例として考えたい。明初には「驅逐胡虜、恢復中華」(六六)が行われ、軍事力は十分に強大で、北方辺境ではゴビ砂漠以南のすべての地域を支配し、威勢は漠北に達し、東北の森林地帯にも及んだ。そのほかの三つの方面でも絶対的な優勢を確立して軍事的に威圧した。よって、洪武年間の明朝の領域観念中には、流動的で奥行きのある辺境があるのみで、固定的で単一的な境界は存在しなかった。朱棣は武力による政権の奪取に合法性を与える必要から、親征を繰り返して勝利し(「五征三犂」)、おおよそモンゴル高原の主導権を確保した。よって、彼は明確な境界意識を有しなかったのである。この局面は洪熙・宣徳年間以降、次第に挑戦に遭遇した。この時期、明朝は財政的理由から、次第に辺境政策を縮小した。これは北辺において最も明瞭にあらわれた。もとは明朝とモンゴルの中間にあり、明確な統属関係はないが、実際には明朝によって支配された地域は、明朝による北方防衛線の後退が始まり、モンゴルはそれに応じて南下し、次第にモンゴルの支配下に入り、明朝の固定的な統治地域と接することとなった。この地縁構造の変化のもと、もとは中間地帯の緩衝・障壁の近くの地域は、明朝の固定的な統治地域の境界地域としての性格が次第に明確となった。

永楽・宣徳期、明朝は宣府・大同において長城を建造した。『明宣宗実録』宣徳四年(一四二九)七月庚午条に「宣府總兵官都督譚廣奏、指揮王林擅役守煙墩官軍、出境捕鹿、致虜寇逐蹤犯邊、殺掠人畜。(六七)」と見え、同八月条に「己丑、宣府前衛指揮章容私役軍二人出境、採木營私居、爲寇所殺、而掠其所乗官馬。(六八)」と見える。ここには「出境」の語がしばしばあらわれるが、「辺境」がどこにあるかは明確に述べられていない。明代前期に明が陰山山脈附近の辺境から撤退した後、モンゴル勢力はこの地域に速やかに侵入した。宣徳六年(一四三一)、モンゴル草原では再びタタールのアルクタイとオイラートのトゴンの争いが発生し、アルクタイは敗れた。(六九)これ以前にモンゴル草原の覇権を争って敗れた者がなお漠北に居住したのと異なり、このときタタールは漠南へ直接、南下した。『明宣宗実録』宣徳六年五月庚寅条には「鎭守大同總兵官武安侯鄭亨等奏阿魯台所部人馬二千駐集寧海子西北岸。(七〇)」と見える。明朝は宣府鎮以外のすべての陰山山脈付近の辺境を放棄したが、これはモンゴルが漠南地域に進入するために広大な空間を残し、宣徳年間以後の草原の政治的敗北者が逃れる休息地や南下して明を攻撃するための前哨地となった。タタールの南下に対して、宣徳帝は大同鎮総兵石亨に勅諭して「爾但宜愼邊備・固城池。彼不犯邊、毋擅以兵逼之。果來降、亦察其實、俾之入境、或近邊居止。或打圍、或往北行、聽其所之。勿遣人出境覘伺、致其驚懼、或激變也。(七一)」と述べ、防衛の立場を堅持させた。宣徳帝の勅語によれば、明朝は北辺の境界をすでに長城地帯に止めていた。集寧海子(圪児海とも。今の内蒙古ウランチャブ市察哈児右翼前旗黄旗海。)は大同鎮の外に位置し、面積の比較的大きな内陸湖であり、周辺は水草が茂り、明代中後期にモンゴルが黄河流域に侵入する際の主要な前線拠点だった。この史料は明確に明朝が少なくとも集寧海子を領域の外と見なしており、ゆえにアルクタイの勢力がここに留まって遊牧することを許したことを反映している。タタールが広大な陰山山脈付近の辺境に侵入するのにともなって、タタールと明朝が辺境に対峙する状勢が形成され、宣徳年間の境界意識は次第に明確になった。宣府・大同はもともと最外層にあった長城ではなく、防衛線の後退によって事実上、明朝とタタールの政治的境界となり、「辺境防衛の城壁」から「境界の城壁」へと変化したのであり、これにより「辺牆」の語が生まれた。

英宗は幼くして即位し、明朝は「三楊」の文官内閣の執政下で、辺境収縮政策を行った。この時代の背景のもと、境界意識は明確になり、長城はついに明朝の境界の標識と見なされ、「辺牆」と称された。『明英宗実録』はすでに明確にこの語を記す。宣徳一〇年（一四三五）七月庚寅条には「庚寅、萬全左衞百戸孟禮奏、本衞指揮劉鵬擅拆邊牆、放水灌田。指揮賈熊因而令軍人出境採柴、以致賊人搶殺、請治其罪。(七二)」と見える。換言すれば、この時期、明朝はなお軍を派遣して開平に輪戍したが、すでにこれをモンゴルとの中間地帯と見なし、二度と明朝の正式な領域には加えなかった。

それでは、これは明朝がすでに長城外の地域を放棄し、天下秩序の崩壊を宣言したことを示すのだろうか。そうではない。明朝は長城を直轄統治地域とモンゴルの占領地域との境界と見なしたが、一方で長城外の地域に対する領有権を放棄しておらず、この地域の巡視を行い、朝貢貿易を展開し、絶えずモンゴルの部族を明朝の統治秩序のもとに組み込み、それによって明朝とモンゴルの間に明確な境界が設けられることを拒絶した。『明英宗実録』正統三年（一四三八）五月庚子条には、

行在兵部右侍郎鄺埜等奏、「鎭守大同叅將石亨欲於官山設立界牌、令北虜往來使臣并來降者停止於此、赴墩報知、驗其虛實、以憑撫捕。臣等竊惟聖朝土宇之廣、際天無外、立界牌未當。請立關於往來處爲便。」上以爲哨備謹嚴、何用牌與關邪。命亨皆勿立、但使臣來降者、密加防衞、若其爲盜、卽勦滅之。(七三)

と見える。しかしモンゴルが絶えず南下し、さらには近隣を脅かす背景のもとで、現実の辺境統治を強化するため、境界を示す界碑が遅くとも正統三年の後には建てられた。『明英宗実録』正統六年（一四四一）一一月己酉条には、

勅各邊總兵等官、「曩時各處邊境多有界碑、凡外夷不得擅入、入則卽同犯邊、擒殺毋赦。其後邊將怠慢不修、致夷人往往輒入近邊、以圍獵爲名、肆行寇盜。自今其卽於境外要害之處、約量道里遠近、可置界碑者、并具地名奏來建立。使外夷不得擅入爲非、而我官軍亦不得私出啟釁、庶内外各安其所。(七四)」

と見える。注目に値するのは勅文から、明朝が界碑を設置した地は正式な境界――辺牆――ではなく、辺牆の外の「境外」の地にあり、界碑の内側も正式な領域ではなく、正式な領域に類似したものであることが分かる点である。「入則卽同犯邊」の語はこのことを証明している。界碑を設置した理由については、正式な境界の外に緩衝地帯を設け、モンゴルが直接、国境地帯に侵入するのを阻止することにあったと勅文に明確に示されている。ゆえに界碑は政治的境界の標識ではなく、軍事的支配の標識である。

ここからは、明代中期には辺境収縮政策の立場のもと、辺境収縮の引き起こした周辺地域の安全についての問題を解決するために、北辺の積極的な領域観念を改め、中国古代の差序疆域観念の影響下で、長城内外を政治統治と軍事支配に分けて両者を連続させたことが分かる。この異なる位置づけの地域は「政治疆域」・「緩衝辺疆」と称することができる。政治疆域は正式な領域であり、往々にして辺牆を標識として、内部を明朝が正式に統治する「境内」とし、固定的な統治を行う軍政機構が設置されて、大量の軍民を統轄した。また、一連の建築・施設が置かれて、固定的で不変な境界の特徴があらわれた。辺牆外の「境外」の地域は、防衛に不利な地形、農耕に不向きな土地、比較的寒冷な気候、周辺民族との接近、能力の不足、統治コストの過大、比較的大きなリスクの存在などにより、正式な境界の内部に置くこと

が不可能、もしくは不適であった。そのため明朝はこれと辺牆附近の一定の幅を持った地域を、界碑を標識として単独で区画し、流動的な軍事的警戒によって軍事的な支配を実現し、正式な境界を覆う「緩衝地帯」あるいは「中間地帯」とした(七五)。明朝はこれを正式な領域と見なさなかったが、これを軍事的支配地域と見なし、モンゴルのこの地域への侵入は、辺境への侵入と同等の行為と見なした。ゆえにこれを「緩衝辺疆」と称することができる。

明代中期、明軍は一定の野戦能力を有し、時に辺牆外において戦闘を行った。「土木の変」以前、ウリャンハイが周辺に長く留まって遊牧することを求めたことは、明朝の実際の支配地域がなお辺牆地域にあったことを反映しており、支配地域は辺牆の建築に止まったのではない。正統一二年（一四四七）、泰寧が迫られたが、明朝はなお辺牆に近づくことを認めず、「聴於境外遠地居牧、敢有近邊、調軍擒剿(七六)。」とした。土木の変の後、ウリャンハイの居住地は南遷して大寧旧址に至ったが、なお辺牆の北二〇〇里以内に侵入することができなかった。『明英宗実録』景泰五年六月辛丑条には、

先是、泰寧等衞都督僉事革干帖木等遣人上書、言、「往者、也先令我三衞來擾邊、方近又召我三衞聽彼驅役。切思我三衞人民世受天朝大恩、不敢背逆、願附塞居住、爲中國藩籬。且乞大寧廢城及甲遁見賜。如有外侮、願備前驅(七七)。」

と見え、明朝はこの要求に同意して、

許將家小附邊二百里外居住、自在牧放、遇警爾等宜齊心戮力、以捍禦之、以報朝廷。但近年來因虜狂悖、邊將常領軍馬於二百里内巡哨。爾須嚴約下人、無故不許一人近邊、恐被邊將勦殺、則是自取犯邊之禍、追悔無及(七八)。

と回答した。そして明朝は「土木の変」の後、緩衝辺疆に対する支配を強化するため、さらに火炮を設置したが、夜間には支配できなかった。これについては「關外至五十里止、各有接連架炮士卒、五十里之外至百里止、各有長哨夜不收(七九)。」と述べられている。

しかしウリャンハイが絶えず南進するのにともなって、緩衝辺疆は次第に侵食され、弘治年間には明朝はさらにこの規定を重ねて確認したが、範囲は一〇〇里に改められた。

当夷人互市之日、遣通事傳諭其衆、令今後宜遠邊牆百里之外住牧。如欲來市、須先期三日、令二三人傳箭答話、欲傳報夷情、亦先期一日。若非答話而擅入百里之内者、許官軍襲迹捕殺。我軍仍及時于百里之外、築立封堆、或挑壕塹爲界(八〇)。

そして『明孝宗実録』弘治一四年（一五〇一）条には、さらに距離を五〇里に縮小したことが見えるが、ウリャンハイ三衛を含めてモンゴルの部族は実際には常にこの距離すらも突破し、しばしば辺牆に至り、生活物資を求めた。監察御史胡希顔は遼東辺境の軍事物資を調査して、帰京した後、弘治一四年一二月に辺牆附近のモンゴルの部族を捕らえて殺害することを奏請した。胡希顔のこの建議に対して、『明孝宗実録』弘治一四年一二月辛未条に「兵部議謂、虜近邊方悔過服罪、未宜勞師動衆、輕議征討。其傳箭・乞塩米事、請行鎭巡官會議以聞(八一)。」とあるように、兵部は同意しなかった。胡希顔がここに述べた近辺のモンゴルの部族は遼東辺外のウリャンハイ三衛だけでなく、他の部族も含む。なぜなら、ウリャンハイ三衛は明朝の羈縻衛所であり、ウリャンハイ三衛と明朝との関係はこの史料に記されるほどには緊張していなかったのである。

正徳年間、明朝はモンゴルの部族の辺牆への接近が常態化している状況に対して、抑制を開始した。正徳一〇年（一五一五）、巡関御史張鏊山は辺境防衛について奏上し、明軍が辺牆の外、火炮の内においｌ

てモンゴルの部族を捕縛することの許可を求めた。朝廷はこの建議に同意した。[八二]

以上のように、明代中期には緩衝辺疆は事実上、モンゴルに侵入される状況にあった。しかしこの侵入は小規模で、明朝によってモンゴルとの交流の一つと見なされ、明代後期のモンゴルが軍事力に基づいて、大規模に辺牆のもとに侵入する状勢はまだ出現していない。

ウリャンハイ三衛と類似して、明代後期の女真族の各部も辺牆に近づくことができなかった。正徳八年（一五一三）、明朝は遼東鎮に馬市を開いたが、兵部は「廣寧・開原舊設馬市、所以羈縻諸夷。互市之日、宜嚴爲之禁。其各城寨賞夷人、倶出百里外、使之駐牧、或近塞垣者、卽驅逐之。則在我無取釁之端、在彼知潜入之戒矣。」と述べ、朝廷はこの建議に同意して、「非互市日不許輒近塞垣」と命じた。[八三]

おおよそ隆慶五年（一五七一）の「隆慶の和議」以前には、明朝が構築した長城の防衛体系は、往々にして辺牆の外に烽火台と駅站を置き、敵情の監視と情報伝達に用い、これらを緩衝辺疆のランドマークとした。天順七年（一四六三）、明朝が寧夏鎮に烽火台を設置する奏上を議論して、このことを示している。

> 左副都御史王竑請於腹内寧夏中衞及莊浪等處增立墩臺、以嚴邊備。事下、寧夏鎭守・總兵・巡撫等官議、皆言邊外立墩擧火、腹裏移文馳報、自爲定例、行之已久、未有不便。若腹裏增設墩臺、誠恐虜賊入境礮烽四起、官軍之徃禦者無以的從、人民之散處者反致驚疑、是徒勞人力、無益邊備也。遂已之。[八四]

『正統臨戎録』には景泰二年（一四五一）のこととして、

> 有伯顔帖木兒同也先在下水海子一帶住紮、被墩上瞭高官軍偷馬打攙、要將墩台圍困炮倒、將人殺害。是（哈）銘再三也先處哀告、「如今要差人往來和好、今將墩台炮倒時、大明皇帝一發不信有講和之意。只可奏皇帝寫敕書、叫墩上人下來、齎敕往各邊城裏去曉諭是好。[八五]」

と記す。ここで烽火台は「辺境の城内」に対して、明らかに境界の外に位置する。

この推論を直接的に証明するのは、甘肅・大同・延綏の烽火台には辺牆の境界の外に位置するものがあることである。正統三年（一四三八）、兵部尚書王驥は、「甘肅一帶乃極邊苦寒之地、軍士仰給賞賜、別無生計。而守瞭者艱苦尤甚。盖墩臺倶孤懸境外、山高風猛、衣服單薄、手足皸瘃。[八六]」と奏上した。『明憲宗実録』成化一一年（一四七五）三月条には、「乙丑、賞延安・綏德二衛夜不收旗軍五十四名銀布、以境外白山墩哨探追殺功也。[八七]」とあり、『明英宗実録』正統六年正月甲子条には「省大同内地守墩官軍行糧。先是、守墩者不分内外遠邇、悉給行糧。至是、從僉都御史羅亨信等議、其境外衝要及離城百里之上者、給行糧、其内地不及百里者省之、歳省米四千三百石有奇。[八八]」と見える。隆慶三年（一五六九）、兵部は『九辺図説』遼東図説を完成させ、烽火台が「界」の外にあることを明確に示した。[八九] これと類似して、西南辺境の城堡の多くは境界の外部にある。『文徴明集』には「盖諸邊戍守、城堡倶在夷中。夷人與吾人連結、無事則邀勝取功、事急則賣和滅迹。其事在夷者什三、在我者什七。[九〇]」と見える。

ここからは、現代の国際関係における「こちらかあちらかどちらかだ」という領土の単一区分とは異なり、明朝の辺境観念が彼我の間に中間地帯が存在するという複合的な理念を有したことが分かる。この「複合式」・「差序化」の辺境観念は固定的な機構を減少させる方法によって、財政支出を減少させただけでなく、軍事的な巡視の方法を通じて、相当な程度において辺境地域の安全を保障し、それによって最小のコストによって最大の辺境支配の効果を得る典型的な方法であり、明朝の辺境収縮政策下の辺境防衛の需要に適応した。政治的境界が不変であるのと異なり、緩衝辺疆は固定された界碑があり、それによって双方の活動範囲が取り決められているとはいえ、実際の軍事的形勢のなかで、明朝とモンゴルが絶えず争って一進一退を繰り返す地となったことで、その位置づけは一つの奥行きのある領域となり、線形の境界ではなく、濃厚な「前近代」の特徴をあらわした。よって、長城の辺境は政治疆域と緩衝辺疆の結合であり、一種の「複合辺疆」であり、近代の境界と異なる「前近代」の特徴をあらわしている。

一方で、北方民族が強大なときには、往々にして軍事的な優勢に基づいて、もともと中間地帯に属していた緩衝辺疆を支配し、それによって中原王朝・北方民族の間の境界には単一化の趨勢があらわれた。さらに明朝を例とすると、ウリャンハイ・女真はなお朝貢体系のなかにあったため、明朝との取り決めを守り、辺牆地域に侵入しなかった。しかし上述のように、オイラートは「土木の変」後、すでに宣府以西の辺牆外の広大な地域を支配し、明朝とオイラートはついに辺牆を境界とした。たとえば明代中期の西域との往来に関する公文書を集めた『高昌館課』には「分付守邊官軍知道、俱各謹愼。或有賊人在邊牆外打圍牧放、謹守地方、差人哨瞭。如有賊人走過邊内、卽調大軍捉獲、重罪不饒。[九一]」と記されている。しかし明朝が「土木の変」後の短い危機を脱した後、再び辺牆周辺の地域を支配した。

明代中後期、明朝・モンゴルの形勢が次第に後者に有利になるのにともない、緩衝辺疆は次第にモンゴルによって実際に支配され、中間地域は蚕食されていき、明朝の支配力と実際の作用は小さくなった。嘉靖年間、朝鮮燕行使は「民居散落、距長牆遠不過三十里、近或十餘里。長牆之外、乃㺚羯之居、世爲邊患。[九二]」と、遼東鎮の軍民とウリャンハイが城壁を隔てて居住していたことを記した。『皇明九辺考』も「虜衆臨牆止宿、必就有水泉處安營飲馬。[九三]」と記す。寧夏鎮も辺牆をモンゴルとの境界とし、モンゴルの侵攻を阻止するために、毒薬を辺牆近くの泉に投げ込ませた。[九四]

隆慶の和議以後、明朝・モンゴルの関係は緩和され、両者は辺牆建築附近において定期的に「互市」を行ったが、『明史紀事本末』に「初、總督翁萬達修築宣大邊垣千餘里、烽堠三百六十三所、頗完固、後以通市故、大半爲俺答衆所毀。[九五]」とあるように、辺牆外の烽火台の多くはタタールの破壊するところとなった。明朝はこれを補修したが、『明史紀事本末』は「兵部請敕邊臣修補、給事中李幼孜上言、『敵壘卑小、宜於垣上增築高臺、營建房廬、以棲火器。』俱從之。[九六]」と見える。当時、明朝・モンゴルは基本的に辺牆を境界とした。万暦初年、前後して大同巡撫・宣大山西総督に任じられた鄭洛はたびたびアルタン・ハンに書状を送ったが、そこに述べられた一連の観念はこの結論を証明する。辺牆が補修されていなければ、明・モンゴル双方は境界を曖昧にでき、深い交流もない。しかしひとたび辺牆を補修して境界を設ければ、境界を越えることは侵犯と同じである。アルタン・ハンの女婿宰生倘不浪はたびたび明の国境を越えたので、鄭洛は書状を送ってアルタン・ハンを責め、「邊已築、非未築時夷可徑出入者。宰生再入邊定禽之、無怪。[九七]」と述べた。そして双方がそれぞれに辺牆に沿って巡視することを明確に定めた。

> 且各夷俱從破壞邊牆出入、甚難防。如爾的人走過邊内、不知從那口入、爾問我討便無處尋。我這里人亦有生事的、出邊外私赶達子牛羊馬匹、我亦不能防。只因牆破壞無界限、致生事。我會軍門・總府議、將原旧邊牆補修完、爾的頭目在外口好巡防、我的官也在里口好巡防。[九八]

さらに具体的に言えば、牆は明朝に属し、牆外はモンゴルに属した。

『撫夷紀略』制黄台吉採砿には「十月、鎮口堡邊牆下出銀礦、板升猾賊勾黄臺吉使來鑿、守備匿不報、且與夷衆爭、致夷使失行李被磕傷。越數日、黄酋使黄把總來告、且云夷採礦在邊外、原未敢犯內地、守備何攔阻行打奪。」とあり、鄭洛は「此礦在牆外、我何能禁爾。爾歸語黄酋、但來採。我與爾約、爾採礦、我守邊軍不許至洞口、至卽系奪爾礦、爾執殺無論、爾採礦不許至牆下、至卽系犯我邊、我執殺無論。[九九]」と述べている。

隆慶の和議によって、明朝・モンゴルは数十年の全体的な和平の形勢をおおよそ維持した。『陳太史無夢園初集』漫集には「六十年來、塞上民物阜安、商賈輻輳、無異中原。[一〇〇]」と見える。この意見は誇張して賛美している嫌いがあるが、隆慶の和議以後の明朝・モンゴル双方の関係緩和の反映と見ることができる。この時代背景のもと、辺牆外の緩衝辺疆の作用は強くなく、この後、北辺では明朝と女真の戦闘が中心となった。換言すれば、おおよそ隆慶の和議以後、明朝とモンゴル・女真は基本的に辺牆を境界とし、辺牆外の緩衝辺疆の規模・作用はすでに小さくなっていた。明朝・モンゴルの間はついに「複合式」・「差序化」の辺境構造から次第に「こちらかあちらかどちらかだ」の単一的な境界構造に変化した。たとえば万暦年間後期、遼東鎮の牆外はモンゴルの部族であり、双方は緩衝地帯を持たなかった。万暦三八年（一六一〇）、朝鮮燕行使は以下のように記す。

自杏山至關外、距胡村遠不過一二息、近則十餘里、防備極緊。是以軍法煙臺戍卒昼夜瞭望、若有胡人出行、見形則不問多少、輒卽放砲、所管各堡聞砲云集矣。[一〇一]

但其地窪下、故毎夏雨節、則胡中之水奔齧長牆、牆缺而入。自沙岭十里鋪至廣寧制勝鋪一百七八十里之間、渾成一海。高處則往往微露、窪處則可以遠船、且與虜接境、遠者或八九十里、或三四十里、近者則或十五六里。[一〇二]

万暦四二年（一六一四）、燕行使金中清も「醫無閭山自廣寧之北、逶迤南注、横絶遼野、西亙百餘里、逐峰列置煙臺、山外距韃子地僅三十四里云。[一〇三]」と記した。崇禎八年（一六三五）、宣大山西総督楊嗣昌は「一牆之外卽是敵境。[一〇四]」と奏上した。

しかしたとえ緩衝辺疆が瓦解したとしても、それは天下秩序が轟然と瓦解したことを意味しない。なぜなら緩衝辺疆外の地域では、中原王朝はなお経済補助を通じて、政治的宗主の地位を獲得していたのである。結局のところ、明代を通じて、緩衝辺疆の外では、明朝は依然として朝貢貿易によって、モンゴルの部族の首領を冊封し、経済交流によって、明朝と砂漠地帯の間の政治関係を維持した。北部の防衛線を絶えず後退させた明朝は、政治観念のうえでは砂漠地帯に対する統属関係を保持していた。たとえば隆慶の和議中、アルタン・ハンは冊封されて順義王とされ、その後もこの封号を受け続けて、絶えず明朝に朝貢し、明朝の宗藩体系のもとに長期にわたって隷属した。

結論

中国古代では「王者無外」の「天下」観念が形成された。「天下秩序」の直接的反映として、古代中国は広大な領域、多民族、多宗教を特徴とした「王朝体系」を打ち立てた。「王朝体系」のもと、辺境地域の政権・民族は絶えず中原王朝との間に戦争を起こし、また自身の政治体制・社会文化・宗教信仰の独立性を保持したが、基本的に中原王朝と政治的関係を維持し、争いのなかで互いに共存・共生し、そしてともに発展した。

広大な王朝の領域を治めるため、中国古代は差序血縁観念の基礎のうえに、血縁を擬制した方法によって、広大な領域に対して差序統治を行い、直轄統治地域では郡県制度を行い、直接支配のできない辺境地域では羈縻制度を行い、さらに遠い異国では藩属制度を行った。それによって直轄統治地域－羈縻支配地域－藩属関係地域の階層構造を形成し、それによって現代民族国家の「単一的」・「均質化」を特徴とする境界と異なる「差序疆域」観念を形成した。長城辺境は中国古代の差序疆域の典型的な具現である。一部の中国史は、「王者無外」の天下観念のもと、差序疆域構造内部が絶えず整えられて、「均質疆域」に変化し、外縁が絶えず外に向けて拡大する歴史である。辺境が内地化する潮流のなかで、中華文明の多元一体の歴史構造が次第に形成された。「差序疆域」が多様で弾力性に富んだ統治方法を採用したことにより、中国古代は長期にわたって王朝体系の安定を保持し、近代にしばしば衝撃を受けた後にも、辺境民族に中央政権に対する相当の求心力を保持させ、中国を今に至るまで唯一のおおよそ前近代の王朝体系の遺産を継承した現代民族国家とした。

よって、中国古代の領域に対する歴史認識であるか、現代中国の領域に対する現実的認識であるかを問わず、王朝の天下の視点に基づくべきであって、現代民族国家の視点に基づくべきではなく、また複合的な視点に基づくべきであって、単一的な視点から考察すべきでない。そうでなければ、理解の錯誤を生じるであろう。

差序疆域の有する弾力的な空間と方法は、現代民族国家に普遍的に存在する民族の衝突や宗教対立などの各種の現実的問題を解決するために、有益な歴史的啓示と解決に向けた筋道を提供した。そして未来が参照し掘り起こす価値のある政治統治のモデルである。

《注》

(一) 楊伯峻『列子集解』巻五湯問篇、北京、中華書局、一九七九年、一四八－一五三頁。

(二) ［漢］公羊寿伝、［漢］何休解詁、［唐］徐彦疏、浦衛忠整理、楊向奎審定『春秋公羊伝注疏』巻一隠公元年条、北京、北京大学出版社、二〇〇〇年、二九頁。

(三) 中国古代の「天下」観念と、「天下秩序」構築の努力については、趙汀陽『天下格局——世界制度哲学導論』(南京、江蘇教育出版社、二〇〇五年)・甘懐真編『東亜歴史上的天下与中国概念』(台北、台湾大学出版中心、二〇〇九年)を参照。

(四) ［漢］鄭玄注、［唐］孔穎達疏、龔抗雲整理、王文錦審定『礼記正義』巻五三中庸、十三経注疏整理本、北京、北京大学出版社、一九九九年、一七〇四－一七〇五頁。

(五) 渡辺信一郎著、徐冲訳『中国古代的王権与天下秩序——従日中比較史的視角出発——』北京、中華書局、二〇〇八年(原著：渡辺『中国古代の王権と天下秩序——日中比較史の視点から——』校倉書房、二〇〇三年)、四－五頁。

(六) 顧頡剛・劉起釪『尚書校釈訳論』周書・召誥、北京、中華書局、二〇〇五年、一四四二頁。

(七) ［漢］司馬遷『史記』巻一五帝本紀、北京、中華書局、一九五九年標点本、四三頁。

(八)『史記』巻二夏本紀、七七頁。

(九) 李民・王健『尚書訳注』周書・周官、上海、上海古籍出版社、二〇〇四年、三五七－三五八頁。

(一〇)『史記』巻六秦始皇本紀、二四五頁。

(一一) ［宋］范曄著、［唐］李賢等注『後漢書』巻五一陳禅列伝、北京、中華書局一九六五年標点本、一六八五頁。

(一二) ［清］張廷玉等『明史』巻六三楽志三、北京、中華書局一九七四年標点本、一五六八－一五六九頁。

(一三)『尚書訳注』周書・武成、二一一頁。
(一四)『尚書校釈訳論』虞夏書・堯典、二一頁。
(一五) 学界では一般的に差序構造は同心円的構造を示すと考えられている。たとえば、高明士は帝政中国の天下秩序の構造を考察し、中国古代の天下秩序は内臣地域・外臣地域と暫時、臣従していない地域から構成される「三層同心円構造」であったと指摘する(高明士「天下秩序与文化圏的探索——以東亜古代的政治与教育為中心」、上海、上海古籍出版社、二〇〇八年、一八—二三頁)。「差序疆域」と比較して、同心円構造は各階層間の歴史的差異を明確に指摘していないだけでなく、中国古代の領域を地理的な距離によって整理しようとしている疑いがあり、中国古代の領域体系については「差序疆域」ほどには適切ではない。
(一六) 殷周の服制については、張利軍『商周服制与早期国家管理模式』(上海、上海古籍出版社、二〇一六年)を参照。
(一七)［漢］鄭玄注、［唐］賈公彦、趙伯雄整理、王文進審定『周礼注疏』巻三三夏官司馬下・職方氏、十三経注疏整理本、北京、北京大学出版社、二〇〇〇年、一〇三〇頁。
(一八) 董珊「談士山盤銘文的「服」字義」『故宮博物院刊』二〇〇四年第一期。晁福林「従士山盤看周代「服」制」『中国歴史文物』二〇〇四年第六期。
(一九) 顧頡剛「畿服」同『史林雑識』北京、中華書局、一九六三年。
(二〇)『尚書校釈訳論』周書・酒誥、一四〇三頁。
(二一) 黄懐信・張懋鎔・田旭東撰、黄懐信修訂、李学勤審定『逸周書彙校集注』(修訂本)巻七王会解第五九、上海、上海古籍出版社、二〇〇七年、八一〇頁。
(二二)『逸周書彙校集注』(修訂本)巻七王会解第五九、八〇八—八〇九頁。
(二三)『史記』巻二夏本紀、八〇頁。
(二四) 顧頡剛「畿服」、同『史林雑識』。
(二五)『周礼注疏』巻三三夏官司馬下・職方氏、一〇三〇頁。
(二六)『周礼注疏』巻三三夏官司馬下・職方氏、一〇三〇頁。
(二七)『周礼注疏』巻三三夏官司馬下・職方氏、一〇三三頁。
(二八)『周礼注疏』巻三七秋官司寇下・大行人、一一七七—一一七八頁。
(二九)『周礼注疏』巻三七秋官司寇下・大行人、一一七八頁。
(三〇)『周礼注疏』巻三三夏官司馬下・職方氏、一〇三三頁。
(三一)『周礼注疏』巻三七秋官司寇下・大行人、一一八〇—一一八一頁。
(三二)『周礼注疏』巻二九夏官司馬第四・大司馬、八九七頁。
(三三)［晋］皇甫謐撰、陸吉点校『帝王世紀』第一自開闢至三皇、『二十五別史』第一冊、済南、斉魯書社、二〇〇〇年、九頁。
(三四)『尚書校釈訳論』虞夏書・禹貢、八一五頁。
(三五)『周礼注疏』巻三七秋官司寇下・大行人、一一七五—一一七六頁。
(三六) 許維遹撰、梁運華整理『呂氏春秋集釈』巻九季秋紀、北京、中華書局、二〇〇九年、一九六頁。
(三七)［晋］陳寿撰、［宋］裴松之注『三国志』巻一二何夔伝、北京、中華書局一九六四年標点本、三八〇頁。
(三八)『周礼注疏』巻三七秋官司寇下・大行人、一一七五—一一七六頁。
(三九)『三国志』巻三〇東夷伝、八四〇頁。
(四〇) 梁啓雄『荀子簡釈』第十八篇正論、北京、中華書局、一九八三年、二三九頁。
(四一)『荀子簡釈』第十八篇正論、二三九頁。
(四二)『荀子簡釈』第十八篇正論、二三九—二四一頁。
(四三)『荀子簡釈』第十八篇正論、二四一頁。
(四四)『荀子簡釈』第十八篇正論、二四一頁。
(四五)『史記』巻六秦始皇本紀、二三六頁。
(四六)『史記』巻六秦始皇本紀、二四六頁。
(四七)『通鑑地理通釈』巻一歴代州域総叙上・神農九州、一頁。
(四八)「肇十有二州、封十有二山、浚川。」『尚書校釈評論』虞夏書・堯典、一三〇頁。
(四九)『漢書』巻九四匈奴伝上、三七六二頁。

(五〇)『尚書訳注』周書・畢命、三八六頁。この篇は『古文尚書』にのみあり、『今文尚書』にはない。
(五一)［美］丹尼斯・塞諾（Denis Sinor）「内亜史上的馬与草場」、北京大学歴史系民族史教研室訳『丹尼斯・塞諾内亜研究文選』、北京、中華書局、二〇〇六年、一一六―一一九頁。
(五二)『漢書』巻七八蕭望之伝、三二八二―三二八三頁。
(五三)『書経近指』巻二夏書、『孫奇逢集』、一八九頁。
(五四)『礼記正義』巻一二王制、四六七頁。
(五五)『漢書』巻七八蕭望之伝、三二八二頁。
(五六)［宋］胡安国著、銭偉強点校『春秋胡氏伝』巻一隠公上・隠公二年、杭州、浙江古籍出版社、二〇一〇年、六頁。
(五七)［明］劉元卿撰、彭樹欣編校『劉元卿集』巻一節制貢夷疏、上海、上海古籍出版社、二〇一四年、一〇―一二頁。
(五八)［宋］范成大著、胡起望・覃光広校注『桂海虞衡志輯佚校注』志蛮、成都、四川民族出版社、一九八六年、二〇七頁。
(五九)『明太祖実録』巻八八、洪武七年三月甲戌、一五五八頁。
(六〇)『明太祖実録』巻八八、洪武七年三月甲戌、一五五八頁。
(六一)［明］葉向高等『明神宗実録』巻三三九、万暦二十七年九月己酉、台北、中研院歴史語言研究所一九六二年校勘本、六二七八頁。
(六二)［明］黄景昉著、陳士楷・熊徳基点校『国史唯疑』巻三景泰、上海、上海古籍出版社、二〇〇二年、七三頁。
(六三)『明神宗実録』巻三五八、万暦二十九年四月乙酉、六六八七頁。
(六四)『明神宗実録』巻四〇一、万暦三二年閏九月丙午、七五一八頁。
(六五)黄暉『論衡校釈』巻一九宣漢第五七、北京、中華書局、一九九〇年、八二三頁。
(六六)『明太祖実録』巻二六、呉元年冬十月丙寅、四〇二頁。
(六七)［明］楊士奇等『明宣宗実録』巻五六、宣徳四年秋七月庚午、台北、中研院歴史語言研究所一九六二年校勘本、一三四二頁。
(六八)『明宣宗実録』巻五七、宣徳四年八月己丑、一三六一頁。
(六九)『明宣宗実録』巻七九、宣徳六年五月庚寅、一八四五頁。
(七〇)『明宣宗実録』巻七九、宣徳六年五月庚寅、一八四五頁。
(七一)『明宣宗実録』巻七九、宣徳六年五月庚寅、一八四五頁。
(七二)［明］陳文等『明英宗実録』巻七、宣徳一〇年秋七月庚寅、台北、中研院歴史語言研究所一九六二年校勘本、一四一頁。
(七三)『明英宗実録』巻四二、正統三年五月庚子、八二〇―八二一頁。
(七四)『明英宗実録』巻八五、正統六年十一月己酉、一七〇七頁。
(七五)たとえば景泰二年、于謙は「菱角海子離邊一程、系是左衛哨守地方。」と奏上した。［明］于謙『于少保奏議』巻五雑行類兵部為声息事、魏得良点校『于謙集』、杭州、浙江古籍出版社、二〇一二年、二三九頁。
(七六)『明英宗実録』巻一五六、正統一二年七月庚戌、三〇四六頁。
(七七)『明英宗実録』巻二四二、景泰五年六月辛丑、五二七〇―五二七一頁。
(七八)『明英宗実録』巻二四二、景泰五年六月辛丑、五二七〇―五二七二頁。
(七九)『于少保奏議』巻六兵部為来帰人馬事、『于謙集』、二六九頁。
(八〇)［明］劉大夏撰、劉伝貴校点『劉大夏集』巻一覆鄒文盛疏、長沙、岳麓書社、二〇〇九年、一八頁。
(八一)［明］李東陽等『明孝宗実録』巻一八二、弘治十四年十二月辛未、台北、中研院歴史語言研究所一九六二年校勘本、三三六五―三三六六頁。
(八二)［明］費宏等『明武宗実録』巻一二四、正徳十年五月吉酉、台北、中研院歴史語言研究所一九六二年校勘本、二五一一―二五一二頁。
(八三)『明武宗実録』巻一〇三、正徳八年八月乙丑、二一三三―二一三四頁。
(八四)『明英宗実録』巻三四九、天順七年二月壬戌、七〇一七頁。
(八五)『正統臨戎録』、『明代蒙古漢籍史料匯編』第一輯、一〇四頁。
(八六)『明英宗実録』巻四六、正統三年九月己酉、九〇二頁。
(八七)『明憲宗実録』巻一三九、成化一一年三月乙丑、二〇六一―二〇六二頁。
(八八)『明英宗実録』巻七五、正統六年春正月甲子、一四七五頁。
(八九)［明］霍冀『九辺図説』遼東総図、玄覧堂叢書影印明隆慶三年刊本、台北、国立中央図書館、一九八一年、三八–四〇頁。

(九〇)［明］文徴明著、周道振輯校『文徴明集』巻二六資徳大夫正治上卿南京刑部尚書劉公行状、増訂本、上海、上海古籍出版社、二〇一四年、六〇〇頁。

(九一)［明］佚名『高昌館課』、北京図書館古籍珍本叢刊、北京、書目文献出版社、一九八九年、二四四頁。

(九二)(朝鮮)丁煥『朝天録』、燕行録全編第一輯第三冊、桂林、広西師範大学出版社、二〇一〇年、四〇五頁。

(九三)［明］魏煥輯『皇明九辺考』巻七楡林鎮經略考、四庫全書存目叢書影印国立北平図書館善本叢書影印明嘉靖刻本、済南、斉魯書社、一九九六年、八一頁。

(九四)［明］王琼『北虜事迹』、中国野史集成影印金声玉振集本、成都、巴蜀書社、二〇〇〇年、六二一頁。

(九五)［清］谷応泰、『明史紀事本末』巻六〇俺答封貢、北京、中華書局、一九七七年、九二〇頁。

(九六)『明史紀事本末』巻六〇俺答封貢、九二一頁。

(九七)［明］鄭洛『撫夷紀略』制宰生倘不浪入辺打牲、薄音湖・王雄編輯点校『明代蒙古漢籍史料匯編』第二輯、呼和浩特、内蒙古大学出版社、二〇〇〇年、一六八頁。

(九八)［明］鄭洛『撫夷紀略』修辺諭誡虜王、『明代蒙古漢籍史料匯編』第二輯、一四八頁。

(九九)［明］鄭洛『撫夷紀略』制黄台吉採砿、『明代蒙古漢籍史料匯編』第二輯、一六一–一六二頁。

(一〇〇)［明］陳仁錫『陳太史無夢園初集』漫集、巻二紀揷賞、続修四庫全書影印崇禎六年張一鳴刻本、上海、上海古籍出版社、二〇〇二年、二三六頁。

(一〇一)(朝鮮)佚名『朝天録』、燕行録全編第一輯第七冊、桂林、広西師範大学出版社、二〇一〇年、一八七頁。

(一〇二)(朝鮮)蘇光震『朝天日録』、燕行録全編第一輯第八冊、桂林、広西師範大学出版社、二〇一〇年、六頁。

(一〇三)(朝鮮)金中清『朝天録』、燕行録全編第一輯第八冊、桂林、広西師範大学出版社、二〇一〇年、三五頁。

(一〇四)［明］楊嗣昌著、梁頌成輯校『楊嗣昌集』巻八「西閲大同情形第六事疏」、長沙、岳麓書社、二〇〇五年、一六八頁。

第二部会　五

中国思想史研究の多様な視角

桓　占　偉
及川　伶央（訳）

はじめに

思想史は中国歴史学という樹におけるもっとも美しい花である。国内外の一流の学者がその中に身を投じ、彼らの特色ある研究と実践は、この分野の発展を継続的に促進してきた。一九九〇年代までの中国の思想史研究は、哲学思想、学術思想、社会思想、政治思想、倫理思想、宗教思想などの伝統的な分野に主に焦点を当てていた。そこにおいては豊富かつ特色ある成果が生まれており、関連する学術の要約と検討は先人たちによって十分に確立されている。しかし、過去三〇年間でこの学問領域に従来とは異なる研究対象、研究焦点および研究材料が出現し、以前には存在しなかった多様な視角を作り出した(一)。これらの新しい視点は、中国思想史の硬直した研究の地平を破り、新しい学術空間を開き、最前線の研究の動向と将来の発展の趨勢を反映している。そのため、まずはこれらを整理する必要がある。

一、研究対象の変化――経典から観念的語句へ――

整った体系を持つ文献は思想史の研究対象として絶対的な真理に見える。しかし、これによって思想史と哲学史の研究対象が重なってしまい、その領域の境界が長きにわたって曖昧模糊としている。学界が長期的に詳細な議論を重ねているにもかかわらず、望ましい進展は得られていない。葛兆光氏は思想史と哲学史の分野の問題について専門的に議論した文章の結論で「思想史とは境界が明瞭でない領域であり、哲学史と明確な区別ができるだろうか。これは結論がいまだない大きな問題であり、深く議論する必要がある(二)」と指摘した。今日に至っても、様々な雑誌に掲載されている思想史の論文の多くは哲学史に分類されている。しかし、思想史の発展の内部的な推進力は、必然的になんらかの側面で突破口を求めなければならない。研究対象の焦点が観念的な語句へと向かったことは、この種の画期的な進展の重要な兆候である。

観念的な言葉は社会のイデオロギーが高度に濃縮されたものであり、一般的には一文字、あるいは二文字で表される。それらは分解不可能なテキストの細片に見えるが、非常に豊富な歴史の情報を隠し持っているのである。事実、先秦時代に形成された様々な思想概念は、ほぼすべてが非常に簡潔かつ観念的な言葉で表現することができる。例えば孔子が指摘したような「夏道尊命」、「殷人尊神」、「周人尊礼」は、「命」「神」「礼」の三文字を用いて夏、殷、周のそれぞれ核心となる観念を概括したものである。春秋戦国時代の諸子百家の思想も大多数は簡易な語句によって要約できる。たとえば孔子や孟子の「仁義」、老荘思想の「自然」、荀子の「隆礼」、韓非子の「公法」、墨家の「兼愛」「尚賢」などがそれである。

最も簡単な言葉は往々にして最も複雑な内容を持つ。核となるいくつかの観念的な語句は哲学概念、宗教概念、倫理概念だけでなく、天文概念、経済概念、制度概念、法律概念でもあり、異なる分野の知識の背景を持ってはじめて全体的な認識と把握が可能になる。もちろん、観念的な語句は伝統的な思想史研究の中でかなり重要な位置を占めているが、それは主にある学派の思想を研究するための素材として見做されており、観念的な語句自体は主要な研究対象ではない。儒家を研究するときに必ず「仁」を論じ、道家を研究するときに必ず「道」を論じ、法家を研究するときに必ず「法」を研究するのと同様である。

この種の研究方式が長きにわたって主要な地位を占めており、研究上の実践において哲学的な思弁と倫理判断に注意を払い、観念的な語句を独立した歴史的な客体の概念として見るという視点が欠落していた。

一九八〇年代初頭になって観念的な語句が独立した研究対象になり始めた。一九八一年に閻歩克が発表した『春秋戦国時「信」観念的演変及其社会原因』の中で初めて伝統的な認知では倫理とされた「信」を一つの歴史的な概念として扱う研究が行われた。閻歩克氏は当時北京大学歴史学部の中国史専攻の学生であり、この卒業論文は『歴史研究』に掲載された。彭衛氏の回想によると、閻歩克氏は長年このことについて友人と話していたが、依然として興奮して信じられないように感じたそうだ。ある一文字についての研究でも最高の学術誌に掲載されることが可能になったからである。

閻歩克氏がこの論文を書いた当時、観念的な語句を主な研究対象とする学問的意識はなかった。しかし、彼はかえって無意識に全く新しい学問の扉を開いた。一九九〇年代以降、観念的な語句を主要な対象とした思想史の研究は急速な発展の段階に入った。古代中国思想史研究と近代思想史の研究では、主な研究対象として観念的な語句が強調されている。

中国の伝統的な倫理概念、政治概念、そして哲学概念はみな充分に重視されてきた。仁、義、利、礼、智、忠、信、道、徳、孝、法、公、私等の観念的な語句に基づく研究のブームが起こり、数え切れないほど膨大な議論が為された。それらの中でも晁福林氏の議論は非常に卓越したものである。晁福林氏は古文字学に造詣が深く、先秦時代の主要な観念的な語句を整理した。また、王権、神権、徳、帝、天、天命、宗法、祭祀、鬼神などの観念に関する研究を発展させ、数十篇の学術論文を発表し、二冊の専著を出版した。[三] これらの論文において、晁福林氏は今までにない多くの学術的知見を提出し、観念的な語句という小さな手がかりから思想史の全体図を導き出し、歴史規模の社会の意識形態を考察した。彼は自分の研究の成果を次のようにまとめている。

長い時間を通してふるいにかけられても残っている珍貴な文物は、歴史研究の貴重な資料である。この歴史の断片と個々の事例の研究を通して、歴史を解釈する新しい角度を見つけることができる。……これらの歴史の断片は往々にして豊富な歴史の情報を備えている。これらの情報を捉えて慎重に研究することは、関連する研究の深化を促進する。[四]

方金奇氏は方法論の角度から古代の観念的な語句の相関関係にある

研究を「考弁の観念史」と見做した。それは中国の「訓詁」「考拠」の伝統を継承して観念の源流へ遡り、観念の語義の変遷を考察することを通して、人々が求める世界の歴史とそれに頼ることによって生まれる社会生活の歴史を示した、と方金奇氏は指摘した。(五) 実際、相関する研究の視野は観念的な語句の考察をはるかに超えている。観念的な語句の語源に関する研究と語義に関する研究は研究のスタート地点であり、専門家たちは観念的な語句の発展の関連性と歴時性の研究にさらに注目を寄せている。

関連性の研究は、観念的な語句のある特定の時期における観念群とその中における位置について注意を向けるだけでなく、さまざまな社会分野での価値表現に注意を払い、それが位置する複雑な空間構造とその構造における機能を解明しようとする。歴時性の研究は、主に時系列に沿って歴史における観念的な語句の発展変化を考察する。それによって長い歴史時代における内容の変遷、作用する対象と影響範囲の転化及び宗教、政治、倫理、芸術などの社会文化領域に生じた総合的な影響について研究を行う。語源の研究、関連性の研究と歴時性の研究の結合は、歴史の断片を通して巨視的かつ連続的な意味を持つ社会イデオロギーの探求を可能にさせる。

電子データベースを用いた観念的な語句の体系的な研究は、金観涛氏に一日の長がある。彼の『观念史研究：中国现代重要政治术语的形成』は西洋の観念史の研究方法を借用し、初めて「観念」という概念に対して明確な定義を与え、一つの完全な方法論の体系を打ち出した。これらは彼の観念的な語句の研究に、より強固な理論を備えさせた。

金観涛は「観念とは固定的なキーワードを用いた思想の表現である。それは思想よりも確かであり、明確な価値の方向を持つことができ……観念は、対応するキーワードまたは単語を含む文によって表現することができる。……観念とは、思想体系を作り上げるための基本の要素である」(六)と述べる。彼は更に以下のように続ける。

> これまでの研究者は、文書を用いて歴史上に現れた観念的な語句の形態を分析しなければならなかった。しかし、歴史文献の電子化に従って、様々な電子データベースが構築された。研究者はこれらのデータベースでキーワードを検索することで、該当するキーワードのデータを調べ尽くし、核となるキーワードの意味の統計的分析を通じて観念の起源と進化を明らかにすることができる。(七)

金観涛氏の言うキーワードと観念的な語句は、名は異なるが中身は同じである。彼は「歴史は言葉に沈殿している」と考えていた。そして、「キーワードを含む例を中心とするデータベース」を採用し、一億二千万字にも上る文献を収めた「中国近現代思想史データベース（一八三〇－一九三〇）」を作った。これは、権利、個人、公理、民主主義、科学、経済、革命、などの政治的な用語のキーワードの統計的分析に基づき、それぞれ関連する統計図によって補完されており、中国における西洋近代政治概念の導入、進化、そして定着を目指していた。

金観涛氏は観念的な語句の研究において突出した成果を残している。彼は時代を切り開いただけでなく、初めて有意義な観念史の著作を上梓した。更に、西洋のプラトン主義とドイツ観念論の神秘的なベールを振り払い、観念とは、人が一つあるいは複数のキーワードで表現するところの思想、キーワードそれ自身、あるいはキーワードを含む文章を用いた表現であると指摘した。これ以降、思想史研究の基本単位はもはや文章と人物ではなく、文章中のキーワードになった。ちょうど彼自身が要約しているように、「こうして以前の代表者やその著作の限界を打破し、思想史研究は検証可能となった（八）」のである。

歴史研究を行うには豊富な資料の蓄積が必要であり、過去の歴史家の大半は莫大な時間を費やし、身をやつして暗中模索を重ねなければならなかった。長きにわたる辛い資料の収集や整理を経て、ようやく研究の基礎条件が備わるのである。しかし、ビッグデータ時代の電子データベースは高速検索機能を備えており、膨大なデータの中で関連するデータを極めて迅速に検索することができる。データ蓄積の豊富さとデータ収集の迅速さが過去の苦境を解決するに至った。更に、キーワードの検索を通して、観念的な語句がさまざまな社会局面と社会領域の価値表現を発現することも可能であり、これにより歴史の細部をますます明らかにすることができる。しかしこれは諸刃の剣である。一方面では思想史研究のさらなる進化と多元化を促進するが、別の一方面では細分化の問題がさらに突出して現われてくる。もしわれわれが最初の極めて小さい入り口から広大な領域に突入できなければ、細部にとらわれて歴史全体を描写する能力を失う可能性は非常に高い。

二、研究重心の転換――エリート思想から大衆観念へ――

伝統的な思想史研究はエリート思想を主要な研究対象としていた。しかしエリート思想の存在の主体性と時代性の限界は、たとえ最も広く認められている思想を決定しても、歴史的な時間と空間に普遍的な影響を与えることはできない。人々がはっきりと認識すればするほど、少数のエリート思想家を用いてある時代について述べようとするのは現実的でない。

大衆において普遍的である概念は体系性に欠けるが、先祖代々の生活の中で受け継がれてきたものである。マルクスは次のように指摘した。

> 人間は自らの手で自分たちの歴史を創造する。しかし、それらは自分の心の欲するところに従って創られたのではなく、自分が選んだ条件の下で作られたのでもない。直接遭遇し、確立され、過去から継承された条件の下で創造されたものである。すでに、死んでいる全ての祖先たちの伝統は、悪夢のように、生きる者の心に絡みつく（九）。

マルクスの言う「全ての祖先たちの伝統」は明らかに歴史上で形成された普遍的な社会通念を指している。実際、歴史上のエリート思想の大多数はすでに思想としての性格を失って書物の中の知識となっており、今日の社会に対する影響力は限られている。しかし「サイレントマジョリティー」を代表とする社会通念は歴史の過程とは対照的である。王朝の交代によらずして消え、社会の発展によらずして衰え、時代思潮の変化によらずして移り変わり、一貫して中国文明の歴史において重要な影響を発揮している。

一九五〇年代に侯外廬氏は中国社会思想の発展研究に関する『中国思想通史』という五巻組みの本を出版した。これはいまだに越えがたい傑作である。この名著の一番の特徴は、社会史と思想史の連動に注意を向け、同時に一貫して様々な時代の社会思想とその発展、変化する過程を研究の核としたことである。侯外廬氏は「哲学史は思想史に取って代わることはできない。しかし、思想史もまた政治思想、経済思想、哲学思想の簡単な総和ではない。整った社会意識の歴史的特徴とその変化の法則を研究しなければならない（一〇）」と強く主張した。指摘する必要があるのは、侯外廬氏の社会思想研究は主に支配的地位を占めていた社会的イデオロギーの領域に集中しており、エリート思想をその中の一部分として述べているということである。これは大衆性、普遍性を備えた社会通念とは明らかに区別される。

葛兆光氏が始めて以来、思想史研究の重心はようやく下部へと移行していった。一九九八年に葛兆光氏は復旦大学出版社から上下二巻の『中国思想史』を出版した。二〇〇一年には三巻に増やして再版し、国内外の学術界で大きな影響を引き起こした。一巻の『思想史的写法』の中で、葛兆光氏は全く新しい思想史の研究理念を述べ、中国古代思想史の研究をエリート思想から「一般的な知識、思想と信仰世界の歴史」へと下降させていった。

今日まで連綿と続き、しかも今日の生活に常に影響を与え、数千年間途絶えることなく増え続けてきた知識と技術がある。先人の知恵と苦労が多くの生活の知識と技術を蓄積し、後世の人々が享受できるようにし、先人の終点を出発点にすることができるようにした。まさにここで歴史は不断に前進しているのである。一つは数千年にわたって繰り返し考えられてきた問題とそれによって生まれた観念である。何世代にもわたって人間は宇宙と人生の意義を追い求め、心を砕いて探し求めて宇宙に関すること、社会と人生の問題の概念と方法は今日の思考に影響を与えている。現代人を依然として常に思索させ続ける難解な問題はまさにこの中にあり、歴史は不断に歴史を重ね続ける。これだけが思想史に属するのである。（一一）

葛兆光氏は、人間の現実生活の中では、やはりある種平均的な知識に近い思想と信仰が背景や基礎になっていることを認識していた。この種の一般的な知識、思想と信仰はちょうど人々が目の前の世界で起こっていることを判断、解釈、処理するときに作用する。これによってエリートかつ経典の思想と普通の社会生活の間において、やはり「一般的な知識、思想と信仰の世界」が存在する。この知識、思想と信仰の世界の延長は、一つの思想史のプロセスを構成する。それはまた思想史の範囲の中に含められるべきものである。

このような学術的理念に基づいて、葛兆光氏は思想史研究のための新しい方法論を創造的に提案した。伝統的な思想家や古典的な思想史の古い道を取り除き、思想史研究の重心をエリートによる経典思想と普通の社会生活の間にある「一般知識、思想と信仰の世界」に定めたのである。

葛兆光氏は新しい思想史研究の方法論に対する詳細な研究を行い、思想史の描き方をはるか上空のエリート思想から地上の大衆観念へと引き降ろそうとしたが、やはり彼の思想史研究は明らかに過渡期のものであった。主にエリート思想についての論著が大部分を占めており、その内容は最も普遍的な社会観念において徹底されておらず、エリート思想と社会観念の間で宙づりになったままであった。葛兆光氏が異なる思想史を書いたというよりも、むしろ素晴らしい思想史の新しい研究方法を生み出したと言えるだろう。

歴史研究が現実の意味に更に注意を払うようになった時代背景の中で、大衆に向き合い、関心を向けることは学界の共通認識となった。専門家たちは普遍性、統一性、共通認識を持つ社会観念の研究を始め、野心的な計画はこの分野におけるさらなる研究の深化を促すかもしれない。

中国社会科学院は二〇一四年に正式に「中華思想通史」のプロジ

エクトを始動させた。このプロジェクトは学界の注目を集めており、中国社会科学院の最優先プロジェクトと見做されている。全国から一〇〇人以上の学者が参加し、五年後に完成予定である。中華文明において絶えることなく連綿と続く内的な力を探求し、中華民族が代々伝えてきた精神と文化の遺伝子を明らかにし、思想史研究における中国学派を構成することを目的としている。

二〇一四年一〇月に昆明で開催された第一回中国思想史論壇で、会議に集まった専門家たちは以下の合意に至った。すなわち、思想史は人民が創造するものであり、普通の人民、群衆の社会思潮、文化傾向、情感と価値観を重視しなければならず、思想の歴史を人民に返し、正しい人民の思想史を書かなければならないということである。[一二]我々はこのプロジェクトが早く出版されることを楽しみにしている。

一般的な社会観念が重視されると同時に、文化における潜在意識の形態に関する観念も研究の視野へ入り始めた。専門家たちは西洋の観念史の研究方法を十分に活用し、思想史研究を民族文化の心理の隠れた層にまで深く入り込ませた。西洋における観念史の理論において、「観念」という言葉は暗黙の意味を具えている。観念史研究の創始者であるラブジョイは「暗黙、あるいは不明瞭な設定、または個人や同時代の人の思想の中で作用する、多かれ少なかれ無意識の思想習慣がある。まさしくこれらの自明ともいえる信念は、もっと暗黙のうちに仮定されており、正式に表現して論証を加える必要はない。これらのような自然に見えて避けることができない思想方法は、論理的自己認識によって精査されることなく、常に哲学家の学説の最も明らかな特徴になる。さらに、それは往々にして時代の主要な思潮になる」[一三]と述べ、ハイデガーは観念を「未思之物」と捉え、人々の頭の中にある曖昧模糊とした思考法と、まだ実際に考えていないのに従うことができる思考法を包括した。ただ、この思考法はかえって人々がいかにしてこの世界を待つのかということと、いかにしてこの世界において行動するのかということに対して巨大な影響を与えた。[一四]丸山真男は観念を「古層」「執拗低音」に喩え、それが持つ歴史における強大な惰性を指摘し、民族性の最も強く、鮮烈な特徴を示した。[一五]

ラブジョイの「含蓄の設定」、ハイデガーの「未思之物」、丸山真男の「古層」と「執拗低音」などの学説は、様々な程度で中国学者の暗黙の観念に対する認識を啓発し、あるいは深めさせた。許蘇民氏は以下のように指摘する。

> 観念史研究は、究極的にはどのような観念が今の中国と世界を造り、長きにわたって中国の歴史の変遷を支配してきたのかを追求することである。また、どのような要素が観念の変遷を制約し、人々の生活と実践を支配してきたのか、観念史の役割は我々の民族の心の中に深く刻まれた観念がどのように生じ、変化し、中国の社会と歴史の発展の過程を支配してきたのかを探求することにある。[一六]

この研究領域では高瑞泉氏の『平等観念史論略』が代表として挙げられる。高瑞泉氏は「一種の新しい観念は、それがまさに世界を改変する力を具えている時には、ただ哲学科や思想家の書物や講義の中の存在ではなく、社会、政治、法律、教育などを通して社会風俗に入り込み、最終的には沈殿して社会心理となる。ただ、この種の状況に到達すると、政教、風俗と心理の構成するところの社会生活の完成した共同体がある種の価値の有効性を現し始める。同時になぜ観念史研究の対象を未だ明らかになってない領域へまで広げるべきなのかを説明する」[一七]というように観念史研究が発展して独特の学術的価値を具えていることを認識している。

長期の精神の変化の中で我々の文化のなんらかの中心観念の発生と発展過程を探求しようとすることを観念史研究の責任とし、その批評や討論といった活動によって、社会と我々自身を知る一種の道筋になり、社会を変える力量を持つことができるようになる[一八]。

いずれにせよ、中国思想史研究の焦点は、継続的な下部への移動と拡大の過程にある。葛兆光氏の指摘によれば、思想史研究の関心はすでに「中心」から「周縁」へ、「経典」から「大衆」へ、「エリート思想」から「生活観念」へと移っている[一九]。中国における思想史研究がエリート思想から社会観念へと軸足を移したのは、時代が思想史研究に対して新たな要求を突きつけたからであるが、それはまた、思想史研究の深化発展の内的緊張にも左右される。

時代の視点から言えば、中国の発展は思想の力を必要としている。思想史それ自体の発展という視点から見れば、研究の重心はエリート思想から「一般知識、思想と信仰世界の歴史」へと移り、さらに普遍的な暗黙の社会概念へと至り、止むことない下部への移行と深化の過程の中にあって、中国思想史の発展に内在するエネルギーを際立たせている。このエネルギーの影響下で、過去に注目されていなかった情感、鬼神、瑞祥、生殖などの社会的概念が注目されている。専門家たちによれば、これらの社会観念は現代人の思考方式と行動様式に深い影響を与えており、思想史研究の主要な対象にする必要がある。

三、研究資料の拡充――伝統的テキストから遺物へ――

歴史学やその他の分野に比べると、思想史研究で用いる資料の範囲は比較的固定化されている。葛兆光氏は「二十世紀を通して、謝無量から、胡適、馮友蘭、侯外盧、任継愈に至るまで、哲学史あるいは思想史は連綿と続いた。しかし、歴史的資料の使用範囲に根本的な変更はなく、通常は評価尺度や政治的地位の変化のみで、歴史に残る文章や著作が現れた[二〇]」と指摘している。百年間にわたる思想史研究の過程の中で、扱う資料の範囲は拡充してはいるが、依然として同じ性質の資料が使われている。すなわち、より多くのあまり知名度がない思想家の著作を研究範囲に含めているだけであり、いまだ根本的に経学の範疇を超えていないといえる。

二〇〇六年に、雷戈の『秦漢之際的政治思想与皇権主義』が出版された。李振宏氏は雷戈が一種の「歴史―思想」の研究方法を創出したと認識している。元来用いられてきた経書によらず、主なデータの基盤は一般的な歴史研究が依拠する所の正史を用い、正史に経典の学と同じ思想史的価値を与えた[二一]。このことから正史が思想史学者の研究の視野に入って十数年しか過ぎていないことがわかる。

思想史研究において用いられる資料が長く固定化した原因は、思想史研究に画期的な方法論が欠けていたことにある。思想史の叙述方法が常に一定の了解の下で行われていた状態にあった場合、経学は必然的に長期にわたって主要な資料となる。この種の状況は葛兆光氏が提出した「一般知識、思想と信仰世界の歴史」の研究理念の後にようやく変化し始めた。葛兆光氏は伝統的に「辺縁」と「間接」に置かれていた資料を用い始め、おおまかに六種に分類した。分別は暦書、『営造法式』、『匠作則例』のような科学技術の著作、図像、档案、更に類書、蒙書や書冊などのテキスト群と小説や詞曲である[二二]。疑うことなくこれらは重大な学術上の核心であり、思想史研究の資料の範囲はついに空前の突破を実現した。これらのあまり注目されて来ず、「間接」「周縁」として使用されてきた資料が一躍脚光を浴び、思想の特徴を発揮し始めた。さらにこのブレイクスルーは葛兆光氏の思想史研究に新たな道を開かせ、並外れた学問の成果を収めさせた。

　注目するに値するのは、葛兆光氏は図像の資料も重視したことである。彼は歴史的な図像を利用するだけでなく、高い水準の研究成果を生み出した。加えて、図像の資料を用いて思想史研究を発達させる方法論を提出し、図像も思想史研究の視野を広げるのに寄与できると指摘した。図像資料の意義は文字文献の補助や、限定的に歴史書の挿絵に用いられるだけでなく、当然芸術史の課題というだけでもない。図像はさらに、なんらかの意識の選択、設計と構想、価値と観念を包含しており、古代中国の普遍的であるが隠れている思想を解釈することができる。[二三] 葛兆光氏のこのような提言に学界の共鳴は少なくなかった。趙世瑜氏は次のように指摘した。

> 人間が文字を用いて物事を記録する能力を持っている時、図像はどのような役割を果たすのだろうか。美しい装飾に用いられるだけであろうか。もしそうであるならば、このような特定の時代に作られた装飾はどのような歴史の情報を伝えるのだろうか。当然、これらの「無意識に」歴史の情報を伝達する図像を除いて、「意図的に」歴史の情報を伝達する図像も存在する。すなわち、画像の意図的利用の形態は、文字によらない形で自己の観念を記録、あるいは表現するのである。なぜ図像という形式を用いる必要があるのだろうか。自然にその意図があるのである。これによって、図像を表現する製作者が、自身の観念を図像にする画家、画建築家や、人に命じて図像を製作させる皇帝、修道士、信者などの場合もある。同時に上述の二つの観念と他者の観念を現す図像もある。図像研究は、客体の研究だけでなく主体の研究でもある。[二四]

　趙世瑜氏の見解では、思想史研究に対する図像の意義は、特定の時代の一般観念を理解するための新しい「思想史資料」を提供するということにある。二〇一一年に『形象史学研究』が創刊され、単なる研究の証拠としての図像資料から研究対象としての図像資料への転換は初めて体系的に実現した。孫暁氏は創刊の言葉の中で、「形象史学」は「形」と「象」を資料として扱うことを指し、歴史を研究する学問の一つであると述べた。[二五] 張弓氏は、形象史学研究の根本的な趣旨は、より全面的に深く中華文明の歴史文化遺産の何千もの「具象体」の中に内包されている中華文明の伝統理念を示すことにあると主張している。[二六]

　「形象史学研究」は二〇一八年四月までに九号まで発刊され、掲載された論文はかなりの数が思想概念を主題として扱っている。形象史学の目的は社会文化研究であるが、研究対象の背後に潜んでいる思想概念は長きにわたって学術的な魅力を発揮している。

　前述の思想史研究の資料は、たとえ文章や経書は図像の形象だとしても、資料の主要な属性は精神性に帰属する。思想史研究の新たな進歩によって、以前よりもさらに多くの遺物が専門家たちの研究の視野に入り始めた。様々な遺物や遺跡の背後の観念の世界が学界の興味を惹いている。人々は、人間によって創造されたすべての物質文化が、特定の思想観念の下で形成されたことを認識し始めた。思想史は一つの時間的な学問ではあるが、思想は空間における物質の中に残っているのである。形而上なる物を道と謂い、形而下なる物を器と謂う。形而上の道は凝集して歴史的な文献となり、これは精神の遺物であるといえる。形而下の器は地上に遍く存在し、これは物質的な遺物であるといえる。それが精神的な遺物であろうと物質的な遺物であろうと、本質的には全て歴史の情報を立体的に支えているのである。

ただ我々が「道以成器」「器以体道」の弁証体系を理解し、先進的な科学的手法を十分に用い、適切な研究方法を用いさえすれば、物質的な遺物の中に隠れている社会イデオロギーを発現させることが可能になる。新石器時代の精神的考古学はすでに物質的な遺物の背後にある思想観念の問題に注目を向け始めており、これは精神的考古学と思想史研究をより一致に近づけるものである。考古学的資料の実証性は王国維氏の二重の実証によって体系化、理論化され、古代中国研究において重要な役割を発揮している。考古学そのものの発展に付随して、物質的な遺物を科学的にしか記述していない伝統的な研究は、ますますその限界を示している。人々はすでに、「どのような」を解き明かすだけでは満足せず、「なぜ」物質的遺物の背後になんらかの精神的な力が存在し、どのような観念の支配の下にこれらの遺物が形成されたのかを解明する必要がある。日本の宮本一夫氏は次のように指摘する。

> 文献資料がない時代の精神世界を理解しようとするときに、まず憶測の範囲を越えがたいというのが困難の一つとしてある。しかし、物質文化は社会集団と個人が暗黙の了解に達する精神世界を背景として生まれる。したがって、物質資料に基づけば、それが包含している、人々が暗黙の了解の中で生みだした精神世界を復元することが可能でなければならない。物質文化の形態及びそのパターンに基づけば、我々は単純な表層の解釈を超えて、その内部に含まれる人類の精神生活の特徴を把握できる。[一七]

考古学の出土資料は歴史的な遺物であり、新石器時代の中国文明の歴史は現在でも残っているが、これらはまた不完全な遺物でもある。これらの遺物の分析を通じて、古代中華文明の思想概念が推測することができる。その歴史的価値がたとえどのようなものであれ真剣に受け止められなければならない。

遺物の背後に潜む思想観念に対する研究の開祖と言えるのは、何弩氏の『怎探古人何所思』である。何弩氏は、「無文字時代において、人々の精神文化はすでに存在し、新石器時代の典型的な遺物の解読を通じて当時の自然観、宗教観、符号と文字、社会観や芸術観念などの諸々の観念が研究でき、これらによって無文字時代の精神世界に対する体系的な認識を提出できる」[一八]と主張する。学界ではこの書の結論に対して異論を唱える者が頗る多い。しかし、何弩氏が精神考古学の道を切り拓いたことと、思想史研究で扱う資料の範囲を拡大したことは、無視できない先駆的な業績である。

中国社会科学院が編纂した『中華思想通史』の中では、中国における新石器時代の思想概念の研究が非常に期待されており、プロジェクトの核の一つとして認識されていた。専門家は、この分野の研究を進めるためには、まず扱う研究材料の範囲を広げる必要がある。そして様々な考古学的に発掘された遺物を通して、その背後に隠れた思想世界を推測するのである。

王震中氏は、中国先史時代の考古学的発見を中国の原始社会の歴史研究に応用可能であると主張する。彼は、中国先史時代の重大な発見は、原始的な科学技術や天文暦法の進歩を研究するだけではなく、それらを通して考古学資料に反映される精神現象、思想、原始宗教の研究を進めることにあると認識している。凌家灘遺跡の玉版、鹿台崗遺跡の「十字型」の建築物、陶寺遺跡の観測台などは、先史社会の宇宙観、八卦の起源と「地中」観念の研究における貴重な実物の資料である。(一九)

現在、新石器時代の時空概念、礼概念、地の概念、祖先の概念の研究は大きな進歩を遂げている。しかし、これはまさに始まったばかりの新しい分野であり、古くからの多くの古代の遺物を機能的に復元するのは困難である。三星堆文化、良渚文化、石峁文化、陶寺文化、龍山文化、紅山文化、二里頭文化などの遺跡から出土した大量の青銅器と玉器の機能は今に至っても不明である。考古学研究の進展と科学技術の発達によって、より多くの遺物に含まれる思想観念を明らかにし、思想史を、文献のみを扱う史学から歴史資料をすべて用いる史学へと転換させることが可能であると私は信じている。

おわりに

中国思想史研究に現われた三つの新しい視点は弁証法的統一関係の中にある。研究の対象を歴史的な文献の収集から観念的な語句へと移したことは、実際には研究の重心がエリート思想から社会観念へと転換したということであり、研究の重心がエリート思想から社会観念へと変化したということは、必然的に研究資料が伝統的な文献から遺物へと拡充することを促進するのである。三者の相互作用は、徐々に現われつつある中国思想史研究の新しい傾向を示している

第一に、新しい視点は、中国思想史研究に現われた新しい問題意識、研究方法と学術空間を提示した。例えるならば、現われた新しい問題意識は星に注意を向けることから空全体へ注意を向けさせたといえる。エリート思想という星の輝きは哲学史家の解読に帰し、社会観念という空は思想史家の手によって徐々に開かれる。結局のところ、社会観念はどのような基本的な内容、発展の過程と歴史的法則を持ち、いかにして民族独特の思考様式と行動様式を形成し、どのような核となる概念が中華民族の文化遺伝子を構成したのだろうか、ということが問題になる。この新たな問題を解決するには、必ず新しい研究方法を採らなければならない。構造主義、システム論、電子データベース、キーワード検索、西洋観念史などの研究方法はすでに早くから中国思想史研究において用いられており、人の耳目を驚かせるような研究成果を挙げている。新しい研究には新しい研究資料が必要である。研究資料は文字や図像による精神的痕跡から、遺跡、遺物などの物質的痕跡にまで拡大されている。扱う研究資料の拡充は思想史の研究の最前線を新石器時代まで押し広げ、研究範囲の発展によって歴史の立体的な叙述が可能になった。思想史の学術領域は正に時間と空間の両面において新たな進展を見せている。

第二に、三種類の新しい視点に基づいて形成された新たな思想史研究の成果と、伝統的な研究成果の間には明確な差がある。研究対象の焦点が変わったことにより、観念的な語句はもはやエリート思想の要素とは見做されず、独立した研究対象として扱われる。研究の重心の下部への移行はエリート思想を焦点から辺縁へと追いやり、社会観念が辺縁から焦点となった。そして研究資料の拡充によって、思想歴史研究はテキスト以外も用いるようになり、器以藏道、以器体道という新しい研究概念が生まれたのである。これらの新しい主体、新しい焦点、新しい理念は思想史の位置をより明確にし、学術空間を独立させ、研究理念に特徴を持たせ、哲学史と学術史の間の境界をより明確にした。

最後にこれらの新しい視点が中国思想史研究における学際的な傾向をもっていることを示す。思想史の研究対象は更に複雑になり、研究資料は更に豊富になり、研究は更に総合化していく。これらは全て伝統的な文献資料の分析に基づく研究方法を徐々に発展させたものである。研究目標を達成するために、様々なテキストの中に書かれている内容を探求するだけでなく、甲骨文字を解読し、天文地理、石像、城址、遺跡、玉器、陶器、律令、宗教、礼制などの多元的な内容を考察し、その背後にある観念世界を探求する必要がある。どんな学者でも、これらの問題に一人で対応することは困難である。これらの一見無関係で混沌とした断片を一つに統合するためには、自身の理論の範囲と研究方法の限界に十分な注意を払う必要がある。彭剛氏は以下のように指摘する。

さまざまな分野の理論の範囲と研究方法によって、歴史学が提出した問題と解釈は様々な視野と工具を提供し、歴史学はさらに腕を広げてさまざまな理論と方法を吸収して活用することで、人類の過去をより豊かに、より深く理解できる(三〇)。

中国思想史の研究で学際的な共同作業が始まった。しかし、我々は気づかなければならないことがある。学際的な研究は、大規模なプロジェクトを部分に分けた後、関連する専門家に割り当てるのではない。代わりに、関連分野の専門家がプロジェクトのあらゆる部分について自分の専門知識を発揮する。学際的な研究において容易に現われる分割式の研究の困難さを避け、より科学的かつ合理的な方法を探し、様々な分野の専門家が力を合わせて同じ問題に取り組む必要がある。

《注》

(一) 本文における考察で時間設定を直近の三十年にした理由は、思想史と歴史学が他の分野に比較して研究のパラダイムが相対的に強固であるからである。一九九〇年代になってようやく思想史研究の分野に新しい傾向が現われ始めた。

(二) 葛兆光「一般思想・写法・思想史与哲学史的分野」『中国図書商報』二〇〇〇年一二月一九日、第〇〇六版。

(三) 晁福林氏の代表的な論文は「『共和行政』与西周後期社会観念的変遷」(『北京師範大学学報』一九九二年第二期)、「春秋時期的鬼神観念及其社会影響」(『歴史研究』一九九五年第五期)、「戦国時期的鬼神観念及其社会影響」(『中国史研究』一九九八年第二期)、「先秦時期『徳』観念的起源及其発展」(『中国社会科学』二〇〇五年第四期)、「従先秦歴史観念的変化看中国古代人類精神的覚醒」(『河北学刊』二〇〇六年第三期)、「『時命』与『時中』:孔子天命観的重要命題」(『清華大学学報』(哲学社会科学版)二〇〇八年第五期)、「従『民本』到『君本』—試論先秦時期専制王権観念的形成」(『中国史研究』二〇一三年第四期)、「『五刑不如一恥』—先秦時期刑法観念的一個特色」(『社会科学輯刊』二〇一四年第三期)、「従商王大戊説到商周時代祖宗観念的変化—清華簡〈説命〉補釈」(『学術月刊』二〇一五年第五期)、「〈山海経〉与上古時代的『帝』観念」(『中国史研究』二〇一六年第二期)、「〈山海経〉与上古時代的『天』観念》(『中原文化研究』二〇一六年第一期)、「説商代的『天』和『帝』」(『史学集刊』二〇一六年第三期)などがある。代表的な専著としては『先秦社会思想研究』(商務印書館、二〇〇七年版)、『天命与彝倫:先秦社会思想探研』(北京師範大学出版社、二〇一二年版)等がある。

(四) 晁福林「発揮好歴史碎片的大作用」『人民日報』二〇一五年七月二〇日第〇一六版。

(五) 方金奇「観念史研究的几個問題」『江西科技師範大学学報』二〇一七年

第四期。
(六) 金観涛『観念史研究：中国現代重要政治術語的形成』法律出版社二〇一〇年版、第四頁。
(七) 同上、第五頁
(八) 金観涛『観念史研究：中国現代重要政治術語的形成』第七頁。
(九) 馬克思「路易・波拿巴的霧月十八日」『馬克思恩格斯選集』第一巻、人民出版社、二〇一二年版、第六六九頁。
(一〇) 侯外廬『侯外廬史学論文選集』(上) 人民出版社、一九八七年版、第一一頁。
(一一) 葛兆光『思想史的写法』復旦大学出版社二〇一三年版、第一頁。
(一二) 張春海「撰写属于人民的大思想史」『中国社会科学報』二〇一五年一〇月二八日第〇〇一版。
(一三) 諾夫橋伊『存在巨鏈：対一個観念的歴史的研究』張伝有、高秉江訳、商務印書館二〇一五年版、第九～一〇頁。
(一四) 阿蘭・梅吉尔、張旭鵬「什麼是観念史-対話弗吉尼業大学歴史系阿蘭・梅吉尔教授」『史学理論研究』二〇一二年第二期。
(一五) 丸山真男「原型・古層・執拗低音」『丸山真男集』第一二巻、岩波書店一九九六年版、第一四九～一五三頁。
(一六) 許蘇民「観念史研究如何求真——評高瑞泉著〈平等観念史論略〉」『哲学分析』二〇一四年第三期。
(一七) 高瑞泉『平等観念史論略』上海人民出版社、二〇一一年版、第三九頁。
(一八) 葛兆光「思想史視野中的考古与文物」『文物』二〇〇〇年第一期。
(一九) 葛兆光「思想史視野中的考古与文物」『文物』二〇〇〇年第一期。
(二〇) 葛兆光「什麼可以成為思想史的資料」『開放時代』二〇〇三年第四期。
(二一) 李振宏「中国思想史研究中的学派、話語与話域」『学術月刊』二〇一〇年第一一期。
(二二) 葛兆光「什麼可以成為思想史的資料」『開放時代』二〇〇三年第四期。
(二三) 葛兆光「思想史研究视野中的図像——関于図像研究的方法」『中国社会科学』二〇〇二年第四期。
(二四) 趙世瑜「図像如何証史：一幅石刻画所見清代西南的歴史与歴史記憶」『故宮博物院院刊』二〇一一年第二期。
(二五) 孫暁「前言」『形象史学研究』二〇一一年刊、第八頁。
(二六) 張弓「従歴史図像学到形象史学」『形象史学研究』二〇一三年刊、第六頁。
(二七) 宮本一夫『従神話到歴史：神話時代、夏王朝』呉菲訳、広西師範大学出版社、二〇一四年版、第二八一頁。
(二八) 何弩『怎探古人何所思——精神文化考古理論与実践探索』科学出版社、二〇一五年版、第Xi頁。
(二九) 王震中「建立中華思想史之当代中国学派」(『光明日報』二〇一六年八月一日、第〇一六版)。
(三〇) 彭剛「事実与解釈：歴史知識的限度」(『中国社会科学評価』二〇一七年第三期)。

第二部会 六

士大夫たちの思念を求めて

小島 毅

一、問題設定

近代の人文学は、西洋起源の哲・史・文三科制のもとで進められてきた。それによって、実証的で緻密な研究手法とそれに基づく作業手順の洗練が進み、様々な新知見を得て学術的探求が深化してきた。ただ、これは分析手法としての三区分に過ぎず、研究対象に即したものではない。特に、中国士大夫について、これが顕著である。

例えば、蘇軾（一〇三六～一一〇一）(一)は経学の著作を遺して儒教思想の展開において大きな役割を果たした。これは哲学研究の対象である。と同時に、旧法党の重鎮として史学の対象であり、また詩文の作家として文学の研究対象である。彼の場合はそれにとどまらず、今日では美術研究の対象である書画の分野でも重要人物だった。上記三区分は、彼の多面性を個々ばらばらに捉えてしまいかねず、かえってその実像が見えにくくなる恐れがある。

この事例に限らず、哲・史・文を別個に扱うことを自明視することは中国研究にとって極めて危険である。近代学術草創期にあっては、中国の胡適（一八九二～一九六二）にせよ、日本の内藤湖南（一八六六～一九三四）にせよ、この区分を跨いだ研究手法を実践しており、それが高い水準の成果をあげた理由だった。私たちは、学科区分を尊重しながらも、対象に応じてこれを越境していく必要がある。

もう一点、学科区分の他に、研究対象とする士大夫たちの空間観念も問題になる。現在の国境を自明視することは、士大夫たちの思念する「中国」「中華」との齟齬を来たしかねない。また、中国本土の外に広がる一定の地域（一般に東アジアないしは東北アジアと呼ばれている地域）の人たちの間でも、中国の士大夫は敬仰の対象だった。中国だけではなく、周辺諸国・地域と一体として捉えられる境域の中で、士大夫たちの思考活動を位置付ける研究が、再び有効かつ重要になっている。

本報告では、「士大夫」という概念成立の経緯から始めて、宋代士大夫の典型である蘇軾を事例としてこの問題を論じてみたい。ただし、第二点についてはまだ論じていない。

二、学術用語としての「士大夫」

宋代以降の文化（culture）・文明（civilization）の担い手たちを、日本の学界ではふつう「士大夫」と称する。無論、この語は古代の文献資料に見えるものだが、学術用語としては、ある特殊な性格を具えた階層に対して使われてきた。

周代の封建制においては、統治階級に王・侯・卿・大夫・士の五つの身分があったとされる。実際がどうであったかはさておき、儒教の教義としてはこれが定論であり、経学においてはこの身分秩序を前提とするテクスト解釈が行われた。そして、これが当時の社会に比喩的に適用され、官僚のことを士大夫と呼ぶようになる。すでに魏晋時代にはこうした意味での「士大夫」の用法が定着し、彼ら自身の自称としても用いられた。しかし、上述した用法は、これとは異なる。

内藤湖南（一八六六～一九三四）は、有名な唐宋変革論のなかで、唐以前と宋以後の文化・文明との相違を、担い手が「貴族」から「平民」に移行した変化として定式化した(二)。彼のいう「貴族」は、その出自によって官界の地位が保証され、家の文化資本を活かして文化活動を展開している者たちの集団を指し、「平民」は個々人の才覚で官界の地位と文化的威信を身につけた者たちを指す。どちらも史料用語では「士大夫」なのだが、内藤は唐以前と宋以後とでは、同語異義であると考えて、あえてこの区別を施したのだった。なお、彼が「貴族」を用いたのは、彼と同時期に日本史や西洋史でこの語が使われはじめていたためである。史料では、その選良主義（**elitism**）と縁故主義（**nepotism**）に対してやや批判的な意味合いをこめて「望族」「勢族」と呼ばれてきた。

内藤が「平民」という語を用いたのは、明治時代に日本国民の出自を三つに区分し、その一つが「平民」だったからである。（あとの二つは「華族」と「士族」。）一九一八年に内閣総理大臣に就任した原敬（一八五六～一九二一）は、爵位を持たなかったために「平民宰相」と呼ばれていた。（もっとも、彼は江戸時代の盛岡藩南部家の家老という上級士族の出身である。）それまでの歴代内閣総理大臣は、戊辰戦争（一八六八～一八六九年）の勝者として政権を壟断した薩長土肥藩閥出身で爵位を持つ者ばかりだった。原は政党領袖として帝国議会の支持を得て首相となった。内藤もまた盛岡藩士の子であり、また若い頃には新聞記者だった経験もあって、藩閥政治に批判的見解を持っていた。それが、中国史研究において彼に「平民」という語を選択させた一因だったと推測できる。

しかし、この語を使用したことは誤解も招いた。内藤は一般庶民の意味で用いてはいないにもかかわらず、「平民」という語感が大衆全体であるように受け取れたからである。そのためもあってか、内藤門下の宮崎市定は、「平民」に代えて「士大夫」・「読書人」を用いた。

その際、宮崎は、内藤の文化史的観点を発展させ、加えて社会経済史的な視点から研究を進めた。そして、政治的には官僚であり、文化的には読書人であり、社会的には地主・商人であるという、三つの側面を兼ね備えた「三位一体」（宮崎の表現）の存在として士大夫を定置させたのである。

三、経学上の「士大夫」

上述のように、経書が前提とする身分階梯から、大夫と士の二語が連続して「大夫士」という形で登場する事例は数多い。その逆順の「士大夫」はどうかというと、『礼記』には以下の計五例が見える。『礼記』という文献の性格から考えて、戦国末期から漢代にかけての用法である。

一　大夫寓祭器於大夫、士寓祭器於士。大夫、士去國、踰竟、為壇位。（曲礼下）

二　魯莊公之喪、既葬而絰不入庫門。士大夫既卒哭、麻不入。（檀弓下）

三　士大夫不得祔於諸侯、祔於諸祖父之為士大夫者、其妻祔於諸祖姑、妾祔於妾祖姑。（喪服小記）

四　公子之公、為其士大夫之庶者、宗其士大夫之適者、公子之宗道也。（大伝）

五　葉公之顧命曰、毋以小謀敗大作、毋以嬖御士疾荘士、大夫、卿士。（緇衣）

このうち、一と五は、その句点の位置から明らかなように、士と大夫とを並称しているにすぎない。一語の「士大夫」の意味で使っているのは二・三・四である。これらが「大夫士」と表記せずに「士大夫」の語順にしている理由は定かでないが、いずれも侯の身分（魯荘公・諸侯・公子）と対比して言われている。『周礼』解釈の経学によって、卿は大夫の三階級の最上位である「上大夫」だとされていたから、これらの「士大夫」は卿を包含する意味で使われていると解釈された。三も四も、侯の同族祭祀の規定である。つまり、ここでの「士大夫」は、侯の一族から派生して下降した身分の者たちを指している。

　戦国末期の『荀子』には、「士大夫」の用例が多く見える。なかには「王公士大夫」・「卿相士大夫」（王制篇）のように身分連呼の場合もあるが、ほとんどが単独での用例で、士大夫が独立した一つの身分として意識されていたことがわかる。『漢書』ではすでに一般的な語彙となっている。

　こうした経緯を受けて、「士大夫」は宋代の史料に頻出する。たとえば、朱熹（一一三〇～一二〇〇）『論語集注』には以下の二箇所に見える。『論語』の本文には士大夫という語は見えないのだが、朱熹は、そこに記された儀礼の実践主体や、孔子が「君子」と呼んだ存在のことを、士大夫という語で解説している。

禮、士大夫出入君門、由闑右、不踐閾。（郷党篇「入公門」節）

君子、謂賢士大夫也。（先進篇「先進於礼楽」章）

『朱子語類』には、計八四例ある（中国哲学書電子化計画）。その大部分が、朱熹が自分と同時代の人々を指して士大夫と呼ぶ事例だが、以下の例のように、遡って経書の時代の人に適用していることもある。

左傳、國語惟是周室一種士大夫説得道理大故細密。（巻八三「春秋・綱領」）

前重後輕者、前以待士大夫之有士者、後方是待庶民。（巻八六「礼三・周礼・地官」）

古者人主左右攜提、執賤役、若虎賁、綴衣之類、皆是士大夫、日相親密。（巻一一三「朱子九・論官」）

次の用例は、朱熹が太廟の始祖を僖祖（太祖趙匡胤の高祖父）とすべきことを経学上主張した論理の一部である。

或言、周祖后稷、以其有功德；今僖祖無功、不可與后稷並論。某遂言、今士大夫白屋起家、以至榮顯、皆説道功名是我自致、何關於乃祖乃父。則朝廷封贈三代、諸公能辭而不受乎。況太祖初來自尊僖祖為始祖、諸公必忍去之乎。（巻一一七「朱子四・内任・寧宗朝」）

周で后稷を始祖とするのは、后稷が堯舜の大臣を勤めて諸侯に封ぜられた功績によるとする解釈（当時の通説）を批判して、たとえ先祖に功績が無くても、自分の功名で追贈されたならその格式で祭祀を行うという当時の慣行を持ち出して、太祖が僖祖に廟号と諡号を追贈したことから、周の后稷に相当する地位（始祖）であるとの論理展開になっている。ここでは、士大夫の間の儀礼実践を皇帝にも適用できるという意見、換言すれば、皇帝と士大夫の身分とに礼制上の質的な断絶はないという発想を示している。

そして、次の用例では、「制将之権」に宦官が容喙し、彼らが「士大夫之公論」だと称しているのが実は彼らの私意にすぎないことを批判している。朱熹はもちろん、当時の通念として官僚社会の人事が「士大夫之公論」で決定されるべきだとされていたことを示している。

對曰、彼雖不敢公薦、然皆託於士大夫之公論、而實出於此曹之私意。……（巻一一七「朱子四・内任・孝宗朝」）

四、宋代士大夫たちの自己認識

宋代士大夫たちの自己認識を示す象徴的な文言として、次の二つが挙げられる。

一つは范仲淹（九八九～一〇五二）の「先憂後楽」である。范仲淹は十一世紀なかば、仁宗朝の士大夫たちの領導であり、慶暦新政（一〇四三～一〇四五）では彼が参知政事として中心的な役割を果たした。彼が晩年に著した「岳陽楼記」は「先天下之憂而憂、後天下之楽而楽」と結ばれ、士大夫が庶民を慈しむ庇護者として振る舞うべきだと主張する。この気概には、現実には私利私欲に走りがちな士大夫の生態への批判という意味が込められている。彼自身の心情吐露という形を借りて、儒教的仁愛をあらためて強調し、同志たちの自覚を求めたものだろう。ただし、逆に見れば、ここに示されているのは、強烈なパターナリズムである。「先憂後楽」は、『宋史』の本伝の論賛で范仲淹の行き方を形容する四字熟語として使われた。

二つめは、張載（一〇二〇～一〇七七）の「為去聖継絶学、為万世開太平」である。ここでは（朱熹によって成語となった）「道統」を継承して将来の社会を構築するのは自分たちであるとする強烈な責任感が表明されている。儒教は漢代以来、紆余曲折はあっても一貫して国教の地位を占めていた。にもかかわらず、「去聖」の教えを「絶学」と呼んでいるのは、旧来の儒教が正統教説ではなかったことを暗示する。張載は范仲淹の示唆で易を学んだと伝承され（史実か否かは未詳）、この二人とその周辺に宋代士大夫の自己認識が誕生したことを示している。

なお、後世になると、中国よりも日本においてこの二語が尊重され、前者は水戸藩徳川家江戸上屋敷の庭園名称（後楽園）に、後者は昭和天皇の終戦詔勅に使われた。

『論語』に、孔子が自分の使命として認識していた事柄を表明する発言がある。

子畏於匡。曰、文王既沒、文不在茲乎。天之將喪斯文也、後死者不得與於斯文也。天之未喪斯文也、匡人其如予何。（子罕篇）

朱熹は『論語集注』で「文」字に次のように注解する。

道之顯者、謂之文、蓋礼楽制度之謂。不曰道而曰文、亦謙辞也。

『朱子語類』巻三六の該章。

問、天之將喪斯文、未喪斯文、文即是道否。曰、既是道、安得有喪、未喪。文亦先王之禮文。聖人於此、極是留意。蓋古之聖人既竭心思焉、將行之萬世而無弊者也、故常恐其喪失而不可考。問、呂氏曰、文者、前後聖之所修、道則出乎天而已。故孔子以道之廢興付之命、以文之得喪任諸己。曰、道只是有廢興、卻喪不得。文如三代禮樂制度、若喪、便掃地。

朱熹の解釈では、道と文は顕微の関係にある。孔子は自分を「道の護持者」とは自称せず、「文の継承者」と言うに止めた。「先王之禮文」として「礼楽制度」として伝わってきた「斯文」を「古之聖人」の遺産として守護するのが、孔子が自覚していた使命だった。そして、宋代の士大夫たちは孔子の遺志を継承して庶民が安寧に暮らせる社会を作ろうとした。

五、文の体現者：蘇軾

蘇軾については、これまでに多くの研究があり、彼の多面性についてはそれぞれ専論がある。ここではそれらの先行研究紹介は割愛し、彼が官僚として政治に携わる人物であるとともに経学者・文学者でもあったことを総合的に論じてみたい。

蘇軾、字は子瞻、自ら東坡居士と号した。死後、文忠と諡される。四川の眉山に育ち、知益州に着任した張方平(一〇〇七～一〇九一)に見出される。父の蘇洵(一〇〇九～一〇六六)に連れられて弟の蘇轍(一〇三九～一一一二)と共に開封に上京し、二二歳の時に進士となる。嘉祐六年(一〇六一)には弟と共に制科に挙げられ、地方官などを歴任した。治平元年(一〇六六)父の喪に服すために郷里に戻る。喪が明けて開封に戻ったのは熙寧二年(一〇六九)、ちょうど王安石(一〇二一～一〇八六)の改革が始まった年である。弟の蘇轍はすぐに改革推進本部たる制置三司条例司の検詳文字(改革による政令を検討する役職)に任ぜられて、新法政策に参画した。しかし、蘇軾のほうは、張方平や司馬光(一〇一九～一〇八六)が諫官に推挙したものの、王安石が反対して任ぜられなかった。この年の一〇月と翌年二月の二回、「上神宗皇帝書」を上奏して新法を批判し、王安石と対立する立場を公然と表明した。このことをもって彼は旧法党と見做され、後世高く評価されるようになったとともに、近代以降は熙寧新政を歴史的に評価する潮流の中で保守派・守旧派として批判されることになる。

その後も彼の新法批判は続き、元豊二年(一〇七九)には新法を誹謗した罪で任地の湖州から黄州に左遷される。事実上の流刑だった。元豊八年(一〇八五)、神宗が崩御して旧法党政権が成立すると開封に召還され、元祐更化の重鎮として活躍した。ただし、彼は司馬光・文彦博(一〇〇五～一〇九六)らが新法を徹底的に排除するのに反対し、良法については新法政策を踏襲することを主張した。元祐八年(一〇九三)に太皇太后高氏が逝去して新法党が復権すると地方官に左遷され、各地を歴任した後、建中靖国元年(一一〇一)に没した。

彼の多面的な活躍に共通するのは、「文」の探求と実践である。それはヨーロッパにおけるhumanities(人文)に相当する。文芸復興期を代表するレオナルド＝ダ＝ビンチ(Leonardo da Vinci、一四五二～一五一九)は、蘇軾同様、多方面で活躍した天才だった。今日の狭義の「人文学」とは異なる。同じく、古代漢語の「文学」は、今日の狭義の文学(西洋近代における

literature）とは異質だった。蘇軾が詩文・経学・書画と幅広い成果をあげ、政界でも活躍したのは、「文」の実現という一点に集約される事業といえよう。

六、蘇軾経学の一例：『尚書』の百姓解釈

『書伝』巻一「堯典」の経文「平章百姓」の句に、蘇軾は次のような注解を付している。

平、和也。章、顯用其賢者也。百姓、凡國之大族、民之望也。大族予之、民莫不予也。方是時、上世帝皇之子孫、其得姓者、蓋百餘族而已、故曰百姓。

ちなみに、唐代以来、宰相相当の官職を「同中書門下平章事」と称していた。「平章百姓」は、彼ら宋代士大夫たちにとって、官僚機構の頂点に立つ者が拳々服膺して執行すべき政治目標だった。蘇軾は、この語を「和」にして「顯用其賢者（賢者を登用する）」と解する。ここで「其」とされるその対象は、経文で「平章」の賓詞となっている「百姓」である。蘇軾は「百姓」を民衆一般とは区別して「國之大族、民之望也」とする。つまり、堯による『尚書』全体の冒頭を飾る発言のなかで政治の要諦として語った「平章百姓」とは、「國之大族、民之望」の中から賢者を登用することを意味し、それによって経文の次の句に言う「百姓昭明、協和萬邦」をもたらし、それによって「黎民於變時雍（庶民が安寧な生活を送る）」が実現するという論理構成になっている。

「舜典」にも二度、堯が崩じたことの記事「帝乃殂落、百姓如喪考妣」と、舜の契への訓示「百姓不親、五品不遜」があるけれども、蘇軾はこれらいずれにも「百姓」についての注解をしていない。「堯典」の場合と同義だからであろう。

また、大禹謨の一節（巻三）では次のように述べる。

（経文）罔違道、以千百姓之譽、罔咈百姓、以從己之欲。
（蘇伝）民至愚、而不可欺。凡其所毀譽、天且以是為聰明、而況人君乎。違道足以致民毀而已、安能求譽哉。以是知、堯舜之間、所謂百姓者、皆謂世家大族也。好行小慧、以求譽於此、固不足恤。以為不足恤、而縱欲以戻之、亦殆矣。咈、戻也。

ここで蘇軾は、経文の「百姓」は「世家大族」を指すと言っている。その直前に彼が用いている「民」は、経文では「堯典」にあった「黎民」を指すことは明らかだ。したがって、「大禹謨」後段の三事の注解中に現れる「民」もまた、「黎民」すなわち一般庶民であろう。

（経文）正德、利用、厚生、惟和。
（蘇伝）所謂三事也。春秋傳曰、民生厚而德正、用利而事節。正德者、管子所謂、倉廩實而知禮節、衣食足而知榮辱也。利用、利器用也。厚生、時使薄斂也。使民之賴其生也者、厚也。民薄其生、則不難犯上矣。利用厚生、而後民德正。先言正德者、德不正、雖有粟、吾得而食諸。

ここでは『春秋左氏伝』成公十六年に見える申叔の発言[三]を引き、「正徳、利用、厚生」のいわゆる三事を説明する。「民」字は『春秋左氏伝』に見えるわけだが、蘇軾はこれをそのまま、続く自分の文章

中で使い、「利用厚生、而後民徳正」と言う。ここで言われているのは、「百姓」の徳ではなく、「黎民」の徳だということになる。

巻一九「呂刑」では、穆王が堯の治世を讃える文脈で経文に「士制百姓于刑之中、以教祗徳」とあるが、これに蘇軾は「士、皐陶也」と注を付ける。一般論としての「士」＝官僚ではなく、堯の下で刑罰を管掌した大臣である皐陶に特定し、皐陶が「百姓」を刑罰によって正した功績を述べたものとする。

後段の経文「典獄非訖于威、惟訖于富」では、次のように言う。

威貴、有勢者、乗富貴之勢、以爲姦、不可以不盡法。非盡于威、則盡于富。其餘貧賤者、則容有所不盡也。

つまり、ここで「威貴」すなわち富貴な者が非法行為をするのに対して、法を以て断固たる処置を施したことを表現したのだという。これと対照して、貧賤な者については、寛大な措置を取り、富貴な者とは異なる処断をしたと説明している。ところで、蘇軾の「百姓」解釈は経学上どのように位置づくのだろうか。

実は、彼の解釈は唐代の伝統的解釈にそうものだった。偽孔伝は「堯典」当該箇所に、「百姓、百官。言化九族而平和章明」とする。孔疏では、場合によっては「天下百姓」を意味するが、ここは下の「黎民」と対比されているので、百官の意味であることがわかると説明する。つまり、蘇軾が「國之大族、民之望也」と解して「黎民」と区別するのは、この考え方に従うものであった。

では、蘇軾が「大禹謨」の方で「以是知、堯舜之間、所謂百姓者、皆謂世家大族也」とわざわざ言うのは、どうしてなのだろうか。おそらく、彼と同世代の程頤（一〇三三〜一一〇七）の所説が念頭にあったためと思われる。

程頤「書解」（『河南程氏経説』巻二）の「堯典」に、「百姓、庶民也」という文言がある。彼がなぜそう解するのかは、彼の思想全体を踏まえて理解しなければならない。簡潔にいえば、『大学』三綱領八条目による自己修養、「聖人可学而至」説である（「顔子所好何学論」『河南程氏文集』巻八）。程頤は「堯典」でその前段にある「克明俊徳」を「昭明倫理」と言い換え、それによってここが『大学』の「明明徳」と同義であると捉えているのだ。よって、「平章」も「平治章明」として、百姓すなわち庶民が自ら明徳を磨くことだという論理構成になっている。

しかし、蘇軾はこれとは異なり、「國之大族、民之望也」と説いて、庶民との相違を強調する。このことは、彼の思念としては、君主（皇帝）と庶民の間には「民之望」たちが介在していることを意味する。そして、これは偽孔伝の解釈に従っているようで、そうではない。官僚機構に奉職している者を指す「百官」という表現と、「上世帝皇之子孫、其得姓者、蓋百餘族而已」とする説明の間には、官僚機構そのものとは別の、独自の存在意義を持つ「族」の存在意義が主張されているのだ。

ここで想起されるのは、彼の父蘇洵が「蘇氏族譜」（『嘉祐集』巻四）を作成していることである。これは、欧陽脩の族譜編纂と並んで近世宗族の勃興を象徴する事件とみなされてきた。宗族を形成して「民之望」となるのが、現在の学術用語で士大夫と呼ばれる階層だった。蘇軾は経学の中でそのことを正当化し、伝統的な君・臣・民の三層構造を継承しながら、臣を単に宮廷官僚に限定せず、それを輩出する母体としての望族集団として捉え直そうとしていたのである。

その路線は程頤に始まる道学の修養論とは百姓解釈に関しては異なる見解を示すことになる。朱熹もまた道学派の一員として、蘇軾の解釈ではなく程頤に与している。

百姓、畿内之民、非百官族姓也。（『朱子語類』巻七八）

朱熹の場合、程頤以上に修養を前面に提示して「修己治人」を主張するのである。

六、蘇軾経学の一例：『易』の聖人解釈

蘇軾の経学からもう一つの例を紹介しよう。『易伝』である。この書は父蘇洵・弟蘇轍の見解を取り込んだ、蘇家の家学というべき作品であった[四]。

その巻七「繫辞伝上」に次の一文がある。

世乃曰、聖人无徳業、徳業賢人也。夫徳業之名、聖人之所不能免也。其所以異於人者、特以其无心爾。見其謂之聖人則隆之、見其之賢人則降之。此近世之俗學、古无是論也。

蘇軾『易伝』は、集解形式ではない経書注解の通例どおり、経文を区切った段落ごとに自説の語義・句義を淡々と列ねる。先人の所説としては、しばしば王弼（二二六〜二四九）の注が引かれるくらいである。ところが、ここでは当時の某説を紹介したうえで「近世之俗學」と斬って捨てている。この批判対象は、王安石とその門流のものであると思われる。

王安石の易解は、易の経文に見える「聖人」と「賢人」とを、ここで蘇軾が批判しているまさにそのとおりのやり方で厳格に区別することに特徴があった。そしてこの構造は、乾卦＝聖人、坤卦＝賢人という二項対立で捉えるところに起点を持つ。そのことは現存する王安石の易についての文章の断片からも伺えるが、完書として伝わる龔原（一〇四三〜一一一〇）の『周易新講義』に詳しく見ることができる[五]。乾卦が聖人の事業に相当することは、易学の通説といってよかろう。王安石・龔原の論理では、乾卦と対になる坤卦の文言伝に「地道也、妻道也、臣道也」と地・妻・臣を並べているその次に「天地閉、賢人隠」とあるところから、この列に賢人を加えるのである。つまり、乾卦の天・夫・君・聖人の対になるものとして、地・妻・臣・賢人を数えるということであった。それは、君＝聖人、臣＝賢人という対応でもあった。この解釈を易経全体に適用し、「賢人」という語をことごとくこの枠組みで捉え、聖人と対照させる。たとえば、乾卦文言伝の上九「賢人在下位而无輔」も、ここでは賢人が主体・主語なのではなく、聖人＝乾が「亢龍」と表現される場合に賢人をどう扱うかを示す文言、すなわち賢人を客体として解している。こうした解釈が蘇軾によって、「見其謂之聖人則隆之、見其之賢人則降之（「聖人」という語を見ればそれを高く扱い、「賢人」という語を見ればそれを低く扱う）」と非難されたのだ。

繫辞伝のこの箇所で蘇軾が上掲の批判をしているのは、当該箇所の繫辞伝本文に「可久則賢人之徳、可大則賢人之業」とあり、これをもって王安石派が、だから徳・業は聖人の事ではないとする論理展開に対する異議なのである。この問題は、坤卦の卦辞「君子有攸往」、大象の「君子以厚徳載物」や文言伝の「君子黄中通理、……發於事業、美之至也」の解釈にも関連している。王安石派はこの「君子」を賢人

＝臣とし、聖人＝王を輔弼して実際の徳・業を担うのは大臣であるという理論を構成していた[六]。

では、蘇軾『易伝』は「聖人」をどういう存在とみていたであろうか。

巻一の蒙卦彖伝の解（蘇轍の解釈とされているもの）に、聖人が登場する。

> 聖人之於蒙也、時其可發而發之、不可則置之。所以養其正心、而待其自勝也。此聖人之功也。

これは彖伝の「蒙以養正、聖功也」を解釈した文言である。「聖」が形容詞としてではなく、聖人という人格として扱われている。こう解する理由として（もしくはこう解した結果）、卦辞の「匪我求童蒙、童蒙求我」を聖人が人を導くやりかたとみなす。

> 蒙者有蔽於物而已、其中固自有正也。蔽雖甚、終不能没其正、將戰於内、以求自達。因其欲達而一發之、迎其正心、彼將沛然而自得焉。苟不待其欲達而強發之、一發不達、以至於再三、雖有得、非其正矣。

前提をなす人間観は、誰しも心中に正しい方に向かう性質があるのだが、物によって覆われているというもので、道学と同じだ。そして内側から正義への欲求が沸き立った段階で、外部の主体たる「我」が正しい心を導きだしてやれば、勢いがついて自得することができる。しかし、まだその機が熟していないのにむりやり導こうとすると、何度やってもうまくいかず、たとえ得る所があったとしてもそれは正しいものではない。『孟子』の「助長」の教訓[七]と通じる考え方である。つまり、蘇軾『易伝』の「聖人」は、万人が具える善性を、各人の心の準備・状態にかなうかたちで啓蒙する役割を果たす。外的な礼楽刑政によってそれを助長するのではなく、機が熟するのを待つ姿勢が求められている。

聖人が補助的な役割に徹するという考え方は、巻八「繋辞伝下」の「天地設位、聖人成能」にも見える。

> 萬物自生自成、故天地設位而已。聖人无能、因天下之已能而遂成之。

万物みずからが具える生成能力に依拠して達成・成就させるのが聖人の役割なのだ。ここで彼は「聖人无能」とまで言い切っている。

最後に巻二の観卦における聖人像に触れておく[八]。その九五と上九の爻辞にみえる「君子」をめぐってである。

> 此二觀、所自言之者不同、其實一也。觀我生、讀如觀兵之觀。觀其生、讀如觀魚之觀。九五以其至顯觀之於民、以我示民、故曰觀我生。上九處於至高而下觀之、自民觀我、故曰觀其生。……聖人以其一身擅天下之樂、厚自奉以觀示天下、而天下不怨、夫必有以大服之矣。……君子而後无咎、難乎其无咎也。

九五の「観我生」は観兵の場合と同じく「示す・見せる」の意、上九の「観其生」は観魚の場合と同じく「見る」の意で、字義は異なるけれども実態としては同一のことを意味している。自分を民に見せることは、民が自分を見ることだからだ。この解釈は龔原とも同じく、当時の通説である。(九) 蘇軾は次に、聖人が楽しみを極めて厚く自分を遇するさまを天下万民に示しても民がそれを憎まないで帰服すると述べる。もちろん、両爻辞にある「君子无咎」の解なのだが、それは「君子」にしかできないことであり、難事だと言っている。ここで彼が君子＝聖人とするのは、経文の彖伝にある有名な一文、「聖人以神道説教、而天下服矣」をふまえている。彖伝の解では「聖人以神道説教、則賞爵刑罰有設而不用矣」と述べて聖人の統治を讃えている。それは難事なのだけれども、理想として追究されるべき君主像であった。この点で、王安石派がこの「観」を、臣下（君子）が君主（聖人）を輔けて礼楽刑政を用いた作為的な統治を行うさまと解するのとは大きく異なっている。蘇軾にとって、聖人の統治は事を荒立てずに自然なさまで行われるべきものだった。それが繋辞伝にいう「聖人无能」の極意でもあった。

はじめに紹介した繋辞伝において、蘇軾は聖人を賢人概念に含まれる存在としていた。聖人が通常の賢人と異なるのは「无心」という点だけである。无能・无心の状態を保ち、天地の働きや個々人の発心を自然に助けるだけにとどめ、礼楽刑政を措いて用いない君主、それが蘇軾の聖人像である。「聖人」の語は『易伝』に頻出するが、この範疇に収まるといえる。

程頤は蘇軾と時期的に並行して独自の『易伝』を作成していた。そこでは「聖人」は君主に限定されない。「可学而至」を標榜し、読者（士大夫）みなが向上して目指すべき対象となる。蘇軾における士大夫はこれとは異なり、あくまでも君主を聖人たらしめることに務める立場にとどまった。君主が過度な自己主張を行ったり、過激な政策をとって暴走したりすることがないように。

七、後世における蘇軾評価と士大夫の精神

蘇軾には、物事を多角的に冷静に見ることができる感性が具わっていた。この点で、程頤とはそりが合わなかった。程頤が「秋霜烈日」と形容される生真面目な性格だったのを、蘇軾は揶揄する。蘇軾は、眉を釣り上げ苦虫を噛み潰したような渋い顔をして「聖人の道」を説き、士大夫たちが人徳を磨いて聖人になることを強要する連中を嫌ったのだと思われる。逆に程頤の立場からは、詩文や書画に没頭する輩は、道の自己修養という肝心な点を疎かにする「玩物喪志」に映じていた。洛蜀党争と称される両者の角逐は、彼らの間の気質の相違に根ざしていた。

程頤ら道学者たちの生真面目さは、それはそれで上述した「先憂後楽」・「為万世開太平」の精神を体現するものだった。他方、蘇軾の場合は、詩文・書画に及ぶ広い教養（culture）を修得することに、士大夫たる者の体現すべき価値、「文」を見出していた。両者は一見水と油の関係にあるけれども、実は通底するものがあり、相互補完関係だったと評することができよう。

少なくとも、彼らはどちらも自己の信念を曲げて権貴に媚びる保身行為を唾棄軽蔑した。事の是非はさておいて、両者が熙寧新政に反対して廟堂を去ったのは、その証左である。彼ら士大夫はジェネラリスト（generalist）としての誇りを持ち、権貴に追従協力することを潔しとしなかった。この点で、現在においても、彼らは私たちにとっての倫理的模範たりうるであろう。

蘇軾・蘇轍兄弟の経学は、王安石・程頤らと並んで宋代の新しい学派として隆盛した。しかし、南宋では程頤に始まる道学が優勢となり、その中から登場した朱熹が蘇氏兄弟の経学説を排除したことによって

衰退する。ただし、彼らの出身地である四川では地元意識によって回顧されつづけ、やがて「蜀学」と呼ばれるようになる。また、南宋と並立した金では、道学が流行しなかったため、相対的に存続した。

朱熹は『朱子語類』の中で、道学の道統を継ぐ者の立場から、蘇軾に対しては批判的な意見を多く表明している。ただ、蘇軾に言及することは、巻一二九「本朝三・自国初至熙寧用人」や巻一四〇「論文下」を中心に数十条に及んでいる。これは、門人たちが蘇軾に関する質問を数多くしたり、朱熹が蘇軾に言及するとそのことを記録に留めたりしたことを意味する。蘇軾は朱熹一門の中で、話題の人物であり続けていたのだ。

朱子学的な価値観が主流になると、蘇軾の評価は経学ではなく、詩文・書画の面に偏った。詩では宋風の叙景詩家として門下の黄庭堅らとともに評価され、文では欧陽脩の後継者として代表的な古文作家とみなされた。後に父子三人揃って「唐宋八大家」の中に数えられる。また、詞の作家としても模範に仰がれたし、その書風や画風も宋代を代表するものとして高く評価された。こうして形成された蘇軾像が「文人」だった。

日本でも蘇軾は著名だった。宋風文化を請来したのは一三～一五世紀の五山の禅僧たちで、彼らの文芸活動では蘇軾が模範とされた。杭州西湖の蘇堤（蘇軾が杭州知事時代に造らせた堤）は、これを詠じた詩や描いた画を通じて知られ、幕府の儒官林鳳岡（一六四四～一七三二）は、中国から渡航してきた朱舜水（一六〇〇～一六八二）に「現存するのか？」と尋ねている。

蘇軾のみならず、宋代の士大夫たちが理想とした政治・社会・文化のあり方は、朱子学（あるいは、より広義の意味での理学）とともに東アジアが共有する遺産となった。それはたしかに漢族が営んできた中華文化である。しかし、欧米人たちはギリシャ・ローマの古典文化を「異文化」とは考えず、自分たちの現在の文化の源流とみなしている。それと同じ意味で、日本人の立場からも宋の文化は自文化の源流である。「文」はculture・civilizationとして、東アジアに普及した。日中韓の三国が、偏狭な民族主義に陥ることなく、共有するこの文化遺産を資産として活用し、豊かで平和な将来を築いていくことが望まれる。

《注》

（一）蘇軾の生年を誕生日の日付でユリウス暦に換算すれば、すでに一〇三七年である。東亜暦と西暦の一対一対応方式では一〇三六年となる。

（二）「私は平民時代すなわち近代というものを宋以後としております」（内藤湖南『東洋文化史研究』「近代シナの文化生活」第二節）。

（三）（楚）子反入見申叔時、曰、師其何如。對曰、德、刑、詳、義、禮、信、戰之器也。德以施惠、刑以正邪、詳以事神、義以建利、禮以順時、信以守物。民生厚而德正、用利而事節、時順而物成、上下和睦、周旋不逆、求無不具、各知其極。（『春秋左氏伝』成公十六年）

（四）『四庫全書総目』巻一の同書解題に、蘇籀『欒城先生遺言』の記述をふまえて「蘇洵作易伝、未成而卒、属二子述其志。軾書先成、轍乃送所解於軾、今蒙卦猶是轍解。則此書實蘇氏父子兄弟合力為之、題曰軾撰、要其成耳」と述べる。

（五）小島毅「天を観て民に示す——王安石学派易学初探」、伊原弘編『「清明上河図」と徽宗の時代——そして輝きの残照』（勉誠出版、二〇一二年）所収。および「龔原『周易新講義』について」（『東方学』一二八輯、二〇一五年）。龔原『周易新講義』は王安石政権下で太学の教材に使われていたとされ、蘇軾（もしくは蘇轍）は読む機会があったと推測される。少なくとも、王安石本人の易解は見ていたにちがない。

(六)『周易新講義』巻一の坤卦に「対聖人即為賢人」、「黄中通理、蓋臣之徳也」などとある。

(七)「必有事焉而勿正、心勿忘、勿助長也。」(『孟子』公孫丑上)。

(八)「九五、觀我生、君子无咎。」「上九、觀其生、君子无咎。」

(九)上掲拙稿「天を観て民に示す」。

第二部会 七

例の援《ひ》く可き有り、法の守る可き無し——元代の判例とその法律編纂——

劉 曉
髙橋 康浩（訳）

元代の法律の状況について、大徳七（一三〇三）年、鄭介夫は朝廷に上奏した『太平策』の中で、「今 天下の奉じて以て行ふ所の者は、例の援く可き有り、法の守る可き無し（「今天下所奉以行者、有例可援、無法可守）」という一句を述べた。（一）元の儒者呉澄は、延祐四（一三一七）年の第一次郷試の策問で、「當今 斷獄の用例は律を用ひず、然れども斷例は天理に合し、人の情に當りては、律と奚《なん》ぞ異ならんや。豈に陽に其の名を擯し、陰に其の實を用ひんや（當今斷獄用例不用律、然斷例合天理、當人情、與律奚異。豈陽擯其名、陰用其實歟）」と言及した。（二）もちろんこれは鄭介夫が示した「例」と「法」を、呉澄も「例」と「律」で示しており、どちらも一つの事実を提示する。すなわち、元代は成文法典（「法」あるいは「律」）がないため、司法審判における主要な使用例は断案であり、しかも、この「例」とは成文法典に相対して言うものであって、ほぼ成文法典以外の一切の法律形式に代替し得る。実際、元代における「例」の名目の種類は繁雑だが、（三）主として具体的案件の判例や、某類の具体的問題の事例に対応するものと単行法等とに分けられる。以下、本文では元代の判例および元代の法律編纂体系における地位についてを主に議論する。

一、『泰和律』を循用していた時代

元代の判例を議論する前に、いささかその判例が生まれた背景を回顧する必要があろう。

中統元（一二六〇）年に世祖クビライが即位してより至元八（一二七一）年に至るまで、元朝が主に採用したのは、亡金の『泰和律』等を循用した断案の方法であり、『元史』にいうところの、「元 興るや、其の初め 未だ法の守ること有らず、百司 獄訟を斷理するに、金律を循用す（元興、其初未有法守、百司斷理獄訟、循用金律）」である。（四）思うに、「泰和律」は金の章宗の泰和元（一二〇一）年十二月に成立し、翌（一二〇二）年五月に正式に発布された。この律典は主に唐律を藍本とし、「時に宜しからざる者四十七條を削り、時用の制百四十九條を増し、因りて略ぼ損益する所の者二百八十有二條有り、餘の百二十六條 皆 其の舊に從ふ。又 加へて以て其の一を分ちて二と爲し、其の一を分ちて四と爲す者は六條、凡て五百六十三條、三十卷と爲す。附注は以て其の事を明らかにし、疏議は以て其の疑はしきを釋《と》く。名づけて泰和律義と曰ふ」とある。（五）律典を作成した「律義」三十卷を除き、金朝はさらに典令に相当する『律令』二十卷、および『新定敕條』三卷、『六部格式』三十卷等を発布しており、これらの法律文献が組み合わさって、『泰和律』を中心とする、より完全な法律体系を形成したのである。しかし、かかる体系は金朝において三十年あまり続いたに過ぎず、しかもその中の二十年余は蒙金戦争という残酷な環境下にあり、そのはたらきは非常に限定されている。比べてみると、それは元朝初期の司法審判と立法活動に大きな影響を与えている。

一二六〇年の元朝建立後、中統二（一二六一）年八月、中書參知政事の楊果が執筆した「詳らかに舊規を酌み、著して新制と爲」した『中統權宜條理詔』が天下に発布された。いわゆる「舊規」とは金朝の法律を指し、「新制」とは金朝の法律に基づき当時の司法審判で実行されたいくつかの便宜規定に対応するものである。非常に惜しむらくは、詔書の内容が今日すでに見ることができず、わずかに、「五刑の中に據れば、流罪一條は未だ用ふ可からざるが似《ごと》し。死刑を犯す者は條に依りて處置するを除くの外、徒年杖數は、今 擬して一等を遞減し、杖を決すること多しと雖も、一百七下に過ぎず。著して定律と爲し、多方を掲示す（據五刑之中、流罪一條似未可用。除犯死刑者依條處置外、徒年杖數、今擬遞減一等、決杖雖多、不過一百七下。著爲定律、掲示多方）」という一条の重要な情報だけが残る。（六）

先学たちはすでに気付いているが、至元八（一二七一）年より以前、元朝の司法審判の文献中に多く現れる「舊例」とは、亡金の『泰和律』等の法律規定のことである。（七）例えば以下のとおりである。

冠氏縣の申。「歸問し到《た》りし柳二の妻たる蘇小丑の狀招に、『不《ふと》合《どき》にも至元三年九月内に於て、陳典史と伊《か》の家に就きて通姦して罪犯す』と。又 招に、『不合にも至元五年十一月十八日に於て、安大姐の媒合を信從して、在逃《のが》れし蘇七と通姦して罪犯す』と。陳典史 名は佐、安大姐 姓は劉、小名は師姑、各招 相 同じ」と。

奸婦の蘇小丑。法司 擬すらく、「舊例に、『有夫の婦人と奸するときは、徒二年、徒年杖七十に決し、衣を去りて刑を受く』と」と。部 杖八十七下に擬す。本路に行下《くだ》して斷じ訖《をは》る。

姦夫の陳佐。法司 擬すらく、「舊例に、『奸婦と罪を同じくするは、合《まさ》に徒二年、杖七十に決すべし』と。卻《かへ》って蘇小丑 在逃れし蘇七と通姦するに緣《よ》りて、陳佐を指出す。舊例に、『和奸する者は、奸所にて捕獲するを理と爲す』と。今 蘇七を捉獲して指出するに因りて、即《も》し奸所に捕獲するに非ざれば、革撥を行ふべし」と。部 擬すらく、「若し奸所にて捕獲するに非ざるを准《みと》めて論ずる勿からんとせば、卻って本縣は已に陳佐の明白なる招伏を取到せるに緣る。若し全く捕獲と同じく斷決せんとせば、尤も重しと爲すが似《ごと》く、情を量りて笞《むち》うつこと五十七下」と。

媒合せし安主の劉師姑。法司 擬すらく、「奸罪に於て上は一等を減じ、合に徒一年半、徒年杖六十に決すべし」と。部 擬すらく、五十七下に斷じ、單衣もて刑を受くと。（八）

この期間中、元朝の司法審判は主にまず「法司」より「舊例」を援引しており、すなわち『泰和律』等の法律規定は、相関する法条を検出して、再び刑部より（まだ単独の部に分けられていないときには兵・刑部あるいは右三部とする）この基本に則って判決の原案を作り、最後に中書省より終審の判決を作る。姚大力先生の説を用いるならば、「基本的に泰和律の現存する条文を当てはめ、同時に量刑の基準は系統の変換を通じて、もとの規定をある程度調整することにより、泰和律と関連した、さらには異なる新しい刑法体系の雛型を形成する」だけである。（九）

至元五（一二六八）年、中書省が地方に指示した文書の中で、これも開示されている。

至元五年十二月、四川行中書省 移《おく》りて准《う》けし中書省の咨。「來咨。『但《も》し罪名有りて、欽しみて聖旨の體例洎《およ》び中書省の明文に依りて検擬するを除くの外、有《こ》の該載 罪名を盡くさざれば、何の例に憑《よ》准りて定斷するを知らず。定奪せんことを請ふ』の事なり。本省 相 度《はか》るに、遇《も》し刑名公事有り、先に検法に送りて擬定せば、再び行《おく》りて情法の 相應《しかるべき》こと有りや無しやを參詳し、更に古に酌みて今に准ずと爲し、明白なる罪名を擬定す。重刑の結案の咨來を除くの外、輕囚は便に就きて情を量りて斷遣す。上に依りて施行せられんことを請ふ」と。(一〇)

いわゆる「檢法」とは、先ほど提示した「法司」のことである。思うに、まず「法司」に送り「舊例」に依拠して相関する罪名・罰則をとりあえず擬定し、その後で審判機構がこれに基づくことによって、「再び行りて情法の相應こと有りや無しやを參詳し、更に古を酌みて今に准ふと爲し、明白なる罪名を擬定」するのは、まさにこの段階における司法審判の常態であったろう。

『泰和律』等の亡金の法律を循用するとき、元朝の司法審判にはすでに判例をもって法律の淵源とする状況が現れ始めていた。これは当時としてはまれであったが、関心を払うに値するものである。

至元六年十一月十八日、中書右三部。「來申。『金忙古歹 孫永安の先に伊《か》の妻と奸せしが爲に、夜間に又 來たりて、本《そ》の人の打傷せるを將て身死《みまか》る。已に審斷・官斷を蒙りて一百七下を訖《を》ふ。燒埋銀に據《つ》きては、追征す合《べきならずや》無。明降を乞ふ』と。省部 照得すらく、先に據《う》けし河間路の申に、『范德友 寅夜に何三を本《そ》の家屋の内に撞見するに、本の人 奔走し、趕上して斧を用て斫《き》り死《ころ》す。伊の妻 何三と曾て奸事有り。呈して准くるに、姦婦を將《もっ》て一百七下に斷じ、范德友は免罪とし、燒埋銀は曾《すこ》しも追徴せず』と。今 見申を據くるに、即ち范德友の事體と異なる無く、其れ燒埋銀は追徴すべからず。合下《ただち》に仰せて照驗し施行せよ」と。(一一)

至元六年（一二六九）のこの判決が、以前に河間路の范德友が姦夫の何三を殺害した判例を援用して根拠としているのは、主として『泰和律』等の亡金の法律に燒埋銀の規定がないためである。この制度は元朝の独創であり、至元二（一二六五）年二月の聖旨の条に、「凡そ人を殺す者は、命訖まで償ふと雖も、仍ほ燒埋銀五十兩を出だす。若し赦を經て罪を原《ゆる》されし者は、之を倍にす（凡殺人者、雖償命訖、仍出燒埋銀五十兩。若經赦原罪者、倍之）」とあり、ここに始めて見える。(一二) この後、『泰和律』等の亡金の法律廃止にしたがい、判例は元朝の法律の淵源として、その重要性がますます顕著になる。

二、『泰和律』を禁行した結果：服内成親の例

至元八年（一二七一）十一月、世祖クビライは正式に漢式の国号たる「大元」を宣言し、同時に「金の『泰和律』を禁行」し、「『泰和律』・『令』は用着せず、行者に依着するを休《や》めよ（泰和律・令不用着、休依着行者）」という命令を下し、(一三) これにより元初に『泰和律』等の亡金の法律を循用した時代は終わった。クビライが突然『泰和律』の禁行を命じたのは、おそらく十一月二十五日に天に宣言して国号を定めたことと関連しよう。ただクビライが金朝の法律を循用した結果に不満を抱いたことは、確かに重要な要因の一つである。かれは何年も後にこの件について言及し、「漢人 私に徇《したが》ひ、『泰和律』を用て事を處するも、盗賊を致すもの滋ゝ《いよいよ》衆《おほ》し（漢人徇私、用泰和律處事、致盗賊滋衆）」といった類いの話をしている。(一四)

『泰和律』等の亡金の法律を禁行した結果は非常に深刻であったと言わねばならない。前述したように、『泰和律義』『律令』等は、金朝が唐代の法律に基づいて、より完全な法律体系を構築しており、基本的には中国法制度の一貫した法律の伝統を示し、元朝が『泰和律』等を循用して生み出した大量の判例は、実際にその法の存在を前提と

したものである。『泰和律』等の亡金の法律の廃止は、長年にわたる中国の法の伝統が突然中断しただけでなく、さらに元朝の司法審判はこの後も長い間、「上は省部より、下は司縣に至るまで、皆 法官を立てて、而も法の檢す可き無し（上自省部、下至司縣、皆立法官、而無法可檢）」という混乱した局面に陥った。(一五)

以下、試みに一例を挙げてみよう。

至元十九年正月、浙西道宣慰司。近為《ちかごろ》 杭州路於潛縣尹の劉蛟 守服せし部民の趙元一の娘を娶りて妻と為す。呈して奉ぜし行中書省の劄付の該。來呈。「劉蛟 守服せし趙元一の娘を求娶して次妻と為し、本道の按察司 不合にも服制 未だ滿たざるの女子を求問せし招伏を取り訖りて、離を聽《ゆる》し、更に劉蛟を將て職を停む等の事を擬斷す。照得すらく、至元八年、欽《つつ》しみて奉ぜし聖旨の節該。『『泰和律』・『令』は用ひず、那者《それら》に依着するを休《や》めよ』と。欽此。又 即目《もっか》、服制の未だ定まらず。卑司 議得すらく、劉蛟の犯す所、本《そ》の人は係《こ》れ潛縣尹にして、牧民の官たるも、不合にも部民たる趙元一の娘を定問して次妻と為し、後に本《そ》の婦 前夫の服制の未だ缺けざるを知り、是れ曾て過門成親せざると雖も、終に是れ違錯す。若し按察司の擬する所に依りて離職せしめ、更に趙元一の娘と離を聽《ゆる》せば、尤も重しと為すが似《ごと》し。擬して按察司に依りて離を斷じ、卻つて劉蛟をして職に還《もど》して勾當せしむ。本の人の罪を犯すに因（「應」につくるか？——引者注）らざるに據《つ》きては、擬を量りて罰贖す。照詳せられんことを乞ふ」と。都省 議得すらく、即目《もっか》、服制 未だ定まらず、擬して本道宣慰司に行《く》下《だ》すに、如し趙元一の娘 劉蛟の紅定を接受し、已に問ひて官に到らば、詞因 明白にして、理に依りて求娶を聽し、仍りて劉蛟をして職に還して勾當せしめたるをば施行せよ。(一六)

杭州路於潛縣尹の劉蛟は趙元一の娘と婚姻したが、中国の法律の伝統によれば、実際には多くの違法行為に関わっている。例えば喪中に婚姻し、妻帯しているのにさらに娶る（趙元一の娘が次妻であれば、劉蛟には正妻がいる）等々、無効な婚姻である。江南浙西道提刑按察司は喪中の婚姻（すなわち「不合にも服制の未だ滿たざるの女子を求問す」）や、牧民官が部民を娶って妻にする等々の理由により、二人の離縁と、さらに劉蛟の現職の罷免を擬定したのである。浙西道宣慰司は『泰和律』等の循用がすでに廃止されたことを強調し、目下のところ服制の規定がないので（金朝における関連法律は『泰和律令』中の『服制令』に所載）、二人の離縁と、劉蛟を元どおりの職に任ずることを要求しただけであった。宣慰司の意見は行省を経て中書省に送り諮った。中書省の意見もまた服制が定まっていないことを強調し、結果として劉蛟は罷官されなかっただけでなく、趙元一の娘との婚姻も合法となり、保護されたのである。また以下の例を見てみよう。

至元二十八年六月初六日、燕南按察司、准けし廣平分司の牒。

「照刷すらく、廣平路より出でし至元二十七年七月内の陳阿雙の告に、『親家の李信ら主婚し、見《げん》に有《か》の小叔の陳百家驢 故男婦の李興奴を收繼すべきも、服内に王節級を改嫁して妻と為し、財紅鈔絹緞子・銀釵金環を受け訖る』と。議得すらく、李興奴は元《も》と陳元僧に嫁す。元僧 身故《みまか》るや、孫福興を轉召して婿と為し、已に陳元僧と義絶す。孫福興 亡歿し、又 陳元僧と姓を異にす。況兼《いは》んや陳百家驢は八歲、李興奴は三十歲にして、年甲 爭懸なるをや。若し李興奴をして服滿し歸宗せしむれば相應なり。李信の名下より元受せし王玉財紅を追到するに據《つ》きては、即ち係《こ》れ服内に成親するは不應《ふつごう》の資なれば、擬して官に沒すべし。定奪せんことを請ふ」と。准此。申して奉到せし御史臺の劄付。「照得すらく、至元十二年、承奉せし省劄に、『徐寛の告に、弟の徐寶妻の阿耿を抛下し、服内に財を受け、李斌に聘與されて妻と爲ると。按察司は財錢を追到し、離を斷ず。照得すらく、即目、服制の未だ定まらざるも、既已《すで》に成婚し、又 出づる所有れば、已婚を准《みと》めて定と爲すべし。仰せて上に依りて施行せよ』と。承此。今 見申に據りて、相 度るに、李興奴をば服内に王玉に嫁與《とつ》がせしは、係れ一體の事理なれば、元下の財錢は、追沒するを議し難く、餘は擬する所を准めて施行せよ」[一七]と。

これによれば、早くも至元十二（一二七五）年には、徐阿耿が喪中に李斌に嫁いだことを合法の婚姻とする判例があるが、これはまた至元二十八（一二九二）年に李興奴が喪中に王節級に嫁いで婚姻した件の判決における重要な根拠となり、依然として「即目、服制 未だ定まらず」という状況にあったことを理由とする。

実際のところ、至元八（一二七二）年に『泰和律』等の亡金の法律が廃止される以前、元朝政府はかつて『泰和律』に基づいて喪中の婚姻禁止の規定を公表したことがあった。

至元七年十二月、尚書戸部に、契勘するに父母の喪は、終身憂戚し、夫は婦の天爲りて、尚ほ再醮すること無し。今 随處に節次に父母及び夫の喪制の中に有りて往往にして成婚するを申到するに、詞訟を繁冗たらしむるに致る。定例無きが爲に、歸斷を便とし難《がた》し。舊例を檢會し到《た》るに、「父母及び夫の喪に居りて嫁娶する者は、徒三年、各ゝ之を離す。知りて共に婚姻を爲す者は、各ゝ三等を減ず」と。省部 議得すらく、若し禁約を明諭せず、訟を引きて已まざれば、實に是れ俗を亂し政を敗るなり。此を以て參詳するに、定奪を通行する比及《ころ》より以來、格限を定立し、渤海・漢兒人らは、擬して至元八年正月一日より始と爲し、已前に父母・夫の喪内に居りて嫁娶する者有れば、已婚を准めてして定と爲す。格後に犯す者は、法に依りて罪を斷じ離を聽す。此の如きは、詞訟を免ずるに庶《ちか》く、風俗を漸厚せんと望むが似し。呈して奉ぜし尚書省。移りて准けし中書省の咨。准に依りて施行せよ[一八]。

引用文にいう「喪制中」あるいは「喪内」は、実のところ「服内」と同一の意味である。至元八年十二月、『泰和律』を代表とする亡金の法律体系の轟然たる崩壊は、この後に喪中の婚姻禁止規定の喪失をもたらした重要な原因とすべきである。元朝になって改めて喪中の婚姻を全面的に禁止したが、それは成宗の大德年間のこととすべきである。『元史』刑法志には、

諸《およ》そ父母の喪に遭ふとき、哀を忘れて拜靈し成婚する者は、杖八十七、之を離す。官有る者は之を罷め、仍ほ其の聘財を沒す。婦人は坐せず（諸遭父母喪、忘哀拜靈成婚者、杖八十七、離之。有官者罷之、仍沒其聘財、婦人不坐）。

諸そ服内に定婚するときは、各ゝ服内成親の罪より二等を減じ、仍ほ之を離す。聘財は官に沒す[一九]（諸服内定婚、各減服内成親罪二等、仍離之、聘財沒官）。

とある。上述二條の内容と対応するのは、『至正條格』に記録される二つの判例である。

大德二年八月、樞密院の呈。「均房翼奧魯府千戶の王繼祖、父の王喜 身故るも、將已《すで》に妻の馬氏を定めて過門を扶取し、拜靈して成親す」と。刑部 議得すらく、「王繼祖は、父の喪に屍を停めて成親したれば、擬して捌拾柒下に斷ず。罪 釋免に遇ひ、職を罷めて離異す。財錢は官に沒し、婦人は坐せず」と。都省 擬を准む。

至大元年閏十一月、遼陽省の咨。「利州の蔡珍 告ぐ、『妹の壽僧、

李四十に聘與されて妻と爲る。李四十 病むこと八月にして故《みまか》り、本婦 伊《か》の婆の李阿楊に背き、李茂才の定物を接受す』と。利州令を斷じて守服せしめ、蔡壽僧 卻《だ》行《ま》して李阿楊に逼《せ》令《ま》り、李茂才の財錢を受け訖る。小叔の李五兒 主婚し、本の人に聘與されて妾と爲る」と。刑部 議得すらく、「蔡壽僧は、擬して陸拾柒下に決す。李五兒 不應にも服内に主婚して嫂を嫁したれば、量りて肆拾柒下に決す。李茂才 情を知りて求娶したれば、量りて伍拾柒下に決す。李阿楊は、既に已むを得るに非ざれば、情を原《たつ》ねて恕《ゆる》す可し。蔡壽僧は、擬して離異すべし、若し生まるる所の男女有れば、其の父に從ふを許す。元財は官に沒す」と。都省 擬を准む。[二〇]

至元八（一二七一）年に『泰和律』を禁行した後、中書省の大臣は試みに『泰和律』の内容をそのままに体裁を改め、それに基づいて新しい法典を制定しようとした。当時、胡祗遹・魏初らはいずれもこの件に言及しており、「去歳風聞するに、省部は『泰和律』を取りて、聖上の燕閒を伺ひ、奏讀せんことを擬定せり（去歳風聞、省部取泰和律、伺聖上燕閒、擬定奏讀）」とあり、[二一]「風聞するに、史開府（史天澤のこと―引者注）は諸大老と與に大元新律を講定し、積《ひさ》しきこと有歳月、未だ奏行するを覩ず（風聞、史開府與諸大老講定大元新律、積有歳月、未覩奏行）」とある。[二二] しかし、上述のように歳月を長引かせ、時間を浪費して徒労に終わるような行いについては、二人とも同意しなかった。胡祗遹は、「宜しく先づ廢す可からずして急切なる者一、二百條を選び、祖宗の成法に比附し、情意 同じきが似《ごと》き者は、注するに蒙古字・蒙古語を以てし、解釋 粗《ほ》ぼ明らかなれば、進讀す可きを 庶《こひねが》ふ（宜先選必不可廢急切者一二百條、比附祖宗成法、情意似同者、注以蒙古字・蒙古語、解釋粗明、庶可進）」と考えた。[二三] これは世祖クビライに律令を進講したときに狙いを定めて言ったことである。魏初は、「泰和の律は、獨り金律のみに非ず、五經及び三代・漢・唐歴代の遺制を旁采するのみ。若し金俗の尚ぶ所及び其の敕條の律を等しくするものを刪去し、益すに開國以來の聖旨の條畫及び奏准せし體例を以てし、以て一書を成さば、即ち至元新律なり（泰和之律、非獨金律也、旁采五經及三代漢唐歴代之遺制耳。若刪去金俗所尚及其敕條等律、益以開國以來聖旨條畫及奏准體例、以成一書、即至元新律也）」と考えた。[二四] これは改めて新法典を制定したときに狙いを定めて言ったことである。この間、王惲もまた多くの同様な見解を提示した。例えば、「敕を奉じて律令を刪定し到《た》るを將《もっ》て、頒して至元新法と爲す 合無《べきならずや》。天下をして更始し、永へに成憲と爲さしめば、豈に盛んならざらんや。若し中間に或いは通行せざる者有らば、國朝の扎撒を取りて金制の如く別に敕條を定め、如し近年以來の一切の奸盜を審斷するに、省部に略ぼ條格有れば、州縣は擬して行ひ、特に安便を爲す。此のごとき法令 當に亟《すみ》やかに之を定めて明驗とすべきなり（合無將奉敕刪定到律令、頒爲至元新法、使天下更始、永爲成憲、豈不盛哉。若中間或有不通行者、取國朝扎撒如金制別定敕條、如近年以來審斷一切奸盜、省部略有條格者、州縣擬行、特爲安便、此法令當亟定之明驗也）」とある。また、「臣愚 謂《おも》へらく、宜しく已に定まりし律令を將て頒して新法と爲すべし。或いは通行せざるも未だ該を盡くさざる者有らば、累朝の聖訓と中統より今に迄るまでの條格の如く、通行して議擬し、參して之を用ひ、百姓と與に更始せん（臣愚謂、宜將已定律令頒爲新法。或有不通行未盡該者、如累朝聖訓與中統迄今條格、通行議擬、參而用之、與百姓更始）」とある。[二五] 以上の人々は実のところ、みな『泰和律』を救う努力を放棄しておらず、『泰和律』あるい中華の伝統的な法律を基礎とし、モンゴル法から合わせて采取するという折衷の道に進めることを望んだ。かれらは新法典編纂のために様々なアピールをしたが、ついに実現できなかった。元の世祖クビライ朝が唯一発布した法令集の『至元新格』は、実際にはわずかに「宏綱大法、千言を數へず（宏綱大法、不數千言）」というくらいかの原則的な規定があるだけで、しかもこれは官に対するものであって民に対してではない行政規章であり、元初の法典が欠落した状況はほとんど改善されていないのである。[二六]

三、判例の生成と運用：徐斌が張驢兒を毆殺した後に和解を認めた例

『泰和律』を循用していた時代、元朝政府は司法審判でかつて大量の民事・刑事判例を生み出した。至元八年に『泰和律』を禁行した後も、「舊例」は依然として時々引用されていたとはいえ、意味の変化したところがあるだけでなく、もはや司法審判における主要な根拠ではなくなっており、[二七]もともと『泰和律』より派生した判例および以後に陸続と生まれた新たな判例は、次第に元朝の最も重要な法律の淵源となった。ここには徐斌が張驢兒を毆り殺して和解した案件を例としていささか説明を加えることができる。徐斌が張驢兒を毆り殺して和解を認めた案件は大名府にて起こったが、発生時間と具体的事情は不明である。後に被害者側である張驢兒の母の阿許により加害者側と和解が成立し、示談の金銭を受け取って自ら訴訟の取り下げを願い出ると、中書省の裁決により二度と受け付けなかった。この判例を先例とし、以後の殺人や示談の案件の審理において、しばしば援引された。例えば以下のとおりである。

　至元十年十一月、兵刑部の符文。太原路の來申。「陳猪狗 至元七年十一月初一日に於て小舅の趙羊頭と戲れを作《な》し、相 乾麻を奪ひ、右拳を用て趙羊頭の後心頭をば打了すること一拳せるに因りて、死了す。救ふも活かすを得ず、背麻繩子を用て趙羊頭の項上を拴了し、自縊して身《みづか》ら死すと推稱し、背來して家に到る。前因を問出し、郭和等と休和し、陳猪狗 趙定奴と休妻し、又趙旺は陳猪狗の父の陳貴に准折鈔二十七兩を交し訖り、十六日に至りて休罷す。二十四日、趙羊頭の屍首をば埋殯し了當《をは》り、曾て初復檢せず。閏十一月内に至り、私和物の折鈔の店舍を爭ふが爲に、事 發して官に到る。一幹人を捕到し、招證 完備せり。申して照驗せられんことを乞ふ」と。得此。省部 照得すらく、先に據けし大名府の申に、「徐斌 張驢兒を毆り死し、伊の母 告攔し、曾て檢屍せず、私和錢物を受け訖る」と。呈して奉ぜし都堂の鈞旨に、「既に張驢兒の母の阿許 自ら告免を願ひ、錢物を理會するを須たず、亦た定奪無し」と。今來 本部が公 議得すらく、陳猪狗の招する所、小舅の趙羊頭と河下に於て麻を撇し、羊頭 猪狗と鬥爭して戲れを作すこと趕上にして、趙羊頭と相 爭ひ、右拳を用て後心に於て打了すること一拳、本の人 面に合ひ地に倒れて身死《みまか》る。止《た》だ是れ戲れに因りて人名を致傷し、私下《ひそか》に陳猪狗の店舍・地基・牛驢の准折の錢物を要《もと》め訖り、更に陳猪狗をして趙旺做兒と文字を寫立せしめ、休罷し、曾て屍傷を檢驗せず、埋殯し了當《をは》る。在後《のち》に私和の店舍を爭ふに因りて、事 發して追問せらる。若し陳猪狗を將《もつ》て已定に依りて斷ぜんにも、卻《か》つて有の徐斌の張驢兒を毆り死すの體例に緣る。其れ陳猪狗の犯す所、徐斌と異なる無し。此を以て參詳するに、擬して例に依りて私和を准め、是れ相應と爲す。呈して都堂の鈞旨を奉じ、本部に送り、擬を准めて施行せよ。[二八]

陳猪狗が趙羊頭を戲殺した案件では、本来、加害・被害者双方がす

でに和解したが、後に擬に照らして交付した「私和物の折鈔の店舎」によって争いが発生し、その騒ぎが官府に届いたのである。太原路がこの案件を受理した後、兵・刑部に申し、処理についての意見を求めた。兵・刑部が援引した「徐斌 張驢兒を毆り死すの體例」は、双方の示談が有効であったことを認めており、案件は受理されるべきものではない。兵・刑部の上述の意見は都省の支持を得て、最終判決となった。これは元朝の司法審判において完全に先例が適用された場合のものであるが、以下の判例はそうではない。

至元十七年五月十九日、行中書省が准けし中書省の咨該。來咨。

「浙西道宣慰司の呈。『平江路の歸問し到《た》りし呉千三の狀招に、不合にも至元十五年九月初一日に於て、周千六 蘇小二の男婦たる呉二娘を嚇《おど》して奸せんとする因爲《とき》、和上を勸むるも、周千六より瓦缽を用《もつ》て頭をば毆打せらる。其れ呉千三 卻つて紅油の棍を用て周千六の左耳邊・臉上に打ち訖ること一下、因りて傷つき初二日に於て身死《みまか》る。伊の父たる周小十一 油米並物を受け訖り、屍を將《もつ》て燒颩し了當れり』と。按察司 是の實を審問す。呉二娘をして先に摘斷を行はしめしを除くの外、呉千三の犯す所、大名府の徐斌 張驢兒を毆り死《ころ》し、伊の母たる阿許 錢准を受け訖りて例に伏したるに比依《てら》せば、擬して呉千三を將て死を減じて遠きに流さしめん。咨して照驗せられんことを請ふ」と。爲此。刑部に送りて議得すらく、「已に死せし周千六は生前に人を嚇して奸せんとするに、恨みを挾《も》ちて尋鬧す。將に和人を勸めんとするも、呉千三 毆打して、系《こ》れ本の人の還《ま》た打たれるに致り、邂逅《たまたま》身死る。其れ伊の父たる周小十一 官に告ぐるを欲せず、自ら休和を願ひ、屍を將て焚颩するは、即ち徐斌の張驢兒を毆り死し、伊の母 休を告ぐるの事理と一體なり。若し全て免ずるに依りて、其れ呉千三 終に是れ棍を用ひて周千六を將て還た打ちて命を致すは、前例に比依すること頗る重し。此を以て參詳するに、呉千三は情を量りて杖もて一百七下に斷じ、燒埋銀五十兩を征し、苦主に給付して相應《しかるべし》」と。都省 擬を准《みと》めて施行せしむ。[二九]

呉千三が周千六を殴り殺した案件では、被害者である周千六の父親周小十一と呉千三とですでに和解が成立していたが、本案件は戲殺に属さないため、江淮行省は徐斌が張驢兒を殴り殺したのち和解を認めた案件に照らして、加害者の呉千三に対して「死を減じて遠きに流」すことを主張した。この案件が刑部に転送された後、刑部もまた「前例に比依すること頗る重」く、「呉千三をば情を量りて杖もて一百七下に斷じ、燒埋銀五十兩を征」したのである。以上、この判例を通じて、刑部は実際に殺人事件における和解の適用範囲を、戲殺の場合のみに限定しており、これは『元史』刑法志の、「諸そ人命を戲傷するとき、自ら休和を願ふ者は聽す（諸戲傷人命、自願休和者聽）」に由来する。[三〇]

四、『大元通制』と『至正條格』中の判例

元の成宗在位期の『大德律令』が成果なく終わったことにしたがい[三一]、武宗即位後より元朝政府は事実上、成文法典編纂の努力を放棄し、焦点を元代の歴朝が発布した法令・判例の校讎の整理に向けることに帰着した。[三二] この作業は仁宗期に始まり、延祐三（一三一六）年に基本が完成し[三三]、英宗期に修訂したのち、至治三年（一三二三）に全国に発布された。これがすなわち『大元通制』であり、「凡そ二千五百三十九條、内斷例七百一十七、條格千一百五十一、詔赦（「赦」は「敕」につくるか――引者注、下同）九十四、令類（または「別類」につくる）五百七十七（凡二千五百三十九條、内斷例七百一十七、條格千一百五十一、詔赦

九十四、令類五百七十七)」とある。[三四] 順帝の至正五年(一三四五)に至って、元朝政府はまた『大元通制』の続編改訂版にあたる『至正條格』を編纂して完成させ、翌年、全国に発布した。「制詔百有五十、條格千有七百、斷例千五十有九を爲《つく》る(爲制詔百有五十、條格千有七百、斷例千五十有九)」ったのである。[三五]

『大元通制』と『至正條格』の主要部分は「斷例」と「條格」であり、篇目の分別は金の『泰和律義』と『泰和律令』を手本としているが、その具体的な表現形式は決してすべてが抽象性を有する法条ばかりでなく、そのため伝統的な意義上の成文法典――律典と令典――と称することは非常に難しい。[三六] この二つの法律文献は均しく大量の具体的案件の判例を含んでおり、例えば『至正條格』の「斷例」部分は今日、四二六条残るが、具体的案件の判例は二四八条に達し、およそ五八・二%を占める。『大元通制』の「斷例」部分に至っては、今日残存しないとはいえ、いくつかの細々とした条文が『五服圖解』や『成憲綱要』等の文献に散見し、[三七] その中には『至正條格』と同じものもあれば、異なるものもある。『大元通制』より『至正條格』に至るまで、関連する異なる判例を所収しており、元代法律の前後の發展における微細な変化を窺うことができる。『大元通制』不奔喪例には、

元貞元年七月、中書省、河南行省の咨。「黄州路録事司判官の靳克忠は、父の亡《し》を聞知するも、卽ち赴に奔らず、又《ま》行た詞を飾りて、職を離《さ》るを肯んぜず」と。刑部 議得すらく、「職官の喪に奔ること、已に定例有り。靳克忠 故《こと》に推《かこつ》けて父の喪に奔らざるは、量りて六十七下に擬し、二等を降し、雑職内に敘用す」と。都省 擬を准む。[三八]

とあり、『至正條格』不奔喪例には、

元統二年正月、刑部と禮部 議得すらく、「父母 喪亡すれば、聞きて卽ちに訃に奔る。今 松蟠等處按撫使の八剌、父 死するも匿して哀を擧げず、又 喪に奔らず。色目人らは例として憂に丁《あた》らずと雖も、理として當に訃に奔るべし。擬して杖すること六十七下に斷じ、二等を降し、雑職内に敘用すべし。罪 幸ひに免るるに遇ふも、上に依りて敍を降せ」と。都省 擬を准む。[三九]

とある。上述の両判例の処罰内容は完全に同じであり、『至正條格』が後者を以て前者に置き換わる理由について、おそらく、後者の適用範囲がすでに漢人官員から色目人官員にまで拡大し、さらにたとえ大赦にあって主刑を免除されたとて、官員は依然、「二等を降し、雑職内に敘用す」という行政処罰を受けることを規定する考えに基づくと思われる。

『大元通制』不丁憂例には次のようにある。

延祐二年正月、中書省、御史臺の呈。「三原縣尹の張敏は、繼母の党氏 身故るも、行きて憂に丁らず、舊に依りて任に在り、風教を傷ふこと有り」と。都省 議得すらく、張敏の犯す所、牧民を任じ難し。終制を候《ま》ちて、一等を降し、雑職内に於て敘用し、過名を標注す。今後、嫡・繼母の憂に丁らざる者は、擬して五十七下に決し、一等を降す。生む所の母なれば、六十七下、二等を降し、倶に雑職内に於て敘用す。[四〇]

また、『至正條格』不丁憂例には次のようにある。

延祐二年六月、刑部 議得すらく、「沅州路推官の馬德懋、父 亡《し》するも卽ち憂に丁らず、後に猺賊 耗を作《な》すに因りて、詐りて遷葬を稱し、繼母の弟妹を烟瘴の遠郷に抛棄し、妻小を將《ひき》ゐて卻つて揚州に往きて住坐す。合に杖六十七下、除名して敘せざるべし」と。都省 擬を准む。[四一]

上述の両判例は微細な違いがあり、『大元通制』所収の判例は丁憂対

象の身分によって区別があり（嫡母・継母と生母）、処罰が異なる。『至正條格』所収の判例は丁憂対象として父母をカバーするだけでなく、さらに処罰も画一であり、その中でも刑罰が前者の生母を丁憂しないことに相当する場合、行政処罰は前者よりもさらにきびしく、「除名して敍せず」（官吏の名簿から名前を削除し、官爵を剥奪して庶民に降し、再び任用しないこと――訳者注）となる。

上述の判例については、『元史』刑法志に関連する記述がある。

諸そ職官にして、親 死するも喪に奔らざるものは、杖六十七、先職より降すこと二等、雜職に敍す。……凡そ父母の憂に丁らざる者は、罪 喪に奔らざるものと同じ（四二）（諸職官、親死不奔喪、杖六十七、降先職二等、雜職敍。……凡不丁父母憂者、罪與不奔喪同）。

『元史』刑法志は元の文宗のときに完成した『經世大典』憲典に基づいており、順帝朝のときの内容は存在し得ない。これによれば容易に判定できる。『元史』刑法志の不奔喪の内容は『大元通制』の元貞二年の例に基づくものであって、『至正條格』の元統二年の例ではない。『元史』刑法志の不丁父母の内容は、判断するに容易でなく、『大元通制』の延祐二年の例に基づくのかも知れないが、嫡母・継母と生母の区分は『元史』刑法志により省略されたのである（四三）。

五、小結

以上、簡略ではあるが、元代の判例が生まれた歴史的背景、運用系統およびその法律編纂等の問題について議論した。元代における普遍的な意味の「例」は、種類が雑多だが、「法律形式と内容から見るに、これは成文法と判例法の結合」である（四四）。目下のところ、大陸の法学界では中国古代における判例法の存在の是非について、様々な意見があり、その中でも否定的意見が優勢を占めている（四五）。しかし、元代の判例の生成と運用機構から、『大元通制』と『至正條格』の優勢的地位、およびそれらと制定法との並行関係を見るに、元代はまさに判例法を主とし、制定法を補佐とした時代であったと考えるべきかも知れない。

《注》

（一）陳得芝等輯點『元代奏議集錄』（浙江古籍出版社、一九九八年、八二頁）。

（二）『吳文正公集』巻二 丁巳郷試策問（二）（『元人文集珍本叢刊』、台灣新文豐出版公司、一九八五年、第三冊、九〇頁）。

（三）近年、元代の「例」に関する名称の種類の議論は、多くが元の建陽坊刻『大元聖政國朝典章』（『元典章』）を重要な資料としており、当該書の「例」に関する目録はみな原編者が加えたものであることに気付かず、「例」の概念が複雑化していく傾向にあるようである。胡興東『元代〝例〟考――以〈元典章〉爲中心』（『中國古代法律形式研究』、社會科學文獻出版社、二〇一一年）、楊一凡・劉篤才『歷代例考』（社會科學文獻出版社、二〇一二年）を参照。

（四）『元史』巻一百二 刑法志一（中華書局、一九七六年、二六〇三頁）。

（五）削不宜於時者四十七條、增時用之制百四十九條、因而略有所損益者二百八十有二條、餘百二十六條皆從其舊、又加以分其一爲二、分其一爲四者六條、凡五百六十三條、爲三十卷。附注以明其事、疏議以釋其疑、名曰泰和律義（『金史』巻四五 刑志、一〇二四頁）。『泰和律』の総条数については、『刑統賦解』に、「亡金將十二章類爲『律義』三十卷、總六百一十三條」という異なる見解がある。これは、沈家本編、中國政法大學法律古籍整理研究所整理標點『枕碧樓叢書』（知識產權出版社、二〇〇六年、一一一頁）に見える。

（六）王惲『秋澗先生大全集』巻八十二 中堂事記（下）（『元人文集珍本叢

刊』、台灣新文豐出版公司、一九八五年、第二冊、三九〇頁）。

（七）小林高四郎「元代法制史上の旧例について」（『江上波夫教授古稀記念論集 歴史編』、山川出版社、一九七七年）。のち、同氏の『モンゴル史論考』（雄山閣出版、一九八三年、二一五～二三一頁）に所収。

（八）冠氏縣申。歸問到柳二妻蘇小丑狀招、不合於至元三年九月內、與陳典史就伊家通姦罪犯。又招、不合於至元五年十一月十八日、信從安大姐媒合、與在逃蘇七通姦罪犯。陳典史名佐、安大姐姓劉小名師姑、各招相同。奸婦蘇小丑。法司擬、舊例、奸有夫婦人、徒二年、決徒年杖七十、去衣受刑。部擬杖八十七下。行下本路斷訖。
姦夫陳佐。法司擬、舊例、與奸婦同罪、合徒二年、決杖七十。卻緣蘇小丑與在逃蘇七通姦、指出陳佐。舊例、和奸者、奸所捕獲爲理。今因捉獲蘇七指出、即非奸所捕獲、合行革撥。部擬、若准非奸所捕獲勿論、卻緣本縣已取到陳佐明白招伏。若全同捕獲斷決、似爲尤重、量情笞五十七下。

媒合安主劉師姑。法司擬、於奸罪上減一等、合徒一年半、決徒年杖六十。部擬斷五十七下、單衣受刑（『元典章』卷四十五 刑部七 諸姦 和姦「和奸有夫婦人」〈陳高華・張帆・劉曉・党寶海點校、中華書局、天津古籍出版社、二〇一一年、一五二三頁〉。

（九）姚大力「論元朝刑法體系的形成」（元史研究會編『元史論叢』第三輯、中華書局、一九八六年）。のち、同氏の『蒙元制度與政治文化』（北京大學出版社、二〇一一年）に所収。

（一〇）至元五年十二月、四川行中書省移准中書省咨。來咨。但有罪名、除欽依聖旨體例洎中書省明文檢擬外、有該載不盡罪名、不知憑准何例定斷。請定奪事。本省相度、遇有刑名公事、先送檢法擬定、再行參詳有無情法相應、更爲酌古准今、擬定明白罪名。除重刑結案咨來外、輕囚就便量情斷遣。請依上施行（『元典章』卷四 朝綱一 庶務「體例酌古准今」、一三九頁）。

（一一）至元六年十一月十八日、中書右三部。來申。金忙古歹爲孫永安先奸伊妻、夜間又來、將本人打傷身死。已蒙審斷官斷訖一百七下。據燒埋銀、合無追征。乞明降。省部照得、先據河間路申、范德友寅夜撞見何三於本家屋內、本人奔走、趕上用斧斫死。伊妻與何三曾有奸事。呈准、將姦婦斷一百七下、范德友免罪、燒埋銀不曾追徵。今據見申、即與范德友事體無異、其燒埋銀不合追徵。合下仰照驗施行（『元典章』卷四十三 刑部五 諸殺二 燒埋「打死姦夫不征埋銀」、一四九八～一四九九頁）。

（一二）『元典章』卷四十三 刑部五 諸殺二 燒埋「無苦主免征燒埋銀」（一四九七頁）。

（一三）『元史』卷七 世祖紀四（一三八頁）、・魏初『青崖集』卷四 奏議（文淵閣四庫全書本）。学者によっては、クビライが廃止したのは『泰和律』だけで、『泰和令』等の部分を含まないと認識しているが、実際のところ、『泰和律』（『律義』）と『泰和令』（『律令』）は金朝末の法律体系において不可分な構成要素であり、どのように二者を切断するかという試みは、いずれも想像しようがない。これについては、胡興東『元朝〝令〟考』（『內蒙古師範大學』二〇一六年第四期）に見える。

（一四）『元史』卷十四 世祖紀十一（二八九頁）。

（一五）『胡祇遹集』卷二十二 論定法律（吉林文史出版社、二〇〇八年、四一八頁）。

（一六）至元十九年正月、浙西道宣慰司。近爲、杭州路於潛縣尹劉蛟娶守服部民趙元一娘爲妻。呈奉行中書省劄付該。來呈。劉蛟求娶守服趙元一娘爲次妻、本道按察司取訖不合求問服制未滿女子招伏、擬斷聽離、更將劉蛟停職等事。照得、至元八年欽奉聖旨節該。泰和律・令不用、休依着那者。欽此。又即目服制未定。卑司議得、劉蛟所犯、本人係於潛縣尹、牧民之官、不合定問部民趙元一娘爲次妻、後知本婦前夫服制未缺、雖是不曾過門成親、終是違錯。若依按察司所擬離職、更與趙元一娘聽離、似爲尤重。擬依按察司斷離、卻令劉蛟還職勾當。據本人不因（應？——引者注）罪犯、量擬罰贖。乞照詳。都省議得、即目服制未定、擬行下本道宣慰司、如趙元一娘接受劉蛟紅定、已問到官、詞因明白、聽依理求娶、仍令劉蛟還職勾當施行（『元典章』卷十八 戶部四 婚姻 官民婚「牧民官娶部民」、六三九～六四〇頁）。

（一七）至元二十八年六月初六日、燕南按察司、准廣平分司牒。照刷、出廣平路至元二十七年七月内陳阿雙告、親家李信等主婚、見有小叔陳百家驢合收繼故男婦李興奴、服内改嫁王節級爲妻、受訖財紅鈔絹緞子銀釵金環。議得、李興奴元嫁陳元僧、元僧身故、轉召孫福興爲婿、已與陳元僧義绝。孫福興亡殁、又與陳元僧異姓、况兼陳百家驢八歲、李興奴三十歲、年甲爭懸。若令李興奴服滿歸宗相應。據李信名下追到元受王玉財紅、即係服内成親不應之資、擬合没官。請定奪。准此。申奉到御史臺劄付。照得、至元十二年承奉省劄、徐寛告、弟徐寶抛下妻阿耿、服内受財、聘與李斌爲妻。按察司追到財錢、斷離。照得、即目服制未定、既已成婚、又有所出、合准已婚爲定。仰依上施行。承此。今據見申、相度、李興奴服内嫁與王玉、係一體事理、元下財錢、難議追没、餘准所擬施行（『元典章』卷十八 戶部四 婚姻 嫁娶「兄死嫂招後夫」、六二七頁）。

（一八）至元七年十二月、尚書户部、契勘父母之喪、終身憂戚、夫爲婦天、尚無再醮。今隨處節次申到有於父母及夫喪制中往往成婚、致使詞訟繁冗。爲無定例、難便歸斷。檢會到舊例、居父母及夫喪而嫁娶者、徒三年、各離之。知而共爲婚姻者、各減三等。省部議得、若不明諭禁約、引訟不已、實是亂俗敗政。以此參詳、比及通行定奪以來、定立格限、渤海、漢兒人等、擬自至元八年正月一日爲始、已前有居父母、夫喪内嫁娶者、准已婚爲定。格後犯者、依法斷罪聽離。如此、庶免詞訟、似望漸厚風俗。呈奉尚書省。移准中書省咨。依准施行（『元典章』卷十八 戶部四 婚姻 服内婚「服内成婚」、六六七～六六八頁）。

（一九）『元史』卷一百三 刑法志二 戶婚（二六四三頁）。

（二〇）大德二年八月、樞密院呈。均房翼奥魯府千戶王繼祖、父王喜身故、將已定妻馬氏扶取過門、拜靈成親。刑部議得、王繼祖、父喪停屍成親、擬斷捌拾柒下。罪遇釋免、罷職離異。財錢没官、婦人不坐。都省准擬。至大元年閏十一月、遼陽省咨。利州蔡珍告、妹壽僧、聘與李四十爲妻。李四十病故八月、本婦背伊婆李阿楊、接受李茂才定物。利州斷令守服、蔡壽僧却行逼令李阿楊、受訖李茂才財錢、小叔李五兒主婚、聘與本人爲妾。刑部議得、蔡壽僧、擬決陸拾柒下。李五兒不應服内主婚嫁嫂、量決肆拾柒下。李茂才知情求娶、量決伍拾柒下。李阿楊、既非得已、原情可恕。蔡壽僧、擬合離異、若有所生男女、許從其父。元財没官。都省准擬（『至正條格』斷例卷八 戶婚「居喪嫁娶」〈韓國學中央研究院編、人文出版社、二〇〇七年、校註本、二四四～二四五頁〉。その中で、前者の判例はまた、『元典章』卷十八 戶部四 婚姻 服内婚「停屍成親斷離」（六六九～六七〇頁）、および卷四十一 刑部三 諸惡 不孝「王繼祖停屍成親」（一三八五～一三八六頁）にも見られる。

（二一）『胡祇遹集』卷二十二 論定法律（四一八頁）。

（二二）『青崖集』卷四 奏議。

（二三）『胡祇遹集』卷二十二 論定法律（四一八頁）。

（二四）『青崖集』卷四 奏議。

（二五）『秋澗先生大全集』卷九十 便民三十五事 立法 定法制（第二冊、四五九頁）、卷三十五 上世祖皇帝論政事書 立法（第一冊）。実際に、成宗即位後、王惲はなおもこのことを常に忘れず、「宜將先朝擬定律令頒爲元年新法」という意見を提示した。これは、同書卷七十九 元貞守成事鑒・立法（第二冊、三五六頁）に見える。

（二六）蘇天爵『滋溪文稿』卷六 至元新格序（陳高華・孟繁清點校、中華書局、一九九七年、八五頁）。『至元新格』の研究については、植松正「彙集『至元新格』並びに解説」（『東洋史研究』三〇―四、一九七二年）および、陳恒昭 Paul Heng-chao Chen : Chinese Legal Tradition under the Mongols: The Code of 1291 as Reconstructed、Princeton University press、1979を参照。

（二七）小林高四郎「元代法制史上の旧例について」（前掲）を参照。

（二八）至元十年十一月、兵刑部符文。太原路來申。陳猪狗於至元七年十一月初一日與小舅趙羊頭作戲、相奪乾麻、因用右拳將趙羊頭後心頭打了一拳、死了。救不得活、用背麻繩子拴了趙羊頭項上、推稱自縊身死、背來到家。

問出前因、郭和等休和、陳猪狗休妻趙定奴、又趙旺交訖陳猪狗父陳貴准折鈔二十七兩、至十六日休罷。二十四日、趙羊頭屍首埋殯了當、不曾初復檢。至閏十一月内、爲爭私和物折鈔店舍、事發到官。捕到一幹人、招證完備。申乞照驗。得此。省部照得先據大名府申、徐斌毆死張驢兒、伊母告攔、不曾檢屍、受訖私和錢物。呈奉都堂鈞旨、既張驢兒母阿許自願告免、不須理會、錢物亦無定奪。今來本部公議得、陳猪狗所招、與小舅趙羊頭於河下撇麻、羊頭與猪狗鬥爭作戲趕上、與趙羊頭相爭、用右拳於後心打了一拳、本人合面倒地身死。止是因戲致傷人命、私下要訖陳猪狗店舍、地基、牛驢准折錢物、更令陳猪狗與趙旺做兒、寫立文字休罷、不曾檢驗屍傷、埋殯了當。在後因爭私和店舍、事發追問。若將陳猪狗依已定斷、卻緣有徐斌毆死張驢兒體例。其陳猪狗所犯與徐斌無異。以此參詳、擬合依例擬准私和、是爲相應。呈奉都堂鈞旨、送本部、准擬施行（『元典章』巻四十二　刑部四　諸殺　戲殺「戲殺准和」、一四四五～一四四六頁）。

（二九）至元十七年五月十九日、行中書省准中書省咨該。來咨。浙西道宣慰司呈。平江路歸問到吳千三狀招、不合於至元十五年九月初一日、因爲周千六嚇奸蘇小二男婦吳二娘、勸和上、被周千六用瓦缽頭毆打。其吳千三卻用紅油棍於周千六左耳邊臉上打訖一下、因傷於初二日身死。有伊父周小十一受訖油米並物、將屍燒颺了當。按察司審問是實。除將吳二娘先行摘斷外、吳千三所犯、比依大名府徐斌毆死張驢兒、伊母阿許受訖錢准伏例、擬將吳千三減死流遠。咨請照驗。爲此。送刑部議得、已死周千六生前嚇奸人、挾恨尋鬧、將勸和人吳千三毆打、致系本人還打、邂逅身死。其伊父周小十一不欲告官、自願休和、將屍焚颺、即與徐斌毆死張驢兒、伊母告休事理一體。若依全免、其吳千三終是用棍將周千六還打致命、比依前例頗重。以此參詳、將吳千三量情杖斷一百七下、征燒埋銀五十兩、給付苦主相應。都省准擬施行（『元典章』巻四十二　刑部四　諸殺　因姦殺人「傍人毆死姦夫」、一四六九頁）。

（三〇）『元史』巻一百五　刑法志四　殺傷（二六七八頁）。

（三一）『元史』巻一百六十八　何榮祖傳（三九五六頁）。元の歐陽玄は、「廣平何相（何榮祖、廣平爲其鄉貫）之撰擬而未進者、竟能爲大德之成書乎」と言及した。これは、『歐陽玄集』巻十二『貢舉策』（魏崇武・劉建立校點、吉林文史出版社、二〇〇九年、一五九頁）を参照。鄭介夫『太平策』もまた、「近議大德律所任非人、訛舛甚多」と述べており、これは何榮祖とかれが編纂した『大德律令』を指すものであろう。

（三二）大德十一（一三〇七）年十二月、中書省臣の上奏に、「律令者治國之急務、當以時損益。世祖嘗有旨、金『泰和律』勿用、令老臣通法律者、參酌古今、從新定制、至今尚未行。臣等謂律令重事、未可輕議、請自世祖即位以來所行條格、校讎歸一、遵而行之」とある（『元史』巻二十二　武宗紀一、四九二頁を参照）。また、至大二（一三〇九）年九月、尚書省臣の上奏に、「國家地廣民衆、古所未有。累朝格例前後不一、執法之吏輕重任意、請自太祖以來所行政令九千餘條、刪除繁冗、使歸於一、編爲定制」とある（『元史』巻二十三　武宗紀二、五一六頁を参照）。

（三三）孛术魯翀「大元通制序」（『國朝文類』巻三十六、四部叢刊初編本）。

（三四）『元史』巻二十八　英宗紀二（六二九頁）。

（三五）歐陽玄『歐陽玄集』巻七　至正條格序（吉林文史出版社、二〇〇九年、七五頁）。

（三六）関連する議論は、拙著『〈大元通制〉到〈至正条格〉：论元代的法典编纂体系』（『文史哲』二〇一二年第一期）を参照。

（三七）『成憲綱要』はおよそ泰定年間ごろに編纂された法律文献であり、今日すでに散逸したが、『永樂大典』中に少なからず佚文が残っている。筆者は別稿を著して議論を進める予定である。

（三八）元貞元年七月、中書省、河南行省咨。黃州路錄事司判官靳克忠、聞知父亡、不即奔赴、又行飾詞、不肯離職。刑部議得、職官奔喪、已有定例。靳克忠推故不奔父喪、量擬六十七下、降二等、雜職內敍用。都省准擬（龔端禮『五服圖解』〈『續修四庫全書』經部禮類第九五冊、上海古籍出版社、二〇〇二年、一〇八頁〉）。

（三九）元統二年正月、刑部與禮部議得、父母喪亡、聞卽奔訃。今松蟠等處按撫使八剌、父死匿不擧哀、又不奔喪。雖色目人等例不丁憂、理當奔訃。擬合杖斷六十七下、降二等、雜職內敍用。罪幸遇免、依上降敍。都省准擬（『至正條格』斷例卷四 職制「聞喪不奔訃」、二〇五頁）。

（四〇）延祐二年正月、中書省、御史臺呈。三原縣尹張敏繼母党氏身故、不行丁憂、依舊在任、有傷風教。都省議得、張敏所犯、難任牧民、候終制、降一等、於雜職內敍用、標注過名。今後不丁嫡、繼母憂者、擬決五十七下、降一等。所生母、六十七下、降二等、俱於雜職內敍用（『五服圖解』、一〇八頁）。

（四一）延祐二年六月、刑部議得、沅州路推官馬德懋、父亡不卽丁憂、後因猺賊作耗、詐稱遷葬、抛棄繼母弟妹於烟瘴遠鄕、將引妻小御往揚州住坐。合杖六十七下、除名不敍。都省准擬（『至正條格』斷例卷四 職制「不丁父母憂」、二〇五頁）。

（四二）『元史』卷一百三 刑法志四 職制（二六一四～二六一五頁）。

（四三）『元史』刑法志が『經世大典・憲典』を削除省略したことの詳細は、拙稿『再论〈元史・刑法志〉的史源——从〈经世大典・宪典〉一篇佚文谈起』（『北大史学』一〇、北京大学出版社、二〇〇四年）を参照。

（四四）この語は、殷嘯虎『論〈大元通制〉〃斷例〃的性質及其影響』（『華東政法學院學報』一九九九年第一期）を出典とする。殷嘯虎のこの言は『大元通制』の〃斷例〃に焦点を合わせたものであるが、実は『大元通制』の〃條格〃、ひいては元代の普遍的な意義上の例も、このとおりである。

（四五）その中でも胡興東は、元代が判例法を主としたことを極力主張する数少ない学者である。かれの論著である『中國古代判例法運作機制研究——以元朝和清朝爲比較的考察』（北京大學出版社、二〇一〇年）を参照。

全体会

総合討論

柿沼陽平（帝京大学准教授、コメンテーター）

本大会は二〇〇九年以来つづく日中学者中国古代史論壇の第十回目にあたり、これまで錚々たる研究者が国境を越えて議論を交わしてきました。本大会でも著名な専門家が報告を重ねておりますなかで、その最後にわたしがコメントをすることとなり、たいへん光栄でありま す。ただし、わたしごとき未熟な一若手がコメントを担当する点については、場違いであるのみならず、蛇足とさえも感じます。また各報告も専門的で、わたしが口を差しはさむ余地は少なく、コメント時間も限られておりますが、コメントする以上は、いわゆる八〇後の一研究者として、わたしが先生方の報告を拝聴し、率直に何を感じ、どこに疑問を感じ、また先生方の仕事を受けて今後自分たちが何を課題にすべきかを率直に吐露し、御指導を仰ぎたいという考えでおります。

そもそも本大会のタイトルは「学際化する中国学」で、二十一世紀の時点から中国史学の新しい研究方法の一端を展望することを目指したものです。それに先んじて池田知久先生は冒頭で、「そもそも学際化とは何か」「それがなぜ中国学発展の方法論になるのか」という二つの論点を提起し、前者を「空間的な学際化」（一国史からの脱却）と「学問区分の学際化」（哲学・史学・文学などの学問分野の融合）に分けました。

そこで本大会の報告を見渡しますと、まずは一国史からの脱却を謳ったものがございます。たとえば周群は「啓蒙」という言葉の再検討をして、世界史単位で再考するべきとし、張生は中華民国前史をグローバルヒストリーの一環として論じました。井川義次は中国とヨーロッパ、孫衛国は中国と朝鮮王朝、河野貴美子は中国と日本、趙現海は中国と周辺諸国、小島毅は東アジア地域を取り上げており、いずれも国境を越える視座を含むものでした。

また「学問区分の学際化」は、さらに次の三方向に細分化しうると思います。細分化した学問領域の融合や再布置化。たとえば張興照は、近年、甲骨学・文献学・考古学・地理学・環境学・気候学などの知見を用いた商代地理研究の現況を解説しました。牧角悦子は『詩経』が従来経典として解釈され、現在では恋愛歌として再解釈されている歴史を繙くと同時に、古代人はそもそも『詩経』の両義性に価値を見出しており、断章取義を悪し様にいうこと自体が「近代的視座」だと説いております。そうして『詩経』の理解には、文学・哲学・歴史・文字学などの現代的学術区分を跨ぐ必要性があるとする。李紅岩は、細分化し多様化した学問領域を再度統合して新しい歴史観を提起することが現代中国の課題だとし、それを強制的解釈から公共的解釈への進展だと述べております。前者は認識論・ロゴス中心主義・実証主義・経験主義を否定し、作者の死を説くもので、その代表的史家としてフーコーを挙げる。学科横断的史学や史学の細分化に繋がる流れであります。後者は、解釈を公共的行為とし、普遍的歴史的前提を起点とし、テクストを検討対象とするものであるなどと説く。いまいち抽象的で理解しにくい部分がございますが、前者はカーからジェンキンスにいたるポストモダン史学にあたり、そこから脱け出そうとの試みのようであります。 清野充典は『素問』や『霊枢』を医学的見地から検討し、是動病（精神活動の病気）には鍼治療、所生病（肉体活動の病気）には灸治療がよいと認識されていたと報告されました。以上は、学科横断的思考が新しい研究成果を生みだす例であると考えます。

そして新しい研究手法の適用については、たとえば長谷川順二はリモートセンシングと現地調査を通じ、黄河の河道変動の時代的變遷とその理由を検討されました。後漢時代以後に黄河が安定した点には、遊牧民族の移動と関連付ける説や、それに対する批判がありますが、長谷川先生は新説を展開されました。当時の黄河は掘込河道で、堤防がないため、決壊の記録も史料にない。増水しても付近に並走する小川が多く、そこに水が流れ込むため、洪水になりにくい。さらに黄河付近は南北朝期に紛争地帯ゆえ、都市がない。リモートセンシングなどの活用は、赤外線図版による簡牘研究や、ＣＢＤＢなどの活用と同様、最新科学技術を中国学に活かした例であります。

また多言語を駆使し従来みえなかった歴史的脈絡を探すという面で、中国の古典籍が西欧ルネサンスに与えた影響を論じた『宋学の西遷』の著者井川義次は、今回の報告でもイエズス会士がいかに中国古典を翻訳・受容したかを説明している。多言語を操る研究者ならではの研究であろうと思います。

私見では、本大会の「学際化」はとりあえず、①一国史からの脱却、②細分化した学問領域の融合や再布置化、③新しい研究手法の適用、④多言語を駆使し、従来みえなかった歴史的脈絡を探すことの四点にまとめられると思います。これが「そもそも学際化とは何か」への回答となるのではないか、と。

ただしこうした学際化自体は、③以外についてはこれまでにも試みられてきたことであります。事実、本大会では、学際的業績をもつ先学の再評価も行われました。たとえば卜憲群は林甘泉の仕事を再評価しております（王啓発は郭沫若研究の論文を準備。当日欠席）。林甘泉や郭沫若は学際的研究を体現する人物であり、両者が支持するマルクス自身が歴史学だけでなく哲学や経済学に造詣が深く、学科にとらわれた着想をしておりません。このように、「中国学の学際化」自体の歴史は近年に始まったものではございません。にもかかわらず、わたしたちはおそらく現在、学際化の波をとくに強く感じております。これはなぜか。会場の皆さまに教えを乞いたい点であります。

ともあれ以上のように学際化を定義したばあい、それはなぜ中国学発展の方法論になるのか。これは池田知久の二番目の問いにあたります。そこで先刻挙げた諸報告をみると、学科横断的・学際的手法によってそれぞれの研究成果を挙げております。

加えて、本論壇の一部の論者はこう指摘しています。中国史上の学問や読書人の歴史を調べる場合、現在の細分化された学問区分でそれを眺めること自体が間違っている、と。たとえば渡邉義浩は、中国古代における歴史叙述が現代歴史学と異なり、史料批判に基づく科学的歴史学の起源を中国古代に求めることは誤りとしております。『史記』は武帝を批判し、『漢書』は前漢を理想的王朝として位置付けるために書かれ、ともに未来の鑑としての役割をもつ。その背景には儒学の規範がある。一方、裴松之は異聞収集を行ない、客観的史実を重視し、このとき史学は独立傾向をしめす。だが唐代になると顔師古が『漢書』の枠内で『漢書』を解釈しようとし、再度経学的歴史解釈が隆盛した。牧角悦子は、『詩経』研究時には文学・哲学・歴史・文字学などの現代的学術区分を跨がねばならないとする。河野貴美子は日本に伝存する仏教書に中国史書の佚文が残ることなどから、中国史研究にそれを活かせると主張する。また日本では古小説や仏典がウェートを占め、中国とは異なる学問動向のなかで、もう一つの中国文化史を形成してきたとし、そのうえで図書分類などの点において古籍の扱いは時代差があるとする。これは古典籍を特定の一角度からのみ研究することの危険性を示唆しており、その点で牧角とつながるものであります。小島毅は、政治的に官僚、文化的に読書人、社会的に地主・商人である「三位一体」的な士大夫の自己意識を探りました。彼らは孔子の遺志を継ぎ、権力に媚びず、庶民が安寧に暮らせる社会を作ろうとした。また彼らは詩文・経学・書画・政治を含む「文」（≠文学literature）を目指した。このようにして小島毅は、日本人も宋代文化に源流の一つをもつ以上、偏狭な民族主義に陥ることなく、豊かで平和な将来が築かれることを期待すべきと説きました。以上は、学際的思考なくして中国史上の人物や学問動向を的確に把握することが困難であるとする例でありました。

以上、学際的研究には有意義な側面があり、一部には「学問区分の学際化」が必須な研究領域も存在します。研究者のなかには、こうした学際的研究をたった一人で成し遂げようとする方もいらっしゃいますが、脱帽するほかはありません。ただし、知識が日々蓄積されている以上、それが人間一個人の処理能力を超えて、そうなるとどこかを捨象しないかぎり、いつかは全体像が描けなくなります。その意味で、中国古代研究者も必ずしも一人一人が多様な能力をもつ必要はなく、むしろわたしたちは柔軟に協業をすることで新成果を生みだすことも可能でありましょう。これこそ日中で現在盛んなプロジェクト研究の存在理由であると考えます。この点でいえば、二十世紀後半が谷川道雄編著『戦後日本の中国史論争』に象徴される「論争の時代」であるとすれば、二十一世紀前半は「協業の時代」といえるかもしれません。

以上が本論壇のわたしなりの総括となります。そこで最後にわたし個人が本論壇を拝聴し、何を感じたかを述べて締めくくりとしたいと思います。

まずわたし自身は八〇後で、上記の研究環境下で育ってきた経緯があるため、いまや学際化に何らの違和感も驚きも感じておりません。もちろん、二、三十代の研究者志望者には切実な悩みもあります。初学者が先学と同じ史料と同じ手法を用いて新見解を提起できる可能性は低いため、彼らの多くは未開拓の領域に手を伸ばす必要があり、新しい史料や方法論（学際的手法など）に飛びつかざるをえません。結果、何が調べたいかという初心が失われやすい。しかし学際化自体は、本論壇の副題にもあるとおり、方法論の問題でありまして、各人の問題意識にもとづいて多様な方法論の採用がありうる以上、善悪の問題とはならないと思います。むしろ問題はその先にあるのではないか。それは、学際化を通じて各研究者が結局、何を明らかにしたいのか。各研究者がもつ問題意識の所在にこそ注目されると考えます。かつての生産様式論争のごとく、みなが一緒に検討すべき問題はないのか否か、問題意識の分岐はよいことなのかどうか等々を、今後は考える必要がないでしょうか。また本論壇では奇しくも思想史研究が多めでしたが、日本と中国で問題意識に相異があるのか否か。問題意識は個々人によるといってしまえばそれまでではございますが、少なくとも中国人が母国史の一環として思想史を行なっているのに対し、日本人は外国史の一環として思想史研究をしているわけであります。近年中国学の人気凋落が激しく、学生や一般人の関心がほかの多様な学問領域に拡散するなかで、日本の中国学は「なぜそれを研究せねばならないか」を周囲に説明する必要が出てきている。こういった問題は中国人研究者よりはるかに切実なはずであると思います。だとすれば、同じく思想史を研究するにしても、問題意識の持ち方が異なってくるのではないか。この点もお聞きしたいという所でございます。

牧角悦子（二松学舎大学教授、司会）

いまの柿沼さんの非常に的確なおまとめに基づいて、日中双方の皆様から問題提起、質問、意見などをいただきたいと思います。

森由利亜（早稲田大学教授）

劉屹先生のご発表に関して少し質問させていただきたいと思います。ご報告になられた末法思想についてですが、なぜ隋唐のころに様々な違いが生じたと考えられていますか。

劉屹（首都師範大学教授）

わたしは末法思想について、一年ほど研究しただけですので、なぜ末法についての言説が「道」となり、違いが生じたのかについては、まだはっきりとは分かりません。ただ、インドには「末法」という考え方はありません。中国の南朝から「末法」という言い方が現れます。隋唐時代には、仏教に新旧の宗派の別が現れ、みなが「末法」ということを言い始めています。中国では「末法」が叫ばれるのに伴って、修行の形態も変化していったと言えましょう。

牧角悦子

個別のご質問でしたけれども、六朝から唐代にかけての仏教・末法思想が、道教と仏教、それから六朝から隋唐につながる線、そして最後に仰ったのは日本にまた末法思想が入ってくるというような、越境したお話だったと思いますが、何か今の問題に関連してご発言はありませんか。河野先生、お願いいたします。

河野貴美子（早稲田大学教授）

わたしが今日、報告したなかに出てくる『日本霊異記』にも、末法の話は出てきます。ちょうどあのころ、日本に伝わったものの中には、末法がいつなのか、仏がいつ死んだのか、というような問題について、数年のずれがあるのです。二つの主張があって、二つの年のずれが、ちょうど日本に仏教が伝わったのが何年かという説のずれとも連動しています。そのずれは、中国における仏の歴史をどこまで遡れるか、どれだけ長く、どれだけ古いのかに権威が置かれることと関わってきます。道教との論争の中で生じたずれが、日本に仏教が伝わったその年数のずれと連動している。そうしたことがあるのをいま思いながら聴いておりました。

牧角悦子

日本に入ってきた年代にしても、文化の性格にしても、中国という本土と日本での発展の仕方がたいへん違っていく、という部分で、「越境する中国学」のようなものも、今回の論壇の一つのテーマにもなったと思います。

そうした個別の問題に加えて、本日の論壇では、文・史・哲の学際的な研究や、分野ごとの特徴についても、大きなテーマとして、いくつかの報告がありました。これに関してご発言をしていただけるとありがたいです。

黄爽（立命館大学大学院）

今回の報告の中で、先生方は、中国思想史に対するさまざまな研究方法について話題にしていました。そうしたなかで、全体的な問題に対しては、方法としてどのようにあるべきでしょうか。哲学と思想史との違い、また経学と思想史との違いとは、はたして学科の別でだけでしょうか。たとえば、ケンブリッジ大学のクェンティン・スキナー先生が著述しました、コンテクストからの歴史研究の方法もあります。そのなかにあっても、中国思想史に対する一番よい研究方法とは、何でしょうか。個々の研究を全体の歴史観ないし概念でまとめるならばどのようになるか、今回のテーマと絡めてお聴かせください。

李振宏（河南大学教授）

人類の生活において、それにもっとも関わるのは「思想」ではないでしょうか。今回の論壇の報告についても、当然これが多かったと思います。

黄さんはよい質問をしてくれました。思想全体に迫ろうというのであれば、まずは個別の研究からです。それぞれの時代、それぞれの問題から迫っていく。そうした歴史のコンテクストの絡み合いなどから、総合的に歴史を掴んでいくべきです。異なる時代の一般の人々・国家・権力等々のコンテクストから考えることが肝心だと思います。

牧角悦子

いま思想史、思想研究の立場について問題になっておりましたが、「古代史論壇」ですから、どちらかというと歴史を論っております。歴史の立場から物を申したいという方はいらっしゃいませんでしょうか。——渡邉先生、お願いします。

渡邉義浩（早稲田大学）

柿沼先生にコメントを頼んだのは、わたしですので、コメントで掲げられた三つの問題提起に答えなければならないと思っております。

第一は、なぜいま学際化なのか。これを強く打ち出すのはなぜか、という問題であると思います。これについては、柿沼先生もおっしゃっていたように、学際的でなければ分からない問題がある、というかったい、ということだと思います。わたしはもともと東洋史の専門で、歴史学なのですが、文学も思想も研究しますが、これはそうしなければ、それぞれも分からないという明確な理由に基づきます。

第二は、どうして思想史研究が多いのかということです。わたしは歴史も文学も哲学もやりますが、思想史について李先生が本質であるとおっしゃいましたが、わたくしも中国を理解する場合の中核は思想である、と考えています。であれば、自然と多くなるでしょう。

第三は、なぜ日本人として中国を研究対象とするのか、という問題であると思います。わたしは、日本の古典が「古典中国」にあるために、中国を研究しています。日本人は古典中国語を訓読することで、日本の古典としてきました。「古典中国」が分からなければ、われわれの根底が分からない。わたしは、そう考えています。このため、明清などには、何の興味もないのですが（笑）。

柿沼陽平

一点だけ補わせてください。わたしが最後に質問した意図は、なぜ日本人なのに中国史をやるのか、というよりは、たとえば自分が大学で中国史を教える際の問題です。中国学の人気が日本でなくなっていることは事実です。そうしたなかで、とくに学術・研究面においても、たとえば中国の学会に行っても、今では中国の新しい研究手法を探す意欲とか学生数とか研究の量とか、もう八〇年後のようなわたしの世代からすると——まだ若いのかもしれませんが（苦笑）——圧倒されるような思いであります。そういったときにわたしの指導教授である工藤元男先生（早稲田大学教授）などは、たとえば赤外線図版を使ったり、地図のリモートセンシングを使った報告であるとか、日本のまだ得意とする科学技術を用いて、中国人の研究を凌駕する試みをなされています。では、自分の身に引き受けて、わたしが今後あとに何十年か研究するとして、次第に中国の人から相手にされなくなるのではないか、という恐怖を抱いております。こんなことを言っていいのか分かりませんが、若手からするとそうした思いがあります（笑）。そのときに、今回の報告も聴いてみると、日本人独自の問題意識の持ち方が、これから生き残る術としてあるのではないか、という趣旨で申し上げた次第であります。

牧角悦子

ありがとうございます。それでは森先生、どうぞ。

森由利亜

いま渡邉先生からちょっと不穏な発言が（苦笑）。明清期には興味がない、と言われてしまうと、全存在を否定されてしまう気持ちがありまして、これはちょっと言っておかなければいけないと思います。日本人は、明清時期に重要な興味、問題関心を持っています。明清時期の宗教を研究することは、現代につながるModernityの発見であり、これは必要不可欠なことなのです。

牧角悦子

はい、ありがとうございました。そろそろ締めくくりに入ろうかと思いますが、最後に柿沼先生がおっしゃったように、日本では中国学がたいへん地盤沈下しております。中国では国学の復興が盛んに行われていますが、日本では中国学を勉強する人口がたいへん少ない。我々は、危機的状況におります。そうしたなかで、本日は、我々にとっては中国学の未来をどうやって切り開いていくか、という意味でも、たいへん有意義であったと思います。

森先生がおっしゃるように、明清は江戸の漢学につながります。日本の江戸期の漢学が、現在の中国学につながっているという意味では、我々はまさに明清の文化を今現在受け継いでいるんだと思います。ただ反対に、ModernityとかModernismとか、近代化の中で一回否定された経学のような儒教の学問をもう一度正しく見直す必要もあると思います。そういう意味で、漢代、明清、そして現代へと、最後にきれいにつながったかと思います。それでは以上で討論を終わりにしたいと思います。皆様どうもありがとうございました。

あとがき

本書は、東方学会と中国社会科学院歴史研究所の交流協定に基づき開催された第十回日中学者中国古代史論壇の成果の一部である。

第十回日中学者中国古代史論壇は、二〇一八年五月一九日、第六十三回国際東方学者会議に併設して、全体会・第一部会が行われ、続く五月二〇日には、早稲田大学戸山キャンパス三三号館第一会議室に場所を移して、第二部会・総合討論が行われた。東方学会は、中国社会科学院歴史研究所との間で協定に基づき、二〇〇九年以来、日中学者中国古代史論壇を継続的に開催してきた。第十回は、その最終回にあたり、「学際化する中国学――中国学発展の方法論の探求」をテーマに、二十一名の報告が行われ（王啓発氏は誌上参加）、活発な議論が展開された。

全体会に先立ち、池田知久（東方学会理事長）・卜憲群（中国社会科学院歴史研究所所長）が挨拶を行った。挨拶の中で、池田知久東方学会理事長は、テーマの中核に置かれた「学際化」とは、国の単位を超えて広く地域・圏域・世界という対象領域を設定するものと、人文系の学問を哲・史・文の垣根を越えて模索するものに大別されるが、共に新しい学問を模索する試みであり、それを中心に中国学発展の方法論を探求したい、とテーマ設定の趣旨を説明した。その成果については、本書に収録された個々の論文、および総合討論を参照されたい。

総合討論の終了後には、池田理事長より閉会の挨拶があり、二〇一七年八月、第十回論壇終了後に、今までの「日中学者中国古代史論壇」に代わって、新たに「中国文化研究国際論壇」を起こし、これを東方学会と中国社会科学院歴史研究所の共同で主催する合意に達した旨が報告された。「中国文化研究国際論壇」は、これまでの論壇に対して、第一に、研究範囲を中国古代史研究から中国文化研究全般に拡大して、研究分野の総合性（文・史・哲など）と汎時代性（古代から現代まで）を目指して、日中両国を中心とする中国文化研究界のより広領域の交流・提携を一層促進すること、第二に、参加者を日中を主としながらも、双方のそれぞれの条件に応じて日中以外の第三国（韓国・欧米など）の高水準の研究者を選出・招聘して、中国文化研究の国際的な拡大と持続的な深化を推進することにより、新たな発展を図ろうとするものである。

来年から始まる「中国文化研究国際論壇」の第一回は、八月下旬に厦門大学で開催される予定である。十回の長きにわたって継続し得た「日中学者中国古代史論壇」の成果を踏まえたうえで、これからも日本と中国との国際的学術交流の一端を担っていきたい。

論壇の終了後、報告者より提出された原稿のうち、中国語の論文は、主として若手研究者に翻訳を依頼した。報告者、ならびに翻訳者の氏名・所属を掲げておく（敬称略）。

全体会

一、池田知久（東方学会）
二、卜憲群（中国社会科学院）
三、卜憲群（中国社会科学院）、仙石知子（早稲田大学）
四、渡邉義浩（早稲田大学）
五、陳支平・趙慶華（厦門大学）、仙石知子（早稲田大学）
六、王啓発（中国社会科学院）

第一部会
一、李振宏（河南大学）、袴田郁一（早稲田大学大学院）
二、井川義次（筑波大学）
三、周群（社会科学雑誌社）、伊藤涼（早稲田大学大学院）
四、長谷川順二（学習院大学）
五、張興照（中国社会科学院）、関俊史（早稲田大学大学院）
六、牧角悦子（二松学舎大学）
七、李紅岩（社会科学出版社）、新津健一郎（東京大学大学院）
八、劉中玉（中国社会科学院）、滝口雅依子（早稲田大学大学院）
九、肖永明・李江（湖南大学）、山下紀伊子（早稲田大学大学院）
十、清野充典（順天堂大学）
十一、張生（南京大学）、上條駿（大正大学綜合仏教研究所）

第二部会
一、孫衛国（南開大学）、三津間弘彦（大東文化大学）
二、河野貴美子（早稲田大学）
三、劉屹（首都師範大学）、林佳恵（早稲田大学）
四、趙現海（中国社会科学院）、邉見統（学習院大学）
五、桓占偉（河南大学）、及川伶央（早稲田大学大学院）
六、小島毅（東京大学）
七、劉曉（中国社会科学院）、髙橋康浩（早稲田大学）
コメンテーター、柿沼陽平（帝京大学）

Chinese Studies and Interdisciplinarity:
Searching for Methodologies for Developing Chinese Studies

Watanabe Yoshihiro

Since 2009, the Toho Gakkai has been holding an annual Forum of Japanese and Chinese Scholars on Ancient Chinese History on the basis of an agreement with the Institute of History, Chinese Academy of Social Sciences. This 10th Forum was the final such forum, and it was held over two days on the subject of "Chinese Studies and Interdisciplinarity: Searching for Methodologies for Developing Chinese Studies," with papers being presented by twenty-one scholars, and much lively discussion took place.

The first day of the forum was held in conjunction with the 63rd International Conference of Eastern Studies, and the plenary session in the morning was chaired by Igawa Yoshitsugu 井川義次 and Li Zhenhong 李振弘, with three papers being presented. These were preceded by opening addresses by Ikeda Tomohisa 池田知久 and Bu Xianqun 卜憲群. In his address, Ikeda pointed out that "interdisciplinarity," which had been placed at the centre of the forum' s theme, can be broadly divided into that which targets regions, spheres, and the world beyond country units and that which explores scholarship in the humanities by going beyond divisions between philosophy, history, and literature, both of which approaches are attempts to explore new forms of scholarship, and he explained that the aim behind the choice of the forum' s theme was a desire to explore methodologies for developing Chinese studies with a focus on both of these approaches.

Bu Xianqun ("The Theory and Methods of Lin Ganquan' s Historical Research") argued that the insights of Lin Ganquan 林甘泉, who examined in depth many important fields, including the economic history, history of political culture, and theories of historiography in ancient China and the history of historiography, were based on his distinctive method of conducting his scholarship, and Bu summarized its characteristics. According to Bu, Lin Ganquan' s historical research was founded on a combination of Marxist theories with China' s realities, a dialectical understanding of historiography and theory, a focus on actual reality, and respect for free and lively discussion and for the research findings of scholars past and present and both Chinese and foreign, and it was by this means that he established an elegant theoretical system of historiographical theory. Watanabe Yoshihiro 渡邉義浩 ("Historical Studies and Confucianism in 'Classical China' ") argued that the *Shiji* 史記, as a successor to the *Chunqiu* 春秋, and the *Hanshu* 漢書, as a successor to the *Shangshu* 尚書, still lay within the confines of Confucianism, and it was only with the commentary on the *Sanguo zhi* 三国志 by Pei Songzhi 裴松之, who established his own distinctive method of source criticism, that "history" became independent of Confucianism. But instead of following a path that would lead to modern historical science, his method was overshadowed by the scholia of canonical studies, representative of which was Yan Shigu' s 顏師古 commentary on the *Hanshu*. Nonetheless, there emerged from historiography' s search for the correctness of canonical studies an awareness of correctnesss and legitimacy that would lead to discussion of legitimate and illegitimate dynasties, while from the literary qualities of verbal expression there emerged an awareness of the differences between literature and historiography, and Watanabe argued that in the early Tang there was established a form of historical research that added depth to both discussion and practice regarding objectives, methods, and modes of expression. Chen Zhiping 陳支平 ("Reflections on Popular Texts, Chinese History, and the Study of Culture") analyzed the present situation as one in which the importance attached to the collection and classification of popular texts and to academic research are giving rise to the one-sided phenomena of overvaluation and misuse of

historical sources, and he suggested that the original value of popular texts as source material ought to be exhibited by comparing them with other written sources.

In the afternoon, Section I was chaired by Watanabe Yoshihiro and Liu Yi 劉屹, and eleven papers were presented. Li Zhenhong ("Reflections on the Methodology of the Study of the History of Chinese Thought"), having first commented on the methodologies of Hou Wailu 侯外廬, Liu Zehua 劉沢華, Ge Zhaoguang 葛兆光, Zhang Fentian 張分田, and Lei Ge 雷戈, all representative of research on the history of Chinese thought, and also paying attention to contradictions in thought and to changes and branching in the development of thought, argued for the need to pay attention to thinkers not included among the so-called "hundred philosophers of the nine schools of thought." Igawa Yoshitsugu ("The Acquisition of Information about the Orient by Jesuits and Their Translations of the 'Four Books'") pointed out distinctive features in Michele Ruggieri's translation of the *Daxue* 大学, Prospero Intorcetta's translation of the *Zhongyong* 中庸, Philippe Couplet's translations of the *Daxue*, *Zhongyong*, and *Lunyu* 論語, François Noël's complete translation of the Four Books, and the translations by Jean-Pierre Abel-Rémusat and Stanislas Julien. Zhou Qun 周群 ("Enlightenment from the Viewpoint of the History of World Civilizations: An Interpretation of Enlightenment in a Broad Sense") criticized the simple dependence on enlightenment thought, which had its origins in Kant's "Beantwortung der Frage: Was ist Aufklärung?," and attempted to position and interpret "enlightenment" both from a narrow view, which sees it as having spread from Europe to the rest of the world, and also in a broader sense. Hasegawa Junji 長谷川順二 ("A Reexamination of the Theory of One Thousand Years of Stability in the Flow of the Yellow River: The Reconstruction of the Former Course of the Yellow River Using Remote Sensing Data"), basing himself on a reconstruction of two former courses of the Yellow River as described in the *Shuijing zhu* 水経注 which incorporated the two new elements of remote sensing data and field surveys, showed that the Yellow River described in the *Shuijing zhu* had completely different features from the Yellow River in the Former Han and the Yellow River today, and he reexamined the theory that the course of the Yellow River had remained stable for about one thousand years. Zhang Xingzhao 張興照 ("The Approach and Methods of Research regarding the Geography of the Shang Period") argued that research on the geography of the Yin period could be advanced by first making full use of ancient writing in the form of oracle-bone and bronze inscriptions and then utilizing archaeological materials, especially the findings of archaeometry, environmental archaeology, and settlement archaeology. Makizumi Etsuko 牧角悦子 ("Canonical Studies and Literature: With Reference to the Study of the *Shijing*"), having first clarified the process whereby the *Shijing* 詩経, which had traditionally been interpreted as a canonical text, has since modern times been reinterpreted as a collection of love songs, pointed out that people in ancient times saw meaning in the ambiguity of the *Shijing* and that the maligning of the practice of interpreting passages without regard for their context itself represented a "modern perspective." Li Hongyan 李紅岩 ("From Forced Interpretations to Public Interpretations: Trends in the Thinking of Chinese Scholars about the Methods of Historical Research"), arguing that an issue for contemporary China is to reintegrate fractionalized and diversified disciplines and present a new view of history, described this as the development from forced interpretations to public interpretations, and while attaching importance to Foucault, he advocated breaking free from postmodern historical research extending from Carr to Jenkins. Liu Zhongyu 劉中玉 ("A Tentative Study of Confucius's View of Images of Shaman-Historians"), using images of Confucius as material, brought together various methods in the study of ancient Chinese history such as evidential research, iconography, and new cultural history, summarized from many different angles and aspects the basic path that human civilization has taken, and explored methods that might develop the course and perspectives of historical research and help in studying, disseminating, and popularizing traditional culture. Xiao Yongming 肖永明 ("The Interpretation of Mencius's 'I

Have Heard of the Punishment of the Fellow Zhou' and the Evolution of Confucian Ideas of Political Ethics"), dealing with the interpretation of the statement "I have heard of the punishment of the fellow Zhou" in Book 1B of the *Mengzi* 孟子, and basing himself on the fact that Confucians over the centuries have on the basis of the environment and scholarly trends of their own period made one-sided arguments, shed light on an example in which Confucian ideas of political ethics have exhibited diverse developments in differing historical circumstances. Seino Mitsunori 清野充典 ("Disorders That Arise When a Conduit is Stirred and Disorders to Which a Conduit Gives Rise according to the 'Jingmai' Chapter of the *Lingshu*") argued that because the descriptions of disorders that arise when a conduit is stirred and disorders to which a conduit gives rise in the *Lingshu* 霊枢 refer, against the background of ideas about "time" in Chinese thought, to both acute phases and chronic phases, these disorders represent a method of analyzing the human body that can be utilized in a wide range of sick people. Zhang Sheng 張生 ("The Prehistory of the Republic of China: The Penetration of World History into Accounts of Chinese History"), basing himself on a critique of the *Qingshigao* 清史稿, which incorporated the descriptive methods of traditional official histories, argued that the "prehistory of the Republic of China" requires the ideas of global history and that through the delineation of this prehistory the basic descriptive method, framework, and method of selection employed in the twenty-four official histories since the time of Sima Qian 司馬遷 ought to be changed.

On the second day, the venue was moved to Waseda University, and Makizumi Etsuko and Chen Zhiping chaired the presentation of seven papers in Section II, which were followed by a general discussion.

Sun Weiguo 孫衛国 ("The *Jixiao Xinshu* and the Military Reforms of the Chosŏn Dynasty"), describing how on the occasion of the Japanese invasions of Korea in the late sixteenth century the Korean king and his ministers established a Military Training Agency on the basis of Qi Jiguang's 戚継光 *Jixiao xinshu* 紀效新書 and invited Chinese officers to train elite troops, argued that Chinese books had an influence not only on Korean thought and culture but also on all aspects of politics, military affairs, and society. Kono Kimiko 河野貴美子 ("Thinking about the Methodology of Chinese Studies from Old Japanese Works and the History of the Culture of Scholarship in Japan") drew attention to the fact that passages missing in Chinese historical writings have survived in Buddhist works preserved in Japan and argued that there exists another history of Chinese culture, to be seen in the fact that there were trends in Japanese scholarship that differed from those of China, such as the emphasis placed on old fiction and Buddhist works. Liu Yi ("The Origins of Theories about the Latter Age of the Dharma in Liao Buddhism"), noting that the time around the year 1052 corresponded to the period that began to be recognized as the "latter age of the Dharma" in Khitan Buddhism, showed how this was an extension of theories about the latter age of the Dharma in medieval Chinese Buddhism, and he also drew attention to the fact that in the eleventh century, contemporaneously with the Liao dynasty, in Japan's Tendai 天台 sect, too, the year 1052 was regarded as the start of the latter age of the Dharma. Zhao Xianhai 趙現海 ("'Gradated Territories' in Ancient China and Their Premodern Characteristics") argued that under the framework of East Asia's regional politics the territorial model of "limited territorial expansionism" established on the basis of an absolute superiority in national strength a "Sinocentric Asian order" with China as its nucleus and leader across many different areas, including military affairs, politics, economy, and culture. Huan Zhanwei 桓占偉 ("A Multidimensional Perspective on the Study of the History of Chinese Thought") proposed as a new method for studying the history of Chinese thought a change from research dealing with systematic texts to an emphasis on conceptual terms and a shift from quite sophisticated thought to popular ideas, and as an example of a change from the traditions of academic disciplines he cited the change from textual sources to extant archaeological materials. Kojima Tsuyoshi 小島毅 ("In Search of the Thinking of

Scholar-Officials"), arguing that the threefold categorization of philosophy, history, and literature, which is of European origin and has been promoted by the modern humanities, does not match the research interests of Chinese scholar-officials, took up Su Shi 蘇軾 as a concrete example, and he also drew attention to the fact that, with regard to the scholar-officials' notions of space, too, our taking for granted current national borders may lead to inconsistencies with the "China" or "Sinocentric world" conceived of by scholar-officials. Liu Xiao 劉曉 ("Precedents to Be Cited, But No Laws to Be Observed: Adherence to Precedents and the Construction of the Yuan Legal System") showed that during the Yuan dynasty, when written laws did not exist, an important basis for judicial trials was "precedents" (*li* 例), or records of judicial decisions on specific cases, and these served as comparatively binding special laws.

Next, a general discussion was held, taking into account the twenty-one papers that had been presented during the two days of the forum. The commentator Kakinuma Yohei 柿沼陽平 summarized the main points of the "interdisciplinarity" discussed during the forum as breaking free from national histories, the merging of disciplines, new research methods, and use of multilingual sources, and he then raised some fundamental questions about why "interdisciplinarity" is necessary and why the Japanese engage in Chinese studies. In response, Japanese and Chinese presenters exchanged views in what turned into a fruitful debate. As has been the case with past forums, it is planned to bring out the proceedings of this forum in the form of a collection of essays to be published by Kyuko Shoin 汲古書院, and I hope that large numbers of people will look through them.

Lastly, Ikeda gave a closing address, in which it was announced that in August 2017 it had been agreed that after the 10th Forum a new International Forum for the Study of Chinese Culture would be launched to replace the Forum of Japanese and Chinese Scholars on Ancient Chinese History and that this would be cohosted by the Toho Gakkai and the Institute of History, Chinese Academy of Social Sciences. The International Forum for the Study of Chinese Culture will first of all expand the scope of research from research on ancient Chinese history to research on Chinese culture as a whole, aim for comprehensiveness in fields of research (literature, history, philosophy, etc.) and pan-historicity (from the ancient period to the present day), and further promote more wide-ranging exchange and collaboration in the world of research on Chinese culture, chiefly in Japan and China; secondly, while participants will come mainly from Japan and China, efforts will be made to foster new developments by selecting and inviting high-level researchers from other countries (Korea, Europe, United States, etc.) in line with the conditions of both parties, thereby furthering the international expansion and sustained deepening of research on Chinese culture.

It is planned to hold the 1st International Forum for the Study of Chinese Culture next year in late August at Xiamen University. Building on the achievements of the Forum of Japanese and Chinese Scholars on Ancient Chinese History, which we successfully held for ten consecutive years, we hope to continue playing a part in international academic exchange between Japan and China.

第十回日中学者中国古代史論壇論文集

学際化する中国学

二〇一九年六月三〇日

編者　渡邉義浩

発行者　三井久人

印刷　モリモト印刷株式会社

発行　**汲古書院**

〒102-0072 東京都千代田区飯田橋二―五―四

電話　〇三（三二六五）九七六四

FAX　〇三（三二二二）一八四五

ISBN978-4-7629-6633-0 ©2019

KYUKO-SHOIN,CO.,LTD. TOKYO